中国社会科学院近代史研究所

民国文献丛刊

中国社会科学院近代史研究所 译

顾维钧回忆录

第一分册

中华书局

图书在版编目（CIP）数据

顾维钧回忆录/中国社会科学院近代史研究所译.—北京：中华书局，2013.6（2024.7重印）
（中国社会科学院近代史研究所民国文献丛刊）
ISBN 978-7-101-09096-3

Ⅰ.顾… Ⅱ.中… Ⅲ.顾维钧（1888~1985）-回忆录
Ⅳ.K827=7

中国版本图书馆 CIP 数据核字（2012）第 290988 号

书　　名	顾维钧回忆录（全十三册）	
译　　者	中国社会科学院近代史研究所	
丛 书 名	中国社会科学院近代史研究所民国文献丛刊	
责任编辑	欧阳红	
责任印制	陈丽娜	
出版发行	中华书局	
	（北京市丰台区太平桥西里 38 号　100073）	
	http://www.zhbc.com.cn	
	E-mail：zhbc@zhbc.com.cn	
印　　刷	北京新华印刷有限公司	
版　　次	2013 年 6 月第 1 版	
	2024 年 7 月第 8 次印刷	
规　　格	开本/880×1230 毫米　1/32	
	印张 238¾　插页 69　字数 8000 千字	
印　　数	9701-10200 册	
国际书号	ISBN 978-7-101-09096-3	
定　　价	1280.00 元	

顾维钧

顾维钧在北京南河沿111号欧美同学会，1915年，北京

顾维钧任驻美公使时留影　1915年

顾维钧夫人唐宝玥，怀抱顾德昌，身怀顾菊珍
1917年

国际联盟盟约起草委员会成员合影。美国总统威尔逊立于后排中，其左侧第四人为顾维钧。其他参加者有：日本牧野男爵，英国罗伯特·塞西尔勋爵，法国布尔热瓦，南非史末资等 1919年4月，巴黎

顾维钧留影　1920年

顾维钧在船上　1920年

顾维钧和国际联盟中国代表团其他成员。前排左四为顾维钧，其右为唐在复，后排右起第四人为胡世泽　1921年，日内瓦

顾维钧参加国际联盟的一次委员会。其他人氏有：西班牙莱翁，意大利因佩亚利，法国布尔热瓦，日本石井，比利时海曼斯，巴西昆阿，英国贝尔福　1921年，日内瓦

顾维钧担任国联第14届行政院会议主席。其左为唐在复　1921年8月30日

李顿调查团中方顾问顾维钧及其随员。左起，坐者：何士，外交部次长刘崇杰，顾维钧；立者：端纳，施肇夔，萧亮功，吴秀峰　1932年春赴沈阳前

顾维钧和李顿爵士乘海圻舰经秦皇岛赴大连　1932年4月20日

顾维钧和李顿调查团之李顿爵士、希尼博士、克劳德将军抵达大连 1932
年4月21日

顾维钧和李顿调查团部分成员乘甘济司号轮离沪赴欧。左起，坐者：美国麦考益少将，李顿爵士，船长，意大利马柯迪伯爵，顾维钧；立者右起第二人为钱泰（为代表团送行）　1932年9月5日

顾维钧博士与张学良将军合影　1932年，北平

再版前言

　　顾维钧先生自 1912 年在北洋政府任职到 20 世纪 60 年代在海牙国际法庭退休，亲身经历北洋政府的动荡混乱，抗战和内战，两次世界大战，以及国际联盟与联合国的兴替，是一系列重大外交事件的直接参与者或见证人。他根据多年积累的文献档案和几十年的工作日记，凭藉清晰记忆所口述的《回忆录》，客观、冷静而详实。自上世纪八、九十年代问世以来，在海内外引起很大反响，受到史学界、外交界及广大知识界的一致赞许，咸以为是中国乃至世界近现代史的珍贵参考资料。许多著作、文章都引证其中的陈述作为鉴定或评论某项史实或观点的依据。这说明，顾维钧先生的回忆录，正如许多书评所称，具有很高的史料价值。

　　然而，本书之出版却使台湾的某些人感到不满；有人写文章进行讥刺，妄加狐疑；说我们是"隔靴搔痒"，说："中共对此书可能有错译（译者英文程度问题）、误译（译者民国史基础问题）、漏译以及故意漏译（译者政治偏见问题），值得注意。"并且扬言要"将中共译本与原稿影本，逐一比对，检查译本有无错译、误译及漏译之处。"可是，其后不久，却又擅自，一字不错，一字不误，一字不漏地在《传记文学》上赫然转载。关于转载的其他问题姑且不论，但却足以说明他已经承认我们的译文没有"错译、误译及漏译"。

　　顾维钧先生晚年仍是台湾的资政，在口述回忆录完成之后，原曾"赠送一套影印副本给台北的中央研究院近代史研究所，……希望中央研究院能实现他的译成中文的梦想"。但是这个愿望未能实现。而由我们翻译出版，自不免有人会心生疑问，这倒也在情

1

理之中。据说："回忆录的主要参与者唐德刚教授，原来曾担心由共产党政府的社科院组织翻译这部回忆录，会大量删除对共产党不利的内容，后来他看过书后，对翻译质量很满意。"我们很高兴我们的工作得到唐德刚教授的肯定。

关于本书中文版的译文是否信实，一位日本学者似乎也曾有所猜疑，曾经索借英文原件查阅，但以后迄无下文。可能是没有查出什么问题来。

鉴于以上几件事，对中文版翻译的信实问题，似宜藉再版之机，将我们的观点稍加说明。

翻译原则"信、达、雅"的首要一条就是"信"。我们在决定翻译本书的会议上即已确定："应保持回忆录的本来面目。"顾先生作为国民党政府的大使，自有其显明的立场和观点，有某些与共产党、人民政府对立的说法和做法，对此我们必须如实译出。因为顾先生的这些说法和做法，已经是客观存在的事实，无从回避。何况，本书是顾维钧先生的回忆录，如果加以删改，变了样，那就不是顾维钧的回忆录了。

但是，又必须承认，我们并不是真的一点错译误译之处都没有。各分册出版之后，经热心读者指教和我们自己复查，确有一些讹误之处，主要为人名。例如第一分册中的陈毅，应是陈贻範，第七、八分册中的李大维，应是李大为，等等。不过，也应表明，本书第一版中的错误多属手民之误植。现在，为满足广大读者的需求，本书印行第二版，这些错误都将在第二版中予以更正。

我们虽然希望改正第一版中的错误，使本书臻于完善，但谬误和疏漏仍所不免，还希望读者不吝给予批评指正，使译文更加准确。

刘保慧

出版说明

　　《顾维钧回忆录》是中国高级职业外交家顾维钧先生的一部长篇回忆录,主要记述了他自北洋政府任职起到 20 世纪 60 年代于海牙国际法院退休止这段长期的外交生涯。全书英文打字原稿计一万一千页,译成中文约五百万字。它既是作者从政生涯的长篇回忆录,又是一部从民初以来五十年间、包括北洋政府与国民党政府时期对外交涉的历史实录。

　　这一巨著是顾维钧博士与美国哥伦比亚大学东亚研究院共同合作的成果。该院先后有五位学者根据顾氏口述,并利用他保存多年的日记、会务纪要、电报档案及信函、文件,经录音、编写、核实、校正,历时十七年之久,始得完成这部回忆录。

　　顾维钧先生是北洋政府和国民党政府时期外交界的领袖人物。他从 1912 年自美学成归国,先在袁世凯政府中从事外交工作,此后在北洋历届政府担任驻墨西哥、美国、古巴、英国公使。1919 年和 1921 年作为中国代表团成员参加巴黎和会和华盛顿会议,担任过国际联盟行政委员。1922 年至 1926 年先后任外交总长、财政总长、代理国务总理。1931 年"九一八"事变后,参加国际联盟李顿调查团。1932 年至 1956 年先后任国民党政府"外交部长"及驻法、英、美大使,驻国联及联合国代表。1956 年转海牙国际法院任职,直至退休。

　　20 世纪初至新中国成立前,正是中国多灾多难的时代。顾氏在此期间历任外交要职,亲身参与折冲,所以在许多重大外交事件中,他是一位最有资格的历史见证人。这部回忆录,记录了不少为外人所不及知的内幕情况,是研究中国近现代史,尤其是中外关系史的第一手资料,其史料价值之重要,自不待言。

这部巨著完成后,顾氏把它赠与母校哥伦比亚大学,该校特辟专室保存。现在承他本人欣然同意,由中国社会科学院近代史研究所根据《回忆录》的缩微胶卷译成中文在国内出版发行。我们借此机会向顾先生表示深切的感谢。中译本拟分订十二册(按:现为十三册),将陆续问世。

本书由翻译组翻译,袁东衣、唐宝心、杨思慎、高承志、陈宗宽、潘昌运、黄祯寿、司幼清、徐继仁、王雅文、傅曾仁、杨润殷、冯厚生、倪大昕、何林荣、王联祖、沈松泉、刘保慧等同志组织、校订。在翻译过程中,我们还得到顾先生之女顾菊珍女士以及许多有关学术部门的热情协助和大力支持,特此致谢。

在翻译中,对回忆录中涉及的某些事实和问题,就我们所知,尽可能地加注予以说明或订正,但限于水平,缺点错误在所难免,敬请读者批评指正。

译者

一九八二年十一月

附　言[①]

当我在 1912 年从美国回到中国的时候,中国的外交部正在开始按照现代的方式进行改革,外交官员也变成职业化了。我在担任袁世凯总统的秘书并兼任唐绍仪总理的秘书一个短时期之后,被派到外交部秘书处工作。从此,我开始了将近五十年的外交生涯。

从我早年从事外交事业起,我就一直对为后人保存重要的外交通讯和记录以及我的官方会见和讨论纪要深感兴趣。因为今天的历史来源于昨天,这类档案不仅能为我们提供一面反映过去的镜子,还能帮助我们更好地理解当今世界上发生的巨大变化。

我从三十年代早期开始写日记,打算从政府部门退休之后的某个时候撰写我的回忆录。但是,在我动笔之前,我就被当时任哥伦比亚大学东亚学院院长的韦慕庭教授邀请参加该大学口述历史的计划。我十分感激哥伦比亚大学,特别是韦慕庭教授,他为筹募资金作出了不懈的努力,这使我有可能完成我的回忆录。这些情况就是我的回忆录是用英文写成的主要原因。我还必须补充说明,对三十年代初以前的那段历史,我手头上没有任何可以查阅的原件,只能主要依靠我的记忆。我不能说我的记忆是绝对可靠的,因此,我希望读者能宽容书中不确切的地方。

由于我毕生致力于中国的对外关系,如果我的回忆录能被译成中文,我将不胜欣慰和感激。这项翻译工作的确是一项艰巨的

---

① 附言系从英文原稿译出。

任务,但是我希望这对研究那些动乱年代的外交史的中国学人是
有所补益的。

顾维钧

于纽约

目　录

第一分册

第一卷

童年及求学时代

（1888—1912）

出生及家庭

一条明亮宽阔的马路从上海城里的商业中心延伸出去。马路尽头有一座拱式门楼,气派十足。两扇大门内,有前后相距约五十码的两幢房子。前面那所由房主自用。后面那所,外观稍差,却更具中国风格,有一条阴暗狭窄的小弄堂和它相通。就在这后一幢房子里,我于1888年1月29日出生。父亲顾溶(字晴川),母亲蒋氏。我行四。生我那年,母亲二十三岁。

直到外祖母去世,我大部分时间都是由她照料的。据她讲,我的出生,曾被顾家看作是交了个好运。她的理由很简单,父亲原在外祖父开设的报关行里工作,尽管食指日繁,收入仍够维持全家生活。但好景不长,经济衰退迫使该行倒闭。他失去了工作,而一家老小还得过活,这使他十分担忧。母亲的负担本来就很重,她要操持日常家务,抚育两男一女,还要照顾年迈的婆婆。所以当她怀我在身时,不愿意再添个孩子而增加累赘。后来她曾以幽默的口吻和对宿命论的模糊信念告诉我:她竟采取饮用某种茶水当偏方,指望流产;使她惊奇的是,她的苦心,并未见效。接着,有一天,我父亲得到了好消息:外祖父家的一位老朋友要他去官办招商局担任一条轮船的帮帐。他立即答应了。从此,我家的经济情况和前景大大好转。几个月后,父亲的收入就使他有条件搬进一所较大的房子,年轻的父母婚后生活中第一次雇用了一名厨娘和一名女仆,而我就是在这所新宅里出生的。

谈谈我童年时的家庭情况和环境,或许有助于理解我的成长过程和形成我品质性格的某些影响。父亲大部分时间在外,只是在轮船来到上海时每周回家两三次。因此,祖母就成了公认的一家之主。她为人正直,严于律己,小心谨慎。她要求我母亲作为她的儿媳要按照中国传统和儒家教诲服侍她,而且总是如愿以偿。至于长期寄居我家的外祖母,只不过是位客人;她的子女就更不在话下了。全家都由祖母掌握。她一生讲求实际,勤勉俭朴,并要求家庭其他成员都以她为榜样。

她的这种态度是有来由的。她出身于乡绅家庭,而中国农民至今以勤俭闻名。她十几岁和我祖父结婚,不久就成了一位年轻的寡妇。19世纪中叶,太平天国造反席卷全国。我祖父在那时丧生。

顾家当时是上海西北约二十四英里的嘉定县仕宦首户。这就成了一股武装造反匪徒的对象。他们绑架了祖父和他的几个小弟弟,勒索赎金。他们传话说,祖父等人正受拷问,交代全部家产,而且只有整个交出,才能生还。消息传来,家里拼命筹款,土地和房产抵押了,珠宝等贵重物品变卖了。祖父等人总算放回来了,但他们都没能活多久。有两人伤重身亡;另外两人,包括祖父在内,也因在监禁中忧虑过度和身体衰弱,回家后不久便相继死去。后来听说乱匪主力逼近嘉定,祖母就带着四岁的儿子和怀抱的女儿外逃。她抱着女儿,领着儿子,夜行昼伏,直奔上海。第三天他们几乎被匪徒追上。在此紧急关头,她决定减轻负担,把女儿扔进路旁的小河沟里。只带着儿子赶路,她才得在第四天到达上海,但已是精疲力尽,一贫如洗了。她投靠亲戚,食宿有了着落;并开始编织和刺绣,挣钱供儿子上学和维持两个人的生活。

但是,她总是惦记着小女儿,担心孩子遭到不幸。于是她又鼓起勇气,独自徒步前去寻找。她顺原路走去,在和孩子分离的地方停下来,挨门逐户打听。真是无巧不成书,有个农民当时听到孩子哭喊,就抱回家里交给妻子抚养。祖母重新见到她唯一的女儿,真是喜出望外。她把做手工挣来的一点积蓄送给了这对好心肠的农家夫妇,然后把小女儿带回上海。这个多灾多难、生活贫困的家庭,重新团聚了。

在以后的十年里,为了糊口和教育儿子,祖母除了日常家务琐事外,拼命做针线活。每天晚上,她在点一根灯芯的暗淡的豆油灯旁,干到深夜。同时,她还督促儿子刻苦学习中文和数学。儿子十四岁时,到一家京广洋杂货店去当伙计。由于他能食宿自理,祖母的负担从此有所减轻。

我之所以概述顾家家道的变迁,是为了说明祖母为什么把生活简朴、辛勤劳动和勤俭持家看作是不可或缺的美德。甚至在晚年家境比较富裕的时候,她仍然珍惜这些美德,经常以此教诲家庭的每个成员。

我不到两岁,妹妹就出生了。她行五。母亲要照看五个孩子和一位上了年纪、需人服侍的婆婆,确实十分紧张和费力。为了减轻她的负担,外祖母承担了对我的照看。使我母亲格外高兴的是,祖母特别喜欢二哥,愿意把他当作宝贝亲自照顾他的吃穿。这样的临时分工,使母亲能担起日常家务,包括一直要伺候好婆婆的义务。

私塾及娱乐

当我三岁零一个月的时候,二哥和我就被送去上学。是一位朱先生开办的私塾,离家一英里。朱先生是个鳏夫,三十多岁。他既管事务,又当教师,实际上是唯一的教师。他曾参加科举考试十多次,但都落榜了,只好以教书糊口。学费还算合理,每四个月两块银元,也就是每个学生每年交六块银元。学生一共约二十五名;当然,如果还有人要求入学,他是会接受的。学生年龄不等,小的像我才三岁多,大的十五六岁。水平也自然不同,程度高的读五经;低的刚认字。我和二哥属于后者。

除了传统节日和新年等全国性的假日外,我们天天上学,每周七天。我记得,我非常愿意天天上学。即使是二哥因头痛或疲乏而不愿去时,或母亲因大雪而让我呆在家里时,我还是照上不误。我在私塾交了许多朋友。每天两三次课间休息时,我们在一起玩。甚至在教室里老师盯着的情况下,我们还设法做些游戏或传递纸条。这样的日程,当时仿佛成了我的人生目的,因为我觉得我既在学习,又在娱乐。这种生活,持续了十年。我但愿它无限地持续下去,可是事与愿违,它突然终止了。

在说明这段风波发生和结局之前,我想说一下当时的男孩子娱乐问题。除了极少数教会学校提倡体育活动外,中国教师没有在发展智力的同时要增强体质的想法。事实上,没有一所中国学校像教会学校那样,把学生分成班级,并用部分时间进行体育锻炼。因此,在私塾或家馆念书的中国学童,只有自己想办法来游戏。和大多数其他孩子一样,我既爱念书,也喜欢玩。

可是当时的中国玩具工业还处于原始状态。庙会上陈列的风筝,过年时的纸灯笼,花花绿绿的泥人——除了这些手工艺品之外,再就没有什么了。有些中国古老游戏,像扔石子、滚铜钱、斗蟋蟀等,都得有对手,而我的周围都没有和我年纪相仿的孩子。结果,我只能跟二哥和妹妹玩。

我们喜欢踢毽子。再就是射箭,用的是自制弓箭,在墙上钉块木板或者找扇门板,就算靶子。这些简单的游戏,玩一两个小时还有意思,时间一长,我就厌烦了。于是我又找其他办法来消磨时间。凭着孩子的机灵,我仿造了不少东西。在附近的一次火灾中,我见到了消防水龙,就想起用晾衣服的竹竿做唧筒。我发现唧筒能把水喷射到二层楼房的屋顶,十分高兴。我常把水喷到邻居的院里;当我听到那里在叫忽然下雨了,觉得非常有趣。

哥哥和姐姐招呼女仆或厨娘的大声叫嚷,常常使人烦恼。我就琢磨能不能来个简便的传呼办法。我从摇铃放学得到启示,在厨房挂个铃铛,系一根绳,穿过拧在各屋门口的环,钉在墙角。把绳一拉,就能招呼厨房里的佣人。全家都赞赏我这个发明,经常用它。

另一项仿造却不那么受欢迎,只落得成为儿童玩具。那是个"电话",用一根长丝线,两头各系一个空火柴盒。我在一个房间,对火柴盒小声说话,就能把话传给在另一个房间拿着另一个火柴盒的人,而不使在场的其他人听见。可是家里人认为这个小玩意儿没有实用价值,只有妹妹对它有兴趣,用来和我对话。

更有趣的是做纸灯笼。有各种动物的,比如兔子灯、马灯和狗灯,还有走马灯。遇到解决不了的困难,我就去城里逛城隍庙(邑庙),仔细观察做灯笼的手艺人的操作,学习他们的诀窍。使我和我父母满意的是,自己做的灯笼比市上卖的便宜得多;这也增加了我的乐趣。

简单得多而又总是令人激动的事情,是做风筝,拿到附近空地去放。在那里,其他孩子放的风筝都是市上买的。哥哥和我则自己动手做带音响的风筝,响声从高空随风传来,使我们特别感到自豪。

但是这种消遣只限于每年新年假日的几个星期。正月十五日一过,私塾复课,就没有什么时间来寻求这种乐趣了。例外情况是其他节日或办喜事、过生日等,这些对我都是合理合法的假日。事实上,每逢喜庆,家里在事前几个星期或几个月就要忙于准备。其中的一件事是用红纸剪成各种图案来装饰敬神祭祖的供品,不仅为了好看,而且为了吉利。要求精工细作,而且数量很大,相当费力。我仔细观察母亲和姐姐怎样剪法,不久就能和她们一起干了。她们发现我效率很高,就让我承担大部分剪纸任务。这样,她们就能用更多时间去做其他同等重要的准备工作。

临摹字画是一项更需要耐心同时又更使人入迷,更有兴趣的消遣。有古今书法家写的格言、诗词或名句;有著名国画家画的山水、花卉、翎毛等。当时在我看来,临帖比学画容易。我刻了滑石图章,把哥哥或我的朱红名章,盖在我们的字画上。两位哥哥都加入了这项活动,并且对成果非常满意。于是我们决定拿它做生意,来补贴我们的零花。我们的零用钱,每人每天才四个铜板。我们在除夕开张。按照习俗,为了迎新,家家都在这时候买春联贴在大门上,还要买些画挂在室内。可是我们大失所望,生意彻底失败了。顾客来到我们摊,随便扫一眼,就走开了。不知为什么他们没有兴趣。我们的价钱,比起别的字画摊来是够便宜的,可就是没人买。也许是东西太次;更可能是我们的孩子气使他们不敢光顾。

这种不痛快的心情,并没持续多久。我的兴趣又转向了一个家庭乐队。它是隔壁邻居组织的,我热切地加入了,在整个节日期间都演奏。各式各样的乐器,确实使我入迷。我下决心想法学会大多数乐器。这占去我大量空闲时间,但我觉得有趣。没有老师指点,我就到处向一些演奏得好的人请教。经过几个星期坚持不懈的努力,我能用长笛、短笛和胡琴演奏一些简单的曲调。我又学了四胡、笙、琵琶等。演奏乐器成了我的癖好。它在我的童年使我得到消遣和愉快。

顽　皮

上面,我把我作为一个好孩子叙述了一番。但我不是天使,因为我并非不调皮。我小时候就喜欢戏弄别人来取乐。父亲有个轿夫,嗓音沙哑,身体结实,头脑简单。别看他健壮,却特别怕鬼。这就使他成为戏弄的对象。一天黑夜,我身上裹着白床单,头上套着白枕头套,枕套挖了两个孔,既使我能看见东西,又显得格外可怕。我藏在门后头,这扇门通往大厅。当他和他的伙伴把空轿子放好,独自走进漆黑的大厅时,我突然出现在他面前,吓得他边喊边跑。我一身鬼服,在他后面紧追。他喊声越来越大,跑得也越来越快,去找厨娘求救。当厨娘出来时,我甩掉了那个做成高帽子的枕套,笑得前仰后合。轿夫也笑了,可是厨娘却把我好一顿责骂,我心里也觉得确实该骂。

厨娘是个纯朴的人,她对我家忠心耿耿,认真干活。她主动承担的工作之一是精心照管食品贮藏室。夏天,我家习惯买西瓜放着,一次买一挑,约十五或二十个。一天吃两三个。每天吃完之后,她总要仔细查对一次。在她来说,这是出于生性俭朴;可是对家里的孩子们来说,却相当讨厌,我就是其中之一。一天清晨,她出去买菜,我用澡巾裹上两个瓜,扔在后院的深井里。下午,我照常要吃瓜消暑。她去拿西瓜时,发现少了两个。她神情极为严肃,对怎么会发生偷窃,显得惊惶失措。她指责轿夫和其他仆人,他们当然否认,而她又不信。当他们还在吵嚷时,我悄悄地把西瓜从井里提了上来,给她抱回去。她又惊又喜,同时还嘟嘟囔囔地责怪我。我说明西瓜这样用井水镇一下就更好吃,她才平静下来。那些被错怪的人,也因西瓜味道可口而消了火。

为了进一步安慰厨娘以便和她继续和好相处,我帮她做蛋糕和小包子。这使她节省时间、减轻工作,所以她很感激。

我还捉弄过我姐姐,尽管事情并不那么惊人,但却十分神秘。姐姐在结婚前几星期,有好多天给她的未婚夫赶绣各种衣带、荷包和扇套。有一次,我趁她下楼吃午饭,溜进她的房间,小心翼翼地拿起她的活儿,匆匆把它绣完。接着,我借口办急事,出了家门。回来后,我发现她还在纳闷是谁在吃饭这么会儿工夫替她把活儿绣了。全家都感到惊奇。有些迷信的人,像厨娘,认为准是仙女下凡绣的,说这是对姐姐这样好人的善报。我保持沉默。直到晚上,他们确实心神不定而不能安睡时,我才说明真相。开始,她们不信;直到我穿针引线,绣了几针,她们才消除了疑虑。

外祖母去世时,我才七岁。这对我是一件非常悲痛的事情,因为她把我看成宝贝,想尽一切办法来照料我。因此,当我看到我家女眷假装恸哭而没有眼泪时,感到十分厌恶。按照习俗,家里死了人要做七,特别是五七,至亲好友都来吊丧,要求她们在嚎啕中诉说对死者的情谊。起初,这准是悲痛的自发形式,后来却发展为公认的惯例,而且简直成了一种比赛,看谁的哭声最响亮,看谁的诉说最动听。据我看,有些在灵堂吊孝的人,在哭泣时显然毫无诚意。我注意到有一位姑母,哭声特大,用手帕捂着眼睛,却一滴眼泪也没有。她头发稀少,用簪子在后脑勺绾个假发髻。她装哭时,身子前后摇晃,发髻上下移动。我轻轻地把簪子拔掉,她的假发髻就落在我手里。我把两样东西都放在口袋里,就走开了。姑母还在哭,一点也没想到发式变了,别人会怎么看她。我在隔壁房间静坐,等待事情爆发。不大一会儿,有几位吊孝的人同时大笑。显然是其中有一位看到了那个没有发髻的发式,禁不住抿嘴发笑。这样,大家就笑开了。姑母终于明白了大家在笑她,可是她并没恼火,而是和大家一起笑起来。整个房间出现了兴高采烈的场面,所有人都想知道哪个孩子这样顽皮。我走过去交还失物,心里虽为这次玩笑很成功而得意,可是马上认错,接受了温和的责备,并答应下回不干了。

我没事可消遣时,就在一间房间里看前街过路的人和牲口。有时可以见到两三个小和尚。他们是附近一所庙里的。按庙里的规矩,和尚应该一辈子吃素。一天早晨,我看到一个和尚洋洋得意地走着,右手托着一盘豆腐;快到和尚庙时,他东张西望,显然很紧张。我发现盘子里有红汁,马上想到素菜底下可能有红烧肉。我大声喊他,告诉他我怀疑盘子里有什么东西。他极力否认,撒腿就跑。我赶忙下楼,追上了他,非要看看豆腐之外还有什么不可。和尚急于要躲开我,失手掉了盘子,豆腐和红烧肉洒了一地,过路人大为开心。和尚很尴尬,但他更害怕,就赶快跑了。这很有趣,但我觉得对一个苦行僧来讲,未免太恶作剧了。虽然我决定不继续进行侦察,可是我后来听说小和尚因违反清规而受到庙里住持的惩戒。

风 波

在放学之后,我在娱乐方面,几乎完全自由,不受父母干预。但在教育问题上,至少在当时我认为自己不那么幸运。我乐意在朱先生的私塾念书,并曾认为当然要长期念下去,直到参加科举,求取功名。我一点也没想到父亲正在为我做什么安排。1898 年年初,旧历新年假日快要结束的时候,他突然向我宣布他的计划。他说我正在长大成人,应该集中精力于中国经书和八股文章,为参加科举做好准备。他有一位知名的朋友。这位朋友也是为了这个目的,请了一位杰出的学者当家庭教师,教他的子女,他愿意让我和他们一起念书。这个家馆三天后就要开学,我必须做好准备。消息来得这样突然,使我大吃一惊。我反对他的意见并和他争论,但毫无用处。第三天,他做好一切准备,并且没有像平常那样早晨七点半去上海兵备道衙门上班,而是留在家里执行为我安排的新计划。他亲自领我去见他的朋友和会见教师,并让一名轿夫拿着我的书包。我没有其他办法,只好跟去。

父亲那位朋友住在城里一个偏僻的角落。一到那里,我的第一个印象就很坏。住宅很大,与达官贵人的官邸一样。大门挂着重孝,后来听说是这家的老祖母去世了。她是一个多月前死的。上自这位清政府官员,下至他的子孙,全家人都按照《礼记》的规定,穿着孝服。他和父亲寒暄之后,就把我领到书房,向老师引见。老师是嘉定人,和父亲同乡。他答应尽力照管我念书。父亲很快就告辞走了,剩下我一个人面对这新的环境。

我发现除我之外,还有四个学生。他们是那位官员的两个儿子、一个女儿和一个侄女。书房很大,但气氛沉闷。老师总盯着我们。我们每个人背四书的时候,他不厌其烦地听每个细节。午饭是送到书房来的,他和学生一起用饭。饭菜很好,但我吃得不多。一切都显得异常,又不如意。老师严厉而无情,其他学生呆板而拘谨,和我在原来那个私塾里所习惯的一切形成鲜明的对照。

一天的体验,使我认为这所家馆对我并不适合。回家路上,轿夫来接我。我决定第二天不去了。我向父亲说了我的想法,但是他丝毫不予考虑。他坚决认为,我应该在那里念下去,这样对我有好处。第二天早晨,他又等着我,并看着仆人陪我前往他那朋友的家馆。我觉得这一路是可憎的,而那家馆则更为可憎。路上,我曾设法逃跑,可是健壮的轿夫抓住了我,简直是用暴力把我带到那家家馆。然而第三天我成功地逃脱了。我跑得飞快,轿夫身体笨重,边追边喘,始终赶不上我。我跑到姑母家,想躲在那里,可是当她过分客气地欢迎我并留我吃午饭时,我怀疑我家已经有人来过,告诉我可能来。于是我转身直奔姑婆家。我刚进门,父亲就坐着轿子到了。他一句话没说,走过来用双手提起我,放在轿子里,随后他自己也坐了下来。我们立即起轿回家。轿夫一放下轿子,我就挣开父亲的手跑进去,上楼钻到姐姐的房间里,反锁了门。当父亲追我上楼时,姐姐冲出去拦他。他俩撞了个满怀,姐姐的翡翠耳环落地粉碎。这对耳环,既好看又值钱。姐姐放声大哭,泪流满面。于是父亲也就不再追我了。

但是,我和父亲之间的斗争,只是暂时中止,并没结束。第二天早晨,事情发展到了紧急关头。他想从窗口抓住我。我很机警,从另一扇门跑到另一个房间,又反锁了门。这个房间的窗户是临街的,而不是朝院子开的。我这一招使母亲有机会出来替我说话。她对父亲说,她不理解我为什么这样,可是她确信我这样顽强拒绝去这个家馆准有充分的理由,或者说,准是出于我的强烈反感。我一直非常愿意在朱先生的私塾念书,而且确实很有进步。即使是雨雪天气,我也不曾听从她的劝告,呆在家里,而总是去上学。因此,我不服从父亲的命令或不顾父亲的愿望,决不会是由于怕艰苦或者没志气。在母亲看来，我是命里注定了要在世界上做一番大事业的，所以不应该强迫我干某一件事情，或者到一个我坚决不愿去的地方念书。随着我年纪大一些，我或许能较好地懂得什么对我和我的未来真有好处，因此，为什么父亲不可以像我要求的那样，让我回到原来那个私塾再念一年，然后看看我在求学方面愿意怎么办。母亲为了息事宁人而提出的有说服力的呼吁，产生了效果。父亲显然很不愿意、很不高兴，但还是同意了。

我回到了朱先生的私塾，但发现气氛有些变化。也许这种感觉主要是我的心理作用，因为我没有像往常那样，从年初就和同学们在一起，我们的长期交往出现了中断。

英华书院

父亲很不高兴，因为他为我制订的计划遇到了挫折。我回到原来的私塾之后，也不痛快，可又不知道该怎么办。这些，大概都为我姐姐所知。她新近结婚。她丈夫刚去一所教会学校上学。那是一所新成立的学校，由基督教卫理公会主办，名叫英华书院，在上海英租界昆山路。有一天，他向我建议，和他一起去那里上学。母亲和姐姐衷心赞成这个意见。当时父亲没有表示意见，但也准是赞成。我获准进入这所学校的预科后，周末回家，而每星期一早晨他总是陪我返校。

学校里的新环境和新课程使我耳目一新。我在学校开始学英文，还学算术和地理。英文班约有五十名男生。老师是一位留美学生。他采用一种以竞争为基础的新教学方法。教室里除了每个学生各有一套桌椅外，老师的两侧各摆着两条长凳。这四条长凳是给选出来的十二名拼字优秀生坐的。其他学生仍坐在原来座位上。坐长凳的学生按年龄依次就座。老师宣布要全班学生拼读的字,先让那些不坐长凳的学生拼读。如果在他们之中没人能够正确拼读出来,那么就让坐长凳的最年轻的男生来拼读。如果他拼错了,就由下一个学生拼读。如果他也拼不对,就由再下一个学生来试拼。这样依次进行。我是坐长凳的十二名学生中最年轻的一个,所以坐在四条长凳的最后一个座位上。

整个拼字过程令人兴奋,比赛的气氛十分浓厚。通过一次次的机会,我的座位逐渐向前提;有时一星期向前提一个座,有时一天、甚至一节课就向前提两三个座位。一旦我占了首位,我就决心尽最大努力把它保住。很多学生自然也同样雄心勃勃,去夺取和保住这个光荣席位,尤其是失去者自然想要失而复得。我们每周上三次英文课。每次上课,拼读比赛对全班学生来说都是一件令人兴奋的事。我特别幸运的是能够把长凳上的首位一直保住到学期结束。

另一件给我深刻印象同时也使我担心的事是 1899 年的期末大考。学校要求每个学生参加所学各门课程的考试。英华书院的评分办法是按百分制计算各门课程的考试成绩,然后把分数累计起来。总分是确定红榜名次的决定性依据,而红榜是在结业典礼上要向全体学生公布的。名次按得分高低顺序排列,谁得分最高就名列第一。这在一定程度上是在模仿几百年来从全国各地选拔政府官员的科举做法,因而为学生所普遍接受与欢迎。

虽然我是学生中年纪最轻的,但是我暗树雄心,要在期末夺取全校第一。我并非一开始就有这个想法和决心,而只不过是我各科都一直学得不错,更主要的是老师间的推测在一些学生里传开了,这些推测使大家都认为我有希望,也提高了我争取第一的信心。但不幸的是我不可能实现自己的雄心壮志。我的英文、中文、地理和圣经等课都考得很好,而我一向认为最容易的、一直得一百分的算术却没有考得满分。回忆当时,班上约有五十名学生。期末考试,每人须答十题。考试时间是九点至中午。我专心致志地逐个答题;到十一点三十分,我已开始答第十题,认为再有五分钟就可以答完交卷。这时候,一向关心我的老师走过来问我答得怎样,并且告诉我五分之四以上的同学已经交卷。老师的善意提醒使我震动很大,于是我赶快回答说,我也就要答完了。由于急于答完,我忘记了加最后两个数字,没有得出正确答案。这一差错降低了我的总分。我在三百五十名学生中,名列第八。我和我的老师都大为失望,老师十分期望我得到令人羡慕的最高荣誉。虽然我才得第八名,还是被奖给一本英文大字典。转年暑假,我患了疟疾,这是一种顽固性疾病。每隔一天,我先是浑身发抖,接着就发高烧,病情严重,食欲不振。一位名医张大夫每天下午来给我看病,他是上海中医界权威张聋耸老大夫的侄子。母亲照他的处方亲自煎药。尽管如此,几个星期之后,我的病情丝毫不见减轻。和我母亲一样,小张大夫大感失望,连处方也不好下笔了。按照中医的传统,处方总是先叙述病历,接着开一张有各味草药的药方。这些草药从药店买来后,煎成通常是黑色的药汤,趁热让病人服用。我从 7 月中得病,直到 10 月,上海天气渐凉,病情才开始有所好转。那时我已不发烧,但是又调养了一个月,才能出门。当时英华书院的第二学期早已开学,我再跟班已为时过晚。可是我仍急于恢复学习。我在附近找了一所学校临时就读到阴历年,也就是 1901 年 2 月。这所学校是一位留日学生王先生按新法办的家馆。课程包括中文、历史、书法、作文、算术、地理、英文和体育。家馆的规模相当大,约有一百名学生,年纪大小都和我相仿。这所家馆和英华书院明显不同。它不设圣经这门必修课,不强制参加宗教仪式,而突出的是强调学习中文。

圣约翰书院

在此期间,我的学习计划发生了重要变化。姐夫蒋昌桂曾介绍我去他就读的英华书院上学。这时他想去圣约翰书院上学。这是一所基督教圣公会办的教会学校,由格罗夫斯主教任学监,卜舫济博士任校长。蒋来自宁波,他家是上海巨商。他在英华书院的亲密朋友,也都是闻名上海工商界的宁波富家子弟,这些年轻人都决定转到圣约翰书院上学,这所学校,名声越来越大,因为它的毕业生如施肇基和他的兄弟施肇祥,在纽约州伊萨卡城康奈尔大学完成学业后,在中国官场不断获得成就。

在蒋昌桂的劝说下,我和他们一起报考了圣约翰书院。我们在那里用了一整天参加入学考试。考试结果要在三周后到 1 月份才能知道。这段等待时间真是让人忐忑不安,焦急万分。由于对成功缺乏信心,我又急忙地报考了中国官办的南洋公学,这所学校在教育界里是圣约翰的强劲对手。我参加入学考试之前没有来得及把我的想法告诉姐夫。事情结果出乎意料,我先发现我名列圣约翰书院录取新生的榜上,而过两天后,我的名字又出现在南洋公学的榜上。在我特别高兴的同时,两校都录取对我却是个难题。当时在我看来,这两所学校各有长短。我一度由于举棋不定感到苦恼。蒋昌桂把我们都考上了圣约翰的消息通知我时(其实我已从报纸上得知),我把我投考南洋公学的经过告诉了他。他立即强调各种理由,让我去圣约翰。这才解决了我的问题。我认为,当时对我影响最大的是,如果我和他以及他的朋友去圣约翰,他们能照顾我。另一具有决定性的因素,是母亲和姐姐也都以同样的理由极力赞同他的看法。我终于听从了他的主张,因为当时我毕竟刚过十三岁,感到在一个人地生疏的地方需要他的照顾和陪伴。

20 世纪的头四年,我在圣约翰书院上学,是 1900 年①入学的。我记得当时校内外到处谈论改革,即实行宪政和社会改革。国家在义和团造反之后遭到的不幸,使公众舆论异常混乱。由于清政

---

① 1900 年疑应为 1901 年。——译者

府在对外关系方面处理不当,给中国带来了巨大灾难,如八国联军强行向中国索取大量赔款作为对义和团起义时出现排外暴乱的惩罚,举国上下对清政府怨声载道。

公众舆论不止主张改革,还主张成立洋学堂,对外国知识、西方技术给予更多的重视;至于中国经书,倘若不予抛弃,也至少应该比以前少重视一些。当时有两派不同意见。保守派主张保留经书课程。他们承认应该学习西方的科学技术,但认为这只能是作为对中国经籍的补充和辅助。在他们看来,中国经籍仍应是教育的基本。这一派由非常出名的湖广总督张之洞领导。另一派深受以康有为和梁启超为首的维新派的纲领和学说的影响。他们主张彻底改革教育制度,使之现代化。这一派影响所及,遍及全国高等和中等学校师生。

他们也影响了圣约翰。记得 1904 年初,学校当局鉴于赞同所谓新学的情绪普遍高涨,决定调整中国教师。他们聘请了新教师多人以取代守旧的教师。我们的中文课改由一位留日归国的学者讲授,他完全同意康梁维新派所主张的新思想。当时有成千上万的中国青年和学生东渡日本留学。日本离中国最近,对中国留学生来说,开销最少。说起来,教会学校在那时仍或多或少具有宗派、宗教的性质。例如,圣约翰仍要求读《圣经》,上教堂,做早祷,做礼拜。圣约翰和其他教会学校一样,中文在课程表中所占的地位极不重要。但是学生还是强烈要求改革中文教学。有鉴于此,学校当局不得不采取措施以迎合大众的要求和情绪。

我们的新老师属于新从日本回来的完全不同于老一派的新型教师。他在日本读书数年,头脑中充满新思想,因此深受学生欢迎。我记得他用的教学法,对我们来说是崭新的。他不要求我们阅读和背诵经书,而是按不同题材,有的根据经书中的引文,有的根据时事,进行讲课。这受到了学生的普遍欢迎。我们这些学生对他讲课极感兴趣,确实有些入迷。他彻底地改革了教学方法。正如我所说,旧的教师是从来不讲课的。他只不过向我们指出应该阅读什么,并要求每个学生都能成本地背诵中国经书。他只对学生提出的有关字句的含义作解答,自己从来也不费心备好一节有意思、有效益的课。这就使学生除了单纯诵读古书外,没有更多的收获。

我们的老师既曾在日本留学,据说还是一位康梁派的同情者。当时康梁已因数年前在北京发动的维新变法失败而流亡到日本,但是他们通过教学和发表文章,在很大程度上还影响和鼓舞着年轻一代学生。

向往变革

是的,我还记得——但只不过是模糊地记得——1898年的百日维新。当时我十二岁。全国都担心政治改革能否实现。一般人认为维新运动的领袖们正在从事一项艰巨的工作。他们知道光绪皇帝是对他们有利的,但是他们也知道慈禧太后及其党羽是卖国的和极端守旧派,这伙人一定会极力阻挠改革。这也正是维新运动失败的原因。正如人所共知,慈禧太后对光绪皇帝实行了软禁。我意识到普遍的不安情绪。在学校里,在报纸上,人们到处都在议论。当然我那时年纪还轻,不完全理解这场伟大运动的全部含义,但是我十分清楚地记得我和其他人,包括我的家庭和广大民众的感受,都模模糊糊地希望维新运动能够成功。

维新运动是在国家遭受诸如1894年中日战争中被日本击败等一系列挫折中诞生的。关于那次战争我还有哪些记忆呢?只还记得一些战斗故事。在那时,没有可靠的战争新闻报道。上海的地方报纸只有少数几家,报道的消息都是官方当局宣布的,由于缺乏好消息,所以都很粗略。我记得少数职业冒险家开始发行他们所谓的最新战报,大都附有插图,但我估计这些消息大部分来自谣传。记得有一次我看到一张日本士兵尸横遍野的插图，确实感到高兴。他们都倒下了，再也起不来，就被我军屠杀了。为什么？因为他们的制服是西式的。他们穿着紧身长裤，一旦倒下，就起不来了！这说明当时所谓的战报是多么不可靠。这类事在我的记忆中很多。当然，最后我们得知中国败北，丧失了台湾，还被迫赔款。我们虽不完全理解其后果，但感到沮丧。普遍存在对清政府的失望和不满情绪。接着发生的维新运动也遭到失败了。再往后，就是庚子赔款。

圣约翰书院的学生里有没有研究政治时事问题的组织呢？

根据我的记忆，圣约翰学生没有成立什么组织。老师讲课，读报纸社论，介绍维新派新出版的杂志里的文章。这些确实使我们感到振奋，比学中国经书有趣得多。我记得大约有两三位中文教师用新法教学。其他老师虽不教我，但是我想他们的讲课肯定也同样有趣。学生们不能有组织、有代表性地发表自己的观点，因为当时还没有学生组织。

越来越多的学生离校，到国外去寻求新教育，这一事实给我们有很大影响。它同样也影响了学校当局。事实是学生在圣约翰毕业前就想到美国去学习。为什么？他们说因为他们想获得新知识。在圣约翰任教的美国教师是采取赞助态度的，但与此同时，他们也为学生这种急切的留学要求所震惊。该校成立三十年以来，从未发生过这种事。

我们对康梁的政纲是否清楚呢？我认为，我们对他们的思想，认识是模糊的。学生是主张改革的，是主张有一个较强的政府的。总的感觉是中国每次和列强打交道，都以失败告终。我们发现这是令人最厌恶、最灰心、最沮丧的，可不知道是什么缘故和该怎么办。我们模糊地感到改革是个好主意，而并不了解其真正的意义。是啊！我想，当时我年纪太轻，还无法认识其重要意义。这就是我所能忆及的……我们感到到处是维新的呼声，并觉得这是好事。孙逸仙对学生的影响呢？在那时，还没有什么影响。在我的记忆中,当时舆论界对孙逸仙没有多少议论。

至于学生出版的刊物,有圣约翰的《回声》。那是学生编辑的一种月刊。但是,我想有关政治的文章很少;如果有的话,也肯定不会有很大启发性。刊物是英文的。当时教会学校的一个弱点,是把中文课的地位放在英文课和用英文原本的其他学科之下。例如,历史课,我记得很清楚,圣约翰是不教中国史的,只教美国史和英国史。因此,当新教师讲中国史,讲到中国名人、著名的政治家、军事将领以及爱国志士时,我们听得都很激动。正如我以上所述,直至那时,中文课一直是应付公事,教师的薪金不比学校堂役多多少。他们的薪金可能至多相当于外国教授的十分之一,有的甚至是二十分之一。教授多数是美国人,也有英国人。我记得有位理科教师是英国人,他的妻子当然也是英国人。

学中文只不过是流于形式,而且还不是一种很重要的形式。我记得很清楚,有些学生从预科一年级直到毕业,总共念了七年,而他们的中文知识依然处于一年级水平。显然,教会学校培养中国人的目的不是出自中国国家的需要,而是出自满足教会活动的需要。他们在普及教育方面所愿意做的工作主要是传播西方科学知识,为个人谋生做好较好的准备,而并未顾及或根本未意识到整个国家的需要和要求。

首途留美

我认为主要是由于新教师的思想的缘故,我和我的同学越来越感到需要变革。但这里所说的变革,并不是政府机构的变革,也不是重大政治制度的变革,因为我年岁太小,对这些还不能理解。我们只是感到有些事不对头,需要新方法和新思想。同时,有些学生对西方教育的兴趣日浓,一批接一批地到外国求学。这对我和同学们影响很大。我有两个同学,都是南浔的富家子弟,两家在上海都开设有大缫丝厂。一天,他们告诉我,他们决定赴美留学,约我同往。他们的想法给我的影响很大,因为他们根本不懂出国意味着什么。我问还有谁去。原来我班要走的同学共有四人。另外两人是施肇基博士的侄子,炳元和赞元。我想他们之所以受命出国留学,是受其叔伯辈施肇基和施肇祥的影响。

施家兄弟也劝我和他们同行。我立即表示同意,但是我得和家里商量。当我告知父母时,父亲没有表示同意,也没有提出反对意见;母亲则强烈反对。她说:"为什么跑这么远去求学?"她想知道我得在国外呆多久。当我告诉她至少需四五年时,她更加反对。我尽力向她说明那是该做的事,并告诉她不是我一个人,而是好几个同学都去,圣约翰已经有不少学生赴美。我还告诉她,施肇基和施肇祥就是留学回来的。这正是中国的需要,我因而也想接受新教育。她始终没被说服,但我还是着手准备。

第一件事是做几套西服——找西装裁缝做衣服是令人非常兴奋的事。至于订购船票,则都由同学代办,他们有人帮忙。有一件难对付的事情,那就是剪我的辫子。我确定出国并通知父母后,就决定剪掉辫子。这特别是因为其他几个男孩子也都将这样做。但在当时,即使是理发店也不习惯于为中国人剪辫子。因此,我去理发店那天,理发师犹豫了一阵,一再问我是否真想把辫子剪掉。我说,是的。他于是鼓起勇气替我剪了辫子,并向我加倍收费。他用丝带把辫子扎好,放在纸袋里。我带回家里,交给母亲。她一见到就大吃一惊,并哭了起来。她把辫子当作珍贵物品锁在衣箱里。她确实感到心烦意乱。

我记得还有费用问题。一天,我和父亲谈起了这件事。要知道,当年横渡太平洋的旅费尽管比现在便宜得多,还是很可观的。父亲告诉我,费用没问题,要我不必担心。他告诉我说,事实上,和他相识多年的两江总督端方曾为我提供了官费,因为江苏省政府正在派遣一些学生赴美留学。那时有一种风气,一些眼光远大的高级官员都鼓励并支持派学生出国。父亲告诉我说,他已拍去电报婉言谢绝。他告诉总督,他能负担我的费用,并希望能把这笔官费授予家庭经济条件较差的其他学生。

我们一行七人于 1904 年 8 月赴美。其中有:施氏三兄弟炳元、赞元和厚元(赞元之弟)。有朱榜生,他只有十九岁,是有名的拥有大量房地产和一家缫丝厂的朱家的独生子。还有一位是孙嘉禄,我要特别提一下他,因为他以后和我关系很大。此外,有一位是江苏省政府官费获得者杨诵清,他父亲是南京附近的一位地方官。

我们都没出国,也都没乘过船,所以都有点晕船。我们在第一站日本横滨登岸时,好像离开祖国已经好几个星期了。我们的头一个想法就是吃中国饭。轮船在傍晚靠码头,十点就要启航,所以我们很快乘小火轮返回。在小火轮上,我们和一些外国旅客在一起。接近客轮时,海浪很大,我们必须攀登梯子才能回到客轮。我紧跟在杨诵清身后。他一点也不懂英语,是一个典型的中国旧官僚家庭出身的后生。他身材魁梧,留着一条大辫子,行动不灵活。我要他先登上舷梯,以保证他能上船。当他试图登梯时,小火轮摇晃了一下,他掉下去了。我赶快抓他,但除了辫子以外,什么也抓不到! 这条辫子真大,我用双手紧紧拉着,不让他沉到水里。在这紧急关头,其他同伴跑来,帮着把他救上来。他受惊不小。我们在舱内嘲笑他时,他恼火了。他说:"你们这些人总是催我剪辫子,我拒绝了。你们现在可知道还是我对吧。辫子救了我的命。没有它,我可能早淹死啦!"我们曾说服他剪掉辫子,他也已答应到檀香山就剪;但是在这次事件后,他拒绝履行诺言,结果是带着辫子在檀香山登陆的。他到美国将近一年之后,才把辫子剪掉。

虽然对我们来说,一切都是新的经历,如受移民局官员的询问和办理海关手续等,但这次旅行还是顺利的。施肇基先生是我们的领队,他照料着我们。我认为他负有照料江苏省派遣的留学生的使命。他本人是康奈尔大学毕业生,当然对纽约州北部地区了如指掌。他把我们安置在库克学院。实际上,他准许我们在两所学校里任选一所,并告诉我们两校各自的优缺点。但是他自己比较喜欢库克学院,因为两江总督端方的儿子上一年曾在那里上学并且十分满意。我记得,我和孙嘉禄决定上库克学院。其他人则进入其他预备学校。

库克学院

　　库克学院坐落在蒙图尔瀑布村里,据说有九百人口。它是一所寄宿学校。我们生活和学习全在一座大楼里,它又是一所男女合校。女生住在一楼,男生住在二楼、三楼。老师也都住在那里。这座楼很大。当时,办一所男女合校的寄宿学校是很不寻常的,我想那是由于私立学校经费有限的缘故。学生都来自附近的村庄。实际是一所农村学校,费用很低。我记得我们一年只要有九百美元就够了,食宿和学费都在内。学校的附属农场种植了大量蔬菜。不存在多花点钱的可能性。我记得我们花钱的唯一途径是散步到附近村庄,花五分钱喝一杯可可茶,十分钱吃一份鸡蛋三明治。这就是所有可以花钱之处。

　　我们在库克学院呆了一年。我们初到时,校长接见了我们,设法了解我们学过什么和还需要学习哪些知识。他看到我们英语讲得太差,就觉得我们需要花费些时间来提高英语水平以及学完预科课程。他估计,如果我们想完全达到这个程度、同时又不感到压力太大,大约得用两年。但是比我年长的孙嘉禄想用一年完成这段学习。他有他的理由。他和我一样,是自费留学生,或者说是由家庭供给的留学生。他父亲打算让他学习五年。如果学完大学课程要用四年,他就只能在预科花费一年的时间。因此,我们两人都认为该用一年学完预科课程。校长很愿意看看我们的进展情况。最后,我们发现是一年,而不是原来估计的两年,确实可能完成预科学习。

库克学院的生活是很有趣的。学校师生对我们很好。我估计学生不超过一百三十名。男女生比例约为二比一。我们觉得男女同校奇怪吗? 是的,我们很怕羞。我们英语说得不很好。那里的学生很好奇并对我们这两名外国学生流露出友好关切的心情。我们都专心致志地学习,同时很高兴发现女生和男生一样都很友好、富于同情心并乐于助人。老师也都这样。校长诺顿博士和他的夫人和蔼可亲。他们看待我们有如自己的子弟。虽然每天早晨有祈祷仪式,并在仪式上发布学校通告和简短的祷告,但这所学校不属于任何教会。星期日我们可以随意去我们想去的任何教堂。

我跟班上课并没有多大困难。我对英文和数学特别感兴趣。说得确切点,数学教师对我的作业十分满意;他让我协助他辅导那些被数学难住的学生。有个女生因听不懂几何而感到绝望;教师也越来越伤脑筋,无论怎样解释,她总是不懂。最后,教师找我并对我说:"顾维钧,你的数学学得很好嘛。"他问我是否能给她讲一下我是怎样解题的。课后,这个女生来找我帮忙。她不理解勾股定理,我找她要了一张纸和一把剪刀。我画了一个很大的直角三角形。我先量了两边的长度,然后把三角形剪下来,再量斜边。她发现算出来的结果完全正确。于是她就懂了。教师只是在黑板上写数码字,这样解释公式是难以理解的。通过见到这块剪纸,然后转过来仔细测量,她就明白结论是正确的。她高兴极了。我记得第二天上课时,她跑到教师面前说:她终于理解了。

我在库克学院的学习情况没有多少可以叙述的。只有一件事要说一下,那就是到最后结束时,学校告诉我,校董会规定所有学生特别是那些想教书或者进入州立大学深造的,参加一次考试。经校董会出具证明,可以保送州立大学或学院上学。老师告诉我,我不用参加数学考试,因为我的成绩总是一百分,按规定应予免试。其他课程我都及格了。我准备升学,但是这却成了一个问题。

何去何从

事实上,那年一整年我一直难于做出决定的,并不是去哪里学而是去学什么。我记得我曾和我同屋同学孙嘉禄争论过多次。他极力主张我干工程这一行。他自己就准备去康奈尔大学学机械工程。我告诉他,我想学政治学和外交学,他极力反对。我几乎被他的论点说服。首先,他说,工程师的职业比较不受约束,不需要像政界人士那样见了上司就得卑躬屈膝。这个职业比较安定,只要你掌握了技术,你可以确信不论让你从事何种工作,你都能保住你的职位。这是一种生活有保证的职业。中国急需大批工程师修造铁路和桥梁。他竭力反对我进入官场,因为在政界,一切都取决于权势和裙带关系,最后的决定因素并不是一个人的长处。第二,孙嘉禄争辩说,在政界,除非加入一个政党或自己组织政党,单枪匹马是不会有什么成就的。第三,他说,在整个中国历史上,政治生活是很危险的,有的人甚至牺牲了自己的性命。孙嘉禄提到了康有为维新变法运动中三位爱国者之死①。他们都被斩首。尽管他们是伟大的爱国者、学者,有才干的人……

他不断重复这些论点。我告诉他,我想为改善国家的状况做一些事情。首先,我说,我想做一些有益于国家的工作。这倒不是我在夸大我个人的重要性,而是我的目的是为国效力,以实行

---

① 原文如此,但当时戊戌政变有谭嗣同、杨锐、刘光第、林旭、杨深秀、康广仁六人被杀。——译者

改革,特别是在处理外交关系方面。第二,我说,父亲总是要我进入政界。事实上,按照当时的风气和政府的政策,他已经为我捐官,为我投身政界做好准备。他的想法是使我从一开始就比别人高出几等。第三,投身政界还能光耀门庭,胜于发财致富或者俭朴过活。中国最需要的是能推行改革的一批新的政府官员。

我们的讨论不断地继续进行。孙嘉禄的论点这样有力,使我心慌意乱得难以做出决定。我现在还记得当时因犹豫不决而给自己带来的折磨苦恼。甚至在库克学院毕业后,我还因未能决定学习哪一科而很不愉快。孙嘉禄总是强烈要求我和他一起到康奈尔去,这使我特别为难。他向康奈尔提出入学申请并得到录取通知后,就催我和他一起到伊萨卡去。我照办了,但这不是因为我决心接受他的论点,而只是因为我可以利用夏天提高我的德语水平,准备投考哥伦比亚大学。那时我得知持有纽约州教育董事会证明信者可在该州任何州立院校入学,而哥伦比亚大学则不承认董事会证明信。

早在我出国之前,我就想去哥伦比亚大学上学。我以前就听说过哥伦比亚大学。它是一所著名的大学,它的政治系尤其有名。我们曾在中国报纸上看到过有关在哥伦比亚大学获得博士学位的第一位中国人叶庆云(音译)的消息。他是学政治学的,专攻比较立宪政府。我在库克学院翻阅了哥伦比亚大学的简介,发现上面所列教授的名字有不少经常在报纸上出现。这样,我的思想里对报考哪所学校就定下来了,唯一的问题是学习什么课程。

最后,我暂时把这个问题搁置起来,随同孙嘉禄前往伊萨卡,以便把德文学得好一点。在伊萨卡发生的一些事情确实帮助我解决了问题,或者更确切地说,合我心意地把这个问题的解决推迟了。一天晚上,大同社召开大会,我由于某种原因被要求在会上演说。也许这是一个以中国为主题的晚会。我在会上做了以《觉醒了的中国》为题或类似这种题目的演说,介绍中国的一些情况,以及人们普遍要求改革的情绪。但是我心里想得很多的是确定学习方向这一问题。我刚讲完,对中国十分友好的康奈尔大学政治经济学教授詹克斯博士走过来向我祝贺。我于是就毫不客气地向他请教我的问题。他在很耐心地听了我的陈述之后,立即向我提出了我所需要的忠告。他说:"把你的问题忘掉吧。不要为你将要学什么烦恼。到哥伦比亚大学去学习必修课吧!"他说,他可以担保在两年过程中,即在一、二年级期间,我会毫无困难地做出决定。我对这个忠告十分满意,并再次安下心来了。

我花费了六周时间参加暑期德文班学习,接着参加哥伦比亚大学的入学考试。除了化学以外,其他各科都及格。但我还是被录取了,条件是我须在大学补习化学。因此,在 9 月底我办完了入学手续,开始了我在哥伦比亚大学的生活。

哥伦比亚大学一年级

现在我想说一说我在一年级时哥伦比亚大学给我的印象。当然,这是新的经历,我感到人生地不熟。但是,最初的印象以及后来所获得的印象都令人十分愉快。首先,我很高兴地看到校园里不论是教师还是学生,都很友好、很关心别人。我是从中国刚来不久的年轻人,这可能引起了他们一定的兴趣。但我在各处遇到的是友谊和关怀,完全出乎我的意料。作为一年级学生,我必须遵守二年级学生所发布的有关一年级学生举止行动的通告。我得戴一顶上面有个白纽扣的小软帽。这不是一件很合适的头饰,但是我照办了,以标志我是新生。

这两个年级之间的对抗,是一种传统。它引起了一些活动,这些活动看起来很有趣,但是有时也相当粗野。其中有一项叫做夺旗。学校南操场正中立着一根旗杆,二年级学生在顶端放一面旗子。一年级学生提出挑战,要把旗子拿下来。双方各五百人,战斗十分激烈。二年级学生层层围住旗杆,保护旗子。一年级学生分成若干小队,展开进攻。第一次进攻时,同学们抓住我,抛过二年级学生的头顶。我设法靠近旗杆,被人拖住了腿,差点扯断。我用尽平生力气,才得摆脱。接着,我们又组织第二次进攻。我们先把对方注意力吸引到一个方向,然后由同学在另一个方向突然把我举起,抛向旗杆。我爬上去,拿下了旗子。我们兴高采烈,又唱又笑。对我来说,真是个值得纪念的日子。我亲自经历了令人激动的美国大学生活。

深秋的一天,传来消息——二年级绑架六名一年级学生并把他们藏在多波斯渡口或扬克斯。据说二年级一面庆功,一面捉弄俘虏。一年级的学生干事在当天傍晚通知我们1909届同学在南操场集合出发。我们快到多波斯渡口时,侦察员发现我们的六位同学被藏在扬克斯的一家旅馆里。我们几百人乘电车前往。到达后,我们分成几个小队,从前后左右四面进攻。我属于从后面进攻的小队。十英尺高的院墙挡住了我们。没有梯子,就由两位高个子同学把我举到他们肩膀上。我爬上墙,里面飞过一把椅子来。我跳下去,其他同学也跟着跳进院里。一场混战开始了。一个身材高大的二年级学生找我对打,我的一位同学接了过去,因为我不可能打赢。我同一个身材和我相仿的人交手,并占了上风。另一个二年级学生要帮他,可是有人喊:"住手! 只许一对一!"在白热化的格斗中,我深为美国的运动员道德所感动。

当我们打开通道进入大厅时,从正面进攻的小队也已经进来了。俘虏被放出之后,也参加了战斗。大厅里一片混乱。但是战斗突然停止。警察来了,还有救火车。为了两个年级的学生的安全一下子联合起来,共同对付警察和消防队员。这并不难,因为我们有好几百人,而对方只是三四名警察和大约四名消防队员以及一名救火车司机。我们解除了他们的武装,有的人穿上了从他们身上扒下来的制服。警察撤走了。我们看到有人群涌过来,就分乘电车和上下班火车慌慌张张地跑了。直到第二天我们见到

《纽约时报》之前,我们还以为已经万事大吉。《时报》报道了哥伦比亚大学学生和市民之间的激烈战斗,并称镇议会召开紧急会议,做出决议,大意是:这次哥伦比亚大学学生非法入侵,使镇上居民备受惊恐;今后如有五名以上哥伦比亚大学学生来到镇上,将发出警报,届时妇女须前往教堂躲避;男子则须领取武器自卫。

把这个事件公开发表,使两个年级遭到责难。校长把班干事叫去申斥,并警告以后不准再这样胡闹。

到了第一学年末,我对主修专业的一切疑虑都打消了。主修政治和国际外交已经不成问题了。我现在还记得当时我多么感激詹克斯教授,因为我在哥伦比亚大学才一年就下定了决心。

我最后是怎样做出决定的呢?在第一学年学习过程中,我对很多课外的事情感到兴趣。我参加了语言社(Philolexian Society)并参加演讲比赛。我以《旁观者》杂志编辑部候补编辑的身份写报道。各俱乐部和社团时常邀请我去演讲。我讲演的题目通常是听众和我所感兴趣的。这些题目都是有关中国的,比如中国的形势、中国的问题、中国的前途等。这样,我的兴趣就逐渐倾向政治。由于哥伦比亚大学是致力于研究人文学科的,所以我的兴趣越来越集中于人文学科而不是工科。我想我的决定就是基于这种情感。再者,每天早晨看报时,我首先想找的当然是有关中国的消息。在美国学习时,经常关心的总是中国所发生的一切。

有一件事可能对我的决定有作用。这件事就是清政府派五大臣到西方考察立宪政治。我记得他们是在 1905 年末到 1906 年初的那个冬天来的。团长是总督端方①。他们的日程包括参观哥伦比亚大学。作为哥伦比亚大学的一名中国学生和纽约中国学生联谊会主席,我代表中国学生团体参加欢迎考察团。我陪同他们参观了学校。考察团的主要顾问都是曾经留学美国或英国的学生,这对我的印象很深。有一位顾问就是我们来美时的领队施

---

① 按当时出使各国考察政治的领衔大臣是户部右侍郎戴鸿慈。——译者

肇基。为欢迎他们而举行的很多盛大集会,我也参加了。

我是在哥伦比亚大学一年级时第一次访问华盛顿的,那是应张之洞总督之子湖北省政府留学生监督张权先生的邀请而去的。我第一次经历华盛顿生活,对美国首都的美丽景色印象很深;而我印象最深的是拜访中国公使梁诚爵士(字震东)。他曾由英皇封为爵士。中国学生和美国公众对他都很钦佩,因为他是一名棒球运动员,参加过安多弗棒球队。他上过阿默斯特大学,不过我估计他并没有在那里读完。他的接待非常友好,一个青年学生再也没有想到一位钦差大臣会这么友好。我想,由于他本人曾是留美的中国学生,所以在会见下一代的留美学生时,感到格外愉快。

我模糊地记得,1904年秋我来到美国时,日俄战争刚刚爆发。在我进入哥伦比亚大学之后不久,这场战争已经结束。由于罗斯福总统的斡旋,和会在新罕布什尔州朴次茅斯市举行。当然我当时颇注意谈判的进展,但由于我太年轻,还不能领会会上的争论实质。我只记得战争赔款是一个十分重要的问题。会议最后同意接受罗斯福总统的意见,不谈这个问题。这自然招致日本人的不满。据说,当时日本代表认为不谈这个问题是明智的。但他们回到东京后,却遭到了暴徒的袭击以示不满,这些暴徒认为日本和谈代表是擅自弃权。本来日本人在美国还是受欢迎的。小小的日本显示了它战胜北方巨熊的决心和能力,这正符合美国人民的想象。但是由于日本公众舆论开始谴责美国坚持不涉及战争赔款的和谈,反美情绪也就出现。这种情绪随着它的发展,导致了两国人民之间友好关系的不断削弱。事实上,关系的逐步恶化由于加利福尼亚州制定了禁止日本人占有土地的法律并由于排斥日本移民的问题而日趋严重。我认为到日本进攻满洲时,关系没有好转。惟有1923年的日本大地震可能是个例外。那时美国和其他国家一起,曾对受灾的日本人民提供了大量救济物资。

教授和校长

现在再回过头来谈谈哥伦比亚大学。我已经说过,我曾受到二年级学生的多次恶作剧。我还不止一次地见到同班同学被他们扔进水池。但他们却以很友好的态度走过来和我说话。我感到外国学生在哥伦比亚大学都受到很好的对待,这使我在一定程度上感到自在。并不是我属于例外,因为许多其他外国学生也是一样。我在校内结交的朋友中有一个波斯人,一个俄罗斯人,还有一个来自南非的祖卢兰德的百分之百的黑人。我还记得他们,因为他们表现得都很不错。那个祖卢学生参加了一次演讲比赛,并获得了奖品。我感到哥伦比亚大学对待外国学生的这种友好态度正说明它为什么这样有名。不仅中国,而且亚洲其他国家以及欧洲国家,都对哥伦比亚大学评价很高。很多人在离开他们祖国之前,就想要来哥伦比亚大学学习。

那时候,哥伦比亚大学有一支出色的教师队伍,由世界各地的著名学者组成。其中有研究宪法的伯吉斯,研究行政法的古德诺,研究经济学的塞利格曼,研究国际法和外交学的穆尔,研究历史的比尔德,研究欧洲史的罗宾逊,研究社会学的吉丁斯,研究近东和西亚的杰克逊。我可以指出几十位来。所有这些学者都负有国际声望。

除杰克逊外,其他人的课我都选过。但我对杰克逊很了解,因为他组织了一个社团。后来,我又选修法学院一些教授开设的课程,如著名的克尔奇威、库欣和讲罗马法的史密斯教授。

是的,我得说我有机会在这些名师的教导下读书确实是三生有幸。我逐渐对他们有了了解。他们对我特别感兴趣,邀请我去他们家吃午饭,吃晚饭,或者参加茶会。

当我上比尔德的课时,他还是一位青年教师。他的讲课十分有趣,他决不是一位墨守成规的教员。他准是刻苦备课,因为他所讲的历史事实除时间、地点外,还充满了人物的活动。我记得听比尔德的课是在早晨 8 点 10 分。早上总要赶紧起床才能在上课前赶上吃一顿一个小面包和一杯可可的早点。一天,我和一位同学和平常一样,起床晚了。我们急忙跑到食堂去吃早点,食堂离教室相当远。我们看了一下挂钟,就匆匆奔向教室。他从窗口跳进教室,我没有考虑,也照办了。教室里鸦雀无声。我们看到比尔德教授笔挺地站在那里,态度十分安详。我们感到惊奇。直到我俩入座,他才开始讲话。他本来正在点名,并正点到"K"字头的名字。他叫了我的名字,我回答"到",然后,他看着我,很镇静地说:"顾维钧,我们看见你赶到了,但是你进教室的方法可不大文雅。"他指着门说那才是正规的入口。他说得这样沉着,致使全班同学哄堂大笑,甚至鼓掌喝彩。我们都为他这样周到所感动。

我还认识比尔德教授的夫人玛丽。作为一位学者、作家,她也给我以深刻印象。他俩对学生特别是外国学生很感兴趣。我觉得他们对人是非常友好的。

古德诺是一位第一流的教师。当然,他是公认的行政法权威。我记得他对我特别感兴趣。我经常向他请教,所以他简直成了我的顾问。我也常去穆尔教授那里求教。特别是在后来的几年里,每当我遇到一些问题需要解决时,我主要是请教穆尔教授和比尔德教授。

穆尔是一位令人敬佩的老教授。我不仅把他看作是自己的恩师,而且还把他看作是首席顾问。他给我的印象是:兴趣广泛,心地善良。他在家里举行茶会曾多次邀请我去参加。这些茶会,是招待纽约社会人士,而不是招待学生的。星期天他常约我和他一家人共进午餐。他是一位一丝不苟的学者。他强调学会做以下两件事的重要性:第一,不论是为了写文章还是为了求知,要知道到哪里去找自己所需要的材料;第二,学会推理。他说,不必让一个人费脑子去记事实、日期、人名和地点,重要得多的是学会到哪里去找这些资料。这样,你就能保持头脑清醒,进行独立思考,而不只是一位编年史的汇编者。我想,在他脑子里可能有一些国际法学者和作者是我们不应该仿效的。

穆尔的教学有独到之处,效果极好。我记得有时早已下课,但他还留在教室里回答问题。他常和我以及其他人讨论他在讲课中提出的论点,一谈就是十分钟、二十分钟,有时甚至半小时。他总是设法讲清观点,有时还在极其亲切的气氛中进行争论。和大多数教授不同,他有实际经验。他一度曾担任助理国务卿;我想,他还多次担任过代理国务卿。当然,他还是《国际仲裁》和《国际法汇编》这两本不朽著作的作者。

巴特勒校长给我的印象呢?

巴特勒校长的人品、言谈和他重视实际的精神,都给我们以深刻的印象。我总是感到他具有头等的行政管理才干。他对校外生活、特别是政治生活的极大兴趣,给我们的印象极其深刻。校园里盛传着有关他的政治野心和他在纽约的共和党领袖中的活动的流言。我想他把促进与纽约各界领袖的友谊,当作是一项政策。这说明他为什么能够成功地募集基金和以后为大学的发展取得各方面的支持。他的成就确实很大。我记得,虽然我入学时哥伦比亚大学已是一所很大的学府,但是远不如我离开时那样令人难忘。我在哥伦比亚大学的七年期间,学校之所以能够修建这样多的新建筑,得到这样大的扩充和发展,这一切都应归功于巴特勒校长的影响、工作和努力。他还有结识世界学术名流的能力,这或许能说明为什么他能聘请各个学术领域里这么多的著名学者来哥伦比亚大学任教。他对于大学在国内以及在世界上所起的作用,具有真正全面而广泛的见解。我觉得部分原因在于他每年都到美国国外各地旅行。

在管理哥伦比亚大学方面,巴特勒校长是一位独裁主义者。

他留心教师的一切活动。有的教师喜欢对哥伦比亚大学的工作提出批评。巴特勒校长对批评意见并不总是同意的。

作为一个学生，我见到他的次数至少不比其他学生少。他不知怎么很了解我，也许由于我是外国人、在参加一些集会时容易惹他注意。我曾好几次去他办公室求教。在那个时代学生进校长办公室远不像现在这样困难。我记得很清楚，当我去见哥伦比亚大学秘书克佩尔并向他提出问题时，他总设法让我去见巴特勒校长。后来，克佩尔担任了哥伦比亚学院院长，法肯索尔也会让我去见巴特勒校长。我记得那时候法肯索尔在楼上，有一部自用电梯。而克佩尔却依然把他的办公室安置在洛氏纪念图书馆的楼下，一进门向左转弯的地方。他的办公室在左侧，而校长办公室则进大厅后还得往里走。

我现在不记得当时我都有哪些问题。大概是个人问题或中美关系问题之类。在我的学生时代，巴特勒校长在我参加的一些有他讲话的集会上或在一些社交场合，曾有一两次亲自提到过我。他的这一举动很不寻常。有一次，在校长为一年级学生举行的招待会上，他转身向我，并说："谈到不同国家的文化，这里有个中国文化的例子。注意其善于适应！"是的，我必须说我是他的敬慕者之一。当然，不是每个人都敬慕他。他有坚强的性格，办事坚决果断，如果还算不得是严厉或无情的话。

拉丁文和地质学

我在哥伦比亚大学第一学年的学习安排比较简单，因为某些课程都是一年级学生的必修课。直到年底，我才遇到一个问题，这个问题其实是我自己造成的。我发现凡是未修拉丁文甲班课程的学生只能获得理学士学位。但是我想攻读文学士学位。我向大学注册处和我的顾问询问,他们进一步证实了这一规定。我立即决定在二年级学习拉丁文。院长告诉我说,如果中学没有学过,就不要指望能跟班听课。尽管如此,他还是建议我去见拉丁文系主任麦克雷教授。麦克雷教授见到我时,感到十分为难。他说,拉丁文甲班是所有攻读文学士学位的学生的必修课,但是它以学生在中学学过四年拉丁文为先决条件。他还没见过不经初步训练而能跟上拉丁文甲班听课的人。我告诉他,我可以在暑期开始学拉丁文,为二年级跟上拉丁文甲班听课做好准备。他很怀疑一个学生能在一个暑期里学完通常需要学习四年的课程内容。他问我为什么想学拉丁文,又为什么这样强烈地要求攻读文学士学位。我说我自己也并不真正了解为什么;我只是感到我该得的是文学士而不是理学士,因为我对自然科学没有多大兴趣。他向我解释,理学士学位并不意味着获得者都是学自然科学的学生,而只是意味着他是学科学的。这仅仅标志出哥伦比亚学院两种学生的差别。一种是完成了除拉丁文甲班课程以外的所有必修课,将授予理学士学位;另一种是学完了拉丁文甲班课程,将授予文学士学位。

最后,麦克雷教授说,要是美国学生的话,他决不鼓励他争取上拉丁文甲班课程。由于我是一个中国学生,同时他也不了解中国学生有多大能力,所以他认为我不妨试试,但是我需要一位很好的教师。在我的要求下,他向我推荐了霍勒斯·曼学校的一位拉丁文教师。我和这位教师取得了联系并做了安排。他要到康涅狄格州米德尔城的维斯理学院教书;我也到那里去,和他住在一起,以便跟他学习。一切安排就绪,我就开始学习拉丁文。我从头开始,要在大约六到八周内学完四年的拉丁文。

他每天为我授课两小时。两周后,他为我已经完成第一年的课程而十分高兴。正在这时刻,圣约翰有位同学给我打来电报,说他即将来美。他把他们小组的到达日期告诉了我,并要求我到纽约去接他们。我不能把这事置之不理,就要求请假两天。最初,老师极力反对。他想尽办法阻止我去。他说,如果我去纽约,那么回来时,将发现两周的努力前功尽弃。这时我真是左右为难。最后,我告诉老师,我不能不去,因为这个小组的成员大部分是我在圣约翰的同学。由于亲身经历过来美途中的难处,我觉得他们需要我的帮助。老师勉强同意了,但警告我不得超假。我去了,接了他们,然后又回来了。老师想考一考我还记得多少。他感到吃惊的是,我还记得挺多,但忘掉的也不少。因此他说,唯一办法是复习,把更多时间花费在已经学过的内容上。这整整用了我两天时间。此后,老师认为我的学习令人相当满意。六周结束时,我学完了四年的全部课程。老师完成了他的教学任务,我们便分手了。

我回到哥伦比亚大学,拜访了麦克雷教授,把情况告诉了他。他说,他已收到我的老师的报告,并感到相当惊奇。但是他说,为了让我参加拉丁文的入学考试,他要当场对我进行测验。他先从书架上拿下西塞罗的作品,要我翻译,我照办了。然后他又拿弗吉尔和霍勒斯的作品,要我翻译他指定的一些诗句。我尽力办了。显然,他很满意。他说,在我第二学年开始前,他将为我安排拉丁文甲班的考试。我参加了考试,并急切地希望得知结果。他总算不错,没有让我久等。下午我去见他,他说:"你及格了。现在你可以上拉丁文甲班课了。"这使我万分高兴。这是一门一年的课程。前半年我的成绩是"乙下"。这在他看来,不算太坏。但是后半年的成绩更好。我实际上得了"甲上"。就这样解决了我在哥伦比亚大学学习中的一个问题。

另一个有趣的经历发生在第二学年。在哥伦比亚大学,我有一位亲密的中国朋友,他是矿业学院的学生。他时常给我讲发展中国采矿工业的重要意义。我觉得很有意思,于是我就想懂一点采矿知识。他说,学习地质学有助于入门。我去见肯普教授。他当时是矿业学院院长或者说是哥伦比亚大学的主要地质学家。他问了一下我的学习经历,并告诉我说,"地质学Ⅰ"是相当先进的课程。矿业学院的新生只有这一门课程可学。我也想学这门课。最初他想打消我的念头，但是当他看到我那样坚决想学，最后同意让我试一试。我记得所用的教科书是很薄的一本，可能不超过一百页。第一节课讲了开始的一页半，可是我对这节课讲的内容一点也摸不着头脑。我一而再、再而三地阅读这一页半书，虽然不理解，还是下决心要弄明白。我发现几乎每一行里都有五六个字需要查字典。这是十分吃力的，但是我不想放弃。

实际上，我把这头一页半书至少读了十天。最后，我突然感到非常振奋，我完全弄懂了这一页半书！从那时起，我发现这本书比较容易读了。同时我很喜欢每星期六的实验课，化验各种石头，并写出实验报告。我记得实验辅导教师对我特别关心，他知道我学习地质学的基础很差。结果，我通过了所有的测验，这种测验每六周举行一次。因此，我及格了，不但我自己满意，而且看来我的老师们也满意。

体育活动

现在我想谈谈我在哥伦比亚大学的课外活动，包括体育和其他一些活动。首先，我对运动场上和体育馆里的很多活动感兴趣。我记得几乎所有各项运动都把我迷住了。

在同学们的建议和敦促下，我参加了划船队。划船要求身强力壮，我则个子矮小，体重不足一百零五磅。但他们不是要我当划手，而是当舵手。教练也竭力鼓励我干。我花了两周时间在哈莱姆河上划船。我尽了最大努力，但有的划手不听指挥。教练让我骂他们。两周之后，我决定退出。我告诉教练我不会骂人。他说，任何人都能学会骂人，这是一件很容易做到的事。我说，不行，我的英文还不足以用来骂人。就这样，我不干了。

不久，我加入了田径队。我参加了一百码短跑和二百二十码跳栏比赛。我的速度不够快，因此，在教练的指导下，我练习四分之一英里和半英里长跑，但取得的进步不大。于是他建议我试一下越野赛跑。从哥伦比亚大学大楼或体育馆后身起跑，沿着河滨大道到第96号街。比赛是很艰苦的。不少运动员在返回的途中掉队，我也很想开小差。但教练和助手在沿路各站组织了很多高年级学生，他们向我高喊："顾维钧，别掉队！别开小差，坚持下去！"这些话对我产生了强烈的影响。每次赛跑我都坚持到底，通常不是倒数第一，就是倒数第二，比先到终点的运动员落后好几分钟。

我在越野赛跑方面虽然未取得成功，但我努力练习短跑。我每天很早起床去南操场练习。南操场在哈特利和利文斯顿两幢宿舍楼的前面。甚至在暑期离校期间，如我和拉丁文教师在米德尔城度夏时，我也十分努力地练习了六周，希望能取得一些进步。但是哥伦比亚大学的竞争非常激烈，我也始终没在跑道上成为重要人物。唯一一次感到满意的，是我赢得了南操场上两幢宿舍楼之间的接力赛。

在体育馆馆长的劝说下，我参加了夺棒活动。但是我只参加了两三个星期，因为我认识到用全部力量去夺取对方的棍棒是难以理解的。棍棒约有棒球棒那样长，但两头是一样粗细的。为了夺棒，两人扭作一团。这对锻炼臂力有好处，但是我兴趣不大。再说，这是一种室内活动，而我喜欢室外运动。我相信，现在已经没有人进行这种活动了。

还有网球运动也引起了我的兴趣。我学打网球，可是这又是一项对我不太适合的运动，或者不如说我不太具备条件。我相当矮小，身高不够。经过两年刻苦练习之后，我唯一感到满意的是1910年夏中国学生会议时赢得了双打比赛。当时我在底线，我的搭档在网下。打赢这场比赛是由于他在网下的精湛球艺，而不是我在底线的功夫。

我对足球也有兴趣。我喜爱足球是因为小时候在圣约翰就踢过球。但是有一天,球打中了我的腹部正中,我当场昏倒。我对足球的兴趣也就此结束。

课外活动

随着时间的推移,我对校内体育活动以外的一些活动越来越感兴趣。我参加了通常由法学社主办的讲演和辩论比赛。我要求参加《旁观者》编辑部成员的合格考试。我甚至参加了戏剧社。

当辅导教师把我列在二年级学生的演员名单里时,我感到十分惊奇。节目的名字叫《她委曲求全》。辅导教师让我扮演送信的小孩,这是个很不重要的角色。但那也使我十分欢喜,因为有三十多人竞争,而只有十几个角色。我的戏不多,但我很喜欢这段经历。

当然,还有其他活动,比如当大学辩论队的代表。我很高兴终于在这方面获得成功。1909 年 2 月,一个队前往费城与宾夕法尼亚大学代表队辩论,我则去康奈尔大学。这在当时引起了一定的震动,因为我是哥伦比亚大学队里的一个外国人。而康奈尔大学队则有一位女队员库克小姐。据说,她之所以当选,部分原因是希望以这位女队员来有效地抵消哥伦比亚大学队里出现中国人这件新鲜事的影响。辩论结果使我们很满意。哥伦比亚大学赢得了胜利,尽管表决只是二比一。

经过六周的试用采访,我进了《旁观者》编辑部,和几位竞争者一起成了副编辑。我很高兴能当上《旁观者》编辑部的副编辑。对一个学生来说,这是了不起的荣誉。我很喜欢这项工作,想努力把它做好。这样,我就逐步从副编辑升到新闻编辑。又过了一年,我被选到经理部工作,后来在四年级时当上了总编辑。虽然

《旁观者》的工作很艰巨,但这段经历是很有益的。它确实大大有助于我提高写作能力和密切和同学的关系。我当时还担任《哥伦比亚月刊》的业务经理和《哥伦比亚人》的编辑成员。

所有这些课外活动不仅使我得以洞察校园生活,而且对整个哥伦比亚大学有了深刻了解。为《旁观者》工作使我有绝好的机会来了解哥伦比亚大学的一切活动,因为这个刊物的职责就是向全校报道新闻。从课外活动所得的益处,对我非常重要。我是个来自异国的学生,我不仅想学到知识,而且想了解这个国家的人民和生活。

我记得我在三年级时,有一天,一项通告发表了,说要选举九名学生参加学生代表委员会。这个委员会是代表全体学生包括全体教师在内来和学校当局打交道的。通告引起了相当大的激动,因为这是一个代表人数很多的全体学生的机会。我很感兴趣,但最初并没有做候选人的想法。有些朋友迫切想当代表,就宣布竞选。他们也敦促我参加竞选,但开始我持怀疑态度,觉得成功的机会不大。再者,我对竞选一窍不通。但是不多几天,随着一个又一个学生来找我拉票,我开始懂得了竞选该怎么进行。最后,我听从朋友们的意见,也当了候选人。当有人来要我投他一票时,我就和他们讲条件,要他们也投我一票。但是直接来找我的人毕竟不多,我是靠同班同学来为我竞选的。

有一件事给我的印象很不寻常,也使我感到有趣。当时,在学生中间,特别是在兄弟会成员之间,充满着反犹太情绪。然而犹太学生所占的比例很大,当然还没有纽约大学或纽约市立学院那样大。作为一个中国人,我对任何种族的人都不抱偏见。中国一直是这样的一个国家,在这个国家里,不理解种族歧视,更谈不上有人在推行种族歧视。在孔夫子教导的影响下,“四海之内皆兄弟”是普遍为人们所接受的箴言。在哥伦比亚大学,我在交往中是从来不考虑种族区分的。我和各种族的学生都交朋友。在校内,我的朋友中有很多人是信仰犹太教的,同时也有很多是信奉其他宗教的。这两方面的人似乎都感到他们宁可投中国人一票,也不愿意投其他那一派的人一票。这使我处于有利地位,得到了犹太学生和非犹太学生双方的支持。这一幸运的事实——照我的观点来看是幸运的——可能在很大程度上成为我在学生代表委员会选举中取得成功的原因。我认为,在个人的交往中,要紧的并不是他朋友的宗教信仰,个性、品质和情操比信仰更为重要。我想在当时我并没有悟出这个道理。但是,正如我所说,这是中国人天生的秉性。种族歧视或宗教歧视是中国人所难以理解的,因此他从来不认为这是他在和外部世界进行交往时应该加以考虑的因素。

我愿意提一下另一项课外活动,因为它使我得以洞察美国的政治生活。那是比尔德教授主持组织的模拟全国大会。比尔德教授当时正在哥伦比亚大学讲授政治和政府以及其他课程。这个模拟全国大会是仿效美国两个主要政党的全国大会进行的。学生按全国的州数分成若干代表团。每个代表团提名一位总统候选人和一位副总统候选人。我被指定在模拟共和党大会上发言,并提名当时的众议院议长坎农为候选人。坎农是有名的国会沙皇。这是一项有趣的经历,使我能深入了解美国的政治制度和总统和副总统是怎样在这个制度下被提名的。

坎农担任众议院议长职务长达二十多年。当时的议论是他很可能当上总统。这个人是瘦长脸,留着棕色胡子。人们认为他是冷酷无情的。有人说,他是一位强有力的、专横的议长。任何人想发言都十分困难。如果他看到他不喜欢的人举手要求发言,他就干脆把头一扭,装作根本没看见。他只让那些他认为应该发言的人发言。这就是当时的普遍评论。不久,我在华盛顿遇到了他。我发现他是一位个性很强、非常有主见的人,同时他的精明强干也给我以深刻的印象。这大大改变了我认为他是一个独裁者的印象,而这在当时是颇为流行的。我记得我在模拟大会上受到了热烈的欢呼和长时间的鼓掌。这使我认为作为一次提名演说,我的发言还是不坏的,并且使我一度产生他能得到提名的希望。但我已不记得在那次模拟大会上得到提名的究竟是谁了。

我是否认为美国政治令人困惑不解呢?是的,美国政治确实令人困惑不解。但是与此同时,对我来说,了解美国政治中什么是真正值得考虑的,候选人是怎样挑选的,选票是怎样获得的,人们是怎样到处奔走设法影响有希望争取过来的投票人的,所有这一切又确实是令人神往的。我的同学康普顿,在班上年岁较大。他使我对于美国政治长了很多见识。作为一个学生,他已对选区政治以及地区、州和全国选举很感兴趣。他是共和党员。他经常外出,为他的政党和政党候选人发表政治演说。我相信,他作为政治家,以后会取得很大进展。

模拟大会给我留下了深刻的印象,因为各个代表团都为他们的候选人或他们所支持的总统候选人获得选票而做出巨大的努力。可是,我相信,它和每四年一次的实际提名大会,是不能相比的。

我参加了一些社团,其中有法语学会。它的宗旨是推动学习和欣赏法国文化以及提高法语会话能力。我还是"皇冠"组织的成员。它的宗旨是改善哥伦比亚大学学生福利,为哥伦比亚大学的名声而工作。我们定期召开会议,举行宴会和招待会。我们通常特别关注新来的一年级学生。使他们了解哥伦比亚大学的传统和理想,并设法帮助他们彼此相识、熟悉环境和不感拘束。还有一个纳柯姆斯(Nacoms)高年级学生协会,只有很少几个人被选中参加,我是其中之一。这个学会的成员都是因热心公益而被选中的全才。

在哥伦比亚大学的朋友里,我常向一位研究生请教。他叫惠廷,比我年纪大得多,对我十分友好和关心。他笃信宗教,是基督教青年会的工作人员,工作认真而热心。在假日里,他总要邀请我野餐或旅行。他是学校很出名的一位社会福利工作者,对所有的外国留学生都很热情。他还没有结婚,也许已经决定终身不娶,全部时间都用于工作。我记得 1906 年冬,他为我安排了一次打猎。我们一起到阿迪龙达克去狩鹿。这本是一项很寻常的活动,可是我一点也不懂。我们各带一支枪,和向导一起走进森林。

有好几件事至今记忆犹新。一件是我几乎误伤向导。在越过一个篱笆时,向导在我后面,我挂着枪,枪走火了。这可把我吓坏了。向导狠狠地教训了我一顿。他告诉我枪口决不可朝上,应该朝下,还要上好保险栓。我对这些预防措施却没注意。

第二件事发生在我看见几只公鹿追逐一只母鹿的时候。这景象使我惊呆了。我只顾看,忘了举枪。也许在我的下意识中,我根本没想开枪。于是我又挨了向导一顿教训。他抓起我的枪射击,但鹿群已经逃出射程之外了。

还有第三件事。惠廷显然想再碰碰运气,向导和他做伴,我则独自回家。可是我在回家途中却迷路了。天越来越黑,我开始害怕起来。我一会儿向前走,一会儿又折回来,完全弄不清方向了。后来我推想,要是早晨我出来时,太阳在我右边。那么,在我返回时,太阳应该在我左边。结果是我越向左走,越觉得不像来时的老路。这时鸟兽发出各种吓人的声音,我想我必须在森林中过夜了。我坐下来寻思,突然明白了:如果早晨太阳在右,则返回时也应该在右边,因为太阳也在移动。于是我掉转身来,弄清了正确的方向。但是天已漆黑,我觉得非单独过一夜不可了。这多可怕啊!突然,我听到一声枪响和远处类似印第安人的喊声。我大声喊了起来。过了一会儿,我听见有人在喊"放枪"。我放了一枪。他们弄清了我在哪里,找到了我。我一直忘不了这段经历,因为我从中得到了一个教训:一个人在没有获得某项知识和没有得到有经验的人的指点之前,不应该冒昧去做那件事情。不经充分准备,就匆忙去打猎,这是轻率的举动。但是由于惠廷的邀请和陪伴,我愉快地度过了假期,调剂了生活。惠廷是一个天生的慈善家和博爱主义者。在以后的几年里,我们经常通信。他在社会工作方面,是非常杰出的。

省亲抵沪

我于1908年夏天回国。我取道欧洲，以便看看旧大陆。这当然是一次相当重要的经历，这是我第一次看到欧洲。我到了英国和法国，对所看到的一切都很感兴趣。我第一次发现欧洲的风俗习惯和许多旧制度和美国的大不一样。要不是急于回国，我真想多停留一些时候。

在伦敦，我第一次遇到两个人。他们和我以后的社会生活关系很大。一位是王宠惠博士。当时他在中殿法学协会攻法学。那时我对他所攻读的课程并没有多大兴趣，但很高兴同他结识。我们在一起呆了几乎两天。他带我周游了伦敦，并请我吃了一次中餐。也许是附近没有好的中餐馆，或是在中餐馆吃一顿饭花费太贵，他把我带到他的一位熟人家里。那是坐落在莱姆大街的一所小房子。走近这家门口，我很惊讶，因为它没有饭馆的门面。事实上，它也的确不是饭馆，而是洗衣店，大概是王的同乡开的。店的后面有一间起居室，店主人亲自在那里为我们两人做中国饭菜。我们吃得好极了，是真正的广东家常饭菜。

我遇到的另一位是中国公使汪大燮。他是一位著名的中国学者和官员。他同中国许多驻外使节一样，不会讲英语。我遇到他时，他说他正在学习英语。当时所有的中国外交代表，特别是学者派头的，都穿着中式服装，看起来很显眼。汪接见我时，穿着华丽的官服。他似乎对我格外感兴趣，因为我们的谈话时间，比我预计的要长得多。他就中国留美学生、美国政治情况和我个人爱好，向我询问了各种问题。事后，我同一些中国朋友，包括王宠惠，谈起了这次访问。我了解到汪对中国留学生特别有兴趣，而且总是留意那些他准备向政府推荐的学生。这是当时的风尚。

实际上,所有驻外公使都负有推荐一些训练有素的、有前途的青年人到政府去工作的任务。

我加上这些说明,为的是让大家知道我是怎样结识这两位的。因为他们和我以后的经历关系很大。

我乘了一艘大英轮船公司的班轮,穿过苏伊士运河,途经科伦坡、新加坡和香港等英属港口,最后到了上海。这是一次约四十天的长途旅行,天气极热。我记得,这次旅行使我深深感到,不仅欧洲与美国、而且东方与西方大不相同。如果我把当时的印象用几个字概括起来,那就是我为亚洲人民的贫困所震惊。一过苏伊士运河,沿途看到老百姓贫困,和西方的繁荣对照起来,令人沮丧。亚洲人显得知识落后,其文盲之多,贫困之甚,使其难得温饱。这些深刻的印象,使我意识到,我所经过的国家,大都是英法等西方列强的殖民地;这大概就是它们贫困的主要原因之一。当然,我对欧洲历史的研究也证实了这种看法。

当我到达上海的时候,我发现什么都不一样,不是和我离开上海时相比,而是和我在美国所见到的相比。街道、房屋、服装和风俗习惯等,一切东西看来都很稀奇。这个鲜明的对照使我明白了,上海是多么落后,要使国家和人民赶上海外的生活条件,该做多少事情啊!虽然我很高兴见到父母、兄弟、姐妹,我却有一种失望的感觉,同时也产生投身建设现代化中国的愿望。

我感到中国当时正经历着社会、知识和文化革命的痛苦阶段。虽然没有进行政治革命,但国家和人民在思想上很不稳定。在上海,人们自然急于理解和乐于接受西方的新思想。许多社会习惯都显得过时了。虽然法律禁止抽鸦片,缠足却还在流行。整个国家都在动荡中。新学堂建立起来了,但其中还有许多是按老办法管理的。上海人民发现西方思想比中国旧思想好,其他通商口岸我相信也这样。我这一代的学生对革新政治思想深感兴趣。和其他许多中国青年一样,我觉得中国的苦难是西方列强的剥削造成的,同时我们也觉得这又是由于清朝的软弱无能和腐败所致。中国青年普遍认为,不推翻满洲贵族的统治,中国就不能强大。但是,我回国并不是为了研究政治情况,而是遵父命回来的。时间只有几周,而且主要是处理个人私事。我对当时的中国局势没有进行深入研究。

我的结论是:中国人民为改善国家的状况,可以做很多事情,却没有做多少。政府从根本上错了。它不是鼓励那些该起带头作用的人有所作为,而是阻挠他们去进行改革。

婚姻问题

在这次回国期间,我第一次结婚。以后又离婚了。全部情节是复杂的,但是,作为对新旧社会习俗的反映,它也许是有趣的。因此,在这里,我愿坦率地叙述一下婚事的前后经过。

按照老习惯,父母都尽早为子女选择配偶。孔夫子的教导,男女授受不亲,十几岁的男女孩子不准许互相交往,甚至不能见面。中国各阶层,特别是上层的社会生活,受着礼教的严格限制。一切公共集会,都只准男子参加。即使是婚丧寿诞等场合,招待亲友的酒席,也是男女分开。

婚姻大都由媒婆或近亲介绍。女方父母比男方父母更急于给孩子订婚。就我来说,就曾有过许多媒婆前来提亲。甚至在我只有十一岁的时候,我母亲就郑重地向我提出这个问题,以试探我的看法。我当时对订婚和结婚都毫无兴趣。但是随着提亲的人越来越多,我的父母也就开始重视起来。有一次提亲似乎使他们动了心,提的是著名的"张聋聋"的侄孙女。"张聋聋"是中医界的老前辈。他那侄孙女是个独生女,比我小两岁。我母亲曾半开玩笑地试探我的反应。我实在太小,既不理解,也没兴趣,不予考虑。但事情不算结束,媒人仍不断来要回信。

直到我十二岁半的时候，我父母才背着我商定了这门亲事。现在我唯一能想起来的是女方的父亲。他也是一个医生。我的父母告诉我，他非常喜欢我。两年前，在我姐姐病重的时候，他每天都来给她看病。有一天傍晚，他停下来和我说话，并观看我临摹的国画。画摊开在桌上，他看了看，表示赞赏。

婚事就这样订了，我一点也没有激动。这也许是因为我的年龄太小了，还不懂得订婚的意义。按照当时的风俗，订婚可不是件小事。男方要向女方送聘礼，女方也要向男方还礼。最忙的是大媒。他们由双方家庭各自邀请，通常都是一些知名的亲友。仪式要进行一整天，但是按照陈规，男方和女方这天并不见面。反正我没有见到我的未婚妻。我不知道她长得怎样，也不知道她的学识如何。我唯一所想到的，是她不应该缠足，应该进新学堂。我父母知道我这个想法，但我认为他们并没有转告对方。事情就这样过去了，我一点也没有激动；我设想那女孩子也不会有什么激动，不过这我就无从知道了。

转眼到了1904年，我十六岁的时候离家赴美。我没有再想订亲的事。三年以后，就是我上大学三年级的时候，我父亲来信说，他的年纪大了，我所有的兄弟姐妹都结婚了，我是五个孩子中唯一没有成家的。他委婉地建议我在毕业前回家成亲。这使我大吃一惊，不知所措。我当时全神贯注于学业，也喜欢校园生活和校外活动，对以后做什么也已经有一定的想法。不管是同谁结婚，我根本没想过。所以我回信说，当前最重要的是完成学业，而这还需要一些时间。婚事应该在我完成学业并有了固定职业之后再办。这样我就可以不像和我同辈的许多年轻人那样，依靠父母来养家。我要自立，而不像大哥、二哥那样给父亲增加负担。他们那种情况虽然在中国是很平常的，但我认为是不对的。

我这样圆滑的拒绝，引起了一连串的通信，而且分歧越来越大，终于到了我父亲不再写信的地步。我记得我曾去信列举各种清楚而有力的理由，使我父亲虽不高兴，但又很难驳斥。

过了不久,我哥哥来信又谈到这个问题。他说,这是风俗,我要是能回国成家立业,会使父母喜欢。他希望我早日回国。他以调解人的口吻,企图调和父亲同我之间的分歧。他还提到女方,说姑娘本身很配得上,又漂亮又聪明,确实是一位很好的终身伴侣。因为他谈到那位姑娘的人品,我记得我曾回信提出两个条件:第一要放脚,第二要进一所新型学堂学英语,不能只在家读中文。

我哥哥对她的描写,是不足以服人的,因为我不知道他是道听途说呢,还是真见过她。于是我又写信专门问他是否见过她。他回避了这个问题,但又把她的美貌重复了一下。他说,她已放了脚,正在学英语。他没有说她是在家里学,还是在学校学。

因为我不赞成结婚,就没有立即答复。我哥哥又来了好几封信,让我在夏天学校放假后务必回家。还说父亲已经为我做好结婚安排。关于我提出的两个条件,他说他已经访问了女家并受到她父亲的热情接待。谈话中,他还看见那女孩一眼。当时她在另外一间房子里窥视偷听。这些话仍然不足以使人信服。但是当我从信里知道我父亲因我拒婚而烦恼时,我也很难过。我说,如果他真要见我,我就回去看望他,条件是回去后不结婚,仅把这事情商量一下。

随后我收到一封回信,说父亲完全接受我的意见。相隔四年,他很想见我。婚姻问题是要商量,但不会强迫。有了这种谅解,我才回上海探亲。

我已经说过1908年我回上海后所得的印象。我脑子里想的是未来,但是我的家庭、特别是我的父母,却主要关心我的个人生活。

我母亲第一个向我暗示我父亲有意为我安排结婚,并说,他要同我好好谈一谈。我记得第二天早晨,我们进行了四年来的第一次会谈。我们谈得很客气。当他想提正题的时候,我就立即岔开。他看到我没有心情,就改换话题,并说等以后再谈。当天晚上,他和我母亲在一起,把我叫了去。我们三个人一起商谈了我的婚姻问题。他重复了他在信里写过的话,就是他老了,为儿女安排婚姻是父母的责任;我是家里唯一没有结婚的儿子,给我办理婚事是为了履行他的义务。办完以后,他就可以优游岁月,颐养天年了。

这是一次很严肃的谈话,给我的印象是,他所说的每字每句都是他的真心实意。但我还是无意屈服。我想得更多的是我自己的前途和事业。我说,我并不是唯一的孩子,我是三个儿子中的一个,我的两个哥哥都已结婚,父亲已经有了孙子。他们没有必要把我的婚姻看得像独生子那样重要。这种辩解一点也不能使我父亲高兴。事实上我认为他已经恼火了。我母亲也在设法说服我同意结婚,可是我还是不屈服。谈话终于破裂,父亲怒气冲冲地离开了房间。这就是商谈的结局。

我不像母亲那样把这事看得那么严重。她显然知道我父亲是多么强烈地希望看到我结婚的。当然,作为母亲,她并不反对。但是她大概也很同情我,只是不太理解我所提出的理由罢了。

第二天早晨,我哥哥到我屋子里来对我说,我不应该这样固执,父亲已经为我尽了最大努力,我幸而有这样一个父亲,能够为我担负全部婚姻费用。我哥哥提醒我,父亲在一生中经历了很多困难时期,他是在太平天国造反后白手起家的。我哥哥认为,我父亲经过极大的努力,才达到目前这种使人羡慕的地位,理应在儿女成长之后,安享余年。他还说,昨夜的会谈太伤老人的心了,以致于他饭都不吃,不让任何人到他屋里去。我哥哥告诉我,他是爬窗户进去的,并且看到老人在流泪。他说我可能是不理解老人的心情,其实老人提出的一切都是为了我好。我哥哥说,父亲说我太摩登,脑子里充满了西方思想;他认为父亲是对的。他说,我们毕竟都是中国人,所以他要老实告诉我该怎么办。他说,只有答应下来,让老人放手去做。这正像老人向我说过的那样,是他乐于办的最后一件事,并把它看作是他的义务。我父亲对我哥哥说过,他从来没有料到把一个孩子抚育成人使他受到最好的教育,而这孩子竟然不理解他的心情。这不但使他失望,而且夺去了他的幸福。

这席谈话使我深受感动,并且开始看到事情的另一面。就我的前途来说,我仍然深信我的态度是绝对正确的;我觉得父亲把这件事看得过于严重了。但是从社会习惯的角度来看,我能够理解他为什么要这样办。

上面所谈到的哥哥是我的大哥,我和他关系亲密。我有两个哥哥。二哥只比我大两岁,大哥比我大七岁,所以我一向把他当做我的一个顾问。他的论点是,如果我坚持我的个人愿望,那就会使我父亲更加苦恼,实际上是使他晚年不快。他说,要是老人继续拒绝进食,谁也不能预料会发生什么后果。万一发生什么事,我将何以自处? 我哥哥理解我的想法,但并不完全同意。他认为我过于自负,看问题过于西方化。我想要这样那样,这都是对的。但是他认为我不能太自私,不能不顾父母和家庭的愿望而一意孤行。他是个中间派。

我哥哥同我长时间的谈话,使我做出了一个很不情愿的决定。我说,既然父亲把这事看得这样严重,我当然不想使他不愉快,甚至生病。因此,如果他要我结婚,我愿意履行结婚仪式,以使他高兴并顾全他的面子。我哥哥指出,我的态度,除关系到我父亲的名声外,也影响女方的家庭。既然双方家庭在社会上都有名望,如果我一味为自己着想,那就很不好了。

结婚和离婚

我哥哥很快把我们之间达成的谅解告诉了我父亲。他不再拒绝进食了,并吩咐立即准备举行婚礼。家里一天天忙起来。我记得我对这些准备工作毫无兴趣，依然我行我素，访朋会友，出入书肆。

全宅在婚期临近时，按中国的风俗布置起来。结婚大典也都安排就绪，其中包括到新娘家迎亲的行列。在结婚大典前，新娘的兄弟拜访新郎家，和新郎回访新娘家，都是前后由马队护卫。此外，还有双方的大媒带着随从互访。

在此以后，正式大典开始。在花轿前开路的是马队、乐队、大宫灯和大铜锣等各种老式仪仗，后面还有一些护卫。这是一种正式的婚典行列，没有什么特殊，也许排场比上海的一般婚典稍微大些。

当新娘快到的时候，我在楼上看迎亲行列，感到有趣。我们的住宅有好几进院子，大客厅在后面。迎亲的行列很长。我看到了花轿和参加迎亲行列的人群。后来我听到全宅一片喊声。佣人、哥哥和一些亲戚都在喊我。他们是在找新郎！他们终于在二楼找到了我，由于新娘已到，该举行婚礼了，便不由分说把我拉了去。有几个随从给我穿上正式礼服，领我下楼去举行婚礼。

婚礼有两项内容，先是拜天地、拜祖宗，然后是婚礼本身。我们面对面，周围是宾客、吹鼓手和司仪。司仪要我们互相磕头。通常新郎和新娘事先都已被告知不要急于下跪，理由是谁先下跪谁就要受制，所以我们都在那里站着。虽然司仪一再向我们喊磕头，双方却不屈服。过了一会儿，我们同时互相弯了弯腰，仪式就算完成了。

然后我们被簇拥着上楼到新房里去。一条红绿彩绸的两头分别系在新郎和新娘的胳臂上。乐声大作，宾客纷纷拥进新房。我们又举行了某些仪式。到处都是庆贺声。几分钟以后，我们又被领下楼去拜见新郎的父母长辈和至友。这要花费很多时间，因为每拜见一位，都要奏乐。

到了傍晚，新娘和新郎在新房里吃饭。新娘开始部分卸装，摘掉凤冠。新郎也脱掉很重的缎子绣花外褂，只穿长衫。这是半正式的,但纯属形式。虽然宾客都想尽办法灌我们的酒,我们却喝得很少。

吃过了饭,全部仪式就算完成了。这时乐队开始在下面的院子里吹奏,表示新娘和新郎就要休息,所有的宾客都应该离开新房。在宾客离开的时候,我跟他们一起走了。我到我母亲的屋子里去睡觉,任何人都没有注意。直到半个小时以后,伴娘才开始寻找新郎,却又找不着。最后我哥哥在母亲的屋子里找到了我。那时天气还热,我母亲在楼下住,她原来的屋门是开着的。所以我就进去睡了。这件事引起了轰动,但是我母亲很了解我的心情。她告诉大家,不要非让我到新房去不可。她知道我太累了,让我睡一夜好觉。

第二天,宾客当然都已经走了,只有几位亲戚留了下来。我注意到,我没去新房竟成了主要话题,但我不去管它。第二天以及以后几天的晚上,我还是到我母亲屋里去睡。直到有一天,我母亲告诉我,她要用她自己的屋子了,并且指出我总不去新房是不对的。她说,这不好看,别人要说闲话,我父亲也为此担心和不高兴。于是,在她的敦促下,我回到了新房,但只是吃完晚饭才去。我睡在一个躺椅上。当然,我形式上的妻子是中国式的,她一定感到震惊。她要我在大床上睡。我说大床是给她的。她说,如果我要单独睡,她可以睡躺椅,把大床给我。就这样,好几夜过去了,没有发生任何事情。她真是旧时代典型的中国女孩子,克制、忍耐而天真,对环境安之若素。

我的思想始终集中在如何尽快回到美国。有一天,在我父亲上班之前,我见到了他。我对他说,婚礼已经举行,我已结婚,他应该高兴,我也准备回去了。显然他一定已经听到许多关于我的行为的闲话,所以很坦然地对我说,可以回去,但必须带着妻子。他说,他不知道该如何照料她;她既是我的妻子,让她也出去见见世面有好处。此外,因为我要她学英语,这对她也是一个好机会。

我觉得我答应举行婚礼,已经是极大的让步。我在哥伦比亚大学有很多事情要做,再叫我照料她,我实在不太乐意。我设法和父亲争论,但是他决不改变主意。他说:"你要是在婚后不久,就甩下一切不管,把年轻的媳妇也甩下,人们该怎样议论呢?你必须记住,她是她家的独生女,是她父母的眼珠子。你不能就这样离开她。"他实际是提出了一个绝对的条件,要么把她带走,要么我也别走。我只好再一次进行选择。我告诉父亲说,如果他愿意给路费,我就把她带走。这对他当然没有困难。于是我去订了票,他就给钱买票。

　　我们把全部时间都用来准备旅行。我肯定这时新娘对情况已经完全了解,但是在当时背景下的中国女子,是没有独立见解的,即使有也不会坚持。她的任务就是叫干什么,就干什么。她愿意跟我走,也许还有几分喜悦。我们同在一个房舱一起旅行了两个多星期。在经历上海的热天和违心地做一些事情所造成的苦恼和折磨之后,我已经筋疲力尽,因此在整个航程中都有些晕船。事实上,她适应航海的能力比我要强得多。一路平安无事。我们真正做到了"相敬如宾"的中国伦理准则。我向她说明海外生活的一些情况和她到美国后会碰到的环境。我告诉她我想在纽约之外给她找个地方学习英语。这是她很快学会英语的最好途径。她欣然同意。她一定也不了解美国和海外的情况,所以她告诉我,只要能学习英语,我怎么安排她都同意。她要尽快地学习。

　　我记得我们在旅途中从来没有谈过任何有关我们两人之间的事情,只谈了些对她本人和对她的教育有利的事,还有她在美国会碰到的情况。我把她当做我的姐妹,我对她负有责任。在旧金山上岸之后,我们径赴纽约。到达纽约的当天,我把她送往费城。那里我有一位朋友可以给她介绍学校。他推荐一个家庭,有一对老夫妇和一个女儿。我想这家大概是日耳曼血统。我做了安排。这女房东慈爱如母,对她非常关心,她或她的女儿将轮流指导她学习英语。

我住在一个旅馆里,她则搬到这家去。第二天安排好一切后,我就返回纽约。在这方面,我可以说,她对英语的一无所知和她的小脚并没有给我造成多少麻烦。当初我离开纽约回家之前,我哥哥曾在来信里向我保证说,她的英语进步很快,而且她没有缠足。但是对我来说,这实际上没有什么不同,因为我根本不感兴趣。

　　只要有可能,我就去看她。每逢假日,不论是圣诞节或是复活节,我总是要去的。我带她出去吃中餐或者看电影。我们谈话的主要内容是就各自打算干什么交换意见。我向她解释,对我们每个人来说,重要的是有一个职业,并尽自己的力量为我们的国家和民众服务。为此,必须充分准备。她对此完全理解。至于个人问题,我告诉她,我们应当力争幸福,而幸福只有在以爱情为基础时才能得到。这只能是自然形成的东西。就我们的情况来说,我们彼此从来不了解,甚至从来没见过面。我们纯粹是因为父母包办而被推在一起成为夫妻的,父母甚至不曾征求我们的意见。我是这样,我猜想她也是这样。她证实了这点。她父母向她提出婚事的时候,从来也不准她发表意见。她既没有见过我,自然也提不出什么意见。所以,从一开始,她似乎就明白这种婚姻纯属人为,是非常不自然的。

　　我们像朋友那样见面,我总设法带她到外面去散散心。我们常在一起进行娱乐或消遣,谈谈我们的未来。对于我们未来的关系,我们之间从来没有过任何不同的意见或争论。日子就这样过去了。到1909年下半年,她到美国已经差不多一年了。她已经学了一些英语,进步很快,不仅能阅读报纸或简易读物,而且能进行一般会话。女房东和她的女儿对她很关心。我相信她们一定已经把有关美国生活、思想和理想的许多知识传授给她。总之,她给我的印象是,她不仅在理解美国生活方面,而且在理解生活中的个人问题方面,进步十分迅速。

　　1909年秋天,我提出了一个非常复杂的问题。我觉得不用再保持这种人为的关系了。我们必须做出安排,使双方都能自由地按自己的意志办事。这样对双方都好。我记得她当时既不表示赞同,也不表示反对。她只是听着,显然还没有充分理解我们谈话的全部意义。她只是问道,既然我们已经正式结婚,那该怎么办。我已经查阅过有关资料,就告诉她说,中国的民法有关于双方自愿离婚的规定,只要有关两方签一项协议就行了。我引用了规定的条文,并答应寄给她一份。我一回到纽约就把文件寄出。过了很久,她来信说,她要亲自同我商谈。在我们再次见面的时候,我们又讨论了这个问题。她问她以后该怎么办。我说这要看她了。一旦我们签了协议,我们两人就都自由了。她可以自由选择,或者留在美国,由我负担她的学习费用;或者回中国去,按照她自己的意愿,住我父母家,或回她自己的家。她可以工作、教书或继续学习。我说,我觉得她在经济上不会有什么困难,因为她是独生女,她的父母肯定会照顾她;但是就我来说,她可以享有我家为我们订婚和结婚而给她的一切东西,还可以享有她家陪嫁的所有物品。这些东西都锁在新房里,她有钥匙,想怎么办就怎么办。我可以把所有东西都看作是属于她的。

这样,我们对协议的轮廓多少取得了一致意见。我回到纽约,就写出协议草稿。过了一些时间,我把草稿带给了她,要她研究一下,看看是否对一切都明白了,还要不要修改。又过了好几个月,我去看她。她说,她想不出有什么要修改的地方,如果我要在协议上签字,她也准备签。我告诉她,为了避免闲话,或者给一方或双方父母造成不愉快,她最好亲手抄写,以证明她这样做完全不是出自我的压力。她立即表示同意。我建议她准备四份,她也照办了。大约两三个星期后,她写信告诉我都抄写完了。

我们大概是在 1911 年签的协议。协议规定,我们两人各执一份,另两份送双方父母。我们以一种十分友好的方式脱离了关系。以后她说她不知道是否该立即回家;她打算留下来,因为她已经对学习发生兴趣。我还像平日那样,不时地去看她。我记得直到 1911 年下半年辛亥革命之后她才回国。我曾去给她送行。

唐绍仪使美

我于 1908 年秋回到哥伦比亚大学。11 月份发生了一件使我很感兴趣的事情。我指的是唐绍仪先生作为特使会见西奥多·罗斯福总统。据当时报道,在美国公民因义和团叛乱所受的损失而提出的赔偿要求均已如期偿付之后,美国准备把存在美国财政部的庚子赔款的剩余部分予以退还。据说使团的主要目的,是磋商退还方法和款项用途。看来双方都有意把这笔钱用于向美国派遣中国留学生。这个意见深受太平洋两岸人民的欢迎。使团的第二个目的,虽然没有公开宣扬,但据说具有同等重要性。那就是同美国磋商,由美国投资开发满洲。唐绍仪先生作为特使到美国的时候,正任奉天总督①。奉天是一般称为满洲的东北三省之一,而满洲的幅员有德国和法国合起来那么大。

我的兴趣当然主要是由于报纸引起的。我并没有打听使团在华盛顿的活动情况。但是在这时候,北京由于差不多在同时传出了光绪皇帝和慈禧太后的死讯而发生危机。虽然过去曾经报道过慈禧太后的病情,这消息还是来得很突然。来自北京的电讯,还带来了北京流传的谣言,对皇帝之死,众说纷纭。无论如何,这两重丧事,不仅使皇室和国家进入了那个时代的国丧时期,而且在继承帝位方面引起了严重的政治危机。当时在皇室和朝廷内部以及在高级官员中,显然有两个派别。两者起源于两个在政治上互相对立的集团。这两个集团的形成,是在康有为倡导的所谓戊戌变法维新时期。换言之,一个集团多少倾向于自由主

---

① 应是奉天巡抚。——译者

义,原来拥护光绪皇帝,现在则支持一个在他们看来更符合于他们的自由思想的继位人。这个人就是溥伦。他曾经是皇家特使,在 1904 年率领中国使团参加圣路易博览会。另一个集团可以称做后党,在慈禧太后监禁光绪皇帝以后,在北京大权在握。他们属意于一个即使不能操纵也要能够听话的继位人,以便他们继续保持权力和影响。他们拥戴的是光绪皇帝之侄、醇亲王之子溥仪。他后来被立为皇帝,年号宣统,当时只有三岁。

当时使我个人感到兴趣的,是我受到《纽约先驱报》的邀请,协助他们翻译从北京和中国其他地方大量发来的电讯中所涉及的复杂动态和陌生的中国人名和官衔。我记得《先驱报》首先要我解释皇室内部的私人关系,特别是关于两个继位人以及他们各自的倡议者和拥护者。有时候他们要的资料很急,就往学校里打电话找我。我就到图书馆去查找核对,然后带着资料赶到《先驱报》。两个继位人谁占优势,报道互有矛盾,《先驱报》的编辑总想知道我认为哪个消息最为可信。当然,我没有什么内部消息,只能提供个人看法甚至猜想,所根据的只是一个普通中国人所具有的背景知识,特别是对北京朝廷情况和气氛的了解。我大胆猜测、同时也坚信溥伦的机会是渺茫的。其实就我个人而言,我记得我是希望他成功的。他以具有更多的自由思想而闻名全国,这特别是因为他在出使圣路易时,曾目睹过国外的一些事物。我猜测的主要根据是慈禧太后多年来统治中国她所建立的集团的权力,她的支持者的影响和力量根深蒂固。所以,尽管按照世系和亲疏先后次序来说,溥伦要求继承皇位,理由比醇亲王之子,已故皇帝之侄充足,但上述因素还是要压倒一切的。

参加外国新闻部门的工作,对于我是件新鲜事。我往往要在校内学习一天之后,埋头于电报之中。这些电报,差不多每小时就收到一批,有时甚至更为频繁。如果我记得确切的话,这工作持续了大约两个或三个星期。它使我对北京的政局和生活以及它们对整个国家的影响,增加了兴趣。它还使我得以见识大报社的活动。此外,它使我同一家大报社的著名编辑有了接触。《纽约先驱报》当时在远东格外著名。它在中国有特派记者采访和报道新闻。它支持美国同中国密切合作的政策。事实上,它在社论中鼓吹美中联盟。它的著名主编汉密尔顿和业主科顿都明确地提出这种意见。《纽约先驱报》突出日俄之间的竞争,而这种竞争,又形成了日俄勾结起来、排除美国在满洲的利益。另一方面,中国知道这两个国家在满洲的阴谋而感到不安,并决心使美国对满洲发生兴趣,以谋求美国的合作。

大约也在这个时候,美国铁路界,主要是所谓哈里曼集团,打算修建一条经过满洲的环球铁路。华盛顿为了保持远东的势力均衡,从而维护那个地区的和平,看来是赞同这个意见的。哈里曼的计划主要包括把北京的铁路交通通过满洲与西伯利亚铁路连接起来,然后再通到巴黎和大西洋海滨。哈里曼设想在白令海峡修建一条地道,通过它铺设一条从阿拉斯加到西伯利亚的铁路。当时从纽约到西海岸的横跨大陆的铁路刚刚完成。那是一个宏伟的计划,好多人曾认为近于梦想,但美国的铁路大王却把梦想变成了现实。也许是受到环球铁路计划的鼓舞,把满洲所有铁路国际化的想法也在酝酿。这是为了便于实现一个双重政策,即发展全球铁路系统和把满洲从日俄帝国主义控制下拯救出来。

塔夫脱总统时期的国务卿诺克斯,赞成通过美国金融界和铁路界的合作以增进美国在满洲的利益。哈里曼计划是以美国为一方,同以日本、俄国、英国和中国为一方的外交谈判的主题。看来美国当时很关心远东局势。这也许能说明《纽约先驱报》编辑方针的重要性。

影响唐绍仪使命的,是随着慈禧太后之死,袁世凯失去了权势。袁曾掌握操纵皇室的权力,他支持唐的出使。当时我所能得到的从华盛顿私下传来的消息表明,唐的使团准备缩短访问期。这是很容易理解的,因为唐是袁世凯集团的一位很重要的支持者。由于慈禧太后的逝世,袁世凯不仅失去了权力,而且丢掉了职位。事实上新政权一上台就把他免职了。让一个小孩子当傀儡皇帝的新政权，倒并不完全反对慈禧太后的支持者。但是，个人利害冲突和政敌起着非常重要的作用。袁世凯要想活命，就必须逃离北京。据说，由于这种变化，唐绍仪使团的经费停发了。这自然显示新政权对使团的看法。北京这样一收场，美国铁路和财团的兴趣，以及美国的政策自然都搁置起来了。使团再呆下去就没有意义了。情况变化成这样，使团谋取美国政治上和财政上支持的努力就不可能有什么进展了。

在使团离去以前，唐绍仪向中国学生团体发出了邀请。他邀请四十位中国学生作为他的客人在华盛顿逗留十天。邀请书是通过清帝国驻华盛顿公使发出的。不知道这四十位学生是如何挑选的，但是不管怎样，我却是其中之一。据说当时中国使馆有人专管中央和各省派出的留学生。他通常密切注视所有留美的中国学生。想到这里，我记得颜惠庆博士当时是使馆的三等秘书，与中国学生联系密切。在确定邀请名单时，他可能参加过意见。我记得一年之前，即1907年，颜曾邀我访问华盛顿，当时他正随伍廷芳博士第二次出使美国。颜在圣约翰教过翻译课，我上过他的课；我对他在使馆所做的工作很感兴趣，就不知他自己喜不喜欢。他给我的印象是，他并不太忙，英文函电大部分由当时的一等秘书姜桂先生处理。我渐渐感到他对中国学生十分关心。他常打听他所认识的学生，想知道他们做些什么，也想知道我做些什么。

就我记忆所及，一般都认为名单上的四十个人具有广泛代表性，因为所选的学生都属于学生团体中公认的代表人物。我们都不认为——我现在也不认为——学生的政治信仰或倾向在选择时占主要地位。

十天的访问在1月初开始，我到了那里，学生们自然聚在一起谈论形势。我们大致组织了一下，以便找一个发言人，在使团征求意见时代表学生团体的观点和在适当场合发表感想。学生团体推我为代表。我不知道为什么,我想也许因为我是《中国学生月刊》的主编,在组织中国学生方面起过积极的作用。我记得唐绍仪设盛宴招待我们。在宴会上,他向我们表示欢迎,并说,中国正处在使国家现代化和强大的伟大运动的开端,为此急需经过训练、受过现代教育并熟悉西方各国崛起富强的思想和方法的人才。他说,在美国学习的中国人,和在西方各国学习的中国人一样,都是非常需要的,他们回国后,都大有可为。这是一篇鼓舞和激动人心的讲话,作为受邀团体的代表,我应邀致答词。我记得我作了一次适合当时场合的简短发言,不仅受到我所代表的人们的欢迎,而且受到唐和他的同僚的赏识。会后,唐亲自过来对我说,我的发言很好,向我表示祝贺。著名的素食外交家伍廷芳博士也向我祝贺。这就是我同唐绍仪的第一次见面。

这次访问使我看到了中国人的外交生活。一天早晨,发生了一件小事情,给我留下了很深的印象。当时学生团体的一些其他成员和我去拜访唐绍仪。我记得我们是应他的邀请而去访问的。我们提前几分钟到达,在客厅等候。伍廷芳博士先出来接见我们,并说,特使很快就会下楼。在学生中间,和在华侨界一样,大家都知道两位外交代表之间,在友好之中暗含着竞争。在同一个首都,常驻使节和特使之间有这种情况并不奇怪。等了几分钟以后,伍显得有点坐不住了,也许是觉得唐应该早点下来。正当这时,唐开始下楼梯了。他一步一步地走得很慢,伍就转过头去对他说,"你有些迟了。这些青年学生已经等你好几分钟了"。他还说,他从学生一到就同他们在一起。唐在楼梯中间停下来说,"是呀,我知道,你可以这样说,我是迟到了。但是你要知道,正如我站在这里,我比你高"。从实际站的位置来说,确实是这样。但这也是中国礼节的一种开玩笑方式。他既是特使,自然要官高一等。而职位最高的人在集会上最后出现,是完全符合中国官场礼节的。

我记得那十天过得很快。在此期间,我们曾聚餐和观光。当然,我们知道使团和唐本人邀请我们到那里去,是表示他对中国学生特别关心。他在宴会上的讲话中清楚地说明了这一点。我们不清楚公使对特使同美国政府间的讨论情况知道多少,也不清楚唐是否觉得有必要和公使商量。无论如何,在唐离开华盛顿去欧洲之后不久,伍就奉召回国。张荫棠被任命为驻华盛顿公使。张是唐的朋友和支持者,曾任唐的秘书,是唐在北京时的主要顾问。张曾出使印度,并曾由唐推荐为驻藏大臣。

在这方面我要补充说几句。伍廷芳博士任中国公使,在美国是很受欢迎的。他曾应邀到美国各地讲演。他的讲话颇受赞赏。有些讲话已经载入世界最佳演说集。我记得曾参加几次他的讲演会。他的讲演学识渊博,给我留下很深的印象。以后听说他的讲演稿是由他的参赞姜桂博士精心撰写的。每次我听伍博士的演说,使我有深刻印象的不仅是他的讲演有渊博的学识内容,还有他本人的仪表。他每次出席,都穿着华丽的中国长袍,在贡缎长袍上,罩上一件同样华丽的坎肩,头戴一顶瓜皮小帽,前面缀着一颗大宝石。他仪表堂堂,令人难忘。我记得他总是受到美国听众的热烈欢迎。我想这既是由于他是一位好演说家,也是由于这种场面是少有的。

留学生的政治见解

现在谈谈中国学生的政治见解问题。我有一个清楚的印象,当时中国学生不属于任何党派。作为中国人,他们关心祖国的幸福。一般说来,很少表达政治见解。中国学生联合会注意使任何建议都超越派系之上。因此,如果有人提议就某一时事向北京发出电报,不难获得差不多一致的拥护。从 1905 到 1911 年,在中国历史上是一个有意思的时期。这期间发生了许多重大的政治事件。清政府宣称决心研究和推行宪政。这是中国人民的要求。尽管孙中山博士领导的同盟会有一项推翻满清、恢复中华的明确纲领,学生团体却从未公开提出过这个问题。据我回忆,在主张共和和赞成君主立宪两者之间,从来没有发生过公开论战。我想,中国学生开会时是有意回避公开论战的。当然,我们知道,整个学生团体,在这个问题上不可能只有一种意见。

那么,在给北京政府的电报里,我们都说些什么呢?我记得发出的第一个电报是为了支持抵制日货,以回击1906年日轮二辰丸破坏中国法律的行为。这是中国同日本间一次重要的外交事件。当一个事件在中国成为争端并在报纸上引起广泛争论的时候,学生团体就以组织的名义表达它的观点。1911年2月,中国学生联合会曾发出两封电报,以支持要求立即召开议会或召开国民大会特别会议的运动。

有些学生属于同盟会,但他们肯定不会暴露身份。说到同盟会,我回想起同孙中山的会见。我想那是在1909年秋天。我是由W.F.郑介绍给孙中山的,地点就在他的房间里。只有我们三个人。我们谈得很投机,还一起到第一二五街一家中国饭馆吃饭,然后又回去。孙谈话最多,他的话使我心服。看来他有充分理由来组织一个政党,他相信每一个关心国家幸福的人都应该属于这个党。不过他没有充分说明这样一个政党应该具有什么样的纲领。我知道,他一直在鼓动推翻满清和大致按照美国的模式建立一个共和国,但是他没有公开讲这话。我想原因是他充分理解这是一个有争议的问题,而他还不了解我的看法。据我回忆,他的确没有说要建立民国。他谈到有必要把中国建成一个强国,并强调中国具有成为强国的一切条件,他特别强调工业化和发展经济的重要性。

他确实谈到,总有一天要发生推翻满清的革命。他说,一旦他得到人民和一支有组织的武装力量的支持,就肯定会胜利。我记得他说,这支军队会很容易,从华南行军一千二百到一千五百英里到达北京。他所显示的对本国地理的知识,给我留下特别深刻的印象。他可以列举一个又一个的城市。总之,他说中国必须有一次革命。这场革命一开始,一支组织良好的军队向北京进军就不会有困难。他说,他将从广州或桂林出发。接着他就说,某地有一条河流,某地有一座多高的山。对啊,这就是北伐思想的萌芽。我觉得这个思想一直保存下来了,甚至在他死后还实现了。

有好几件事使我印象极深。他曾婉转地敦促每一个有思想的中国人都加入革命党,以实现推翻满清,拯救中国;不过他没有明说。我想,他知道这是任何一个认真的中国青年所必须仔细考虑的问题。他显然想要播下对事业充满信心的种子。我所得到的另一个印象,是关于他的具有魅力的品格。他热情洋溢,友好可亲,令人倾心。他使我感到他只是一位朋友。我猜想,他注意不使人在他面前感到紧张,并且肯定做到了这一点。我们的谈话一直持续到凌晨3点。他毫不疲倦。W.F.郑和我都被他的谈话吸引住了。我们用心听着,也向他提出问题。当然,对他来说,同年轻的中国学生谈话,也许就是一种休息。

他的真正工作是谋取唐人街海外华侨界的支持。

学士、硕士和博士

我在1908年底读完了大学学位的课程。这给我带来了一个很有趣的问题。我记得,在我三年级快要结束的时候,我从注册主任那里得到一项通知,说我已经读完了规定的一百二十四个学分——实际上我想我已读完了一百二十六个学分;因此,我有资格毕业了。他要我向他提出报告,请他做出毕业安排。我去告诉他,我不想毕业,这使他很惊讶。他说,"你真的不想毕业吗?那么,你到哥伦比亚大学来到底是为了什么呢?"我告诉他说,我想跟我所在的班在 1909 年一起毕业。我非常喜欢这个班,特别是由于我担任了好几个职务,比如,我十分乐意干的《旁观者》的编辑工作,学生代表委员会的成员,和纳柯姆斯高年级学生协会的成员等。我希望能参加所有这些组织和工作。这也许是一种幼稚的想法,但当时我强烈地感到,我只应跟班,不该毕业。注册主任说,他不明白,按照规章,我已完成了规定的课程,我怎么会拒绝毕业。既然我坚持,同时他也懂得了我不愿在那年毕业的原因,他说可以考虑一下,然后再找我谈一次。这样,这事就搁置了两三天。后来,我突然接到他的一张明信片,叫我到他的办公室去。我去到那里,他得意地告诉我说,他已经有办法了。他说,我可以拒交二十五美元的毕业费,然后他就把我的名字去掉,并在他的报告中说明,我没有达到毕业的全部要求。

谈到毕业的要求,我顺便说一下另一个经历。我碰到了相当严重的困难。那就是体育课对毕业的新规定。我不发愁上体育课,可是通过游泳测验却有一些困难。虽然每星期我跟班上游泳课,我却感到跳台跳水很难。日子久了,教练就着急了,因为同班几乎所有的人都及格了。临到年终,由于我一再推迟,我还没有参加考试。最后,教练不客气地对我说,"顾维钧,你要知道,游泳考试在大学课程中和其他科目同等重要。你要是不考,你就不能毕业"。这可把我吓坏了;我说,我要在下周找个时间进行测验。他说下周可是我最后的机会。同时他建议我在周一进行,不要再拖到后半周。到了星期一,大部分项目如俯泳、仰泳和侧泳都及格了。最后,该上跳台跳水了,我走上去又下来了,没有跳。他问:"怎么回事?"我说我跳不了。他说:"不行,不行,你跟我来。"然后他喊道:"跳啊! 跳啊!"我不敢跳,又下来了。他跟着跑下来,把我抓住,说:"上去!"我又第三次上去,觉得这台比以前更高了。他说:"好啦,勇敢些,闭上眼跳!"他还说:"我知道你不敢头朝下跳水,你就闭眼迈腿吧。"我这样做了,一下子跳进水里。我记得很清楚,当我的脚接触到池底时,我可吓坏了。不过我立刻就浮了上来。浮上来后我就向悬梯游去,爬上了岸。我问他:"你看怎么样?"他说:"行啊,你到底跳了,不过动作太笨了。"这是我在哥伦比亚大学毕业的最后一关。

从 1909 年初开始,我注册为法学院学生,同时是政治系的研究生。我是按照穆尔教授的意见学习法律的。他是我主修专业课程即国际法和外交的教授。我前面说过,我常去找他,就学习问题向他请教。他像父亲一样关心我,有时候花费许多时间同我讨论,为准备从事公职,该做什么和不该做什么。他着重劝告我,我上法学院主要不是为了法学的学位,而是为了获得法令和习惯法的基本原则的知识。他认为英、美习惯法是法律原理取之不尽的源泉,是英、美司法制度的基础。根据他个人经验,他深感掌握司法知识,对我日后处理国际法和外交事务将大有帮助。他不仅引证他汇编的巨著《国际仲裁》,而且提醒我,掌握法律知识在处理任何国家对外关系中的实际和具体问题是多么必要,这是他在美国的强权关系中的感受。要知道,他曾任助理国务卿多年,有一度还任代理国务卿。我在法学院读了两年,学习了全部课程,也就是说,我学了除有关司法程序以外的所有学科。

我的主修科,国际外交,由穆尔教授指导。我还兼修两门副科,就是古德诺教授的宪法和行政法和比尔德教授的政治学。我问穆尔教授是否有必要攻读文学硕士。穆尔教授回答说,如果我想获得文学硕士学位,我只要写一篇论文就行了。我就决定先攻读文学硕士学位。穆尔教授给我指定了一篇论文题目叫做《"破火山口"案件的历史和法律》。

现在,我想谈谈我攻读哲学博士的准备情况和我在哥伦比亚大学研究生学习阶段的一般情况。我一直有一个愿望,就是在哥伦比亚大学毕业后继续学习。我前面说过,我在三年内读完了规定的学分。因此,在哥伦比亚大学四年级时,我实际上已经在读研究生的课程。到 1909 年,我在获得学士学位的同时也获得了硕士学位。

我的博士论文的题目是《外国对中国政府的权利要求》。穆尔教授认为这是一个具有重大现实意义的题目，而且还很少有人论述。穆尔教授编完了他的不朽巨著《国际仲裁》之后，自然对这个题目深感兴趣，因为这本书所论述的就是一个政府对另一个政府、或者一个政府集团对另一个政府集团的国际权利要求。他觉得应该写一些东西，使思想深入一步，在国际法学中产生一些能激发其他国际法学生兴趣的东西。我记得他曾向博恰德提出过同样的建议。博恰德和我在一个研究室。我们两人面对面，就我们研究的各个方面展开讨论和辩论。他以后在耶鲁大学执教，成为那里的国际法教授，并出版过论述美国海外公民外交保护的权威著作。

我的论文写了两年。我努力搜集各种有关资料。这是一个新的题目，也是一个比较新的研究领域。中国的资料没有经过很好的整理，我不得不把它当作部分原始资料来进行工作。其他资料有英国议会报告书，通常叫做蓝皮书，法国外交部向国民议会的报告书，通常叫做黄皮书，还有德国外交部的黑皮书之类。在这方面，哥伦比亚大学图书馆是非常好的。我在洛氏纪念图书馆的地下室花费了大约两年时间，翻阅各种资料，并标明需要抄录的段落。我自己打字，另外还找了一个打字员。

辛亥革命

在进行这项研究工作的同时，我对许多校外活动发生兴趣，例如中国学生联合会、《中国学生月刊》、中国发生的政治事件、中国学生夏令会议等。随着 1911 年辛亥革命的爆发，我突然意识到，从我完成大学课程以来，三年已经过去了，而我还没有开始写我的学位论文。不知怎么的,辛亥革命为在国外学习的年轻人开创了一个有机会报效国家的前景。我费了很大的劲才理解这个前景,这特别是因为以前我一点也不想为中国的帝国政府去工作,虽然这是我父亲所最希望的,而且他已经采取步骤为我的官宦生涯进行准备。我记得帝国政府曾想尽办法鼓励中国学生回国参加政府工作。我的一些朋友和以前的同学,都已参加了专为回国留学生举办的考试,如和我同时出国的朱榜生和孙嘉禄,在师范学院学习的邝富灼和塞缪尔杨,已经任文职人员的颜惠庆和施肇基等。

我一直对外交关系有兴趣,并想改进中国外交事务的处理方法。但我不急于进入官场生活,因为当时舆论对官场生活有很多非难。在孙嘉禄为使我从事技术专业而和我争论之后,我原来进入外交界的决心就搁置起来了。在哥伦比亚大学读了一年之后,我决定不干技术专业。我在《旁观者》和《中国学生月刊》的工作,使我对写作越来越有兴趣。我曾设想在中国办一张中文报纸,后来,我学了法律,又有过当律师的想法。这些想法有一个时期总在我心里闪现。以后辛亥革命爆发了,我为时势所驱,把这些想法统统抛掉,为国效力的心情再度活跃起来。

留美学生对武昌起义的消息,有什么反应呢?这个消息的到来,大大出乎我们意料。我记得我们有好几天都对学习失去了兴趣,把注意力集中在阅读报纸上。我们买了一份又一份的午报和晚报,有时还打电话给《先驱报》打听更多的消息。革命给我们的印象是成功得相当容易。我们觉得汉口清兵的兵变是起义成功的信号,因为这部分军队被认为是一支模范部队,清政府正是依靠它来维持君权的。这支军队的一部分大概是由一位满人总督指挥的。它的协统是黎元洪。当时约有一个混成协在武昌起义,满人总督跑了,而协统呢,据我们在这里获悉,却被推为都督,他就干了。我们知道,革命不是按照预定计划进行的。有些学生和同盟会暗通消息,如 W.F.郑和 S.T.江。郑曾经介绍我同孙中山见面。江是学矿业的,大概也是广东人。我相信他们从唐人街的同盟会得到情报。

在我们的印象里,起义这样有力,革命肯定会成功。这就是我们当时的反应。后来,政府派兵到汉口与起义军交火时,我们消沉了。有好几天,我们屏住呼吸,急切地等待着消息,希望尽管有镇压措施,革命仍能成功。

结业回国

革命加强了我回国的愿望。我记得我曾到教授那里,向他请教如何参加哲学博士的口试以及必要的准备工作。当然,我随时都向穆尔教授报告我搜集论文资料的结果。这个工作比我预料的要吃力得多。一位整日工作的打字员加上我自己打字,资料卡片开始堆积起来了。我急于推动工作。有一天,我交了一份论文提纲。我记得共有九章和一个引言。论文的重点是把中国和外国开始交往以来,外国向中国提出权利要求的全部案例加以概括。引言部分则准备提供中外关系的一般背景,外国人的地位,约束中国的条约的性质,以及居住在中国的外国人所享受的治外法权。其他各章则计划包括解决这些权利要求的一般原则,确定损失的规定,付款方式,利息问题以及政府和个人对中国政府的权利要求的不同。我所拟的目录被接受了,穆尔教授很满意,并提出一些修改建议。这标志着我的准备工作前进了一大步。

1911 年秋季,特别是在 10 月份爆发了辛亥革命之后,我开始认真写作,并开始复习读过的书、听过的课和过去一年里上过的课程,以准备哲学博士的口试。辛亥革命后的几个月是我紧张工作的一段时期。不久我感到我进展很快,同时我还尽可能多了解一些中国事态的发展。

大约在 1912 年 2 月中旬，我收到中国驻华盛顿使馆的一封公函，邀请我去拜访张荫棠公使。我一点也不知道是什么事。几天后我利用周末应邀前去。出乎意料，公使通知我说，他收到袁世凯总统的秘书长发来的一封电报，转达总统的邀请，要我去他的办公室当英文秘书。

　　事情来得这样突然，有如晴天霹雳，使我大吃一惊，无法想象这个职位的性质和要求。在中国，总统还是一个新事物，连共和国本身也是个新事物。我想孙中山博士为了支持袁世凯当总统刚刚辞职，大概他们正在考虑建立总统办公室。我又惊又喜，但并没有忙着接受任务。事实上我明白立即接受有许多困难。于是我告诉公使说，我对这个建议受宠若惊，但我不能离开美国，因为我正在为哲学博士学位作准备。我请他回电说，我很抱歉，由于我在哥伦比亚大学学习，而且要到夏天才能完成学业，所以我无法接受。公使说，电报的口气很肯定，而且对一个年轻人来说，以这样的职位开始他的事业，是一个绝好的机会，所以我不应拒绝。他甚至说，我可以在以后再回来完成攻读博士学位。他敦促我接受，回国支持新政府。但我可是困难如山，因为当时对我来说，重要得多是在哥伦比亚一劳永逸地完成我的学业。我看得很清楚，如果我的学业中断，我以后就很难再拾起来继续完成。这样，我使公使感到非常失望。他告诉我，他将把我的话电告国内，不过，他也同样感到国内是不会同意我拒绝的。

　　我回到纽约，立刻去找穆尔教授，告诉他事情经过。从他的表情来推断，他对我竟然没有事先同他商量就拒绝了这项建议，似乎非常惊讶，甚至有些困惑不解。我说当时我不知道邀我去华盛顿干什么，只是在到达后才得知这项建议。我还说我要跟他完成我的学业。于是他把我教训了一顿。他说，他知道我攻读哲学博士学位，是为了准备担任公职，为国家服务，而这次就是一个非常好的机会，可使年轻人进入国家机关，参加革命后的建设和发展工作。作为一个国家，中国非常需要建设和发展，以便在世界各国中占有一个合法的和适当的地位。我说，我觉得北京不会同意我的拒绝，而且根据公使的看法，这项建议肯定会重新提出来。教授为此告诫我说，如果这项建议再次提出，我绝不可再拒绝了，而且我必须先和他谈一谈。

我向他询问口试的事，因为我感到时间过得快极了。口试和论文一样重要，都是不可缺少的。他说，就他来说，只要我准备好了，他愿意在我所希望的任何时间举行口试。但是他又说，还有两位教授负责我的兼修科目课。他得同他们商量，并建议我也找他们谈一下。两三天后，我向他报告说，我同他们的谈话是令人满意的，口试日期完全可由我来提出。这件事就到此为止，我没有提出日期。

不久，我想大概是过了一个星期，张公使果然给我来了公函，附着一份北京来电的抄件，这个来电是答复他去电的。来电要求公使促我接受。我立刻去找穆尔教授，把这消息告诉他。他很高兴，并且说，来电给我解决了所有问题，我一定得去。我反问他，我的论文和口试怎么办呢？他说口试可以在我喜欢的任何一天举行；至于论文，他要知道我的进度。他要我把已经写好的部分给他，以便他看一下，然后告诉我他的意见。我按他说的办了，给了他四章，就是引言和已经完成的三章。两天之后，他叫我去，告诉我他已经看完了。他认为，引言提供了列强在中国地位的背景材料，这就足够一篇论文了。他说，这部分就可以写成一本吸引人的书。他已经和其他两位教授讨论了这件事，他们都同意他的看法，换句话说，他准备接受引言作为我的论文，题目当然要改一下。他告诉我说，我以后还可以续写其他各篇章，作为另一本书。他对我进行的工作很高兴，因为是按照他的建议和期望写的，他期望我加以发挥。这样，口试和论文这两件我心里最主要的事都解决了。

我写信给中国公使说，经过考虑并和我的教授商量之后，我可以回中国，但最快还得一个月，他来信让我把行期告诉他。他还要求我走最近的路。

我记得我的第一次口试是在3月份举行的。像平常一样,这对考生是件伤脑筋的事。我记得我复习了过去四年、五年或六年的所有学过的书和讲义。按照惯例,不担任我主修或兼修科目的老师也可以出席考试,实际上他们都出席了。不过,由于我几乎念了政治系的所有课程,我是这个系所有教授的学生。很多教授都出席了。其中包括塞利格曼教授、罗宾逊教授以及我的兼修科目教授古德诺和比尔德,当然还有穆尔教授;另外还有一两位法学院教授,他们都在研究生部开课。

我有点紧张,不知道会提问什么问题。首先由穆尔教授考我。我记得他要我就承认一个新政府的标准问题说明我的看法。他显然是想到承认中国新政府的问题。我尽我所能说出我的看法,看来他很满意。随后,他们要古德诺教授来考我。使我十分惊奇的是古德诺教授没有提在班上讨论过的问题。我跟他至少学习了两年,读完了他开的所有课程。我对他提出的使我吃惊的问题至今记忆犹新。他问我,从中国的利益和中华民族的需要来看,美国宪法有哪些特点我认为适用于中国。这是一个具有刺激性的问题,我记得在我回答之前,我曾停顿片刻以略加思考。就我回忆所及,我当时答道,对于一个刚刚踏上民主道路的国家来说,能起好作用的基本原理应该是权力分散。比尔德教授问了几个问题。他说,从我的谈话推断,我赞成共和形式的政府,问我能否说明理由,我谈了我的看法,他似乎满意。我不知道他是否全部同意我的看法,不过他也问到在中国这种理论可以被接受到什么程度。我简单地做了答复,对于美国最高法院在解释宪法和解决宪法分歧方面所具有的至高权力表示赞赏;这是一条确立法律至上的原则。塞利格曼教授也问了一些问题,不过我现在记不起来了。

考试进行了两个多小时。然后,按照常规,教授们退下去进行评议。我留下来坐在椅子上,和一些旁观者在一起,他们大概是毕业班的学生。从所提出的问题性质和我的回答来看,我不能肯定及格。但是大约十五分钟或二十分钟以后,教授们都出来了,宣布我通过了考试。我记得好像是比尔德教授或穆尔教授宣布的。

然后就是我的论文问题。我已经说过,穆尔教授对我称为引言的那章十分满意。这篇引言相当详尽地叙述了外国和外国侨民在中国以条约形式规定的权利和义务,以及外国侨民居住、经商、工作或传教所享有的治外法权和领事裁判权。穆尔教授想得很周到,他建议我就一些技术安排问题再考虑一下。当然,我没有经验,不知道该怎么办。时间是那么短促。印刷和出版都需要时间,还有校对。我把这些问题都提出来了。穆尔教授说,最好请教比尔德教授,建议我同他谈一下。他知道比尔德教授非常关心我,很愿意给我帮忙。

大概是在第二天,我安排了同比尔德教授的会见。他对我百般鼓励,对于我应召回国服务表示非常满意。他强调说,这对我是一个好机会,对于哥伦比亚大学也是一件好事。至于那些具体问题,他让我交给他去办。我记得他说过,他和哥伦比亚大学出版社的编辑部有联系,要不他就是理事会的成员。他说,他可以同哥伦比亚大学出版社安排印刷、出版以及任何必要的事。我想他指的是印刷费用,就告诉他说,这方面没有什么困难。我说,我必须在最近离开,甚至没有时间进行校对。根据我在哥伦比亚大学《旁观者》工作的经验,我知道校对可是一件硬任务。他让我放心,说这事没问题,比尔德夫人很乐意担当这项任务。他说,他和比尔德夫人无法胜任的是论文的序言,这必须由我自己写。我说,我正忙于整治行装,最早也得等到我上船横渡大西洋时才能动手撰写。他说这也行,如果我在英国一上岸就把序言寄回来,他还赶得上付印,并能在颁发学位之前把论文印出来,这样我就可以在六月初获得所授的学位。我在大西洋途中写好了序言。我记得那是一篇很简短的序言,我是从英国寄回的。就这样,所有有关论文的准备工作都办妥了。

在我离开之前,我建议张公使电告北京,我认为由我购置一定数量的重要参考书,不仅对我的工作,而且对建立一个资料室,都是很有用的。他认为我的建议很好,并说他要打电报要一些钱。后来,随着我的路费,汇来了一笔大约五百美元的特别津贴。因此,我在伦敦买了一套 19 世纪初以来的大英外国报纸汇编。这是研究对外关系的学生不可缺少的资料,因为它包括了最主要、最基本的外交文件。大多数年份都出一巨册,有些年份还出二册或三册,真是一部庞大的文集。此外,我还买了议会报告集,即所谓蓝皮书,其中也有关于中国的记载。在我刚要离开美国的时候,我订了一套《美国对外关系》。我还弄到一套关于美国革命的外交书信集,这是先于《对外关系》出版的,是该书取材的来源。还有一套美国最高法院的决议和报告集。这些都是很有用的。在法国,我买了一套黄皮书。我记得这些资料的价格是相当低的,因为都是政府出版的。我记得《美国对外关系》一书大致是一美元一册。我作了安排,把这些书由海运运到北京。

我提到这些,是因为北京没有这类东西,也许在外国使馆的档案室或图书馆可能有。我很高兴当时想到了这事。在我到达北京后不久,这些书也到了。它们成为外事室图书的核心。以后,我在总统府工作的同时,参加了外交部的工作。我担任一种类似图书管理员的职务。我在外事室工作了四年,负责筹建图书馆。我设法从外交部得到一笔拨款。这个图书馆为外交部特别图书馆打下了基础。

同时,我和芮恩施博士合作,促成建立一个回国欧美留学生联合会。我提出把各方面回国学生联合在一起的意见。通过芮恩施博士的努力,从卡内基和平基金会中拨了一部分款,我们开始成立了政治科学图书馆,该馆后来扩充为一个有名的图书馆,由袁同礼博士负责。以后我将谈到成立联合会的事。

我从伦敦经巴黎到柏林。我乘火车旅行,在华沙换车,由西伯利亚铁路回北京,在 4 月底到达。

第二卷

担任外交官的头十年

（1912—1922）

前言　返国后的最初印象,1912 年春

1912 年 4 月后半月,我由华沙回北京,旅程为时约十三天,旅途虽枯寂无聊,但我对宽轨铁路和舒适的车厢,倒颇为赞赏。一到中俄边境的门户满洲里,我开始感到激动。列车稍停办理手续后即继续疾驰。沿途路标均并用俄文与中文书写,直至长春,莫不如此。在车室内凭窗外望,从俄国护路警、俄国铁路员工和俄国工厂前面的俄文招牌,可以看出俄国在北满的影响,哈尔滨尤甚。过了长春,情况相似。不过路标都是日文与中文的,护路警也换成日本人。这种景象使我想起了我读过的关于中俄及中日在满洲的外交关系史,而且得到了印证。

我不知道在北京会看到些什么,在自然条件、社会和官场方面是什么样的环境在等待着我。这不仅是我进入中国官场的开始,也是我第一次来到华北。无论在气候、社会风俗和日常生活上,华北和南方长江流域都有许多不同。

过了沈阳,我的兴致更高了:在车上结识了两个中国人,一个老年人和他的女儿。老人告诉我他是京奉铁路车务处副处长,他们父女均十分和善,老人尤为热情好客。他再三邀我在天津下车,逗留几天,在他家做客,这使我十分为难。他认为我既是初次来华北,甚愿陪我到天津各处走走。我因急于去京,不得不婉言谢绝。

在北京车站,有当时的总理唐绍仪先生派来的两三位秘书迎接我。他们陪我到城东北角贵胄学堂内的国务院。总理不在,说是到总统府去了。我未停留即被领到东交民巷六国饭店,在那里

订了一个房间。我请两位秘书安排拜见唐先生的时间,他们答应安排好以后通知我。

次日晨,我得到通知,唐先生将在下午四时左右带我去谒见总统,但未说明我应于何时到国务院。我等待进一步的通知,时间接近四点钟,我开始有些焦急。我正在问饭店经理怎样去国务院,一个仆役匆匆跑来说,唐大人来看我,我大为吃惊,感到惶恐不安。我本来决定先去拜谒他,万没想到他倒先来看我。我领他到饭店客厅,大约坐谈了五分钟,他说他正要去见总统,来此是为带我前去为我引见。我于是乘他的马车一同前往总统府。

那是中南海内一间很大的办公厅,唐告诉总统,我是奉总统之命刚从美国回来的顾维钧。我向总统鞠躬,他还礼后让我坐在他的办公桌对面,唐绍仪先生坐在他右边的椅子上,他们开始谈论关于委派直隶都督的事。我静静地听着,根本不了解事情的背景和它的重要意义,讨论显然没有取得结论。然后唐先生对总统说,我除了在总统府任职外,还须兼做他的秘书,这个意见看来总统不大高兴,他声调有些激动地说:“我请顾先生来是你保荐的呀!应该在我这里做我的秘书,帮我的忙。”唐先生说:“你这里事情不多,我想他可以两边跑。”

我以前曾有点猜到是唐先生推荐我的,不过我还没有机会去核实,现在我才知道,他不仅保荐了我,还保荐了别的留学生。他大概曾审查过他从前邀请过的那四十位学生的名单,并报告给总统。后来我知道在唐去美国之前,袁世凯曾托他物色有为青年,以便介绍他们回国任职。显然,这是唐赴美任务之一。当然,在唐先生作为特使出国以后,情况完全变了。在唐先生推荐的人中有一位南京青年曾广勳,他的妻子是唐的好友蔡书堂的六小姐。蔡曾于 19 世纪 70 年代后期随唐一同出洋。在国务院任职的人中,曾广勳是其中之一。以后来政府工作的还有别的一些人,大概是分配到各部去了。显然,在总统府和国务院供职,必须具备某些资格——学过政治学、国际法、外交或人文学科。

关于我,袁总统和唐总理似乎有一点小小的并无恶意的争执。自然,我恭恭敬敬地保持沉默。最后,唐先生提出的折衷办法,总统说恐怕只好这样了。

　　我对袁世凯的最初印象是什么呢? 这是我第一次见到袁世凯,他给我的印象是坚强、有魄力,谁一见他也会觉得他是个野心勃勃、坚决果断、天生的领袖人物。另一件使我留下很深印象的是他和唐称兄道弟,颇为亲热,唐称袁世凯为"总统先生",有时叫"老兄"。总统则称唐先生为"老弟"。

　　这就是我的官场生活的开始。唐先生派他的车子送我回饭店,我辞谢说我可以自己回去,可是他坚持要送我回去。两三天后我再见到他时,他要我搬到国务院去住,并说已命令总务处长为我准备住处。我随即搬了进去。

　　在国务院的生活和我以前在美国七八年过惯的生活大不相同。在哥伦比亚大学,甚至做研究生时,我还是住在哈特利楼,大概是在利文斯顿楼住了一年,在哈特利楼住了六年。从美回国后,远离上海的家,不见亲属,住在国务院实在是完全新的经历。这使我有点想起在圣约翰书院学生宿舍的那段生活。北京不仅是风俗习惯与上海不同,饭食也大不一样。北方人爱吃杂粮、面粉和小米——南方称为鸟食。当然,烹调也完全是北京风味的。我年轻,不大讲究,但还是十分别扭,至少最初几天是这样。

　　在北京处处给我以奇异的印象。我已说过这是我初次到北京。人们的服饰、语言、风俗、气氛、街头景色——样样都十分新奇。北京很大一部分居民是满人,他们说着声调轻柔的官话,纯粹的官话,有如巴黎人说法语带有巴黎腔调一样。男人仍梳着长辫子,不梳辫子的不多;妇女和上海妇女也不同,有时穿着刚过膝的大褂,大概是贫穷阶层的人;上层妇女则穿旗袍,外套坎肩,肩下一排纽扣。发式极为别致,颇似日本女人的发式,但没有那么笨重。不论男女,打招呼的样子也很特别,躬身屈膝,相互为礼。这种风俗在上海全然没有,在北京却是极普通的礼节。

餐馆卖的大多是北京饭菜,不是每个餐馆都卖米饭,主要食物是面粉、小米面和杂粮面做的。总之,整个气氛都令人感到新奇。还有雄伟的紫禁城,据说,宣统皇帝和他的皇室成员仍住在那里。事实上,各地和紫禁城仍沿用帝王年间的阴历,而不用中华民国正式公布全国通用的阳历。

在北京从政府的公报中也能反映出国家正经历着过渡的特点。发布公告的日期标以新旧两历。在个人、公众和官场生活中,到处可以看到这种双重性。北京的居民表现出保持旧风俗习惯的守旧倾向。另一方面,也有一种接受现代新事物的空气。甚至在最初两三个星期,我就注意到不断有人来到北京,年轻的、年长的都有,主要是从南方来的。这些人来时穿着长江流域流行的衣服,不少人还穿着西装。虽然西装的剪裁不十分标准,但可以令人感到来自全国各地(主要是南方)的新式人物的影响以及新思想的输入。换言之,中国似乎正处于从旧体制进入新纪元的过渡阶段。

我到北京后不几天,便有命令委任我和另外七个人为总理的秘书。一个年轻人刚刚从国外回来便受到这样的殊遇,这实在是令人感到荣耀的事,尤其是同事们大都是四十几岁的中年人,有的五十几了,其中少数人还做过全国最高行政机构内阁的秘书。他们几乎全部都是科举出身。换言之,他们是德高望重的学者,也有一两个受过新式教育的,我和他们较易相处。年老秘书的态度一半是长者的慈祥,一半是冷漠淡薄。我理解他们的心情,因为他们已任公职二三十年,现在却落得和像我这样刚回国的青年处于同等地位。

国务院刚刚组织起来,有关工作、等级和薪俸的规章制度正在拟订。我的工作是什么,我还不大清楚。简单地说,上年纪的秘书负责起草中文文件——呈文、电报、函件、报告。我呢,我问过总理,他回答说,负责总理与外国政府、外国友人和外国官方的一切来往函电。被派担任这个工作的只有我一个人,我理应处理各不同语种的函电。不过以后我发现大部函电是英文的。我觉得上年纪的同事均对我侧目而视,因为我虽年轻——才二十几岁,也许是八个人中年纪最小的,然而不知何故,我在八个秘书之中却排在第四名。我觉得工作没有什么意思,因为主要是办理总理与外国政府中的友人的私人来往函件,尽管大多数函件涉及的问题不是私人的,但所接函件却属于私人性质,或者可以称为半官方的。

我的工作很清闲,而有些年老同事的工作负担却十分沉重,我感到很不安。我找总理说,如有别的事情叫我做,我很高兴承担,我的时间有富裕。他的回答对我很有启发,他说:"不要太顾虑你的工作,你只是刚刚开始你的官场生涯,应该注意的不只是办公室的事务,你逛了逛北京么? 对北京的生活了解吗? 你以前到过北京吗?"自然,我的回答都是否定的。最后他说:"你无事做的时候,和年轻的同事出去跑跑,曾广勷管总务,他可以准备车子,也可组织聚会。他今天中午要带一帮年轻人,也有我的女儿,到处逛逛,你可以参加。你应该熟悉熟悉北京。"我说我高兴这样做,因为我想熟悉北京,北京人,北京人的生活、习惯,不过我也想,如有别的工作,特别是有关中文方面的工作,我愿承担下来。他说他会记得这件事,并对我想获得尽可能多的经验,学习有关公文知识的愿望,颇为赞赏。

我参加了这个游览团,逛了整个一下午,我很高兴。不过一回来,心又回到工作上。我和几个年轻的同事商量,其中一个建议我参加新成立的一个委员会,这个委员会负责起草关于征收爱国捐的法令并整理各省当局(各省都督)对爱国捐的意见和建议。爱国捐在中国是一件新事,我也许可以运用我对外国的知识对此有所贡献。我想是一位老秘书向总理提出了这个意见,立即得到批准。这样,我成为这个委员会的成员。我们凑到一起,开始讨论各省都督响应征求意见拍来电报中的种种建议。我翻阅这些长篇大论,旧公文程式的电报,实感自己学识之不足。首先,我没有关于爱国捐的专门知识,也不懂什么样的法令才能使爱国捐的征集获得成功。关于这一点,同事们也不比我强。不过人家至少懂得成套法令的格式,我不得不勤奋工作。我们成立了起草委员会,负责起草初稿。我记得初稿是年纪最大的秘书、曾任内阁中书多年的许宝蘅起草的。

法令由委员会通过后呈送总理。有几件事我记忆犹新。首先,国库枯竭,经济困难,爱国捐的想法倒是不错,不过我认为难以筹集巨款。其次,各省都督都缺乏有效率管理的概念,所以回文均用电报拍来。我记得最长的是直隶都督拍来的电报,而他的公署就在天津,离北京仅七十五英里,如从天津写封信,当天收不到,至迟第二天一早便可接到。如派专人送交,当天傍晚即可到达北京。可是他宁愿把长达几千字,也许是五六千字的意见书用电报拍发。当然,电文完全是字码,起草委员会不得不停止工作等待译码。此事与爱国捐本身无关,但给我的印象很深。我想知道为什么一定要选择这样的消息传递方式呢。我问年长的同事,他一指点我才明白。他说,在官场中,一般信件,不论事情多么重要,不像电报那样引人注意,所以为了提请对方注意,予以及时考虑,高级官员们一般的做法是打电报。事实完全如此。后来我的亲身经验也证明他说的是对的。还有一个重要原因。拍官电,省方不用付现款,通常是记账,账逐年增加,从来无人催讨,因为电报局也是国家的企业。

这些小事使刚刚从国外归来的人感到惊讶,但国内却认为是理所当然——事情就是这样,拍电报并不稀奇,发报人与收报人离得多近没有关系。真的,办事的方法和我所知的国外做法如此不同。因为我少年便出国赴美,所以对比之下尤其感到突出。这是我初次接触中国官场,初次有机会了解中国官员的办事方法。

内阁秘书长魏宸组先生曾留学比利时。他对我很好,不仅把收到的外文函件,主要是法文函件(有的是给他的,另一些是给总理的)交给我让我作复,还和我讨论北京的生活,特别是官场生活以及总理面临的一些问题。他的中文很好,对欧洲和西方的情况也了解。在我看来,这使他成为担任中国公职的一位知识全面的好手。后来他被派出国任驻比利时和驻德公使,又被任为出席巴黎和会的我国代表团五位全权代表之一,我得以在巴黎和会上又和他共事。

一 民国初年的北京

1. 袁世凯时代的北京政治,1912—1916

(1)袁世凯与唐绍仪

在北京,新政府刚刚成立,正按照共和体制基本原则进行改革。不过此事并无先例,领袖人物及其僚属虽有善良的愿望,但不知从何处着手,正在暗中摸索。有一种期待变革的空气。对于政府和革命党之间关系的发展,大家也在拭目以待。唐绍仪先生作为总理的任务是设法使政府机构现代化,还要在同盟会(1912年8月25日以后改名为国民党)中创造一种信任感。国会的领导人物已在北京开会,同盟会的要员也陆续到京,这种局面是1912年2月12日的所谓南北议和造成的。在北京以袁世凯为首、在上海以唐绍仪为代表的清朝政府与南方领袖在所谓上海和谈会议上达成了协议,条件是孙中山辞去总统职务,推举袁世凯继任。显然,同盟会同意这样做是十分勉强的,但北方却认为这是必要条件。孙中山博士忠实地履行了他的诺言,宣告辞职,南京临时国会正式选举袁世凯为临时总统,并以由唐绍仪先生任总理为条件。显而易见,把和平协议的全部条件变为现实不是一件容易的事。唐绍仪内阁的倒台主要是由于他和袁世凯在执行某一条商定条款方面意见不一。从一开始便可以看出,没有总统的全力支持,唐先生要实现自己的政策绝非易事。另一方面,唐先生关于民国政府施政的想法和总统也不一样。唐先生在他最易受外来影响的年纪在美居住数年,以后又数次访美。他的英语在读和写方面十分熟练,经常和海外的朋友保持联系,洞悉外界事物,同时他虽具有中国官场生活的经验,但总是站在实施新政的方面。

袁世凯是军人出身,曾任驻朝鲜总理交涉通商事务衙门总办,僚属中也有像唐绍仪先生那样受过新式教育的秘书和顾问,但他完全属于旧派。和顽固的保守派相比,他似乎相当维新,甚至有些自由主义的思想,但对事物的看法则是旧派人物那一套。他以创练新军和任直隶总督知名。他是个实干家,卓越的行政官吏、领袖人物。但不知为何他却不喜欢旅行,从未到过长江以南。他为人精明,长于应付各种人物,但从未想把才能应用在治理国家,使之走上民主化道路这一方面。

尽管唐先生和袁总统是多年拜把兄弟,非常友好,但他们看问题的角度不同,一接触实际问题,他们之间的冲突几乎是无法避免的。当时最尖锐的问题是直隶都督的任命。直隶是京都所在的省份,一向被认为是北京的命脉所系。唐和孙中山的同盟会(这时孙为了让位于袁世凯已辞去总统职务)商议后,答应委派老同盟会员王芝祥将军任直隶都督。袁世凯总统坚决反对。按照旧日的做法,京都所在省份的都督应是他自己的嫡系人物,他想委派内务总长赵秉钧。其实,他原打算让他的另一个心腹来担任这个职务的,赵先生的提名乃是袁世凯总统的妥协办法,而唐先生竟连自己内阁的内务总长赵秉钧也拒绝接受,这就成了袁唐之间的矛盾激化的导火线,争吵激烈,无法调和。唐先生递上辞呈,总统并未感到意外,因为争论的时间已不短了。

按中国官场惯例,总统对唐予以挽留,劝其打消辞意,但这不过是一种姿态而已。唐对总统的意思也完全清楚,未等辞呈批准,便离京溜到天津。内阁骤然垮台,使我感到沮丧和失望,也使我有些震惊,更使我看到政治生活中错综复杂的关系——权力之争以及涉及委派重要职位时的强烈情绪。

自然,袁世凯想尽一切办法使自己人担任这个职务,这是可以理解的。直隶省是他政治上的根据地,他做过该省的总督,在小站练过新军。该省的官吏,如海关、税务、盐运及地方的道台、知县都是他的亲信。无怪乎他坚决要自己的人来掌握这一省的大权。

(2)与袁世凯的一次谈话,1912

我记得 1912 年秋天我和袁世凯有过一次谈话,那时我向他报告我和英国公使关于西藏问题的会谈情况。报告完毕后,我自然起立告辞。但他让我稍待,要和我谈话。他向我提的第一个问题是中国怎样才能成为一个共和国,像中国这样的情况,实现共和意味着什么。我说,共和国源出于很久以前的罗马,罗马公民很重视他们的公民权利和选举产生的立法机关。罗马作为共和国存在的时间虽然不长,但这种思想在中世纪有所抬头,中产阶级在所谓自由城邦中的兴起便是民主政治的先驱。自由城邦比较小,人口不多。然而,这种公民权利和政治自由的思想却在人们头脑中生了根。这种思想逐渐传播,在 13 世纪成为英国民主政治的基础。虽然英国表面上是君主立宪,但政事是民主的。这要追溯到 13 世纪的大宪章。此后,美国人(原为英国的移民)经历了几世纪的殖民统治之后,经过革命建立了共和国。他们容易取得成功,因为他们热爱自由,并具有以法律为依据的权利与自由的观念。美国人的思想在欧洲、拉丁美洲广为传播,近年来又传播到亚洲。我接着说,诚如总统所说,中国情况大不相同,特别是国土这样大,人口这样多。不过,要教育人民认识民主政治的基本原则,也只是需要时间而已。

　　他问我共和的含义是什么。我说共和这个词的意思是公众的国家或民有的国家。但他认为中国的老百姓怎能明白这些道理,当中国女仆打扫屋子时,把脏物和脏土扫成堆倒在大街上,她所关心的是保持屋子的清洁,大街上脏不脏她不管。我说那是自然的,那是由于她们无知。但是,即便人民缺乏教育,他们也一定爱好自由,只是他们不知道如何去获得自由,那就应由政府制订法律、制度来推动民主制度的发展。他说那会需要多长时间,不会要几个世纪吗? 我说时间是需要的,不过我想用不了那么久。我们的谈话就这样结束了。

　　我提这段谈话的意思是想说明袁世凯不懂得共和国是个什么样子,也不知道共和国为什么一定比其他形式的政体优越。他的统治越来越趋向恢复帝制,保持旧的制度,使自己高高在上。他不只是不了解共和国需要什么或民主如何起作用,看来他根本没有实现共和或民主的愿望。

(3) 袁世凯与国民党

　　民国建立以后五个月我到达北京的时候,本希望看到北京会有一些不同于我童年在书中所读到的根本变化。使我惊异的是,我发现首都的空气与前清没有多大区别,甚至政府中的官员也大都没有变动。总统府的秘书处以及总统身边的人——老同事、老朋友和老搭档——在我看来都属于旧派人物。他们穿着老式的服装,袖子长得把手遮起来。许多人还蓄有老长的指甲,表示学究的斯文。他们好像都是有学问的人,其中有两个是状元。在这里我有一种格格不入的感觉,对他们我是陌生人,我自己也觉得处于一个生疏的环境中。譬如说,公文呈式,来往函电都是——也不得不是——老一套,唯一的变化是称呼和日期,那时已改用新历。

临时国会议员中对政府行事有一种不满情绪。有的议员竟声称国会有责任制约政府的施政和督促政府改革旧制,以便符合民主政府的基本原则。

1912 年 8 月,孙中山博士实现了他正式访问北京和拜会民国总统袁世凯的计划。访问为时三天,大家抱了很大的希望,期待两巨头之间取得谅解,并对影响新政府发展的某些重大问题达成协议。然而希望竟成泡影。既没有达成重要协议,也没有做出任何重要决定。在民国方面,值得安慰的是孙中山受命为全国铁路督办,负责拟订全国铁路发展总规划。孙中山接受了这一任命,并将总部设于上海。双方都明白这不过是一种权宜之计。袁世凯想以这个新职来安抚孙中山,使他不再进一步和袁的政府作对。而孙中山接受新职,也许是为了取得政治活动以及国民党革命事业的基地。全国人民都看得清楚,两巨头之间根本没有诚意,没有相互的信任。国民党的活动使袁世凯感到更加怀疑,更加忧虑。他千方百计地把自己的心腹安排在上海和长江流域的各个重要岗位上,例如,他派何丰林①为上海镇守使,陈楚仁(音译)任长江舰队司令,总部设在庐山脚下。国民党反对派的领袖们对此更加不满。

无论在北京,还是在长江流域和南方,矛盾的尖锐化表现在国民党最能干的有力人物之一,宋教仁的突遭暗杀。他才三十一岁,他的追随者拟拥戴他为下届国务总理。他辞去唐绍仪内阁的农林总长职务,离开北京,到南方开展宣传教育运动,以共和政府的基本原则唤起民众。他从政坛上的突然消逝不仅使国民党,而且使全国人民也大为震惊。这件事无疑使国民党人感到愤怒,他们认识到和袁世凯已没有调和的余地。在长江流域和南方,大家议论纷纷,反袁的声浪日益高涨。终于在 1913 年 7 月从国民党都督统治下的南方各省发动了内战。

---

① 原文为何丰林,经查核似应为郑汝成。——译者

这时,袁在北京的地位已十分巩固。内战爆发不久,熊希龄接任总理。熊总理是湖南人,是个有进步倾向的学者,一位能干的中年人。他不像唐绍仪那样有现代思想,但肯定比北京以及全国官场的大多数人物要进步。然而,从他的内阁成员来看,袁世凯安插了许多忠诚拥护他的人,一些见解和他相同的人物。熊内阁没维持多久,因为新总理发现无法实现自己的政见。熊是个理财家,认为应该尽力避免借外债,即使有必要借款,条件也决不能有损国家主权。而袁却急于缔约借款。1913年,国库空虚,不仅需要经费维持行政开支,袁还要筹集巨款,目的在于尽可能一劳永逸地把国民党及其所辖各省的反抗镇压下去。他的确积聚了强大的兵力,在相当短的时间内就把反抗压制下去了。此后,他对国民党的活动采取了坚决镇压手段。临时国会被解散了。袁下令逮捕许多重要的国民党党员。孙中山逃亡日本,他的助手们随后也逃到日本。袁世凯乃假借民主政府之名,实行专制独裁之实。袁解散国会,另行成立了所谓"约法会议",负责起草新宪法以代替唐内阁草拟的宪法。约法会议这个机构,只备咨询,其作用不过是在袁世凯送交的文件上盖章而已。这时,旧官僚政客开始麇集在袁世凯的周围,怂恿他恢复旧制。在颁布了一系列的规章条例如"祭圣告令"之后,每年一度的祭孔和在天坛的祭天大典也恢复了。从前,祭孔和祭天是皇帝的特权,而今竟然重演。新的规章条例甚至还规定了与前清十分相似的衣冠、祭服和礼仪,恢复卿、大夫爵位。总之,施政走向繁文缛节,走向帝制政府。

(4) 帝制运动与袁世凯之死

甚至在民国成立的最初一二年,就已经有了帝制运动的迹象。特别是1913年所谓国民党叛乱被镇压下去之后,风言四起,传说袁世凯的长子袁克定在领导搞帝制活动。袁克定曾在德国留学数年,通过他的朋友廕昌将军(满人,1901—1905年在威廉二世时任清朝驻德公使)的关系,见过德皇威廉二世,和皇太子成为朋友。他十分羡慕德国人遵守秩序,服从纪律,皇室的威望,德皇至高无上的尊严和皇太子享受到的荣誉和特权。回到北京后,他积极鼓吹帝制,认为中国只有以他父亲为王朝的创始人,以他自己为王位继承人,才能成为富强的国家。革命前曾在清朝做过大官而拒不在民国任职的遗老、政客都投到袁克定门下,或被罗致在这个小圈子之中。他设总部于中南海里的一个岛——瀛台,在这个首都的中心接待拥护帝制的死硬派。这伙人并非只限于遗老,也有民国的失意政客。小圈子不断扩大。表面上,政府对总统长子的活动,佯作不知,事实上,无人不知总统本人及其亲信幕僚均暗中支持赞助这种运动,久而久之竟公开讨论。1915年8月成立了一个以学者杨度为首的"筹安会"。

1915年5月25日与日本签订条约,把"二十一条"问题解决之后,中国外交方面没有发生什么重大问题。当时,欧洲正在进行第一次世界大战,战争对我国的工商企业颇为有利,因为欧洲原料和某些物资的匮乏日甚一日,而我国则呈现初步繁荣的景象。帝制派认为这是把他们的事业推向高潮的大好时机。

我离开北京就任驻墨西哥公使之前,筹安会以及一些积极策动人物的活动已甚嚣尘上,幕后操纵者就是总统的长子。我个人不相信这一运动有成功的可能。我坚决相信,尽管中国具有长久的帝制传统,中国人民的天性和在他们的日常生活中,和其他民族一样还是酷爱自由的;只是他们不知道如何去建立、发展和保卫民主制度以保障人民的这种权利。中国经书上说:"天视自我民视,天听自我民听。"又说:"民为邦本。"由于我个人的信念,我在北京时竭力避免与帝制运动有何瓜葛。帝制运动倡导人多半了解我的见解和我的政治主张,他们之中谁也不来要求我支持他们的运动。

外国人对帝制运动的反应,在中国境内的与海外的有所不同。起初是中国各报纸鼓吹,也许是因为当局尚不准备表面化,也不想公开承认。一家日本人办的中文报则毫不隐讳,对运动的发展做了极为详尽的报道。这就是尽人皆知的日本使馆和日本华北驻军喉舌《顺天时报》。报上作为新闻报道刊登,但字里行间是支持帝制运动。上海的外文报纸最初不大说话,只有《字林西报》表示同情。在北京,以袁世凯好友朱尔典为首的英国使馆也同情复辟帝制的主张。日本使馆表面上谨言慎行,私下里却对通日语的中国官员暗示,运动要想成功,必须取得日本的帮助;如果中国执行有利于日本的政策,那就很好办。

1915 年末,我去华盛顿任中国驻美公使以后,北京的帝制运动倾全力向前推进。显然,袁世凯想在 1916 年元旦称帝。大典积极筹备,大家认为数周之内即将成为既成事实。表面上,华盛顿国务院和政界领袖们对运动不公开发表言论。但是他们的看法,我完全清楚。有的私下里直接对我讲:他们对于亚洲第一个共和国试行不多几年之后即趋夭折表示惋惜;还对帝制运动从长远来看能否取得成功表示怀疑。国外报纸支持复辟帝制的为数不多,其中之一是英国伦敦《泰晤士报》。《泰晤士报》在社论中说,如要在中国建立和平与秩序,袁世凯只要能恢复帝制,必可当此大任。

当时我在国外,对北京的情况不大清楚。年末,外交部通告行文格式有一个突如其来的变化,这使我大吃一惊。通知指示说,以后使馆正式行文日期要注明洪宪元年。对总统的呈文要采用奏折形式。显然,袁世凯当皇帝的计划已经收效,鼓吹者已控制了整个局面,即将取得全面成功。我个人不仅感到吃惊,也相当愤慨。我回想起 1911 年的革命,我国学生和我自己曾对于什么样的政府最适于中国这一问题反复进行辩论。我们之中有些人极力主张君主立宪,其中之一是我在圣约翰的同学,他正在哥伦比亚大学攻读文学硕士学位。他没有能说服我使我相信君主立宪的优点。所以,在收到外交部的通告时,我的反应是必然的。

我把秘书召来,命令他草拟复文,表示训令难以执行,因为中国并未宣布实行君主政体。从中国报纸上看,政府也并未通告国人取消共和,建立君主。从外交方面说,在我驻在国政府承认我国政府政体改变之前,我送文所用日期不能和我们以前所用的不同。因此,在华盛顿使馆方面,我们还要继续使用老格式。关于这件事,尽管我的秘书和使馆工作人员竭力劝说反对这样做,我还是决定将复文发出。奇怪的是竟无反应。更使我惊异的是,几周后接到政府公报,发现我们使馆发给外交部的一份快电竟注有新年号的日期,并注以"启奏皇上"字样,这使使馆人员感到愤怒。我立即发出抗议快电,指明他们无权更改使馆行文日期的格式。如果他们一定要这么做,应先通知我们,我可以辞职。

帝制的急速筹备引起了国人的公开反对,终于爆发了云南都督唐继尧领导的反对帝制的战争。他反对取消共和、反对拥袁称帝的通电获得各省的热烈响应。甚至积极拥护袁世凯的四川将军兼巡按使陈宧也出面公开通电赞助共和,他打电报叫袁睁开眼睛看一看,全国都不赞成复辟帝制。随着战局的逆转,袁世凯终于决定放弃他的全部企图。

民国初年我在北京时,人们就知道袁世凯并不赞成共和政体,而向往帝制。然而,尽管他的长子在积极奔走,当时他并不急于改朝换代。他同意恢复帝制的主要原因也许是出于迷信。袁家几代以来男子的寿命没有超过五十八岁的。那时袁正是五十出头。他个人、他的家族以及他的亲信很怕袁五十八岁那一关。1915 年 9 月将近袁的生日时,帝制的鼓吹者们利用他的迷信,为他祝寿劝进,得到他的全力支持。奇怪的是他被迫取消帝制以后不久便死去,那时他正好是五十八岁。

2. 在北京的生活与职务，1912—1915

（1）与唐梅联婚始末

1912 年 6 月初，唐绍仪辞职后，我和另外七名秘书按官场惯例一同辞去国务院职务。唐先生已离京去天津，我为了和他保持联系，也随后去津。几乎每天我均被邀去唐府吃午饭或晚饭。袁世凯总统每次派梁士诒先生来见唐先生，征询他对一些事情的意见时，我均被邀在座。我把辞去总统府秘书的事就商于唐先生。其实我辞职的事已向秘书长提过了，还给他写了封信。唐绍仪先生十分惊异，他说我辞去国务院的职务是可以的，没有必要连总统府的职务也辞去。秘书随总理同进退是文官条例中载明的；而总统身边工作人员则是另外一回事，他们是总统个人委派的，不包括在正式编制之内。

我对唐先生说，由于他已离开北京，我也需要一些时间来考虑一下我下一步的打算，同时我也想去上海探望我的父母。因为我是从美国经西伯利亚径直到北京的。他说走一趟也好，不过我年轻，刚刚开始自己的事业，在总统府干下去是个很好的机会。他说，梁士诒先生几次来津带话说，总统要我回去继续供职。我犹疑不定，对唐先生的内阁寿命的短暂，特别是对他去职的原因感到迷惑不解。唐先生说下午梁先生来看他，他约我参加这次谈话。梁士诒先生一到，唐先生即派人叫我。我记得唐先生说的第一件事就是，请梁先生把总统的传话直接告诉我。我觉得对我过于恭维，我认为我在总统府的工作并不重要。梁先生说是奉袁总统命来召我回京，并请唐先生劝我回去。唐先生说已经把梁先生的来意转告给我，然后对我说："你从上海回来后应即回北京，你也许觉得工作过于清闲。其实，你的职位是在外交部。"他觉得我肯定有朝一日会去外交部。我告诉他当时任外交次长的颜惠庆曾约我进外交部，我要等和他商量以后再说。唐说："答应下来。"他认为这正是我发挥所长，学以致用的地方，而且这两个职务也不矛盾，正如总统府和国务院的职务毫无抵触一样。请假去上海探亲完全可以，回来后应回总统府并开始在外交部工作。唐的忠告帮助我选定了我未来事业的道路。

我住在天津，候轮去沪。正是这两个多星期的工夫，唐先生对我发生了好感，把他的女儿介绍给我。以前我和梅也见过面，一次是在国务院，那时她父亲还是总理；一次是我到北京不久唐介绍我去参加的野餐会上。按照他的授意，我俩总是下午出门，不是闲逛，就是买东西、喝茶。我是单身汉，虽然住在利顺德——天津英租界内一家英国饭店，还是几乎成了唐家的常客；只要没有其他约会，我总是和他们家人一起吃午饭和晚饭。这时我和梅混得熟了。这之前，北京野餐会之后，我没有见到过梅。因为唐绍仪任总理总共为期仅一月左右，女儿去北京看望看望父亲，随即返津，从未在北京常住过。我要离津时，唐说梅要去上海看望她的姑母，她好久没去上海了，问我是否能顺便陪她去。我说那会使我感到很高兴，我的确很高兴。他说她将住在亲戚丛孟余家中。于是我们同船去沪，当然，我们更加熟稔了。

我从上海回来后，我们就订了婚，次年结婚。我们定下的日子是 1913 年 6 月 2 日，唐梅小姐已在上海。按照中国风俗，她拜见了我的父亲。我们共同筹办婚事。

唐绍仪先生对我说，我们要结婚，他很高兴。但他也要结婚，问我是否可以把婚期改为 6 月 3 日或 4 日，因为他的婚礼要在 6 月 2 日举行。唐已五十多了，自然要先结婚。如果女儿出嫁，倒也没有什么不对，不过在中国人眼里，父亲第二天就结婚总不大好看。他娶的是位年轻的姑娘吴小姐。他结婚的计划，事先梅也不知道。我们的婚期改得很突然，是 6 月 2 日之前仅三四天才改的。我们在同一地方虹口花园举行了婚礼。

这就是我们结婚的始末。当时报纸上大加渲染，其实没有什么神秘，也没有什么特殊。有的说，我是在华盛顿认识了梅的，那时她的姐姐嫁给了唐绍仪好友、中国驻华盛顿公使张荫棠的儿子，而事实上唐梅那时并不在华盛顿。

（2）北京外交部 1912 年的改组

上海省亲后回到北京，我即到外交部就任新职，以后三年大部分时间就是在外交部工作。外交部是几个月以前陆徵祥建立起来的。外交部的前身是外务部。这要追溯到义和团事件的解决——1901 年签订的《辛丑条约》。条约中规定中国应设立办理外务的机构，专门负责与外国驻北京使团打交道。20 世纪初为了应付这种需要就设立了这种机构，不过是有其名而无其实。外务部以前叫"总理各国事务衙门"，改称外务部后内部组织仍沿其旧。办事的有几个留学生，业务也和从前一样，不同的是名义上由一名总长代替多名大臣来主持外交事务。

陆徵祥在民国第一任总理唐绍仪手下任外交总长之后办的第一件事，就是按照西方国家外交部的模式来改组外交部。他提出一个新的外交部组织法，提请国会批准。一名总长由一名次长协助主持部务。日常事务由下设的四个司来负责，即外政司、通商司、交际司和庶政司。此外，还设有由四名秘书组成的秘书处和四名参事组成的参事室。参事负责研究处理条约和有关外交部的法令、规章的实施等法律问题以及其他事务。

另一方面，陆先生把驻外使馆和领事馆改为专业机构，从事外交的人员为职业外交官。他认为驻外使团业务具有专业性质，需要由受过专门训练的人员来任职，这是十分正确的。他这样做在北京是一项改革，因为政府各部人员的任用一向由高级官员推荐,候选者为数甚多。谋职的方法之一是请某一政府要员给有意想去的部门首脑写一封介绍信,对这种做法任何部门的首脑都感到头疼,而陆徵祥则叮嘱部下努力供职,做好工作。他大胆宣称,只要被推荐的人没有受过外交专业训练,他决不接受;这一条对在部内任职的也适用。他这个意见不仅受到外交部内人员的称颂,也得到总统和总理的赞许。在陆先生任外交总长期间,连总统都从未把他手下或亲友中的任何人推荐给外交部。只有一两次他向外交总长提出过人选,而他提出的人是确实受过训练,适于做外交工作的。

至于驻外使领人员,陆则尽力选用确实能代表中国的人员。在这一方面,实在需要加以改革。在前清派往重要外国首都充任外交使节的官员,无论是满人还是汉人,往往既不懂又不会说外语。在驻外使团任职被认为是官场升迁的捷径。一般人都认为在海外为期三年的工作是个苦差事,但在海外任期满后回到北京,肯定会得到升迁。因此,在北京候差数载仍未获得一官半职的失意者便趋奉某一新发表的公使,希望当公使馆的馆员或领事。公使馆馆员的数目,外交部无明文规定,他可以自行决定,携带若干秘书、随员以及到其驻在国领事馆工作的其他人员。

在陆徵祥改组外交部之前,中国驻外公使可以领到他驻外任期三年的全部经费,包括他自己的薪俸、使馆经费以及馆员的薪金。此外,他还可以领到其所属领事馆的经费和领事的薪俸。这个做法显然不好,这会诱使公使随心所欲地去处置这笔钱。他携带的人有的被派任领事或副领事,这些人员有的愿意白做事,不支薪,条件是三年任期满后可得到向北京保举升迁的机会。这种旧做法的结果必然会使中国的驻外公使实际上在其所辖范围内的使领业务上独揽大权。另外,从生活和舒适的角度去衡量,固然有人认为外放是个苦差事,但同时也有人认为,至少有的公使认为,这是经济上恢复元气的好机会。义和团事件之后新建的外交部拟在这方面进行改革,但步子不大。陆总长要求不仅是驻外使团首脑,而且连所有公使馆馆员、领事、副领事以及领事馆馆员都要经北京外交部委任。另外,每个驻外使馆都必须编造预算,报部批准,其中说明人员数目、级别、薪资及使馆各项开支所需津贴。预算按年度编造,而经费则按月汇拨。

这样,驻外使馆和部内的事务都比较有了现代化的基础。驻外使馆有定期汇报。电报往还,不只和从前一样使用密码,而且密码不时改变,以策安全和保密。

所有这些改革措施都合乎需要,其有效的推行实有赖于陆总长的得力助手王广圻。王早在国外就是陆总长的同事,在部里是陆的左右手。他是个有魄力、有胆识的人,对于总长交办的事,他毫无顾忌地付诸实施,受到抨击,或得罪人,即使对方是极要好的朋友,也毫不介意。

(3)在外交部的工作

我在外交部干了四年多一点,后来,被任命为驻墨西哥公使,继而是驻华盛顿兼驻古巴公使。在这四年中,我觉得我的工作既有趣而又令人增广见闻。阅读有关外交问题的书籍和记录是一回事,作为外交总长的秘书和参事处理当前发生的事件则完全是另外一回事。

作为秘书,我的主要工作是参加外交总长或次长和各驻北京外交使团团长的会晤。陆总长是著名的学者,会说流利的法语,但不会说英语。作为他的秘书,我的经常性的任务是去东交民巷走访说英语的各国使节。这种做法只限于亚洲国家才有。别处的惯例是:大使馆或公使馆若和驻在国政府商讨某个问题,大使或公使本人或派代表走访驻在国的外交部,而在北京则不是这样。义和团事件后签订的丧权辱国的条约更增强了外国外交使团的地位。我是学外交的,使我惊异的是外交总长回复外国使节提出的问题,不是召他来部,而是派秘书去公使馆答复。

走访外国使馆的工作按其使用的语言由我们四个秘书分担：一个会说日语的秘书负责日本使馆，和日本使馆办理口头交涉时，他即被派去拜会日本公使或其助手；我负责说英语的使馆，即英国使馆、美国使馆、荷兰使馆，有时也去比利时和葡萄牙使馆，虽然这两个国家更常说法语，只要说法语的同事不在就派我去；第四个秘书说德语。

　　我的另一工作是和外国记者打交道，包括在中国出版的外文报纸，如《京津时报》和《字林西报》的记者。外交部未设新闻司，所以像这类事便在总长和次长领导之下落在秘书身上。

　　在最初一二年中，我的工作不多，占用不了我的全部工作时间。我总想协助陆徵祥先生和次长曹汝霖先生把外交部搞得更现代化一些，能更好地处理日益纷繁的外交事务。我在前面说过我办的第一件事是为外交部建个图书馆。我注意到的另一件事是档案的管理和登记的制度大有改进的余地。外交部历来的做法是把属于一个问题的来往文件用浆糊一张挨一张地贴在档案卷上。新文件草拟好以后随档案卷一并呈送总长，以便在他核阅草稿时参阅以前的有关文件。然而，有的问题迁延日久，来往文件集在一起，不便使用，整个档案卷搬来搬去，磨得破烂不堪。而总长或次长批阅文稿时，又往往没有时间顾得上去翻阅以前的文件。我建议设立档案科，各司只保存最新文件，超过一个月的一律送档案科归档，编制索引。这个建议深得外交部首脑们的赞许，并根据我的意见，委派一人任科长，配备一班办事人员，所有旧档案都归到这里。

　　因为意见是我提的，我就不时去档案科看看工作的进展情况。一天早晨，我发现外国使馆来的照会和备忘录原件竟被剪割成几部分，分别粘贴在不同的册页上，归入不同的档卷。我问新任科长为什么这样做，他说文件必须分类归档，因此他就按涉及的问题加以裁割分类。这使我很吃惊，想到查阅某一照会时，找到的将会是支离破碎的片段。由于我不能说服这位新科长，他坚持他这种做法是极好的,我就把这事报告给次长。他立即看出这是件蠢事:将来查阅有关某一问题的完整文件会是多么困难。他大为震怒,竟立即下令将这位新科长革职。

我觉得需要做的另一件事是成立翻译科,任务是浏览外文报纸,把外国报纸中有关我国的新闻报道剪下来,译成中文存档。我被任命负责这个新机构,给我派了一大批工作人员,因为这个工作涉及各种外文报纸——英文报、法文报、德文报、日文报、意大利文报和西班牙文报。

国外报纸寄到我国需要时日。伦敦《泰晤士报》、《纽约时报》和《先驱论坛报》出版后三个星期才能收到,西班牙文报收到的时间更晚。因此,其重要性不在其新闻报道,而在其社论和专栏。在北京和天津出版的外文报当天可到外交部,上海的外文报也只晚两三天。

翻译科的工作主要是放在国内出版的外文报上,上面不仅有许多新闻,而且其社论观点也可以使人看出很多问题。我认为随时了解在华外国人的意向十分重要,因为它往往反映了其本国的观点;实际上,有些外文报纸就是该国驻北京使馆的喉舌。

当然,我国的驻外使节也向外交部报告驻在国的意向。但他们的报告既没有系统,也不经常,尽管总长制订了使馆周报制度。这种报告的内容都是国外的一般情况;只是偶尔有使馆发回有关国内关心的问题的特别报告,但也不见得可靠。使馆的这些报告都在外政司或通商司存档,和翻译科搜集的材料缺乏相互配合整理。

翻译科的目的是向外交总长、次长以及总统府和内阁报告外国报纸上的动态。随着时间的推移,报告的份数越来越多。所有的重要社论和文章都要译成中文,这要占去工作人员的很大一部分时间。由于翻译人员往往把英文成语或短句译错,我又得花个把钟头的时间加以校阅。

翻译科的工作得到各部门的称赞,尤其是总统府。事实上,阅读新闻译本成了总统日常工作的一部分。记得至少有五六次在我外出参加晚宴时,总统府的人打电话问我"新闻简报"——当时我们就这么叫——怎么还没有到。我告诉他刚刚送出。他说10点钟以前送到就没事,总统府10点钟关大门,晚了就要麻烦。总统早晨第一件事就是看"新闻简报"。翻译科最初只翻译在我国出版的外文报纸上的文章、社论和报道,以后也翻译国外出版的。我们译路透社和美联社等通讯社的新闻,因为在外交部,总长能阅读英文电讯稿,次长往往有人为他口译。1914年初发生了一件事使翻译科承担了为总统府翻译路透社电讯稿的任务。这件事纯属偶然,也不重要,然而很有意思。1914年1月2日,星期日早晨,外交部次长打电话叫我立即去见他。星期日清晨召人入见在他说来是不寻常的。我一到就见他坐立不安。他递给我一份日本公使刚刚送来的日本天皇贺电的副本,并说日本公使很为难,因为东京的外务省两次来电称日本天皇给有外交关系的各国元首的贺电均已获复电,唯独没有北京的。外务省对这件事的窘况是可以想象得到的。次长不知该怎么办。他曾给总统府打电话,说并未收到贺电,总统府的秘书打电话问电报局,电报局也说不清。我见这份英文电报副本不过是一般的新年贺电。我建议立即起草复电,并询问总统府是否收到了这个电报。我说这件事不应有半点含糊,电报必然有,否则日本公使不会带这样一个副本来。曹汝霖逐渐明白了,命我起草,复电立即发出。然而他仍然不安,因为总统府仍无回话,一国元首致另一国元首这样重要的快电怎么会不翼而飞呢?我说我去看看究竟是怎么一回事。我由外交部径去总统府。

我也是属于总统府的人,各部门我都熟。我径去主管交际事务的武官处。该处不仅处理外国报界和访问过总统的外国要人致总统的函电,还为总统翻译订阅的一份路透社新闻稿。武官处处长是蔡廷幹将军,手下有几个回国的留学生,其中有一个是哈佛大学毕业。我来到武官处,只见到蔡将军一人。他知道我要追查是否收到那份电报时,有些惊异,简直要生气。他说没有东京来的电报,一面拉开盛满新年贺电的抽屉说,如果我愿意的话,我可以自己查找。我一找,马上发现一封署名 Yoshihito(嘉仁)的电报,没有地址,但上面有中文批语"东京姚先生来电,无须作复"。我说,就是这份电报。蔡说:"什么?"我告诉他嘉仁就是日本天皇的名字。他很吃惊地说:"谁能知道这就是天皇的名字?"我对他说,每一国家的政府都应该知道,因为他是国家元首,和英国的乔治五世一样。蔡满意了,也觉得有点抱歉,从他的面部可以看出有点狼狈和不安的表情。

据蔡将军说,在电报上写批语的那个人是他手下一个从美国回来的留学生。不过重要的是电报找到了。我没有对任何人讲,只打电话向次长做了报告。他叫我把电报马上带回去。次长曹汝霖是留日的,特别关心中日关系。他很恼火,要立即去见总统。他认为这么重要的事,怎能这样疏忽大意?我劝他不要去,因为这意味着武官处的告终。但他仍坚持要去。

那时,不仅袁世凯,整个政府都急于和日本保持友好,避免发生任何不幸事件。曹回来后对我说,总统大为震怒,要解散武官处。我觉得这样做不大好,建议次长从中斡旋,劝说总统不要在这件事上大做文章。终究,这不过是个礼节问题,再说复电已经发出了,只是晚了三十六或四十八小时而已。东京将很快收到复电,那时,事情就算完了。

下午我们去武官处,得悉错误的主要责任者被罚扣三个月的薪金。总统另外下令,自即日起,一切外文函电,包括路透社和美联社的新闻稿,都必须由外交部翻译科译出,然后呈阅。这就是翻译科扩大工作范围兼译新闻稿的原委。不久后,我听说武官处仍继续翻译外文新闻稿并送呈总统,不过总统从来不看,只看外交部送去的译文。

(4)晋升参事

任秘书一年多以后,我升任外交部参事。参事的工作是研究有待批准公布的法令。四个参事要负责对这些法令从法律的观点加以审查,并在草稿上签字,然后呈次长和总长审批。这个工作相当轻松,不过我还继续搞我的秘书工作,同时还兼主翻译科的工作,心里老惦记着图书馆和档案的工作。

然而,我的主要兴趣在于不时发生的外交问题。我忙于准备备忘录和报告。一旦发生了什么外交大事,总长、次长和有关司长便开会商讨对策。从公事上说,草拟复文或备忘录是属于有关司的职权,不论是外政司还是通商司。但事先总是给我送一份来件副本,我也被邀参加讨论。关于复文我屡次发表意见,而且往往和司长的意见不一致。在这种情况下,我总是受命起稿供讨论,最后被采用。因此,我的正式职务虽然清闲,但我老在忙碌,没有闲暇的时候。我本来有两位录事,后来又添了一位秘书和两位录事,有时还不得不用临时录事。

参事室的三位同事对我的这种做法感到十分惊讶。其中有一位是我的亲戚,他年纪比我大,至少比我在官场多混了二十年。一次,他说这样做很危险,问我知道不知道做官的要诀,我说不知道。他说别人谁也不会对我说,因为他是我的好友,才肯告诉我。他说:"在北京官场,多做事,多犯错误;少做事,少犯错误;不做事,不犯错误。这就是在官场上一帆风顺的奥妙。"我感到很新奇,但也感激他的善意。我回答说,在我的一生中,特别是在美国的八年,我受教育的目的是想做个有用的人,从那时起,并对中国的外交关系和外交史发生了浓厚的兴趣。现在终于有了这个宝贵的机会,我确实对我的工作感到乐趣。他劝我可以试着干,但不要忘记他的忠告。

有好多属于某一司管辖的事,上级也叫我去处理,这免不了引起某些人的不满。在中国官场,忌妒之心是很强的。人家以为我是出风头,夺人之宠。我是个回国的留学生,从未想和别人争什么,只认为凡是对国家有利的事,人人有责协助处理把它办好。有时我受命起草备忘录,总觉得难以得到外政司的合作。我曾想没有他们也要把事情做好。然而,可以想象得到,这是办不到的。我不得不把这种微妙的问题报告次长,请示他应该怎么办。他会下条子调卷宗,然后把档案送给我。司里不知道是我在要档案,总不会慢待次长的批示。我和总长和次长处得很好。有时外政司不同意我的意见,认为不是解决问题的办法,而总长和次长则往往赞同我的意见。当外政司说他们办不了的时候,我总是能够承担起必要的起草工作。然而我总是不把我起草的文件直接呈送次长,我先去外政司,征求马司长的意见。

我受的教育使我对我的工作能够胜任愉快。不过,起初外交部的人认为我是留美的,起草英文稿件还可以,起草中文稿件是干不了的。我的中文虽不是第一流的,但我写得简练、通顺,这对我也许有利。同事之中某些人的忌妒是不足为怪的。其中有的年纪很大了,我来之前,人家就干了二十五六年,快三十年了。我从不自吹自擂,妄自尊大。我总想把事情做好,有利国家。这种做法,诚如我表兄所说,和北京的风气是有些径庭的。

(5) 在总统府的经历

晋升外交部参事后,我仍一面在外交部工作,一面兼任袁世凯总统的英文秘书。从 1912 年我和袁世凯的那次谈话中,我知道袁对共和国的性质完全不懂。但秘书的大部分工作都和外交有关,我得以观察他处理外交问题的方法。袁世凯对人对事有数十年的经验,做直隶总督以及以后当政务处政务大臣时,除了握有军权以外,还插手外交事务。所以他虽然没出过洋,一句外国话也不会说,一个外国字也不识,他还是知道怎样对付和外国人打交道的事。

我刚入外交部时，几乎天天去总统府办公，工作包括受命起草在外文报纸上刊登的声明或公告，更多的是处理致总统府的信件和公报。有些极重要的函件和电报，总统便与外交总长共同研究。总长每天去总统府，大都是在上午。我充当的是更低一级的联络员，我最常接触的是总统府秘书长，但有时总统也特别召见我。

这多半是在总统会见外国的外交使节或显要人物时，让我充当翻译。按外交部的惯例，会谈要记录下来，译成中文，然后呈总统审阅。总统总是事先打电话通知我，次日某时某某人来访，问我到时是否可以来。客人往往是他的英国使馆的老朋友，或美国公使芮恩施。大部分外交问题是在外交部会谈协商，然后将情况报告总统。但总统和他熟识的某些外国公使之间的会谈也涉及各种各样而且特别重要的外交问题，因为外国公使想直接得到总统的答复或听取他个人的意见时，便利用会见的机会谈问题。有时总统也和外国公使长谈。例如我前面提到的西藏问题，朱尔典总喜欢和总统面谈。总统也不时接见一些重要的外国客人，如古德诺教授，他应邀来华对我国适用何种宪法提供意见。他数次会见总统，我均在座。古德诺教授极端赞成中国复辟帝制，建立君主政府，因此，他遭到国外一些人的非议。

古德诺教授是第一次来华旅行时求见并认识总统的。我介绍他时说，他是教我行政法的教授，这是他的专长，但他也是研究美国宪法的学者。因此，第一次谈话主要涉及的是行政：如何组织一个能够在国内保障和平、秩序与安全的有效的政府。总统很欣赏他的意见，因此约他再度来华。第二次见面，他们终于谈到正题。总统要他写出一份或两份关于这个问题的备忘录。我记得这次会见他终于说出了他的意见。他说他研究了中国的国情，中国有帝制的传统，民族主义的观念不像西方那样强烈，所以中国需要一个强有力的中央政府以巩固国家政权，以取代当时存在的那种各省军阀割据的松散局面。当然,强有力的中央政府也正是袁世凯的意思,在他的心目中,唯一的形式只有帝制政府。

其次,我记得的是1914年第一次世界大战爆发后美国《星期六晚邮报》总编辑来访。他是美国一位著名记者和政论家,经人特别介绍给总统。事实上,他曾打电报给总统请求接见,电报中说,只有总统愿意单独接见他,他才来。日期安排好了,他来得匆忙,到北京的第二天即晋见总统。他提了很多问题,都是关于欧战方面和中国在对日关系上所受影响方面的。回答他的问题需要思考、斟酌,总统没有准备。我建议总统加以考虑,然后给记者一份书面声明。但记者说次日上午十点他就要离开北京,希望十点以前能得到这份声明。

会见五点钟开始,快六点才结束。我送记者出门时,总统的侍从在我后面说,送客后总统要见我。我回到总统府,总统说:"你准备一份声明,你了解美国。"我请他指示几个要点。

我离开总统府时已经七点钟了。我知道记者次日要搭十点二十分的早车离京去天津,事情必须在那以前办好。我没去参加事先约好的晚宴,打电话把外交部我的两位助手找来。我们彻夜工作,我用英文起草,他们译成中文,我看了一遍并加改正。早晨,一切都准备好了,我即去总统府。总统向来起得很早。我把声明的中译本递给他,问他是否有应该修改的地方。我心里很着急,唯恐他提出什么,因为没有时间了。他看完后使我又惊又喜地说:"很好,很好!"我径直去车站找到记者,把声明交给他,他说在北京没时间发报了,要到天津去发。声明相当长——中译文超过一千字。他说打电报要花三千元。

我问过总统的秘书长梁士诒:总统英文秘书的工作性质到底是什么。他说我不必去总统府坐班,愿去随时可去,或者有事就召我去,但要天天去国务院。我每星期应和他见面三次,看有什么工作要我去做,不过这并无硬性规定。总统府的工作并不很吃力,不时有些英文函件或者外国政府或显要人物的电报交我作复,我完全可以自行斟酌草拟复件。当然,也要把草稿先送秘书长,经他审核后再呈总统。

起初,这类函件通常不涉及十分重要的政策问题。后来,我调到外交部,总统府的事倒更多了。有关对外问题或外国显要人物的函电都交给我,有的是要和外交部商量,有的由总统府直接作复。外交部有两个主要的司:外政司和通商司,都很庞大,人员甚多。从公务上说,我是外交总长四个私人秘书之。我们的任务是安排外交总长和驻京外交使节的会晤。我们负责会晤时的翻译和记录,还负责总长、次长的半官方和私人的来往函件。虽然我的职位不高,但却做了总统府和外交部之间的联络员,这是不寻常的。

3. 中国的对外关系,1912—1916

(1)边境纠纷及中英、中俄谈判,1912—1916

1912 至 1916 年间发生的重大外交问题大多数与我国边境地区的领土有关,如在西藏与英国的争端,在外蒙与俄国的争端,以及在满洲和第一次世界大战爆发后在山东与日本的争端。由于辛亥革命的爆发和民国的建立,我国政局不稳,全国各地,特别是边境地区呈现政治混乱状态。和我国有共同边界的国家,一如既往,立即乘我国政局不稳之机,扩张在中国的势力范围,或越过传统边界伸张政治影响。

西藏问题是和英国长期争论的问题。争端的发生不仅西藏地方当局,而且印度英国当局都有责任。西藏与印度的边界问题以及西藏在中国的政治地位,本来已在 1908 年签订的中英条约中基本解决。当时参加交涉的,中国方面是唐绍仪,英国方面是鄂康诺。按照条约,英国承认中国对西藏的主权和特权,同时中国也承认英国在西藏的特权。条约对中国驻藏大臣的驻地和卫队数目,以及中国驻西藏几个大城市的代表的地位都作了规定。总的来说,英国和中国在西藏享有几乎相等的权利。西藏人利用辛亥革命的时机企图摆脱中国的统治。在印度的英国人究竟怎样唆使西藏地方当局采取行动,提供了多少援助,不大清楚。但发生的事实表明当时西藏人有充足的武器和相当大的军事力量,终于把中国的驻藏大臣及其卫队赶出西藏。他们还进犯内地,企图巩固他们在西藏东部的势力。西藏入侵者与中国军队在西藏与四川交界地区确曾交战。英国人出面调解停火,双方同意通过谈判来解决西藏和中国的边界问题。袁世凯就任民国总统不久,英国公使将此问题提出,要求中英间开始谈判解决西藏问题。

中国接受英方请求,双方于 1913 年开始谈判。朱尔典与袁世凯有私交,总设法与总统面谈重要问题,而西藏问题正是双方谈判的主题之一。我的任务是在他们会谈时充当翻译。尽管英国公使总带有自己的翻译,先是巴顿爵士,以后是哈代先生。这些会谈对我非常有益,使我对有关问题有更详细的了解。总统讲的官话带有很浓的河南口音,起初我都听不大懂,更不用说外国译员了。巴顿或哈代的翻译朱尔典有时就听不明白,总统有时也听不懂。我是中国人,用的辞句自然容易使总统听懂。久而久之,几次会谈之后,双方都愿意让我当翻译。我把朱尔典的话为总统译成中文,把总统的话译成英语,朱尔典的译员作记录。会谈后,我和他把会谈记录的重要部分扼要地核对一遍。这对我用中文写出会谈纪要很有帮助,我想对我的英国对手也是一样。记录整理完后,一份呈总统核阅,一份送外交总长以备参考。

总统和英国公使的会谈仅仅是谈判的一部分。总统不能接见朱尔典时,就派我去拜访他。我和朱尔典的会谈记录总是及时送呈总统。在英国公使馆的各次会谈大概构成了整个谈判的很大部分。

　　为了对在英国使馆举行的会谈作好准备，我必须查阅和研究争端的焦点，弄清历史事实和当时的情况。这真是一件有趣的工作，使我学到有关西藏地理方面的许多知识。中国的这块地方在清王朝初期收进中国版图①，有它自己的特点。这块地方不大为国人所知，甚至政府首脑也不大清楚。然而也有那么些精通西藏问题的专家。他们不仅精通西藏地理，而且通晓西藏的历史、制度和风俗。我在所谓"蒙藏事务局"中找到了这些人。其中有一位姓吴的学者，任该局参事，堪称西藏专家。认识他真是有幸，这对我的工作极有帮助，我不时需要与他磋商，征询他的意见。争论的焦点先是西藏和四川省交界的划分，后是所谓后藏和前藏之间交界线的划分。吴先生对这个地区的知识如此丰富，对我提出的任何问题，都能给予圆满的解答。

　　在使馆的会谈和在总统府一样，都在一个小时左右，偶尔时间可能长些。我有时感到商谈非常棘手。中国方面就我一个人，英国方面除公使外还有公使的中文秘书和武官。这位武官曾骑马游遍西藏，对西藏十分熟悉。尽管他不参与谈判，但一直不离左右，在澄清某一要点或加强他们一方论据时，朱尔典往往同他商量，并要他作出解释。由于头天晚上作了充分准备，我便能和朱尔典针锋相对。这时他便和我开玩笑，说他没有得过哲学博士这类的学位，辩论中说话没有那么流利。我则嘲弄他，说他说的不过是客气话而已，我完全清楚他从事外交工作多年，经验丰富，特别是在同中国官员打交道方面，他总能如愿以偿。我们彼此一笑了之，然后继续谈判。朱尔典是个了不起的人物，他说一口地道的中国官话。不过他和总统或我谈话时，他只讲英语。

　　谈判拖延了几个月，症结所在是后藏、前藏之间边界线的划

---

　　①　西藏地方长期以来就属于中国的版图，是中国领土不可分割的一个组成部分，唐开元年间吐蕃已和唐朝"和同为一家"，元宪宗时统一了西藏地方，西藏便归入元朝的版图之内。——译者

分问题。争论相当激烈,讨论常常陷于僵局,因为双方都明白前后藏之间的不同情况。前藏与四川接壤,中国政府权力可及;后藏则不然,实际上完全不受中国管辖。正是这一点,双方坚持各自的立场。谈判拖延两年之久也没有解决。达成的唯一协议是由双方组成混合委员会在西藏和印度交界的西姆拉继续商谈。中国的代表是陈贻範,他是研究西藏问题的,对西藏的地理、历史和风俗习惯非常熟悉。经过几个星期的谈判,双方达成临时协议。协议内容电告北京外交部,即呈总统批示。总统府和外交部对草案中的条款都不满意,总统坚持要对草案进行修改。训令尚未发出,竟接陈贻範来电,称协议已经草签,这完全出乎总统和外交部意料之外。总统对我国代表的这种擅自行动大为震怒,立即召他返京,当面汇报。两年多来企图解决西藏问题的努力竟这样不了了之,英国政府对此提出抗议。但从这时起,西藏问题已成为全国人民关心的问题。由于无法迅速找到解决方案,西藏问题又一次,至少是暂时被搁置起来了。这就是 1916 年我被任命为驻墨西哥公使离京赴任前的情况。

另一个是外蒙古问题。外蒙是中国的主要属地之一。长期以来,俄国即对外蒙抱有野心。关于俄国企图颠覆中国对外蒙的统治的阴谋活动,外蒙首府库伦不断送呈报告。俄国心里明白,它没有法律根据向外蒙提出任何要求。中国的辛亥革命却给它以在亚洲推行扩张主义政策的可乘之机。1912 年 11 月 21 日,霹雳一声,俄国驻华公使要求紧急会见我国刚上任不几天的外交总长梁如浩,向中国提交一份照会,其中包括三点要求,并声称如中国拒绝,俄国将在外蒙采取单独行动。俄国显然是想用恐吓手段迫使中国屈服。

当时我是外交部四个秘书之一,俄国公使离开后,梁立即找我去,把照会给我看。他异常气愤,说 20 世纪竟还有这样明目张胆的恫吓敲诈行为,向中国提出这种要求真是荒谬绝伦。我说,其实这就是大多数帝国主义强国现时在亚洲奉行的政策,当前重要的问题是如何去对付它。

我的态度很镇静,梁似乎有些惊讶。接着大声说他绝不办理这个交涉,他要递辞呈让别位外长来办理这件事。我劝慰他说,我们是个弱国,处理外交事务确实困难,唯一的办法是坚持维护国家利益,谈判中在原则问题上不屈服。他只回答说我受过正式训练,学过外交和国际法,而他没有。他认为为了对总统对国家负责,只有立刻辞职。他去见总统说明他的意思。辞呈当天下午就送了上去,总统也没有能把他挽留住。

最近我和梁如浩之子谈到此事。他的父亲任外交总长时,他正在英国留学。他给了我一封信,其中摘录了当时他父亲写给他的信。这几段摘录对他辞职的原因说得更加明白。

"1912 年 9 月 21 日于北京

汝想必已从报端获悉余被任为外交总长。前已述及,此项任命非余所求,因余无意进入内阁。任命事先并未经余同意,即由总统提名,国会通过,难以却命。我本无意于此,承允纯出于避免因坚辞引起之麻烦。幸而临时政府四个月后即由新政府继之,新政府任期六年。新阁组成后,届时自当解职。内阁中最难为之职莫过于外长,余无意当此重任。"

"1912 年 9 月 29 日于北京

余终日忙碌异常。外交工作多系处理棘手问题,解决难以尽如人意。在蒙古沙俄为患,国人无力抵挡,其目的企图甚为明显。日人在满洲尚称安静,实系窥伺沙俄在北满之举动。西藏问题悬而未决。列强环伺,结果如何,实难预料。

余拟离开外交部,工作颇多掣肘。外交工作本不易为,加以备受干扰,更难以为之。"

"1912 年 11 月 16 日于天津

余已辞去外长职务。工作中干扰甚多,余及僚属均感懊丧,前信已谈及。关于沙俄与活佛签订密约一事,干扰尤为明显。余对合法举动之概念竟与我国负责外交关系之其他人士大相径庭。

余以为我国应采取坚决反对现行侵略之立场。屈服于沙俄之卑劣行为必将招致其他贪婪国家对我国领土之无理要求。清朝统治时期，吾人对此已有惨痛教训。采取反对侵略之行动乃时间问题，此其时矣。沙俄几乎已无异直言欲并吞土地面积同于中国本土之蒙古。如我屈服于其凶恶行径，余断言毗邻列强必将提出类似要求，以保持外交上所谓之'均势'。吾人将面临国土被瓜分之恶果。六十年前吾人被迫开放通商之后，过于懦弱无知，惧怕洋人，已失去台湾、西藏、香港、胶州湾、旅顺、威海卫、广州湾等。情况必须扭转，否则亡国灭种，必不可免。反对沙俄之掠夺，此其时也。然而对此生死存亡攸关问题，与余共同制定外交政策者却不同意余之观点。尤其当此举国对方建立之民国政府期待方殷之时，竟无所作为以慰国人，思念及此，唯有去职。"

这些信是第一手材料，充分说明他如何就任外长，而一月后又如何去职。梁如浩多年前即退出官场，后被召入阁。他曾短期任天津海关道台，不过他的事业在于铁路管理。总之，他不是一个专门和外国代表打交道，一直从事外交事业的人。

梁如浩之子说，他的父亲经常有信给他在英国的兄弟，不过据我所知，他本人手中并未保存其他这类的信件。梁如浩给他儿子的信说明此类私人函件十分珍贵，很有保存的价值。而我由1912年至巴黎和会结束这一时期的信件则留在天津，现均遗失，诚属可惜。

在梁如浩继任人陆徵祥任职期间（1912年11月15日至1913年9月4日），中俄交涉拖延未决，由下任外长孙宝琦继续办理。孙是袁世凯的姻亲，是袁的心腹。孙为人与梁大不相同。梁是广东人，火性子。他是19世纪70年代末期在美留学的早期留学生，回国后，大部时间从事铁路管理工作，一度任天津海关道台，曾出使欧洲。他旧学颇有造诣，在几次科举中均考中。他对袁世凯推崇备至，异常忠实，他深知做外长无须主动，总统擅于与外人周旋，听从他的指示就是。

俄国提出的三个条件是:承认外蒙自治;撤退外蒙的中国驻军;撤销向外蒙移民的条例。俄国的态度十分强硬,中国如不做重大让步,谈判即无法进行。而袁世凯又无意让步。因此,谈判悬而未决。后来,由于库伦俄人的煽动,外蒙在俄国的协助和支持下迫使清朝驻库伦办事大臣和驻军离境,这与在拉萨的西藏人获得驻印英人的支持驱逐清朝驻藏大臣及其卫队同出一辙。

(2)日本侵占青岛及"二十一条",1914—1915

第一次世界大战爆发和德国入侵中立国比利时的消息在北京引起极大的忧虑。这并非怕战争迅速波及远东,一般人担心的是怕日本将乘机在亚洲大陆推行扩张政策。这种担心不久即成为现实,威胁着中国的安全。8月间,离欧战爆发还不到一个月,日本政府向德国发出最后通牒,要求德国撤出其青岛租借地及其周围地区,包括胶州湾在内。当然,德国当时无法采取强硬态度,然而还是拒绝了日本的要求。当最后通牒送达柏林时,日本军事当局早已准备就绪,随时可将其威胁付诸行动,对德国租借地发动进攻。所采取的方式是日军在山东登陆。本来德国建筑的炮台都是面向海洋以防海上袭击,而日军却出其不意在其租借地距芝罘不远的后方龙口登陆,向青岛推进。事先日本政府并未通知我国,直至日军已开始在龙口登陆,才由驻北京公使馆告知中国政府。实际上,袁世凯还是从山东都督的报告中获悉的。

日本的行为显然是侵犯中立国领土,完全违犯国际公法。中国则无力进行有效抗击,至少中国政府的看法是这样。所以中国面临的问题是如何应付这种局面,采取什么行动。

总统急忙在总统府召集会议,所有内阁部长均出席,参事也被邀与会。那时我是外交部参事,是被邀的三个人之一,另外两个是国务院(内阁)参事。一个是伍朝枢,伍曾就学于牛津,是英国律师,伦敦林肯法学协会会员;另一个是金邦平,他曾留学日本,也是国务院参事。总统宣布开会后说,邀请三位参事与会,是因为他们曾在三个不同的国家留学,学过法律,懂得国际法;议题是如何对付日本对中国领土的侵犯。他首先要听取三位法学家的意见。总统先叫我发言,我毫不犹豫地说,日军在龙口登陆是公然违犯国际法的行动,因为中国已宣布对欧战保持中立,根据国际法,交战国双方应尊重中国的中立。因此,为了表明中国确在尽其中立国的责任,有义务保卫国土以维护其中立立场。因此,抵御日本侵略,理由至为明显。

总统叫伍朝枢发言,说愿意听听研究国际法的留英学生的意见。伍是以前著名中国驻华盛顿公使伍廷芳的儿子。他简捷地说他的观点完全与我相同,认为中国必须履行其中立的义务,才能按照国际法保障中立国的权利。如中国不保卫其中立,沉默即便不是承认,也等于是默许日本的行动。袁世凯又叫金邦平发表意见。金说日本造成的局势越乎常规,他实难以表示明确的意见。

袁世凯转问陆军总长段祺瑞,他想从陆军总长那里了解为了保卫国土,中国军队能采取哪些行动。段回答说,如总统下令,部队可以抵抗,设法阻止日军深入山东内地。不过由于武器、弹药不足,作战将十分困难。总统直截了当地问他抵抗可以维持多久。段立即回答说四十八小时。总统问他四十八小时以后怎么办。他望了望总统说,听候总统指示。总统再问外交总长孙宝琦。孙支支吾吾不知说了些什么,总之是他没有成熟的意见。总统环顾左右,等待别位总长发表意见。然而大家沉默不语。总统深深叹了口气说,他很明白根据国际法,法学家们认为我国应该怎样做的意见,然而我国毫无准备,怎能尽到中立国的义务呢?这话显然是对我和伍朝枢说的。他以为国际法是人制定的,中国为什么不可以根据自己的实际情况制定自己的国际法呢? 总统拿着一个准备好的小纸条作为发言的依据。他提醒大家,十年前在满洲,中国曾遇到过类似的事件。1904 至 1905 年日俄在中国境内交战,那时无法阻止日军的行动,只好划出"交战区"。那么,现在也可以划出走廊,日本可通过走廊进攻青岛,中国不干涉日本在此区内通过,在此地区以外中国仍保持中立。

显然,这是应付非常局面的非常措施。总统叫在场的法学家起草划定所谓交战区的文件,以及在此区外保持中立的条例。由于陆军总长说明中国没有准备不能进行长期抵抗,而且总统提出自己的解决方案,与会者一致认为此方案是当前中国应遵循的唯一切实可行的政策。三位参事凑到一起,草拟官方声明和执行中立的细则。这些文件经过批准,即作为官方政策予以公布。

德国由于在欧洲无法分身,在青岛的抵抗不过是象征性的,只有两天的工夫就结束了。德军投降,日军随后开入并接管了整个德国租借地,包括青岛在内,然后紧跟着控制了青岛至济南府的铁路。这使山东都督大为吃惊,也给中国政府出了一个新的难题。没有什么巧妙的办法遏制日本的行动。在首都,政府的忧虑增加了,唯恐日本在山东的军事行动之后继续提出更多的特权要求。大家认为这是日本在亚洲大陆上推行其扩张主义政策的大好时机,它绝对不肯交臂失之。

这种忧虑是有充分理由的。1915 年 1 月刚由东京回任的日本公使要求特别会见总统。会晤时他提出一系列要求,即臭名昭著的"二十一条",并要总统答应保守秘密。他声言如秘密泄露出去,日本当断然采取行动。"二十一条"对中国犹如晴天霹雳,政府内部立即陷入紧张状态,最大的问题是如何对付日本的这一特殊要求。袁世凯是个老练的政治家。他不仅深知中国的贫弱,也洞悉日本帝国的扩张政策。他立即决定答应与日本举行谈判。日本公使曾暗示某些要求必须接受,某些可以商谈。"二十一条"分为五号。第一号是关于山东的,第二号是关于满洲的,第三号是关于长江流域的,第四号是关于福建省的,最后一号是有关中央政府聘用日本顾问、中国军队武器的标准化以及全国警察聘用日本教官等问题。

谈判方针决定后,总统立即让外交总长孙宝琦辞职,陆徵祥被再度起用为外交总长,这显然是为了便于与驻京日本公使进行谈判。日本要求谈判尽快得出结果,每天会谈一次以加速进度,在最短时间内签订条约。而袁世凯却极力拖延,希望得到外国的外交支援,特别是美国的支援。中国代表团的组成是外交部与日方代表团需要立即商谈解决的另一问题。中国提出双方应各组成五人代表团。报界对中国代表团究由何人组成,不免有所猜测。外交总长与留日的次长曹汝霖是两个主要的谈判人自不待言,至于其他三个成员,我的名字也被认为必定在数的,理由是这个谈判十分艰巨,结果如何要看中国能获得讲英语国家、特别是美国和英国的多大支持。我的任务可能是负责向国内外新闻界宣传有关谈判的进展情况。但这时双方代表的人数又成了问题。日本提出只由公使和外交总长出席,顶多带一名秘书,构成三人代表团。显然日本公使是奉东京之命要进行秘密谈判,把和北京讲英语国家的公使有来往,特别是与国外讲英语国家的新闻界有联系的中方人员排除在外。日本坚持己见,迫使中国撤回自己的建议,接受日本的反建议。因此我和另一位秘书被排斥于中国代表团之外。我虽未参加谈判,这并不意味着我对每次谈判内容和进展毫无所知。事实上,外交总长每次和日本公使及其同事会晤之后,总是召开小型会议,讨论会晤中提出的问题。

头几次会谈时间很长,除了程序问题外,没有什么进展。实际上,袁世凯总统曾指示陆徵祥先生,要他尽量拖延,这和日本公使要尽快结束谈判的急切心情完全矛盾。为了执行总统的指示,陆先生想出了许多巧妙的计策来拖延谈判。日本要天天谈,每周五次,陆则提出每周开会一次,并和颜悦色地和日方争辩。他说他很忙,有许多别的外交问题等他处理,他还要参加内阁的会议。日本公使多方坚持,最后达成妥协,每周会谈三次。

陆的另一个任务是缩短每次会谈的时间,已有决定每周会谈三次,时间是下午四点至六点。陆的妙计是每次说完开场白后即命献茶,尽管日本公使不悦,他还是决意尽量使喝茶的时间拖长,而日置益先生也知道这是东方待客的礼节,无法加以拒绝。

此时,北京急需从国际上获得外交方面的支持。尽管中国许诺将此事保守秘密,不让其他国家知道,但我向总统和外交总长说明,这种许诺是在威胁之下做出的,中国没有义务遵守。根据世界的形势,唯一能给中国以外交和道义上的支持的是美国。我看有必要让华盛顿了解"二十一条"的内容,也应告知伦敦。因为英国的在华、特别是在长江流域的利益是很大的。尽管英国正在进行着生死攸关的战争,我相信它不会不慎重考虑,采取措施,防止中国给予日本以过多的利益而影响它在中国的既得利益。中国保护自己的唯一手段是尽力争取盎格鲁撒克逊国家的支持,因为其他有在华利益的国家无力干预亚洲的事务。法国正日夜忙于对德作战,俄国也已成为德奥发动战争的受害者。

这时关于"二十一条"的消息少量而不断地出现在外国的报纸上,引起了各国,特别是华盛顿和伦敦的关注。我征得总统和外交总长的完全同意,和英美公使馆保持接触。我每次在外交部开完会后,如不是当天下午,至晚在第二天便去见美国公使芮恩施和英国公使朱尔典。当日本驻华盛顿大使电询政府"二十一条"的详情,尤其是第五号时,东京开始焦急不安,显然东京并未将"二十一条"的性质及谈判进展等详情通报其驻外使馆,据报日本驻华盛顿大使完全不知道所谓的第五号。但国务院出示了"二十一条"的全文副本,使日本大使非常难堪。此后日本政府也开始感到难堪,当然不是为了在北京的谈判中,而是在和华盛顿与伦敦的关系上确实是这样。秘密泄露后,至少是日本外相感到:如继续否认"二十一条"及其第五号的存在,殊非明智之举。秘密越来越公开,日本谈判代表对中国政府的压力越来越大,企图迅速签订条约,结束谈判。陆徵祥仍采取拖延办法,但已越来越不灵了。在日本强大压力下,他只好一点一点地把前四号的谈判结束下来。

这时中国已赢得华盛顿的同情和国外新闻界的支持。显然美国政府已通过日本驻美大使和自己的驻日大使将美国的立场通告东京日本政府。日本外相当然也感到舆论影响有利于中国。在第五号上中国则采取强硬态度,根本拒绝讨论,而日方则继续坚持讨论。4月中旬,前四号告一段落后,谈判即陷于停顿状态。日本压迫中国对第五号进行谈判,而袁世凯总统坚予拒绝,以种种理由拖延谈判。华盛顿的支持显然是为了让中国不屈服,并重申了美国的立场。袁世凯决定派日人顾问为特使去东京和那些对日本政府,特别是对日本外务省有影响的元老联络,因为日本的各项政策都先在天皇主持的元老院决定。这位德高望重的日本政治家便是西园寺公。袁世凯总统希望从元老们的私人意见中得知在迫使中国接受第五号条件上,日本要走多远。当然,这位日本人要完成他的使命需要时间,谈判停顿了几乎三个星期。日本公使催促迅速结束谈判。而袁世凯总统指示外交总长不要恢复谈判,尽可能拖延下去。5月1日,中国驻东京公使和日本顾问都从东京来电,说如果中国通过谈判已接受前四号,那么可以拒绝讨论第五号;但前四号的条款必须尽快签订,否则日本将在山东或满洲采取某种行动。日本公使也催促中国政府早日签订条约。袁总统不明日本政府恢复谈判第五号条约的意图,仍采取拖延办法,甚至日本公使暗示,如中国不接受会谈中已达成协议的结果,日本将提出最后通牒时,袁世凯总统仍不明所以。5月7日暗示变为现实。日本公使递交其政府的致华最后通牒,指责中国拖延谈判,并限定四十八小时内签订条约。虽然日本公使递交的照会是一个明显的最后通牒,声言中国如不在四十八小时内同意签订条约,则一切后果由中国负责。但是,事实上这个最后通牒并未出中国所料,因而也就没有引起想象的那种不安。

无论如何,这是最后通牒,有四十八小时的期限。中国面临的与其说是是否接受最后通牒的问题,倒不如说是如何起草回文接受条款的问题。这个任务落在了我的身上。那时,我根据德国医院院长克礼大夫的诊断,因紧张、疲劳而发高烧,已在德国医院住院两天。外交总长来看我,就最后通牒的内容和回文的要点和我商量。他说总统指示接受日本要求并回文作复。复文不长,没多大工夫就草拟好了。前四号已经解决了,重要的是第五号如何处理。我草拟的复文异常简短,关于第五号,我明白指出中国不能接受。外交总长认为可以,送呈总统,总统也同意。正在誊写复文时,我代表团中讲日文的成员施履本提出,草稿最好先送日本公使看看。施这时按例正与日本公使及其僚属保持密切接触。他解释道,如果日方不能接受,正式复文送出后,将造成十分困难和危险的局面。次长曹汝霖同意这样做。施带回了日本公使的反应,大意是语气过于决绝,建议关于第五号改为容后再议,东京可能更容易接受。我认为没有必要,否则在中国公众和友好国家的心目中我们太软弱、太妥协了,而且也给日本将来重新提出此问题提供借口,因为施说日本公使曾表示,修改此句更易为东京所接受,并可顾全日本政府的面子。我住在德国医院,未能参加在总统府召开的最后批准草案的会议,而复文中终于保留了修改的辞句。

我认为下一步政府应发表一份详细声明,说明整个谈判过程中中国政府所持立场以及被迫签订条约的情况。我的建议未能迅速为外交部的某些同事所理解。照他们看来,中国的任何声明都会引起日本政府的敌意,招致不利的报复;中国既然接受了最后通牒,事情就完了,越少提越好。我解释道,和平时期,一个国家默然接受提出特殊要求有损国家主权的最后通牒,这是很不寻常的。必须给后世的历史学家留下记录,说明中国如何进行谈判,怎样谈判,中国拒绝无法接受的要求的理由是什么。以中国政府的名义发表这样一个声明是必要的。外交总长赞同这个意见,总统也同意。至于这份声明究竟怎样写,曾征求外交总长、次长和驻华盛顿公使的意见。此事应由各司主管负责,但外交部认为把整个交涉过程回顾一遍,并于当夜或第二天发表声明,这是个十分艰巨的任务。

我说，要使声明收到预期的效果，必须迅速发表，使国内外报纸及时刊载。由于讨论到由谁写，怎样写。我说我认为事情应该做，而且应赶快做，如果司里难于承担这个工作，我愿意做。外交总长很高兴，只是指出，鉴于我的健康情况，应先问问医生是否准许我做。我向他保证说，我虽然发烧到华氏 101 度，口授文稿还是没有问题的。经与克礼大夫商定，给我的两个秘书另外准备一个房间。另外，我问他，我是否可以工作到深夜，也可能到天亮，隔壁房间有没有病人，可能会影响他们休息。他的回答极为友善，表示同情。他虽然是德国人，中国话说得很好，他支持中国的斗争，特别是中日签约之后。他说他要把一位病人移到较远的房间，以免他听到什么。我请了一位澳大利亚人端纳协助。端纳是一家澳大利亚报社的记者，后来接替莫理循做伦敦《泰晤士报》的记者。我口述，他写，不用速记。他叫他的助手普拉特打字。我们从晚上九时三十分开始一直工作到第二天凌晨三时。一面说，一面写，然后立即打字，天亮前一份打好的声明就出来了，一共大概有十二页至十四页。然后部里很快把它翻译出来，由总长、次长送呈总统批准，立即发表。

1915 年 5 月 25 日继"二十一条"提出之后签订的这份条约无疑是当时最重要的外交事件之一。条约是签字了，然而对中国来说，甚至在某些方面对美国来说，问题并没有结束。在巴黎和会和 1921 年 2 月华盛顿会议上这个问题再次成为外交争端。这两个会议的情况留待以后再述。

4. 北京社会

（1）北京在转变

民国初年的北京是个很奇特的都市。我到过许多国家的首都,北京在某些方面可谓与众不同。首先,它当然是中华民国政府所在地,总统、内阁和政府各部门在这里治理国家,为全国各省制定法律和向全国颁布法令。同时,在北京的中心却还保留着在废帝宣统管辖之下的紫禁城。城内仍沿用皇帝年号的历法。按照官方公布的全国通用历法,1912 年是民国元年,而在紫禁城内却称为宣统四年。在紫禁城的城门上就贴有这样的日历,据说是为了供宫内侍从和官员们的参考。这种怪事引起了总统的注意。他立即派人去见宫内府大臣,要他转告废帝答应不要在大庭广众之下张贴皇帝年号的历法,宣统立即同意。从此,民国的基础得到进一步的巩固。

由前朝沿袭下来的还有些别的旧习俗。每逢废帝生辰或新年,总统要派专人去祝贺,群众对此也习以为常。但更奇怪的是在前清做过官的政府高级官员也进宫表示个人的祝福。他们可以得到一轴条幅或盖有御玺的“福”、“寿”字幅的赏赐。我个人从未进过宫,因为我未在前清做过官,我置身政界是民国元年开始;但归国留学生中有人进过宫,如颜惠庆就曾得过宣统赐给的大“福”字,挂在客厅壁炉之上。

民国以前许多回国的留美学生参加过专为选拔留学西方的归国学生而举办的新式科举考试。在美国免除庚子赔款之后至辛亥革命前,这种考试举办过不止一次。朝廷为了搜求由西方训练的归国留学生,特制定条例,授与考生各种功名。在从前,举人、进士和翰林是举国学子梦寐以求的目标;如江苏、湖北等人口众多的省份,学子考中从而获得功名的机会是很少的。就以举人而论,一百人中也许只能考中一两个,而人口稀少的省份则容易得多。但新的科举考试却故意弄得尽量容易。甚至生在美国、长在美国的华侨子弟,根本没学过汉语,不会说中国话或不会写汉字也能得到功名。其中有一个塞缪尔杨,曾在哥伦比亚获得教育学硕士学位,这些人不必用中文写文章,而可以随意用英文、法文或德文写的论文来交卷,所以李登辉、方博士、施肇基、杨某和颜惠庆有的得到进士、有的得到举人的功名,在民国时期,则称为"洋进士"、"洋举人"。因为这些人受过朝廷的恩惠,在诸如皇帝生辰、新年等重大节日进贡祝贺是合乎情理的。这种做法大家认为合情合理,也安之若素,不过按西方民主的观点看来,似乎有些奇特。

北京有一个奇怪现象是东交民巷多少可算是北京独有的特点。解决义和团事件的《辛丑条约》中规定,东交民巷归外交团管辖。大多数使馆都在此区内,外有高墙环绕,四周有缓冲地带。东交民巷内的行政管理、交通规则完全由外交团掌握。它有自己的警察,北京的警察未经允许不得入内。大多数使馆有自己的警卫,警卫员人数多少视其国家的大小而定。日本军队人数最多。美国、英国和法国在北京至山海关铁路沿线均有驻军。逃至东交民巷的中国罪犯,中国警察未经东交民巷警察当局许可不得入内拘捕。北京由紫禁城、东交民巷和民国首都三部分组成。换言之,北京不只有一个国中之国,而是有两个国中之国。

凡是到北京的人,第一眼就可看出北京即便不是处在大动乱之中,也是一切都在变化。在某些方面,北京还保持旧日风貌。例如,交通工具还有大量的骡车;上层人物,特别是满人则坐轿子;高级官员和外交代表有马车;一般市民则坐洋车(人力车);那时还没有电车或公共汽车。

过渡时期的另一个例子是社会风俗。宴会有的是西式的,吃西餐;有的是中式的,完全吃中国菜。一般说来,外交部举办的晚宴或午宴都是西式的,西餐、洋酒。这主要是两任外交总长的爱好,先是陆徵祥先生开其端,继之以孙宝琦先生。两位都在国外做过事,孙先生曾任驻日公使,陆则驻欧多年。在总统府举办的宴会,无论是招待会还是晚宴,如果客人主要是外交团的,总是有西餐和洋酒;如客人全是中国人,则只备中餐。

　　记得1913年初,我曾应邀参加一次晚宴。大概是每年一度招待蒙藏王公们的宴会。吃的是中餐,外加几道蒙古风味的菜。席位的布置完全是宫廷式的。总统一个人占一个桌子,桌子摆在大厅靠后的正中央,左右两侧各有八至十张桌子,每桌六个人,六个菜,菜不仅引不起我的食欲,而且难以下箸。桌上的主人劝我吃点,否则要饿着肚子回家。他说话时,我瞥见桌上没设座位的一头摆着一盘精美的烤鸭,我伸手想用筷子夹一块,但夹不进去,我想是鸭子烤得火大变硬了。我正在摆弄时,桌上的主人提醒我说,鸭子摆在那里是看的,不是吃的。原来是涂了漆的木头烤鸭,我明白了,为了缩减宴会的开销竟然想出这种办法,倒不一定是总管的意思,而肯定是厨子要从这种大规模的宴会中捞一把。

　　东交民巷的外国公使们自然总是举行西式宴会。作为秘书或参事,我经常应邀参加这种宴会。我的工作固然主要是和讲英语国家的使馆打交道,但我的社交活动却不限于此。每年我不仅被邀参加英国、美国使馆的宴会,还参加德国、俄国、意大利、比利时、荷兰各国使馆的宴会。我能观察到各国公使在宴会上各种不同的举止言谈,使我大开眼界。有些和蔼可亲,有些一本正经,但当时在北京的外国公使们都是很重要的人物。例如和我时有社交往还的荷兰公使,后来成为首相,辞职后又被任命为女王枢密大臣;比利时公使当时是位男爵,我们继而又在华盛顿相遇,同时做驻华盛顿使节,后来他也当了驻伦敦大使;意大利驻北京公使斯弗尔扎伯爵是个军人,后来他反对墨索里尼政制,墨索里尼倒台后他任意大利外交部长数年,以后又任意驻伦敦大使;朱尔典在北京是个大人物,他是袁世凯大总统的好友,清朝末年他就是外交团的团长,在民国初年是个显赫的人物;芮恩施是威尔逊总统的好友,在北京是个很受欢迎的公使,他对中国人和中国的事业寄与很大同情,他不仅在政府中,而且在教育界有很多朋友。

除了外交团之外,还有个由许多国家各界人士组成的国际性社会。例如加拿大人亨特莱,妻子是美国人,他为洛克菲勒基金会创办了北京协和医科大学。他们夫妇慷慨好客,交结了许多中国朋友。我是他家的常客。英国卜内门公司代表西里尔·库克家我也常去,他有个善于交际的美国与墨西哥血统的美丽妻子,也是交游甚广。北京的社交生活是令人感到愉快的,不过有时需要花费时间。和外交团之外的外国人中的主要人物往还,我既感到有趣,也感到需要,可以了解他们对中国某一时期政治发展以及政府各部门活动的反应。

当时北京采用了一种新的社交活动形式,在海外许多国家也是刚刚兴起,这就是鸡尾酒会,始于美国公使。一开始,它即给人以深刻的印象,既不是招待会,也不是宴会——午宴或晚宴,时间也不同旧习,一般是六点至八点,正好是下班以后,晚饭以前的时间。客人可以站着聊天,啜饮着各种饮料配成的鸡尾酒。说来也怪,这种招待客人的办法竟成为一种十分流行的风尚。其他使馆和中国官吏也模仿起来。我想当时甚至在美国,鸡尾酒会也是一桩新事物。

由于各种理由,鸡尾酒会不久即证明它确实是很受欢迎的新鲜事物。不仅时间方便,而且客人来去自由。那时正式招待会总是在晚宴之后举行。晚宴只请经过精心选择的客人,而招待会,则可邀请许多人。在正式招待会上,往往有一长列的客人等候和主人打招呼,问声"您好"。许多侍者送上酒来,以后就是自助冷餐。至于鸡尾酒会则简单得多。客人以二十五至三十位最为适宜。客人一到便与主人招呼握手。在夏天天气热时可在花园举行,人们可以坐在通往花园的台阶上或瓷凳上;要是招待晚会,那就要庄重得多。参加鸡尾酒会可以穿便服由办公室直接去;参加晚间的招待会则须穿大礼服,戴勋章,打白领结。

至于参加中国的社交招待以及官方宴会应该穿什么,即使不是混乱不堪,也是向无定规。我以前说过,中国政府官员极喜穿西装,这对于学究式的旧官僚简直是一种风气。其间还有些趣闻。记得在美国承认中华民国后为外交团举行的招待会上,要摄影留念。袁世凯总统在中间,政府官员和外交团按次序排好,我是招待委员会成员,负责照顾宾客,让他们按先后次序就座。摄影师正在调整镜头的时候,我忽然发现坐在头排的总统府秘书长梁士诒先生的衣着不大对。我仔细一看,见他穿着常礼服、条纹裤,但未戴硬领。我感到不安,但又无能为力。我走近他轻轻地对他说他忘了戴硬领。这时他如有手帕,也可把它围在脖子上,梁先生有些愕然。他说,在中国,夏天官员们穿礼服总不戴硬领;这倒是真的。

妇女们应邀出席招待晚会,在穿着上也十分为难。在为外交团举办的新年招待会上,各部长和政府各部门首脑均被邀参加。蒙藏事务局长的夫人贡桑诺尔布公主的衣着就很特别,连外交团的许多人也感到惊异。她穿一套颜色艳丽的、半蒙半汉式肥大的外衣,这倒可以,因为她又矮又粗。可是,斜顶在头上的是一顶西式女帽,上面饰有花、果,倒也不错,不过更适于复活节游行时穿戴。没有人对她说什么,她也心安理得,享受晚会的乐趣。

我从一位留美学生徐维震那里听到过另一件趣闻。徐先生毕业于教会办的法律学校,受命去某省高等审判厅任职。他到任后,理应拜会该省都督,都督是个老派人物。徐被领到客厅,都督着黑长袍,外套马褂。徐先生年轻,西装楚楚,着常礼服,条纹裤,戴高顶礼帽。都督仔细打量他,开始寒暄,问他贵国那里。徐答道:"阁下,敝国是中华民国。"于是都督说道:"竟是同胞,幸会,幸会。"

在总统的一次新年招待会上还有一件趣事,乃是京兆尹着奇装出席。那次外交团全体应邀参加,当各使节陆续到达时,我看到镇守使沈金鉴着西装,但礼服后面拖露着白衬衫。我和他不太熟,不便直接指出,我便和外交次长曹汝霖先生说了。曹沈二人私交甚厚。曹约我一同去对他说。我们俩走到沈面前,曹告诉他衣着不整。沈愕然,随问如何不整。曹先生让我加以说明。沈解释道是仆从的过错。因为要穿西服,那天早晨费了不少事,他起得特别早,还得仆从帮忙。中国高级官员携仆从出席盛会,由仆从携带帽盒和替换的衣服是一种风气。沈立即把仆从叫来骂了一通。他说他原打算把衬衫塞入裤内,尽管那样不大舒服,但仆从曾告诉他说那样穿不对。照他说衬衫和褰衣一样;褰衣是一种蓝色长袍,长及脚踝,罩以深蓝色外套,外套总要比褰衣短三四寸。他大骂仆从,经曹先生劝说,他才退入旁边另一间接待室。这时已到了两三位公使,他们正在笑沈金鉴的衣着。因此我急于把他支走,把衣服整理一下。

　　在此过渡时期,生活各个方面都表现出无一定常规。我们也说不清赴宴应该穿什么衣服。有外宾参加的正式盛会,我自然穿西装;可是私人的晚餐会,那就难了,尤其是在冬天。如果天冷,主人又相当时髦,我想屋里一定有火,我就穿轻便中装,或普通西装,但这总是推测。有时主人房里不生火,便冻得要命,大客厅里,敞着窗户,我这里冻得发抖,却看见主人和别的客人,不是穿着皮袄,便是穿着丝棉袄或棉袄,在享受新鲜空气。有时我经过慎重考虑,穿皮袍或棉袍,却见房里生着旺旺的炉火。来的别位客人都穿着轻便舒适的西装或中装,我呢,不仅自己觉得不舒服,而且这样臃肿不堪,很是尴尬。我有了经验,以后凡参加宴会,事先要问明房里是否有火,好知道穿什么才舒服些。

　　宴会什么时候开始也是个问题。有的仍守陈规,有的则从新风。有时我急忙赶到,主人还没到,四五十分钟以后他才来,别的客人甚至更晚。从经验得知,如宴会是西式的,请的是外宾,请帖上注明的时间一般是可信的。纯粹中国式的宴会,时间是按十二个时辰订的,譬如,申刻是四点至六点。如果规定的时间过早,我即派当差的去问一下什么时间到最合适。记得有一次,我去餐馆参加一个申刻的晚宴。由于谨慎,我五点到达。出乎我的意料,一个人也没有,甚至桌子还没摆好。我以为我把日期弄错了。但餐馆掌柜说,不!是某某先生请客,不过他还没到。我等了整整一个钟头,仍没有人来。我只好叫了点小吃,吃完走了。第二天早晨他来我家道歉,不仅对自己迟到感到不安,而且对我吃了点小吃表示谢意。因为按中国的风俗,如主人不在,不吃就走,是有点失礼的。

在其他方面,新旧变化也是明显的。向朋友和新识打招呼的方式也是五花八门的。在某些地方,人们还是打躬作揖,另一些地方是握手。当全体京剧名伶奉命在总统府演出时,在高级官员到达时,他们出台打千。有人介绍我和梅兰芳初次见面时,他对我打千,其实我不过是外交部的秘书。两年以后我们再次见面时,他向我鞠躬而未打千。以后他从国外演出归来,我们又见面了。从那以后,我们总是握手。这种变化不仅标志着社交礼仪的简化,而且也表明民众方面某种程度的民主化。整个说来,中国人民具有民主精神。民国以前,有九种人被认为是下贱的,他们的子弟不准参加科举,这九种人中就有唱戏的。

另一个显著的变化是妇女在公共生活中抛头露面。议会中有妇女,一般人看来真是奇迹。她们并不都是留学生。我记得只有一位是留法的,另一位是教员,两人中有一位姓唐。两人都是口才伶俐的演说家。因为能说,她们深受欢迎,时常被约在大会上讲话。一次我去听她们演说,给我很深的印象,不仅讲得好,而且很有吸引力。其中一位讲到某些地方,竟痛哭流涕,显然是要收到更好的效果。她们的确是出色的演说家,但似乎有些做作。

争取妇女的平等权利也表现在法律方面。在法庭中,兄弟姊妹之间争夺父母遗产的案件越来越多。在旧时代,按自古以来的习惯法,已婚的女儿在父或母死后无权继承其遗产,财产由儿子均分,只留一小部分给未婚女儿。在实行男女平等新法后,已婚女儿,不论结婚多久,均享有继承权。也有这种情况,财产已按父亲或母亲的遗嘱分好,如引起纠纷提交法院审理,不合新法的遗嘱宣告非法,已经分得财产的继承人必须按新法退出财产,补足已婚女儿应得的一份。

这一时期,过渡特征到处可见。从施政方式和政府结构来看,北京表现一种奇特的现象。官方行文完全和前清一样沿用旧式文体,唯一的变化就是官衔的称呼变了。奏折和呈文现在是递给总统和总理,表达方式仍沿用前清旧习。在官方集会仪式中,叩头是免了,但在官员家庭中仍遵守旧习。在生日和新年节日,家人和奴仆还给老爷、太太叩头而不是鞠躬。成长中的年青一代则极力仿效西方风俗,穿西装,老年人则仍穿老式服装。政府各部中,至少有一半人是在前清供职多年的旧官僚。归国留学生主要在外交部和交通部任职。其他如内务部或蒙藏事务局等部门还和自古以来那样墨守陈规。就是我所在的外交部内,还保留某些旧习。例如,总长一到,仆役即从大门口直到各司高声通报总长到!每天不知喊多少次。总长出门拜客,回到部里又得喊。这种习惯直到陆徵祥当了总长才改成总长一到就按电铃,这就不那么吵人,尽管也不那么有排场。这种做法一直延续到1928年。

(2) 在北京的留美及留欧归国学生

除公务外,我对北京某些组织的活动发生了兴趣。有一个留美学生的团体,每年聚餐三四次。这种集会是社交活动,每人都可回忆学生时的欢乐。根据我在美留学的经验,成立一个归国留学生同学会很有必要。它可以定期集会,请美国或中国各界著名人士讲演,或对大家关心的问题召开讨论会。这个意见深为清华大学校长周诒春所赞许。他是耶鲁毕业的,专攻教育,对公众事务极为热心。由于他的赞助，我组织了留美同学会，会员包括美国大专院校毕业的中国学生，年龄不限。

回国留学生感兴趣的第一项活动是成立图书馆。会员缴纳的会费有限，在北京也无法为此筹募基金。我去找美国驻北京公使芮恩施，芮恩施曾任威斯康辛大学政治学教授。有些中国留学生是他的学生。成立图书馆这个想法引起了他的兴趣。他一定认为中国这个亚洲第一个共和国需要对治理国家和政府机构问题加以研究，因而他提出开始先搞个政治学图书馆。当我们提出必须获得经济支援时，他以为这不是什么困难问题。他知道可以帮我们去和卡内基基金会这样的美国团体联系，卡内基基金会有一个推进全世界图书馆业务的责任。芮恩施认为先要为同学会找一个合适的会址，这真是个问题，但我们并不灰心。我和周诒春博士商量。他答应负责给找几间不花钱的房子作同学会的会址和图书馆的馆址。他通过他的一些满族朋友的关系，发现大有希望得到宫内管理机构的许可，使用一处房屋。这个地方很是漂亮，本是北京太庙的宫门入口处。大门内庭院极为优美，有古松老枞，进了大门的一排房子是空的，对我们很合适。得到这个令人鼓舞的消息以后，我们立即着手准备了个呈文，递交管理机构。不久即得到正式批准，这个消息使芮恩施感到很高兴，他立即和美国卡内基基金会联系。不久我们就得到通知，他得到了三至五千美元。这笔钱使我们得以着手收拾房子，作为会议室和图书馆，以及买书，主要是英文书，也有中文的和法文的。

同学会和图书馆成立之后，我想到第二步应和留英回国学生联合起来，他们过去也随时集会，不过没有组织起来。

周诒春博士赞同这个意见，不过他把这个工作交给我，因为我住在北京市内，而他住在郊区清华园。记得我曾和那时在北京的留英学生接洽过，其中一个是伍朝枢，另一个是陈博士，还有一位在中国银行工作。这三个人不仅在各自的工作中干得出色，而且在学生时代就是很出色的人物。伍朝枢博士是个律师，林肯法学协会会员;陈博士在伦敦大学时曾写过一本书;在银行工作的那位也是英国高等学府毕业生。在和这三位的讨论中,我发现留英学生的热情和留美同学不大一样,他们如果不是多疑,也是比较审慎。我们花了一些时间,才一致认为联合起来是个好主意。他们这才和别的留英同学联系,征得他们的同意。然后我们着手讨论如何合并,成立另一个组织,称为"英美同学会"。不久,这个联合会就在聚餐会上正式成立了。

此后,周诒春博士自然又想到我们应团结其他留欧回国学生,约请他们入会形成一个西方留学生大型组织。令人又惊又喜的是留欧学生已经有自己的组织,目的和其他两个相同,都限于不时举行社交集会。他们这个组织叫做"留法比德会"。这个会的活跃成员是我外交部的同事陈箓。他是政务司司长,后来在巴黎和会时期任代理外交总长,在此之前也做过中国驻法公使。他是留法的。另一位是王景歧先生。他曾留学比利时和法国,在外交部工作,我和他很熟。我和他们谈过几次,问题比我想象的要难,因为他们的同学会是由留学三个国家的归国学生组成的,这已经很难办。我向他们保证其中没有什么艰巨的义务,只要取得他们的会员的同意就行了。合并的事正像和留英学生合并一样。他们不必负责做什么工作。留英同学会的先例,终于说服了他们,使他们感到没有理由坚决反对。最初他们慎重考虑的一点是这个西方归国留学生的团体对中国发展的道路不论是在社会还是其他方面,直接和间接的影响都不大。然而必须说明,联合起来的新团体丝毫没有政治目的。主要的目的是通过举办讲演会、慈善事业和社会福利事业,使公众受益。

几个月以后在法、比、德同学的特别会议上通过了联合的议案。最后一步便是举行三个同学会联合大会,采用了"欧美同学会"这个名称。采用这个名称是经过多次的讨论才通过的,特别是法、比、德的成员不大喜欢把他们并入留美同学团体之中这种想法。有的想保留他们的称呼,觉得不仅是受的教育大不相同,从两大洲归国的留学生的观点也不一样。但是这一组织的正确命名,使大家都感到满意了。

据我的记忆,新欧美同学会的组成是这样:留美的八十五至九十人,留英的约五十五人,留欧洲大陆三个国家的一百人。在北京的留美归国学生数目不大,似乎有些出人意料。但应当注意的是,以美国庚款建立起来的培养留美预备生的清华学堂,只是在 1911 年才成立,向美国才送了第一批留学生。以前回国的许多留美学生在美国所修课程多为工程或商业之类,回国后多在远离首都地区从事铁路建设、开矿及经营贸易等工作。

这个新组织开始日益引起政府和公众的注意。

二 首次出使华盛顿,1915—1919

1. 出任驻华盛顿公使,1915 年 8 月

我在外交部供职,直到 1915 年被任命为驻墨西哥公使。这项任命的由来颇不寻常,有一段令人遗憾的插曲。当时中国驻华盛顿公使是夏偕复先生。夏先生虽然几乎全不通外语,却任过几年驻纽约领事,以前曾是中国南方某省的交涉使。在中国外交部中,人人羡慕的职位就是在华盛顿任职。孙宝琦先生担任了外交总长后,就向总统推荐他的内弟夏偕复为出使华盛顿的人选。外交部内尽人皆知,袁世凯总统对这一荐举并不以为然。然而孙宝琦先生忠心耿耿,长期追随总统左右,是总统的密友,又是儿女亲家。孙有一位千金嫁与袁的一位公子。袁世凯勉强批准了这一推荐,夏先生遂得以持节赴任。夏先生抵达华盛顿时,局势正值紧要关头。因为第一次世界大战业已爆发,美国的地位、政策及态度,对于中国及协约国均至关重要。大战打到 1915 年,传说白宫有意出面斡旋,结束战争。美国自然是盼望恢复和平的。首先,美国及其国民历来反战,从不愿卷入战事;其次,德军自侵占比利时及部分法国领土后,给英、法压力甚大。显然,美国上下亟盼早日恢复和平的心情给夏公使的印象颇深,他本人也极为赞同。然而他以为袁世凯总统所处地位,比威尔逊总统更有利于担

当居中调停、结束战争的责任。因而他既未征得袁总统的同意，也未事先请示政府，径自前去拜访国务卿，提议应当邀请袁总统居间斡旋，说这是袁本人的意愿。

北京对这一举动一无所知，直到美国驻华公使前来探询，问袁总统对居间斡旋战事的确切意图究竟如何时才有所闻。这一消息不啻晴天霹雳。总统对中国在国际事务中的地位早已胸中有数，明知极不适宜承担这类活动，闻知此讯，不禁勃然大怒。盛怒之下，立即命孙宝琦将夏先生撤职。因为不久之前就是孙本人力荐夏先生担任此职的，孙感到于公于私，此事对自己的威信均是个打击，便向总统恳请竭力承担责任，以免夏公使丢丑。然而总统对孙的恳求置之不理。孙随即自请辞职。总统接受了辞呈，重新起用陆徵祥总长主管外交，了结夏公使在华盛顿惹出的麻烦。

陆先生就职后经与总统商议，乃召见我说，总统和他本人决定派我赴华盛顿，任使馆参赞，主持使馆事务。此事对我来说，实在来得突然。我对他说，我理解由上述事件所引起的情况是棘手的，不过，我还是愿意考虑一下。考虑了一天，又请教了陆先生的亲信、我的挚友夏诒霆先生。我回复陆总长说，对于他和总统的信任，我深为感激；但对于这样的安排，我以为无济于事，恐有辱重托。作为参赞，我可以替驻华盛顿公使出谋献策，然而无论何事，终须由他做主。他若能言听计从，事还好办；倘若与我意见相左，就会使我处境尴尬，进退维谷了。我若不坚持己见，则非但于事无补，反辜负了总长的信任。

陆先生答复说，夏公使留任期甚短，这还是尊重孙宝琦先生的意见，盼给夏留些时间，不要使他太难堪了。要不然，照总统的意见办，早将夏公使召回国了。他们已看中了我，让我去应付在华盛顿的局面，处理我国与美国的关系。他们愿意委派我先担任参赞，然后任临时代办，为以后担任驻华盛顿公使奠定基础。因为照常例，一流职务总须委派年高德劭、阅历丰富者担任。他的这些解释虽然言之有理,我还是说,从实际来看,还是以委派一位新公使为好,应当选一位资历更高的人任中国公使。新公使无论如何必须在准备赴任和整顿行装上费些时间,这样也就无须夏先生立即离开华盛顿任所。可是陆总长说袁世凯总统决心已定,一心一意要我代政府履行在华盛顿的职责,我的推辞将会使他大失所望。

当天下午,陆又召见我。或许出于陆总长的心腹夏诒霆先生的建议,他们拟定了一个新方案,将任命我为驻墨西哥公使,在征得墨西哥政府同意后,我须立即动身,以这个身份赴墨西哥尽快呈递国书,然后再改派我赴华盛顿任中国驻美公使。这样一转,我就不会给人以过于少不经事的印象了。

他们急于派我去华盛顿,现在我对他们的心情是确信不疑了。他们的安排,对我来说是一种特殊的荣幸,从实际来看,也是可行的。可是我对他们说,这种刚一到任,刚递呈了国书就改派驻华盛顿的做法,对墨西哥是相当失礼的。我这种一再拒绝被破格提升的做法使他们大为不解。其实我只考虑此时此刻应当如何做,并未顾及自己的前程。于是他们便问我究竟怎么办才好。我去找夏诒霆先生商议,商议结果,我们认为最好先委派我为驻墨西哥公使,可在赴墨西哥城就任前,先将我派往英国执行特殊使命,即向驻伦敦公使施肇基传达机密使命。这就为由驻墨西哥公使改派为驻美国公使,取得了时间,不显得那么急促了。陆先生与袁总统对这个主意大为赞赏,因为欧战也很重要,总统自然想了解欧洲局势——尤其是英国对于战争及战争持续时间的看法。最后的解决办法是任命我为驻墨西哥公使,但先带特殊使命前往伦敦与驻伦敦公使施肇基商讨欧战情况。其时正值袁世凯酝酿恢复帝制,颇引起公众舆论的注意与评论。我因此对这次赴伦敦所负的真正使命颇有疑虑,以为可能想叫我探听施博士与英国当局对恢复帝制的看法。但他们向我保证,派我去伦敦与这个问题绝无关系,不会要求我去讨论任何这类政治问题,而我也确实不愿意和这种事有任何关系。

委派我去墨西哥是按照外交程序进行的。由墨西哥驻华公使转告本国，征求同意。他十分高兴，衷心祝贺并设午宴为我饯行。他对派我去墨西哥很满意，也许是由于我曾在美国求学多年，并对墨西哥及其人民有所了解。此外，他对我在外交部的工作情况也很熟悉。他再也不会想到要把我改派华盛顿，而当夏公使奉召回国，政府要我去华盛顿，不再驻墨西哥城，那是很自然的。

其实，我们三四个人之外，整个外交部，除了夏诒霆先生，对此都一无所知。当然，这种微妙的事一般都是保密的。

由于行程紧迫，要尽快动身。我的准备工作只用了两个多星期，于1915年8月初离开北京。当时只能乘船前往，航行三个星期才抵达旧金山。我从旧金山直接赴纽约，因为没有什么事要去华盛顿，我就没去那里。开往伦敦的船，订到舱位极不容易，因为当时横渡大西洋的航线只剩下美国航线这一条，其他的都因战争而停业了。因而，为了在一艘十天横渡大西洋的船上弄一个小小的舱位，我花费了九牛二虎之力。船名叫"格兰特总统"号。由于当时大西洋中有德国潜艇出没，朋友们都嘱我当心。我别无选择，在纽约只作短期逗留便登船启程了。只有两次发生过潜艇警告，我们却没见到潜艇。当时美国是中立国，可是同盟国国家不喜欢美国，因为英国和法国的大部分军需供应依靠美国。旅途中除受了点虚惊，可谓一帆风顺，安全抵达伦敦。

驻伦敦公使施肇基博士与我是旧交，我们立即交换了彼此对许多问题，特别是对欧洲战局的看法。说来奇怪，他一定也猜测到我是派到伦敦给他送密札，说明北京政局发展情况的，因为他不断打听帝制即将恢复的谣传。我对他无可奉告，只能表明我的使命中不包括报告北京局势；我知道他并不清楚事情发展的真相，可是对于传闻中的北京政局，他本人却未置可否。看到帝制运动肯定会遭到国民党以及江南许多省份日益强烈的反对，他仅对帝制运动能否实现表示大为怀疑。

　　他安排我会见英国外交部常务次官,我们交换了对战争的看法。我在英国虽然是非正式访问,英国政府还是设午宴对我表示欢迎。英国当时正处在生死攸关的搏斗之中,举国上下一派紧张的战争气氛。大家是否会感到战争将旷日持久地打下去,这是我最急于了解的情况。显然,人们并不着急,一致认为如果把美国拉入协约国,胜利就会很快。施博士与我对于战争及其持续时间的估计是一致的。我决定发往北京的任何报告都要通过施博士,而且一般都请他以中国驻伦敦公使的身份汇报我们的结论。

　　由于中国政府通过我的任命需要时间,因而我在伦敦逗留时间比预期的要长。换任华盛顿公使需要经过一定的程序。要根据总统指令准备一份推荐书提交内阁。经内阁批准,由总统、总理一致赞同后,还须征得华盛顿的同意。直到10月中旬才通知我说,必要的程序已完成,叫我准备动身去华盛顿。由于这是我首次担任驻外职务,必须做好准备,直到11月中旬我才启程赴纽约。夏公使不仅来电祝贺,并且善意地表示愿在各方面加以协助,还答应等候我到达华盛顿。这使我甚感欣慰。我们原先在纽约曾见过面,彼此过从甚密,他当时是中国领事,我在哥伦比亚读书,是当地中国学生联谊会的主席。我常在领事馆召集学生会的会议。夏氏夫妇对我和所有在纽约的中国学生均殷勤款待。

　　到华盛顿之后,除向夏公使请教公使馆事务之外,我并无多少事可做。至于国务院方面,由于我尚未接到国书,也不能立即前去拜会。然而夏公使带我去见过当时负责远东事务的卫理先生。在此期间,我就在华盛顿静候由北京准备的国书。这种正式文件非同小可,须经过一定手续,肯定要费些时间。北京来电起初都说国书即将寄出,后来又说国书业已寄出。过了三个星期,到了12月,这些盼望已久的文件依然未到。

　　当时正在筹备威尔逊总统与高尔特夫人的婚礼。由于所有外交使团的领导人均被邀请参加婚礼,国务院希望中国公使也能出席,就通知我说,届时也将对我发出请柬。然而礼仪问题令人踌躇。由于我尚未呈递公使国书,在正式场合中就不能以使馆领导人的身份出现。公使馆致国务院的信件最初均由夏公使签署,后来由公使馆代办签署,都不是我签署的。国务院考虑得十分周到,说他们认为威尔逊总统很想在婚礼上见到中国新公使。至于礼仪问题,他们提出一个有意思的新奇建议:公使馆如果能设法使国书内容通过电报传至华盛顿,附一份经过核实的致国务院的电报副本,他们将接受这个证件,代替正式的国书,正式国书以后再行补交。有了这样的巧妙安排,就可以进行呈递仪式了。我呈交了国书,其实是一份电文抄件,当晚就收到了参加婚礼的请柬。

这可是华盛顿的社会大事。我作为新任中国公使——我的第一个职务——又是所有公使中最年轻者,对高尔特夫人与美国国家元首婚礼的美妙场面大大的欣赏了一番。

几年前,不是 1910 年,就是 1911 年,我曾见过威尔逊总统。那是他在普林斯顿大学当校长的时候。一次参加他的家宴,我们曾讨论过政治哲学以及美国行政管理,在他的《国家》一书中对这些问题都做过透彻的说明。他问过我许多关于中国及中国人民的政治发展趋向的问题。他给我很深的印象,特别是他对民主制度和代议制政府的优点的深刻信念,给我的印象尤深。那次会晤时间很长,他当时一定是对我格外重视,我看这大概是威尔逊总统希望我亲自参加他婚礼的原因。

2. 1916 年芝加哥借款

我第一次离开中国到海外任职的时候,国内政局由于袁世凯及其亲信大搞帝制运动而复杂化了。上文说过,由于全国范围,特别是江南诸省的反对,整个运动终告流产,一场内战也以拥护帝制的军队的失败而告终。3 月 22 日宣布结束和废止刚建立的帝制统治,帝制派力图挽回败局亦徒劳无功。由于突然取消帝制,使卧病不起的袁世凯的地位更加削弱。袁死后,黎元洪副总统作为民国宪法规定的法定继承人,名正言顺地就任了中华民国总统。在新组成的内阁中,财政总长为陈锦涛,他是耶鲁大学的哲学博士、著名的经济学家。袁世凯之死与黎元洪仓促继任,使国家陷入混乱,国库空虚。北京行政当局必须有钱才能行使职权。陈锦涛作为财政总长急于想从海外获得贷款。欧洲忙于战争,只有美国尚有开展国际金融活动的金融市场。陈急忙向我求助,要我想方设法至少弄到五百万美元的美国贷款。

事情虽然棘手,我却乐于承担。恢复共和无疑是正确的一步,国家兴亡,匹夫有责。我在纽约几经询问后,开始与大陆商业信托储蓄银行谈判,该行在波士顿和芝加哥均有分行。纽约分行负责人是艾伦先生。他本人虽然从未到过中国和远东,却不仅乐于贷款,而且对中国的情况深表同情。我们在纽约谈判了几次。在最后的交谈中,我有一段有意思的难得经历。我与艾伦先生在他书桌两边面对面地交谈中,听到旁边电话机中有声音传出来。我觉得奇怪,他安慰我说一切正常:他在波士顿和芝加哥的同事们正在用电话听他和我的讨论。他告诉我说,我的谈判对象除开他之外,还有两位不在现场。这是个新鲜事,美国商业的进步与采用现代通讯技术的程度都给我很深的印象。

回想起来,当时的讨论与谈判均不甚困难,只有一个难题,就是贷款的担保问题。艾伦先生对于以前中国与外国银行缔结贷款的特点与偿付方式都很熟悉,他说除政府对偿还贷款的保证之外,还须有其他保证。他希望指定用烟、酒的税收来偿付贷款,并要由银行代表监督。有争议的主要就是这一款。我告诉他们,中国进入美国市场,不是只为获得区区五百万美元的贷款。中国是有意改变传统的借款方式。以前的借款总要带些政治性条件,比如在铁路借款中,要委派一位外籍经理,由他来监督和控制所建铁路的运输;再比如善后借款中,建立一个盐业专卖局,由贷款银行团委派一名总会计师来控制和监督盐业的收入。这些规定是有损中国主权的。日本与欧洲的银行历来坚持这类条款,但对纯商业性的贷款,这些条款是不合法的。我提醒他,正是出于这种缘故,威尔逊总统曾声明反对美国银行加入在民国元年向中国提供善后借款的所谓财团,因为该财团提出的条款,对中国这样一个主权国家是政治上的侵犯。我向艾伦先生指出,如果一家美国银行以身作则,纯从做生意出发,贷款给中国,就会开创一个极好的先例。经过多次讨论,终于在合同上写明由中国政府担保,以税收,特别是烟、酒业的税收来偿付贷款,他对此表示满意。还有其他某些条款,比如在以前的贷款中,贴现的数额一般都是相当可观的,这一次贴现则是按照标准的贴现率。我告诉他,善后大借款的佣金和贴现费实在要得太多了。每一百美元,到中国政府手中还不足九十美元。善后借款协议中还有一条规定:作为贷款担保的海关税收必须存入指定的属于各贷款国的银行。使用善后借款也有详细规定和一套正式的手续,须经过存放中国存款的银行之批准。在铁路贷款中,一般兴修一条铁路所需的原材物料和设备也得由贷款银行的代理人去采购。我们把所有这些特殊的规定一概去掉。能签订这样一个贷款协定,我很高兴,这给中国政府将来筹措海外的资金的活动提供了一个范例。

没料到出现了意外的发展和反应。我是在努力弄到一笔尽可能不带政治色彩的贷款,并且深信已达到了目的。可是议妥贷款的消息一经传出,在受到政府欢迎的同时却遭到反对派政党的强烈反对。一天,意外地收到我岳父唐绍仪先生打来的私人电报,令我甚为不快。唐先生是国民党主要领导人之一,他对于偏偏由我而不是别人替北京政府获得了这样一笔借款,表示甚为不满。他与我在中国政界的朋友都公开谴责这项借款,要求我设法取消,否则将无颜归国重见故旧。这笔借款被看成是加强北京政府财政的政治行动,借款的目的是为了供应执政的中国政府控制的军队,以和反对党打仗。这真是节外生枝。我立即给唐先生写了一封详尽的复信,解释说,我承担此事是应财政总长陈锦涛博士的要求,陈本人即是广东方面的一位主要的领导人,归国留学生、国民党员。不管北京政府想如何利用这笔借款,我办成这项借款则是为了帮助新政府,因为它毕竟是恢复共和制后的第一届政府。这完全是一笔商业借款,其背后没有任何政治动机或想法。这个事件表明政治斗争与内部冲突达到何等地步。一笔借款就激起了南方势力的公开反抗,这给美国银行界的印象极为不佳,当时我再想有所作为也是不大可能的了。

北京的共和政体持续了一年多一点,1917 年夏张勋将军突然以武力推翻了共和制。幸而这次大胆的冒险寿命不长。段祺瑞将军虽然是旧政权下的一位著名的将军与政治家,却强烈反对清帝复辟。他率领一支实力雄厚的军队,轻而易举地把张勋将军赶下了台,逐出北京。所谓的复辟帝制只存在了两星期,在段祺瑞将军的操持下,第二次恢复了共和。

3. 美国参战

其时,欧战日趋激烈。美国尚未作为交战国参加协约国一方。然而参战很快成了华盛顿政府和美国人民普遍关心的问题。英、法受到强大德国军队的步步紧逼,正难以招架,感到需要依靠美国大量的间接援助。他们接二连三地派出金融专家、工业专家到美国去谈判战争贷款、筹措战争经费、采购美国生产的各种军需物资。毋庸置疑,就这些事务达成的协议均须美国政府批准。这种突如其来的需求,使美国工业生产大为兴旺。比如钢铁工业就突然接到大批订货。奇怪的是,美国人民欢迎大宗订货并不仅仅出于做生意,也出于对协约国战争目标的自发的同情。这种经济与工业繁荣的刺激,看来使美国人民显然乐于保持中立,不过能否保持中立尚难肯定,因为政府当局实际上正在考虑战争的发展趋势。众所周知,当时柏林与维也纳的政策是不让美国介入战争,而协约国家自然盼望美国直接参战。

在国际上,对美国、协约国和中国来讲,1917年可谓多事之秋,除了下半年签订的蓝辛石井协定之外,导致美国先是与德国断交以及随后对德宣战和加入协约国的一些事件,都是意义重大的,实际上在世界史上都是具有历史意义的事件。

德国统帅部看到美国用军火和其他军需物资大量援助协约国,就拟定了一项政策,尽量阻截显然会给德国和其他同盟国家造成危害的交通运输。德国采取无情的潜艇战政策,美国向英、法运送战争物资的商船常在公海上遭到拦截,并且受到无情的攻击。有许多这类船只被德国潜艇未加警告便予击沉,大量的生命无辜牺牲。德国统帅部的行为激起华盛顿多次抗议,指出这些行为不仅违犯了国际法,也践踏了人道主义原则。然而德国仍继续这种袭击,虽然时而会因为抗议特别强烈而中止一个阶段,但过不了多久便又故态复萌。

美国最大的一艘横渡大西洋的运输船"露西坦尼亚"号的沉没,看来是美德关系破裂的导火线。这次野蛮的袭击使许多人丧生,在美国全国激起了公愤。美国提出最强烈的抗议。这次按最后通牒措辞的抗议,要求柏林政府停止潜艇战,尊重美国在战争中的中立国权利,并要求德国作出完全停止这种袭击的切实保证。华盛顿方面在4月中断了与德国的外交关系,以示愤慨。同时也是对德国的一个警告,如果德国对此仍然无动于衷,将采取进一步行动。美国未获满意答复,决定采取行动。威尔逊总统像几周前去国会报告对德抗议,及为表明他的决心,向国会报告决定断绝两国关系一样,这次他又去国会宣布美国宣战。宣战虽然颇为突然,却得到普遍的支持,因为美国人民不仅天然地同情协约国,而且为德国不断攻击美国商船所激怒。

我惯常的做法是不时拜访交战双方的同行们,以了解核实欧战的真正情况,以及他们各自的政府对战争前景的看法。

我走访最多的是国务院,从那里可以收集到美国国外代表对华盛顿作的有关欧洲形势的报告。我有时也去拜访国务卿蓝辛先生,看到他总是忙于接待协约国大使们的访问,这类访问非常频繁,自然也许是更重要一些。我还见到一位助理国务卿,他倒可以和我多谈些时间。B.朗先生是南方人,出生于弗吉尼亚州的一个旧世家,从威尔逊总统开始其政治生涯时起,他就是总统坚定的支持者。由于他可以自由出入白宫,因此在国务院很有影响。他和我一谈就是很长时间,谈话不仅涉及中美关系,也涉及整个欧洲战况和美国对战争的态度。

美国宣战是具有深远意义的大事。在伦敦、巴黎和其他协约国首都都受到欢迎。但是柏林显然感到沮丧失望。这个历史事件发生以前,德国的政策看来是有分歧的。德国驻华盛顿大使本斯道夫伯爵坚决主张在潜艇战上应谨慎从事,以免激怒美国对德宣战。这一点在美国首都为人所共知。我在德国大使馆与他不多的几次交谈中,也亲自得到证实。本斯道夫直言不讳地告诉我,他担心柏林不会采纳他对美国形势及美国政府态度的估计。事情果不出他所料,柏林确实没有采纳他的看法,因为德国统帅部在美国另有自己的代表。当时据说他们的报告强调美国根本不大可能参战,首先由于美国人民厌恶战争,其次是因为他们不愿插手欧洲事务,第三是美国没有参加欧战的准备。他们的结论是即使美国参战,也需要很长时间才能动员起经济、工业和军事力量,到那时才能对欧洲的战争发生影响。虽然本斯道夫完全估计到了忽视美国抗议的严重后果,并向政府提出了警告,可是他给德国外交部的报告却没有那些送往德国统帅部的报告受到重视。

美国参战自然受到英、法以及其他协约国的衷心欢迎,在与英、法大使的交谈中可以感到这种欢迎的心情。西塞尔斯普林爵士是位博学的外交家,我们可以谈上一个多小时,交换彼此对美国政策发展趋势,对于我们各自政府的想法以及对于英国与中国形势等方面的见解。我从法国大使杜塞尔先生的谈话中得知,欧洲局势很严重,协约国家的人民与政府均把打赢战争的最大希望寄托在美国参战上。他与斯普林爵士十分欢迎美国参战的消息。不久,英国首先派出军事代表团去华盛顿。军事代表团的使命据称是进行一次友好访问,对美国表示感谢;然而不久公众与外交使团就了解到其真正目的乃在美英两国如何进行合作,以及在美国实际参加战斗之前可在哪些方面给英国最大的援助。记得以著名的杰出政治家与外交家贝尔福爵士为首的英国军事代表团是在 6 月初突然地抵达华盛顿的。

4. 父亲逝世

英国军事代表团到达的当晚,美国政府在泛美大厦举行盛大招待会,并邀请所有驻华盛顿的协约国和中立国使团的领袖参加。

我刚穿戴整齐,准备动身赴宴时,收到我弟弟从上海来的电报,报告父亲逝世了。我虽然知道父亲因为跌了一跤已卧床几个星期,可是不断收到的上海来信一直未提到病情恶化。噩耗使我心烦意乱,一时间我曾考虑该不该去参加招待会。我主要是担心在一个对中国十分友好的国家首都,中国公使的缺席会立即引起注意,也许会引起猜疑——特别是 1915 年“二十一条”事件之后,日本方面一直不断地在进行宣传:有关中国的事务,应与日本商酌,日本有权代表整个远东发言。不去参加招待会,会证实这种传言。我不想给我们的日本对手以任何得手的机会,即使是暂时的机会。

考虑过几分钟后,我决定还是去赴会。见到的军事代表团成员都让人印象深刻,对他们的欢迎也是真挚热烈的,威尔逊总统亲自领头迎接来宾。我与总统、国务卿握过手,与军事代表团的成员见过面后,就悄悄溜走了,我实在没有心情参加这种庆祝会。

　　当时,摆在我面前的问题是:继续留在华盛顿,还是申请辞职按传统丁忧服丧。我很快做出决定。我打电报给北京政府提出辞职。回电不出我所料,要我考虑中国正处于关键时刻,强调华盛顿使馆此时不能交由临时代办负责,指出此事至关紧要,希望我遵从先贤训导,在当前的情况下应先尽忠、后尽孝。在皇朝,丁忧解职本是必须履行的孝道,照来电所说,在共和制中,此事就可斟酌自主。不过我仍想请假奔丧。按照中国习惯,丧礼在"五七"之末举行,我还来得及赶回上海。而政府认为美国的情势以及美中关系的如此重要都不宜让我在当时离开华盛顿。

　　还是弟弟从上海的来电来信把这个难题解决了。函电要点是,父亲病重时,大家都安慰他说会写信叫我回国看望他。可是他却叫他们打消召我回国的念头。他说我留在华盛顿处理两国关系的事务比单为看望他而花费时间回国要重要得多。他对我在华盛顿任职十分放心,毫不挂念。当然,他很想见我,可是他觉得我留在美国比回去看他更重要。弟弟说,由于父亲的坚持,母亲和他就没有打电报叫我回去,而且根据父亲的愿望,他劝我不要请假回去参加葬礼。父亲提到我的话使我非常感动,我勉强决定留下,不回国参加葬礼了。后来的事实,使我认识到我留在华盛顿是很必要的,不但有中国宣布参战,而且在英国军事代表团之后,又来了法国军事代表团,随后,一伙日本外交官为了影响美国的对华政策,也由石井率领来到华盛顿。

5. 中国宣战

1917 年间,我和中国都面临一个极为重要的问题,即由于美国参战,我国应当采取什么对策。我把有关美国政策发展的情况尽可能完整地提供给政府,不时地提出我自己的看法,让他们充分考虑我提出的中国加入协约国的好处……而我对北京以及全国当时的舆论并不完全了解。我当时实在不知道这个问题竟会引起动荡和混乱,甚至导致中国的内乱。我知道以冯国璋将军为首的政府同意采纳我的观点。冯是位著名的军人,也是位出色的政治家。政府总理是段祺瑞将军,他甚至比冯总统还要强烈地支持我的见解。当时的局势在我看来,不难理解,为使山东问题获得妥善解决,为在战争结束时提高中国的国际地位,中国必须参加协约国。我本人对鹿死谁手是毫不怀疑的,美中参战后,协约国必胜已经是普遍的看法了。

我以前虽然从来没有中国参战的想法,现在我则力主与美国采取一致的行动,尤其是我相信美国是中国真正的朋友,在"二十一条"期间,美国的政策与行动均足证明。美国参战前,国务院与政府官员从未涉及中国参战的可能性问题。而在美国参战后,从我与各位高级官员,以至与一些重要的国会议员交谈中,不难了解到他们都认为中国应当与美国站在一起。蓝辛先生与朗先生都曾非正式指出过这一点。用他们的话说,这不是为了美国,而主要是为了中国。卫理先生也有同样的表示,但也许由于他是远东司的首脑,不那么强调。在谈到美国政策方面,比起国务卿和助理国务卿来,他说得也不像他们那样明显。

北京斗争的规模,日益扩大,斗争的双方报纸上称之为主战派与反战派。在斗争中赞成参加美国一方的以段祺瑞将军为首,并得到冯国璋总统及其军事同僚的支持。但是他们受到国会中一些派别的强烈反对,这些派别得到首都和南方大多数国民党人的支持。从中国的国际地位看来,这项让中国参战的建议完全是为了中国在世界上的利益,我不明白为什么会遭到反对,然而从南北政治斗争看来,就不难理解了。北方以冯总统、段总理为代表,在广东则以孙中山博士领导的南方国会的政权为代表。南方反对参战,显然主要不在于反对中国站在美国一方,而是担心中国参战会使北方有借口,来取得美国、甚至整个协约国集团的各种类型的援助,以增强其武装力量,用以进攻和征服南方的反对势力。换言之,我对政府的建议完全是为了中国作为世界大家庭中一员的利益,而在两个对立党派之间,则变成了争夺最高权力的大赌注。

世界大战交战双方在北京的外交使节的活动又大大激化了这场政治斗争。两大阵营的公使与使馆成员之间的敌对情绪,早在1915年秋我离开北京之前,就很明显了。当欧战刚刚爆发几个星期,我曾到东交民巷使馆区去拜访过某些公使。如果分属两个阵营的两位公使,碰巧在街上走到同一便道,总会有一位穿过马路到另一边的便道上去。协约国公使的激昂情绪不仅反映在交谈中,甚至在与中国外交部以及与中国官员的谈话和正式交往中也表现出来。当然并未提出要中国直接参战,但是期待中国通过多种方式对协约国表示同情。美国参战后,协约国的公使们更加紧寻求中国的同情与支持,并且把美国参战当成中国加入协约国一方参战的无可争议的理由。在这方面影响最大的还要算美国公使芮恩施。由于他精心培植了与中国各界人士的友谊,还由于他在"二十一条"期间毫不含糊地同情与支持中国,中国各方面都把他看成是中国真正的朋友。美国参战后,他立即指出,同美国站在一边是符合中国利益的。

然而支持中国参战的主张却遭到新任德国公使海因茨海军上将的反对。新任公使海因茨上将是位杰出的将领,深受德皇与德国统帅部的信任。在美国参战后不久,对他的任命非比寻常,是非常引人注目的。后来表明,公众舆论认为这项任命意义重大是确有根据的。他一到北京就广泛结交中国的政治家、政客、国会议员、大学教授以及中国各界有影响的人物。

德国想让中国保持中立的行动不仅出于心理上的考虑。由于中国资源丰富和人口众多,也是一个很主要的因素。德国最初想必以为战争不会拖得很长,只要设法不让美国介入,就一定会取得最后胜利。而美国一旦带着巨大的工业能力参战,中国的原料就会起更大的作用。如果战争长期持续下去,中国的人力也可能投入战争。这并不是德国的想象,因为在欧洲,紧靠战争前线,已经有几万名华工在战壕后工作,使英、法本国的人力能解脱出来开上前线。

北京斗争的战略中心是国会,因为中国宣战首先得经国会批准。两派在国会中一连辩论了好多天。中国报刊报道说,人们常看到协约国的公使们坐在公众席上旁听辩论,而且据说海因茨将军每当辩论中国参战问题,都来旁听。国会以外,带有各种政治色彩的各界反战派举行示威游行,召集群众大会,警告政府不要做出支持协约国的决定。斗争持续了几个星期,直到自美国参战起就强烈主张中国参战的段祺瑞将军获得了多数省区长官的支持为止。

我了解到北京的这场斗争时,就决定拍一封说明情况的电报,列举中国参战可能获得的好处。在这关键时刻发出的长篇电文中,还摘要介绍了我与美国政府高级官员以及与协约国大使们谈话的内容。段将军回电加以肯定,说我的电文已翻印出来,分发给内阁成员。我不知道电文有多大影响。对于那些站在政府一方,但对支持中国参战却不大热心的某些内阁总长和国会议员,电文也许还有些作用。无论如何,政府对电文是欢迎的。段总理于5月8日亲自向国会呼吁,但国会还是不支持中国参战。直到8月14日国会解散,迁往南方,北京才宣战。

耐人寻味的是,当时中国报刊登载这条消息,不仅把它当成政府方面对南方反战派的胜利,并说成是协约国公使们的努力的巨大成功,海因茨将军的惨重失败。德国居民则大为震惊与沮丧。他们的这种情绪是不无原因的,因为中国一参战,就根据协约国公使们的建议,把德国人,除极少人例外,全部驱逐出境,并查封了德国机构,接管了德国的银行与商行。协约国公使们主张的措施是合理的,因为这是一场总体战。

　　当中国两派势力在进行斗争时,协约国的公使们曾多方诱使中国参战,他们许诺,如果中国参战,他们保证中国会取得大国的地位。后来在巴黎和会,中国要求五个席位,和会却只给中国两个席位,陆外长就曾向克里孟梭总理和劳合·乔治先生提起过这些诺言。确实,特别是在美国参战后,为使中国站在协约国一方,协约国的驻京公使们使尽了浑身的解数。段将军的决定是很有勇气的,因为他采取的政策曾遭到强烈的反对。因为这一决定是重要的,它影响着中国的国际地位,使中国能够在和会上提出自己的要求。中国参战曾遭到日本的极力反对。协约国向日本保证,他们出于感激日本在战争中的援助,承认日本的利益。只是在作出这种保证之后,日本才不那么反对了。当然,他们对日本的许诺,直到战后,在巴黎和会上才揭诸于世。虽然早就盼望并且衷心欢迎美国参战,但是英、法、意承认日本在华特权的秘密协定,就连美国也被蒙在鼓里。

　　中国参战加入美国一方之后,就派了一个军事代表团去美国。为首的是一位陆军少将和一位海军少将,应美国邀请,参观美国军事和工业中心。并制订美国协助中国从事战争的规划。有两件有关这个特殊军事使团的事,我至今记忆犹新。一件是,使团一到美国,就被美国军火商代表和推销军火的掮客所包围,争相与代表团签订购买美国军需品的合同。中国政府确实打算购买一些武器,特别是机关枪。可是有一天,一位中国海军少将向我提出一个问题,至少他认为是个问题。他说他订购了两万挺机关枪,在签订了合同并且付了一部分货款之后,商行的代表去见他,要给他一张支票作为一部分佣金,说反正这笔钱公司是要付给掮客的。我记不清数目了,不过当时看来数目是颇为可观的。他问该不该收这笔钱。我毫不犹豫地答复他,每个代表政府的中国官员,无论什么钱,不管是佣金还是回扣,都不该收。如果收了这笔钱,他会终生遗憾的。他马上明白了。他一定会告诉该公司的代表,那笔钱他分文不取,签订合同只是他应履行的公务。

另一引人注目的事件是我与使团同到标准局去参观的经历。在该局各部门转过之后,把我们带进一间窗户紧闭的暗室。带我们参观的官员关上门之后,就指着暗室中央的装置,压低声音说,是特意安排我们来看这个装置的,他会说明它的用途,但请我们不要透露与此有关的消息。他说虽然日本也在协约国一方,美国政府决不会让他们进入这个房间,至于其他欧洲的协约国,让他们进来之前须经过非常慎重的考虑。我们大为惊奇,接着他让我们看一个指针,正指在墨西哥方向。他说这根指针可侦测出柏林电报的去向,借此曾揭示出德国特工人员在墨西哥活动频繁。由柏林发布命令,再从墨西哥城送回间谍的情报以及在美国破坏活动的报告。这件事很有意思,我和使团成员都不是技术人员,对技术问题兴趣不大。我们感兴趣的是,这件事表明美国对中国及中国代表的友好感情。这件事发生在 1918 年。四十多年后的今天,已有各种各样的快速通讯及侦察手段,然而在当时,那个装置确是美国政府在科学上的一项伟绩。

6. 1917 年 11 月蓝辛—石井换文

在远东,注意力自然都集中到日本。日本抓住欧战这个天赐良机,在大陆上推行自己的领土扩张政策,寻求在亚洲的霸权与优势。欧战占据了欧洲英、法的全部注意力。两国在亚洲都有大片殖民地以及其他经济与政治利益，然而却顾不上了，因为他们正全力以赴投入战争，从德国人手中拯救自己的本土。日本突然向中国提出"二十一条"，只是其亚洲政策之一例。这个政策还包含着要美国从亚洲、西太平洋特别是从中国撤出的决心。日本认为中国大陆天然是日本的势力范围，美国在中国的利益，特别是自中国第一个共和体制建立之后，持续的扩展，无异是日本的肉中刺。美国方面则无意牺牲与中国的关系。四分之三世纪以来，美国的传教、教育与慈善事业及商业贸易已经在中国确立了显著的地位。在美国方面，公众最初与中国人接触是在输入华工在美国修建矿场和铁路的时代，而近来向美国派遣留学生，则开始建立了某些了解。他们不仅意识到中国作为太平洋地区国家的重要性，还十分赞赏伟大的中国文明和文化。由于英、法以全副精力应付战争，美国就成为能够干预并防止日本在东亚的扩张政策的唯一重要国家。因而 1915 年 5 月作为"二十一条"要求结果的中日条约签订之后，美国大概和中国有同感，即日本会继续推行称霸亚洲的政策，并且要千方百计把美国利益排挤出中国大陆，如果不能马上达到这个目标，也肯定要美国同意，一切有关中国的国际问题，未经事先与东京政府协商，一律不得自行处理。

日本政府实际上也抓住了欧战这个空前的良机来加强对付美国的地位。1917 年老练的外交家石井子爵，率领高级外交使团去美谈判，想签订一项协议，让美国方面正式承认日本在中国享有特殊的、压倒一切的权利。石井的使命理所当然地引起北京的不安。我作为中国驻华盛顿公使，竭尽全力警告美国政府，日本居心叵测，因为日本人广泛的公开宣传，使这次使命似乎是为了促进目前两国就双方在华利益达成更好的谅解。蓝辛先生继布赖恩先生任国务卿。他是研究国际关系的学者，曾研究并写过有关中美关系以及美国在亚洲利益方面的专著。他曾继其岳父约翰·福斯特先生，做过几年中国使馆的顾问。他的岳父以前也担任过国务卿。因而蓝辛先生对形势了如指掌,对日本的亚洲大陆政策及中国的危险地位也很清楚。石井使命的真正含义是瞒不过他的。我每次去见他都谈到这次特殊使命背后日本的居心,以及北京对这个使团出现在华盛顿的担心。蓝辛先生总是要我相信,美国充分了解日本在中国问题上的谋略。他保证美国一定注意不使其地位削弱,或使其利益减少,而对日本有利。

然而随着时间的推移,石井子爵访问期限延长,中国北京政府方面的不安也随之增大。我想获得蓝辛先生与石井子爵谈判的全部情况也越来越困难了。中国和美国的报纸都有报道说,在谋取美国承认日本对华政策方面,日本使节在华盛顿已取得进展。据这些报纸说,两国已同意,相邻的地理位置应在日中关系中加以考虑。这一消息使我甚为担心。我继续试图获得国务卿与特使达成谅解真相的说明。我觉得取得美国对地理位置相邻原则的承认,尽管表面无甚害处,一定是精心设计的巧妙外交手法,用以掩盖声名狼藉的优先利益和特殊利益的提法,是借以证明维护一个国家在另一个国家的势力为合法。我会见蓝辛先生的时候,他想让我放心,说承认这个原则不过是承认一个地理事实,是在美国坚决反对“特殊利益或优先利益”之类措辞之后,才同意这样一种提法。他安慰我说,日本的第一个要求是要美国承认日本在中国有特殊的、优先的利益,美国已拒绝了,石井子爵只好勉强接受中日地理位置相邻的原则提法。中国忧心忡忡,因为中国政府曾经要求过,直接与中国有关的谈判应及时与中国政府商议。也许是由于日本一定反对这样做,蓝辛先生本人也认为中国的要求根本行不通。

经过两方代表长期谈判,所谓的蓝辛—石井换文在 1917 年 11 月公布了。这时,我掌握了更确凿的证据,可以证明协议的真正实质,并且尽力向国务卿指出这项协定隐藏的危险,不仅危及中国,也危及美国在中国大陆的利益。对于地理位置相邻原则的实质与范围,日本肯定有自己的解释,并且会根据自己的解释,坚持其一贯的在中国实行领土扩张的基本政策。

　　记得蓝辛先生再次尽力安慰我说，换文绝对没有阴谋，没有秘密条款，凡是达成协议的条款都包括在换文之中了。这些条款，无论日本会作何解释，美国早已向日本指出其实在含义了。记得我还问过他，为什么偏要承认这样一条原则？如果没有害处，肯定就没有必要提出来了。蓝辛解释说，石井不能在美国一无所获就离开，换文总能让他不至于两手空空回日本。他请我谅解，承认这个原则是权宜之计，待欧战结束后可再行更改。直到1922年华盛顿会议上，由于美国向日本递交了希望废止该协定的通知，这项协定才失效。采取这种行动不光是迎合中国的愿望，也是由于换文公布后美国人民和美国报刊的普遍反应都不大赞同。

　　1917年达成蓝辛—石井换文，在很大程度上是迫于欧洲战事。美国政府十分清楚，协约国在远东需要日本的支持。当时我就感觉到，英国政府最急于看到美日之间达成某项协议。事实上在日中关系和日美关系之间，英国所处的地位是很微妙的。英国在中国及亚洲有重大利益。日本突然袭击青岛，占据胶州租借地，已经表明日本在亚洲其他地方也会照样行事。然而，英国的根本打算是赢得战争，为达到这个目的，就是尽量争取日本的援助，即使在欧洲本土得不到日本的支援，也要在太平洋地区获得尽可能多的日本援助。没有日本与华盛顿的协议，不付出一些代价，英国就很难指望日本的支持。后来在巴黎和会中揭露出来，英国要求并接受了大量日本援助，如把军队从澳大利亚运往欧洲前线，以及在西太平洋水域巡逻，防备德国潜艇的活动等。当时伦敦与东京达成的关于山东以及日本在华利益的绝密协定，连美国政府都不知道，然而却表示出英国急于取得日本的援助及对战争的支持的迫切程度。

　　英国大使斯普林爵士是我在华盛顿的朋友，我们常常谈论远东局势、欧战情况以及对亚洲局势的影响。我记得他的见解与其政府的见解如出一辙,没有估计到日本在东亚和西太平洋地区可能造成的危害,而只急于在战争中得到日本的援助。他这种见解的基点是,战时的主要目标就是打赢,其他问题均可留待胜利后再彻底研究。作为英国大使,他对远东局势的看法是很现实的,这也反映出英国政府与人民的见解。我记得,他完全了解日本将利用战争的良机发展自己在亚洲的利益,然而除美国之外,其他国家对此都无能为力,而美国则不大会单独采取任何重大的行动。

我与法国大使也保持着亲密友好的关系,我常去拜访他,一如我常去拜访那些在亚洲、尤其在远东有广泛利益的国家的大使,同他们讨论世界局势,交换看法。杜塞尔先生虽是个纯粹的法国人,既是大外交家又是渊博的学者,却专门研究英国戏剧,记得他还写过一本这方面的书。我记得他虽然是位老前辈,对本国优雅的语言有极好的素养,但他却总是使用英语。

7. 准备参加和会,1917—1918

1917年下半年,正当美国举国上下投入更大力量积极参加欧战时,欧洲发生了一起意义深远的国际性事件,这就是俄国布尔什维克发动的十月革命。布尔什维克是共产主义者,他们推翻了同年二月革命建立的孟什维克政权。旧帝俄虽是站在西欧列强一方的协约国,但西欧列强对帝俄的圣彼得堡政权本身并无好感。因为这是一个独裁政权,对人民疾苦漠不关心。美国对二月革命是表示欢迎的,因为这对俄国人民来说,是一个良好的转机。所以,俄国新总理、孟什维克领袖克伦斯基派赴美国寻求援助的代表团在华盛顿受到了诚挚的欢迎。但出乎意料,布尔什维克又取代了孟什维克政权。这令人对俄国的发展前景极为忧虑。新政权所采取的政策之一是结束战争,与德、奥媾和。伦敦、巴黎和华盛顿对圣彼得堡的新革命政府百般劝阻,但布尔什维克置若罔闻,抓紧时机开始了停战谈判,并终于和同盟国缔结了所谓的和平条约。

这一事件无疑增强了美国早日恢复和平的愿望。众所周知,美国人民一贯厌战。况且,俄国离开协约国阵营,使协约国方面、特别是欧洲协约国感到战争前途未卜,尽管英、法、美三国要打赢战争的巨大决心并未动摇。威尔逊总统自然充分了解美国人民热爱和平的天性。在美国人中间,有一些人,像亚当斯先生和亨利·福特,他们倡导和平几乎是不惜任何代价。白宫也正在不遗余力地准备迎接终将来临的和平。作为第一流的政治家和国务活动家,威尔逊总统是体察民情的。因此,他在一篇关于战争形势的演说中阐明,美国在大战中加入协约国一方是为建立一个新世界,俾使子孙后代不复对峙相残。对美国来说,这是一场用以结束一切战争的战争。总统对此显然深信不疑。他的密友豪斯上校与他充分合作并共同倡导这一建立新世界的事业,因此被他认为是非常称职的美国派赴协约国的机要使者。豪斯不止一次被派赴英、法首都去探询各协约国政府的观点和起草有关结束这次大斗争、建立世界新秩序的和平条款。

不仅在美国,而且在英、法的某些阶层,甚至在更多的地方,人们对建立一个组织来保卫世界和平都广为关心。我认为,它对中国也关系重大。卡内基和平基金会一类的机构和美国大学中的一些人士正在商讨、起草方案以实现这一伟大理想。特别是在英国,这一类的社会团体公布了它们的观点。它们是由罗伯特·塞西尔勋爵、贝克勋爵和赛缪尔勋爵等人领导的。在法国,则有热爱世界和平的莱昂·布尔热瓦先生。在南非,史末资将军的观点也完全符合人们这一普遍愿望,即把建立一个确保未来世界和平的组织作为这场战争的首要目标。

我认识到这一动向对中国极为重要,便毅然成立了一个小组来收集各种资料,包括美、英等国不时出版的各种计划草案,对之进行研究、分析,以确定中国应采取何种政策以及应支持这些计划草案中的哪些部分。

这个在中国公使馆内建立、由我负责指导的小组,也研究对中国具有特殊利益的问题,以便中国政府将来在和会上提出这些问题。当时人所共知,自19世纪中叶,中国和西欧列强开始交往以来,中国在对外关系中始终处于不平等的地位。从那时起,中国一直受一系列不平等条约的约束。由于在对欧洲列强的战争中屡遭失败,被迫割让领土作为赔偿,中国的领土完整早已遭到损害,由于接受了强加于中国的领事裁判权和各种其他特权,中国的主权早已被侵犯。我认为现在正是时机,中国应该在即将召开的和会上向各国鸣此不平,以争回某些失去的权利。中国所不满的不仅仅是欧洲列强的帝国主义政策,而且还有19世纪后期使中国蒙受苦难的日本侵略。日本侵略的最近事例便是日本对华提出的臭名昭著的"二十一条"要求,以及于提出最后通牒后强迫中国缔结的中日条约。我列出诸如此类的问题,指定这个小组去研究。我还让他们准备一份备忘录草案呈送北京政府请予研究批准。这个小组的成员有:容揆先生、伍璜博士(后任东吴大学校长)和魏文彬博士(哥伦比亚大学哲学博士,我的秘书)。

在豪斯上校肩负特殊使命赴欧旅行归来之后,我设法会见了他。他为人谨慎寡言,但和我交谈起来却能相当随便。或许这是因为他知道我对他关于成立一个世界组织以维护和平的抱负有兴趣,而我之所以有兴趣并不完全因为这是一个现实问题,而是因为我过去是学国际关系和世界问题的。豪斯上校虽说谨言慎行,但还总是告诉我一些英、法对其心爱的计划的突出的观点。他每次归来,都直接向总统汇报,这是一般都知道的事实。因此,我常常设法从他那儿探听总统的反应。所以,这种接触极为有用,因为我不仅能了解豪斯的观点,还能得知总统对未来和平组织问题的看法。这个问题,我本人也认为是对人类至关重要的问题。

非常值得注意的是,正当人们在为和平作准备的时候,美国于1918年春不声不响地、坚定地向欧洲派出了第一支远征军。这标志着美国武装部队源源不断地前往欧洲积极参战的开始。美国士兵在欧洲前线出现于协约国一方,大大提高了协约国人民的士气。它无疑产生了一种希望和信心:协约国及参战各国最终将赢得这场战争。我将此报告北京政府,并建议政府开始为战后必定要召开的和会作好准备。从1918年夏天起,我连续发出由小组和我在公使馆内研究写出的报告书,力劝政府尽早对此加以考虑。协约国在凡尔登战役中获胜和美国持续坚定地派遣远征军赴欧,使我感到,战争结束已为期不远。很清楚,中国不应拖延对和平的准备了。我把即将召开的和会视为中国一次非同寻常的机会。中国可以借此谋求某种程度的公平待遇,并对过去半个世纪以来所遭到的惨痛后果加以改正。当时是段(祺瑞)将军执政,内阁由一些杰出的有识见的政治家组成,他们一直对中国的国际关系问题很感兴趣,他们很快便采纳了我的建议。内阁中最著名的是外交总长陆徵祥先生。我接到通知说,外交部正在成立一个委员会,以我寄发的各份报告书作为基础,研究中国要向和会提出的问题。

　　我认为,首先应该准备那些涉及中国切身利益的问题,并设法将其写入和约。签约的一方是协约国及参战各国,当然也包括中国在内,另一方是同盟国。我认为,在预计将首先签署的对德和约中应写上"归还青岛和胶州租借地,归还义和团暴乱时期德军从北京天文台掠去的设备、仪器;德国占领山东之后中国所遭之破坏应向德国索赔,遣返德国侨民之费用应由德国偿付。"

　　我当时确信,中国在和会上提出胶州和青岛问题并谋求解决是无可非议的,无需顾及以日本"二十一条"为基础的中日条约。当然,这与日本的观点截然相反。自1915年中日条约缔结以来,日本一直坚持,在和会上有权讨论山东问题的应该是日本而非中国。甚至在中国加入协约国方面参战之后,日本依然不遗余力地对北京施加压力。日本决意至少要在有关山东问题上把中国排除于和会之外，这一意图在中日外交往来函件中已暴露无遗。当时，它还使中国政府勉强同意：先由和约来确认日本获取德国在华权利，然后再通过中日谈判，由日本将山东归还中国。所以，此后日本便认为只有它有权对德谈判，而把中国排除在外，只能作壁上观。我力劝政府：中国应该在和会上理直气壮地提出山东问题，不必顾虑被迫签订的中日条约。

8. 从凡尔登到凡尔赛，和会前夕

1918年夏，特别是凡尔登战役之后，人们普遍感觉到，战争即将结束。事态的变化证实了这一点，同时，也证实了我提请北京注意及早采取步骤准备和平是正确的。10月，奥地利求和，这加速了德国的垮台。1918年11月11日，停战协定签字，战争正式结束。虽然战争会尽早结束已在人们意料之中，但是，停战似乎仍使协约国政府感到来得突然，因此，华盛顿和北京都忙作一团。中国驻巴黎公使出乎意料之快地接到一份通知说：即将召开协约国最高级会议，商谈对德国及其盟国停战和平条件。胡惟德公使随即电请政府指派代表参加会议。

令我惊诧不已的是，我所接到的电报不仅将胡公使电报内容通知我，而且指派我为中国代表，令即赴巴黎。惊诧之余，我想到，在这种时候让我离开华盛顿万万不可。因为这几周内，要决定对德国及其盟国的和平条件，我留在华盛顿更为重要。不言而喻，美国政府必将对和会提出许多建议及看法，这对英、法政府必然影响极大，故而对中、日两国也将产生影响。在和会上，中国政府不能对英、法抱太大希望，真正可以指望的只有美国的支持。

还有一个次要原因，使我决定不能即赴巴黎，这就是我妻子的去世。1918 年 10 月,我妻病故。当时正在流行西班牙流感,她成了牺牲品。她的去世对我不仅是一个重大损失,也是一可怕打击。她患病后仅几天便死去,留下两个孩子,一个一岁、一个两岁。据我回忆,那次流感相当可怖。驻华盛顿的其他外交使团也罹此厄运。西班牙武官在为日本武官送葬后的四天之内亦死于同病。在我的使馆内,三秘夫人和二秘之子也都在十天之内死去。流感如此猖獗,以致为死者寻求棺木亦成难事。妻子的去世打乱了我小家庭的安宁,而那两位职员的悲伤则使整个使馆的气氛极为消沉。我妻子 10 月去世之后,我曾经认真考虑过辞职,并且提出了辞呈。但是政府再次力劝我要更多考虑国家当时正需要我为之出力。当然,以上所述仅是个人方面的原因,主要的原因是:欧洲和会召开之前的这段日子,我需要尽可能多获取一些有关美国政府,特别是有关威尔逊总统政策、观点的情报,因为作为协约国中最强国的首脑,以及协约国阵营公认的发言人,威尔逊总统在和会议决时所发表的意见将具有决定性意义。他那著名的"十四项原则"在世界各地仍为人们所津津乐道。"十四项原则"已经不仅是欧洲使馆人员研究思考的严肃课题,而且成为亚洲、尤其是非洲被压迫民族的一线希望。

"威尔逊总统将亲率代表团参加和会",这一消息的宣布使我拒绝立即赴法的理由更为充分。当时人们已经知道,和会将在巴黎召开。设法与总统本人晤谈关于和会前景一事就更为重要了。11 月下旬,和平会议的问题成为巴黎最高级会议审议产生的首要问题。那些日子,我多次走访美国国务院,希望得到关于和会组织方式以及协约国方面将有哪些国家出席和会的准确消息。不出所料,我被告知,美国是中国的朋友,美国将尽最大努力促进中国的事业,务必要使中国参加和会。当然,最终方案还是要由欧洲的主要协约国及参战国讨论通过。

对中国来说,当务之急是要获知中国能在和会上得到多少席位。中国希望自己能被视为大国,派出和主要协约国及参战国同等数目的代表。中国驻巴黎公使从法国外交部得到的印象也如同从华盛顿得到的印象一样鼓舞人心：中国想派多少代表都可以，只是席位问题要取决于和会每次会议所涉及的内容。中国政府，特别是中国外交总长对此相当乐观，因为协约国在当初极力拉中国参战时曾答应，中国如果参战，战事结束后将在和会上以大国相待。英、法政府驻北京使节又以照会将这个空泛的许诺进一步确认。陆徵祥先生对这一正式确认极为信赖。战事结束后，和会组织问题被提出来了，中国的待遇问题随即也被提出来了，但各主要协约国这时却决定：协约国及参战各国在和会上将分为三类。一是五个主要协约国，每国五个席位；二是战争中提供过某些有效援助的国家，每国三个席位；三是协约国阵营中的其他成员，每国两个席位。中国竟被归在第三类，因此仅分给两个席位。这一决定使中国和其他归于第三类的国家大失所望。中国政府之不悦，不仅在于这有损于中国在国内国外的威望，而且还使政府在任命全权代表时产生困难。和会组织问题此时引起了中国政府的注意。在此之前，外交总长曾经给我及其他公使发了电报，声称在和会上他将有赖于大家的合作。在给我的电报中，他清楚表明，我将是全权代表之一。但是，他至少还对四位其他公使也表明了同样的意愿。他们是：驻巴黎公使胡惟德（中国外交界老前辈）、驻伦敦公使施肇基、驻哥本哈根公使颜惠庆（一直兼任驻丹麦及德国公使二职）、驻布鲁塞尔公使汪荣宝，故而陆此时颇为尴尬，席位只有两个，决定任命谁呢？于是，他只得电告各位公使：请他们对全权代表任命一事再行斟酌。陆与诸公使的磋商未能奏效，任命之事因此延搁。自然，无论代表团具何规模，陆本人将任团长。

时间过得非常快。巴黎催促中国外交总长尽速到会。陆徵祥原拟 1918 年 12 月 1 日左右启程，但当时欧亚航线班轮极少，且均已满员，要为陆本人、家眷及其最低数目的随员都搞到船票绝无可能，于是便责成驻日公使馆全力在日本轮船上安排舱位。但是,驻日公使馆竭尽全力仍未解决,于是,实际行期比预计推迟了几周。班轮取道朝鲜、日本、美国,途经旧金山、纽约等城市。途中未对华盛顿进行访问,但却非出本愿地会见了日本外相。

陆所以勉强会见日本外相,是由于他身体不适,想在经美赴法之前,在横滨多事休息,但驻日公使陆宗舆根据日本外务省的要求,不仅安排陆徵祥与日本外相会晤,还安排了日本天皇对陆的私人接见,以及请陆出席日本首相的午宴。显然,日本亟盼能对陆总长笼络一番,希望中国在和会上不给自己制造困难,同时还希望能和中国外交总长讨论问题。但是,陆宗舆却接到陆总长在赴日途中发出的回电,说,不能按陆宗舆的计划安排日程。陆宗舆感到真是万分困窘,使得他决定先请病假作为逃避职守的借口,事过之后,再提出辞呈。为此,大总统和总理多次电谕,劝说陆公使切勿当真辞职;同时,也劝说陆总长访问东京,并尽量按原来为他安排的计划行事。因此,陆徵祥才去东京访晤了日本外相。但是对天皇接见和午宴,他均予婉辞。

在陆总长去旧金山途中,我正准备离开华盛顿前往巴黎。行前,我请求谒见威尔逊总统。想在离美前最后再与他会晤一次,以便弄清美国对中国将在和会中提出的要求持何态度。同时,我还想探明总统关于和会前景,特别是关于建立世界和平组织的观点。我曾根据北京训令,通过美国国务卿向威尔逊总统递交过一份备忘录。我特别想听听他的反应。此件很长,综述了中国对和会的希望,并请美国给予支持,以便在和会上获得一致通过。据我回忆,它是应外交部要求在公使馆内用英文写成的,包括以下几个要点:一、今后,中国和其他国家的关系应建立在平等原则基础上;二、中国的主权与独立应受到签约国之尊重;三、1900 年义和拳之乱所导致的《辛丑条约》即使不完全废除,也应予以修正。备忘录中还强调了以下两点:第一,撤走北京外国使馆卫队和北京—山海关沿线外国驻军。备忘录列举大量事实,说明自《辛丑条约》签字以来,中国方面始终全面执行条约。如:惩办拳乱祸首、派遣特使分赴柏林和东京为德国公使和日本公使馆秘书的遇害致歉等苛酷条款均已履行,甚至连极难接受的"停止科举考试三年"的要求也已实行,这一要求显然是用以压制中国知识界的。条款中仍具效力的仅存"对外国驻京公使馆的保护"和"对中国海关自主的限制"两项了。备忘录指出:关于保护使馆问题,卫队和驻军实无存在之必要。条约签订以来,驻京外交使节们一直十分安全,此系公认事实。因此,备忘录要求外国军队永远撤离中国。第二,鉴于中国财政困难,也为对中国做到公平相待,进口税率应立即提高到 12.5%,作为废除"厘金"的交换条件。厘金是指当时对中国境内运转货物所征的税。由于实行废除厘金需要一定时间,备忘录指出,应先将外国物品进口税切实提高到 5%,因为当时进口税虽在条约中规定为 5%,但实际上仅为 2.5%—3%。

我曾向美国国务院陈述过中国在和会上迫切需要解决的一系列问题。虽然国务卿蓝辛和助理国务卿朗都曾向我保证:对备忘录中所述之希望,美国是同情的,但是我还是想直接得悉总统的态度,这样可使北京政府放心。总统在白宫接见了我,回答了我的问题。他的回答进一步证实了美国的同情态度。他对我将赴巴黎表示高兴,并希望我和美国代表团保持联系。但是显而易见,他一心想着的还是他的那个和会方案。他对我详谈了他对和会的希望,反复申述他在著名的"十四项原则"中论述过的原则。他说,要想世界永久和平,必须有一个新秩序。不应再用老一套的外交方式来解决战争问题,战胜国不应要求割地赔款;应该废除秘密外交,应该通过建立维护世界和平的组织来创立新秩序。他特别珍视这最后一点。当我们就这一点交换意见时,他明确表示,希望中国在和会上支持建立国际联盟。我曾给北京呈递过有关这个问题的报告,也知道政府在收到报告后对该项计划是衷心赞同的。所以,我当即向威尔逊保证,中国一定支持。威尔逊还邀请我同船赴法,但因为我已作好了最近启程的一切安排,所以便婉言辞谢了。

我想我是 12 月 4 日起航的。中国政府一直在催我尽速赶到巴黎去参加最高委员会的一切会议。我是负责为该委员会准备有关行将召开的和会的指导原则和政策的。我的大西洋航程平安无事,只是航行时间稍嫌长点,用去了十天。驻巴黎公使派参赞及驻巴黎领事到瑟堡港接我。我毫无困难就安抵目的地。

我这已是三访巴黎了。第一次在 1908 年。第二次在 1912 年,那次我是在取道莫斯科返回北京途中匆匆路过。这次,我一眼便发现巴黎已经大为改观。战争对法国首都的破坏虽然看不大出,但气氛确乎不同了。夜里街道上不再熙来攘往,甚至连巴黎林荫大道和香榭丽舍这样的大街也气象萧索,灯光暗淡。咖啡馆生意清冷,看来,那时的法国人宁愿深居简出,而不寻欢作乐了。我还听说,许多名门望族,特别是妇女们,在战争期间都离开了巴黎,此时才刚刚开始返回。

我毫不费力便为我和同来的四位秘书找到一所房子作为办公处。但正如从伦敦先期到达这里的施肇基公使警告过我的那样,取暖非常困难。当时由于煤源紧张,取暖发生困难是很普通的。由于我的同僚、驻巴黎公使胡惟德作了特别努力,我才得到了仅能维持一周的取暖用煤。因此,催促公使馆为办公处继续供煤竟成了例行公事。食物供应也很紧缺,但我将它完全托付给法国女管家了。

我整天按照上述小组制定的工作路线埋头于准备工作。根据小组收集编纂的资料,我为中国代表团草拟了一项计划,以备陆总长抵法后呈请批准。我至今还清楚记得,我曾经开列过一张单子,包括以下七个问题:一、"二十一条"和山东问题;二、归还租借地;三、取消在华领事裁判权;四、归还在华各地租界;五、撤走外国驻军;六、取消外国在华设立的邮电机构;七、恢复中国关税自主。施肇基博士和我讨论了这张单子。我们决定由各位未来的代表团成员分头准备这七个问题。我主动承担了一、二、三、七这四项;施肇基博士同意准备五、六两项;第四项"归还租界"则由严鹤龄博士准备。严是我圣约翰时的同学,在哥伦比亚大学时,又曾和我一起报考博士学位。他当时尚未抵法,正和陆总长同在途中,是中国代表团顾问之一。当然这个方案只是暂定方案,还要等陆总长到达巴黎后加以批准。

　　在为起草四份备忘录搜集材料的同时,我也立即投入了对国联问题的研究。时间不长,我便写出了两个有关国联问题的备忘录。一个是有关建立新世界组织的原则以及我所了解的主要协约国及参战国的观点;另一个是有关新的世界组织对于中国的重要性,以及中国应全力支持的理由。我知道,从中国来看,这是两个新问题。国内对这个问题几乎一无所知,甚至连外交界的同事们也还需要研究讨论。但这倒也在意料之中,因为当国联问题在美国引起浓厚兴趣时,英、法两国却似乎不曾有人过问此事。所以,当某天发生下面一事时,我丝毫不以为怪。那一天,一位在巴黎的中国同僚来接我去赴宴。他看见我正全神贯注,忙于写作,便问我在写些什么。我说,我正在准备两个备忘录,其中一个已经写好。我把写好的那个交给他看。他的回答在当时颇具代表性。他说道:"你为什么要在这种问题上浪费时间?它对中国无关紧要,对全球怕也关系不大。所以,走吧,咱们还是去吃饭吧。"我给他那份备忘录的抄本,他却不屑带走。尽管如此,我仍确信,国联问题一定会引起人们最大的注意,如果其他国家不是这样的话,至少美国,尤其是威尔逊总统和豪斯上校会是这样的。

三　巴黎和会

1. 陆总长到达巴黎；
代表团内部名次问题

陆总长一行定于 1919 年 1 月 11 日抵达瑟堡,但船到瑟堡的准确时间未定,火车到巴黎的准确时间更无从得知。公使馆参赞和武官几次向我们通报有关抵达时间的情况。我在唐在礼将军家里,其他外交官在自己的寓所或公使馆内,大家都在焦急地等候着去车站迎接从北京来的外交总长和其家眷以及随行人员。一直到凌晨四时,我们才确知火车将于半小时内到站。大家急奔车站,总算及时赶到。这次迎接的阵容声势浩大,凡是当时在欧洲的中国外交使团的团长,几乎全部出席,在月台上排列成行,同法国外交部和新任命的和会秘书长办公厅的许多法国代表以及许多法国代办站在一起。陆总长一行下车后随即前往吕特蒂旅馆。那是中国代表团的总部,所有的中国外交使团团长在那里都有房间,我也有一个办公室。

当天下午,陆总长召开首次会议。与会的中国外交官们所关注的第一个问题是中国能够指派几名代表出席和会。显然这个问题在陆总长的心目中也占主要地位。据悉仅分给中国两个席位,他显然对此大失所望。起初,陆曾得知主要协约国及参战国每国将获五个席位,他认为中国总可获得五个席位的,所以不仅给我,还给其他五六名公使发出电报,邀请我们每人都参加代表团,并作为一名代表,现在,陆先生的处境十分困难。他是一个优秀的法语学者,他和法国一直保有密切联系,因此他毅然往见法国外长和据悉将任和会主席的法国总理,他对这两位先生寄予极大希望。

与此同时,陆先生让施肇基先生和我分别与英、美代表团再次就席位问题进行磋商。美国代表团一如既往,对此深表同情。他们向我保证,威尔逊总统将给予支持。他们还指出,席位问题不仅关系到中国利益,与其他国家也有关系。例如,巴西和西班牙也在请求增加席位。然而,中国代表们的四处奔走共同努力并未能带回多少鼓舞人心的消息。我们感到,仅有美国将支持中国的要求,如不能获得五席,至少也要多于两席。

法、英的反应令人沮丧。法国外交部的回答尤其如此。他们向陆徵祥先生解释说,一个国家在和会上的地位是要由该国在战争中为协约国所作过的努力来确定的。当时获悉,巴西有发言权的代表已由两席增至三席。陆以此为据,在法国外交部进行争辩,强调也应照此对待中国。但是,法国说,中国对协约国方面实际帮助甚少,而巴西海军曾巡弋南大西洋,保护了协约国运军火的船只,对协约国贡献甚大。

1月18日下午,和会正式开幕前三十六小时,陆总长召集中国代表团开会,中国驻欧各国使团团长全体到会,自然也有我这个从华盛顿来的驻美公使。许多从国内来的顾问和主要驻欧使团的参赞也出席了会议。会议要决定中国参加和会的正式代表,以便陆总长呈请大总统颁布任命。但此类涉及人事的问题,在座的公使没有人愿意提出任何建议。有人建议由总长决定。这时,陆情绪激动、踌躇不决,很是为难。但他最后终于宣布,为国家全局利益,并鉴于需要美国、英国以及当然还需要法国的帮助,拟请大总统任命五位代表。这也是因为陆总长已在法国外交部弄清,中国虽然仅有两席正式席位,但每次与会人员可以调换,不限于固定二人。陆总长接着说,他想让王正廷任第二代表,我任第三、施肇基博士任第四、魏宸组博士任第五。他说,他所以考虑让魏任代表,是因为魏曾任外交部和会筹委会秘书长并擅长撰写中文公文,对此经验丰富。他还说,他极愿让驻巴黎公使胡惟德先生任代表,所憾席位有限,无法如愿。但是,胡虽非正式代表,将和正式代表享有同等地位,同时他将有赖于胡的合作,而驻巴黎公使一职正可使胡为代表团助力,他希望胡能理解这一点。

胡惟德是个具绅士风度的老式外交家和学者,态度自然地答道,他虽无特别头衔,亦将继续效劳,请陆总长放心,他于头衔并无所求。

接着,我便发言。我说,此次任命还以我列第五为宜。在外交界,施博士资历比我深,魏公使年龄比我大。而且,魏在1912年曾任国务院秘书长,是我的顶头上司,我那时只是他手下的一名秘书。不管怎样,名次对我是毫无影响的,我将继续工作,一如既往。我所感兴趣的只是即将开展的工作。

陆总长说,就那些与中国利益有关的问题而言,和美国代表团的接触最为重要。而我是与美国代表团保持密切接触的当然人选。至于魏先生,他是负责用中文起草文件以及负责代表团内务工作。魏先生列第五也符合他本人意愿。

我又坚持道,关于魏先生的情况,我可以理解,但是对于施先生,还是将他列于我之前为妥。陆总长最后总算是理解我的想法了,他宣布,名单将排列如下:陆徵祥先生、王正廷先生、施肇基博士、我和魏宸组先生。于是驻巴黎公使馆参赞、代表团秘书长岳昭燏负责准备致和会函件,签字后立即发出。魏先生负责拟写电文,呈请中国大总统按所报名单予以任命。电报也及时发出。

对我来讲,我觉得困难问题已经解决。但出乎我意料,北京推翻了这种安排。第二天是星期天,岳先生才打来紧急电话称,陆总长想立即在他下榻的吕特蒂旅馆和我见面。我先去秘书长办公室,弄清为何如此急迫。他让我看打字机上快打完的函件稿。这个函件请求撤销二十四小时前致和会秘书长的函件，说明顷接大总统训令，中国代表名次应排列如下：陆徵祥总长、顾维钧、王正廷博士、施肇基博士、魏宸组博士。我当即对岳先生说："请勿发出，我要与陆总长谈谈。"

到陆总长那里之后，我发现他身体不适，心烦意乱，衣着不整。他默不作声，递给我一封电报，那上面有大总统关于五位代表名次的训令，将我列于王博士、施博士之前。我对陆说，这种改变令我吃惊。总长可以对北京进行说明，正式通知已经发出，不宜仅为代表名次而撤销原件，另发新函。我又说，任何这类突然变化都会使人产生不良印象，或者损害总长本人威信。外交总长毕竟是和会上中国政府在国际上的代表。

陆总长虽然看上去心情有些不快，但他态度很坚定。他说，不，由他签发的函件只不过是外交部函件，而载有大总统训令的电报高于任何外交部函件，总统的意愿必须尊重，我们都是政府的仆人。我对陆说，我名列第一还是第四，对我本人都一样，但是您身体欠佳，恐不能保证参加所有的会议。在我坚持己见时，他说道，他曾接过一封非正式电报，告诉他国内的形势，也表示了大总统和政府方面对他健康状况的忧虑。在北京政府心目中，如陆不能自始至终坚持工作，则应由我去代他为中国辩护。陆认为，在这点上北京是正确的。鉴于国内政治情势，如陆本人因健康关系不能经常参加会议，自然不便让南方的代表王正廷博士来代表中国政府。他最后说，他叫我来仅仅是为了通知我此项训令，至于函件的拟稿及发送已让岳先生去办理了。

看到没有争辩的余地，我只得告辞。从旅馆出来，我便去岳先生的办公室，将情况告诉岳先生。我让岳先生去请陆总长再考虑一下，先勿发文，名次问题仅涉及两名代表，事情不大。但岳先生说："陆老让我速拟函件，他要立即签发。"我回答道："这是我们内部之事，与和会并不相干。"岳先生说："你我都知道，他一旦拿定主意是决不变更的。"我便说，我去和施肇基谈谈，他与此事关系最大。

我直奔施先生的公寓。他高兴地接待了我。我说，北京刚刚来电，我从吕特蒂旅馆来，陆总长给我看了一份大总统关于任命代表的电文。我刚一提及此事，他便迫不及待地向我询问电文内容。我告诉他后，见他面色铁青、愠然不语。我便劝他不必为此多想，我不想接受第二代表的名次。我说："你在外交界资历比我深得多。至于我的工作，我觉得任何工作都同样重要，并不存在某种工作更为重要之想。你对我尽可放心。如果你想知道是何道理，我可以告诉你，除了公务上的考虑，我还有我个人的理由：我比你年轻十岁，我比你多十年的机会。"

施博士依然一言不发。谈话既已无法继续，我便去看望施夫人——我与她有亲戚关系。我向她保证，我并未主动谋求代表团内的地位，前天代表团开会，我还亮明过观点。施夫人叫我放心，说她相信我，理解我的态度，她答应尽她之力去对她丈夫解释这一切。嗣后，我便告辞。如果北京政府改变大总统训令转而同意陆总长所荐名次，或者，如果陆总长接受我的提议，不向和会主席重新发函，那么，这种不幸局面原本是可以避免的。但是，陆总长坚持发函。显然，陆此时也是进退两难，他感到形势对他个人来说可谓困难之极。他本人身体欠佳，北京知道这一情况。北京因恐陆再次犯病而做的准备也是十分正确的。陆在自北京赴巴黎途中已病倒两次。特别是在日本那次，由于身体不适，他只得放弃驻日公使与日本外务省及皇宫为他安排好的全部计划。我已预感到，他决定通知和会变更名次一事，必将使代表团成员之间难以相处。同时，陆显然也很清楚，他不能无视总统训令。

以上是陆的为难处之一，另一方面，他感到有责任、有义务为王正廷博士保留第二代表的位置。他在一次代表团会议上对此作过说明。他说，在纽约时，他个人曾对王正廷博士作过许诺。那时，他在劝说王博士参加代表团以便中国南北双方能一致对外出席和会。陆总长对我明确说过，他曾对王正廷博士讲，无论中国分有几席,王也将就任代表。如果中国仅获三席,王正廷博士将居其一,如果中国仅获两席,王仍将居其一。陆认为自己必须守信。这倒并非仅仅出于个人原因,也是为使中国能得以统一对外。但是结果却是:王正廷博士名列第四,施博士列第二,我列第三①,这将在代表团内造成何等的摩擦,不久便可看到。

2. 在和会上代表南方军政府问题

南方代表问题,在和会召开之前,即曾使北京政府困扰多日。南方军政府原一直希望能获得某种正式代表权,但这在国际上显然是不可能的。王正廷博士一直热切盼望能作为中国代表团中的南方代表参加和会。王博士本人也确曾借助于他个人的一位美国朋友穆德博士采取了一些有效措施。建议美国驻北京公使劝说中国政府接受这一想法。美国公使便在和徐世昌大总统的一次私人会晤中提出此事。与此同时,从 1918 年夏初或春末起,王正廷博士一直住在纽约,直到与陆总长同船前往巴黎。我在离开华盛顿之前也曾接到报告称,王通过会晤美国要人和他个人的朋友,暗中活动,以求得到美国对南方的同情。

在陆总长离开北京之前,他在政界的一些朋友曾建议,中国在巴黎需要显示出全国统一对外。我本人也早就从华盛顿发出过电报,作过这样的建议。我所以如此提议,是因为南方军政府的代表们曾代表他们的南方政府在美国为反对北京政府而大肆活动,给我留有极深的印象。他们称北京政府为北方政权,称我为北方政权的发言人。比王正廷更为活跃的是广州正式派出的两个人。他们代表南方发表了许多公开声明,和举行过记者招待

---

① 原文如此。——译者

会。郭泰祺先生、陈友仁先生，这两个人和王博士不同，他们曾到过华盛顿。也就是在他们访问美国首都时，我曾在公使馆请他们吃过饭。记得我派了一位参赞去作私人邀请，并向他们说明，我请吃饭纯属私人性质，仅仅意在老友聚首畅谈。因为我与他们相识多年，相当熟悉，他们对此解释充分理解，并应邀前来。谈话是极其坦率友好的，但是我们各执己见，所论之事无一取得一致意见。他们坚决支持南方军政府，愿意看到北京政府垮台；我则站在我的角度上向他们解释说，国内的政治之争虽属不幸，然不足为怪，至于家丑外扬，则既无必要，也不明智。我说，当我获悉他们称中国驻华盛顿公使馆为北京政府的发言人时，我十分惊异，深感不安。谈到我本人，我认为，我是中华民国的外交代表。共和国宪法明确规定了中华民国的领土和管辖范围，我从不认为我代表的是几个南方省份除外的中华民国。政治之争应限于国内。我还记得我曾向他们指出，大不列颠的政体为君主制，但她同时又是最先进的民主政体之一。不仅平民，甚至议员也可以而且实际上经常公开批评政府。但是，在我的记忆之中，几乎从未发生过这样的事：一个在国外的英国人公开批评自己的政府。换言之，内部的政见分歧最好是限于国内，这样才能保持政府在国外的威信。

他们对我所讲的一切未作直接回答。我想，他们也很难反驳我的意见。他们同样坦率地讲述了他们对北京政府的看法。他们说，北方政府是如何地不能代表中国民意，实际上，是一个军阀政府，不是全体中国人民的代表。尽管我们意见不一，但由于我们之间长期存在的友谊，这次聚会善始善终，友好结束。双方都能谈论极其微妙的问题而无误解，也都依然怀着原来的友情分手告别。

郭、陈二人去巴黎比王正廷博士迟得多。他们主要不是去参加和会，而是去监视中国代表团。我从他们那儿还得知：王正廷博士根本不代表南方政府。他们曾私下明确指出，虽然北京政府任命王博士为代表团成员以代表南方,但实际上只有他们二人才是南方军政府所派代表。我对此倒并不惊奇,因为我回想起在王博士离美赴巴黎之后,我曾收到过华盛顿公使馆的一份有关报告。郭泰祺博士和陈友仁先生显然对于他们的政治伙伴王正廷博士不辞而别随陆总长赴法一事大吃一惊、极为恼火。他们的声明不承认王正廷博士是中国代表团内南方军政府发言人的说法,后来到达巴黎的汪精卫先生、伍朝枢博士等其他广东军政府领导人又不止一次地证实了这一点。

汪先生和伍博士也是代表南方军政府来此观察中国代表团以及有关中国在和会上所面临的国际形势的。陆总长在北京曾亲自致电在广州的伍朝枢博士,邀其参加代表团。伍在复函中仅提出了某些政治条件,而未明确表示是否参加。所提政治条件之一是,北京的政治制度应予改革,以便使其更能代表全中国人民。信虽写得委婉含蓄,但这一点是明白无误的:南方军政府反对北京政府并谴责其政策之性质和原则。伍朝枢先生最后由南方委派前来观察和会和中国代表团。陆总长和我,还有其他一些人对伍都很了解。伍博士和我还曾在北京共事近两年之久。伍到巴黎之后,再度被邀参加代表团,名义上取代魏任第五代表,但他并未在和会上起积极的作用。

就北京政府而言,对任何由南方派出的观察员或代表都不承认其为另一政权的代表,然而,我们,特别是我,都急于随时将代表团的工作告诉他们,因为我们认为,代表团是代表全中国的,对任何人,甚至是南方军政府的支持者,我们也没有需要隐讳的事。

3. 代表团内的初期摩擦

变更代表名次的后果极为不幸。它在代表团内,特别是在以王正廷先生、施肇基先生为一方，以陆总长为另一方的双方之间造成了难以想象的纠纷。同时，在代表们开会时，我有时也成了批评目标。

在和会正式开会后的第一周内，大家都忙于和会各委员会的组织工作，并进行各种活动，使中国选入某些委员会。王正廷博士和施肇基博士分别在经济委员会和财政委员会工作，我则每天去参加国际联盟委员会的会议，有时一天两次。同时，我还要准备备忘录，有些备忘录分派给顾问们，如严鹤龄博士等人去写，我本人要起草的有三四份。施博士起草两份，一份是关于外国在华开办的邮电机构，另一份是关于外国驻军的。

代表团内发生的第一次公开摩擦，是指派我给以威尔逊总统为首的委员会起草国联盟约。陆总长显然把我看作是这个问题的学者，他读过我写的关于国联问题的两份备忘录，极为欣赏，签字批准了我首先提议的、并随后付诸实施的使中国进入委员会的方案。由于我是中国在该委员会中的唯一代表，每次会后，我都写出报告供陆总长和同僚们参阅。同时，因需迅速向国内汇报，每次报告内容也即刻电呈北京。有时陆不在，电文甚至不经陆总长过目便即发出，以使北京随时掌握会议动态。外交部因急于知道国联问题的进展情况，曾特别指示代表团以最大可能尽快汇报。北京不止一次来电告知总统和总理期待收到关于国联委员会工作进程报告的急切之情。我的办法是将拍发国内的报告抄存一份在代表中传阅。但是，我的报告不断受到施肇基先生和王正廷博士的攻击。然而，他们的批评显然并不准确。因为批评得不对题，看来主要是有意使陆总长和我难堪。

他们曾有过这样一次措辞严厉的批评，说我有一份电文歪曲了国联委员会讨论中的真实情况，这种歪曲有损于中国，因为它使得中国好像不必要地站到了主张君主政体的国家一边。他们说，电文支持了以袁世凯为皇帝的洪宪政权。这可真是令人吃惊。他们显然是完全误解了"帝国主义"这个词。这个词主要是指一种主张殖民主义的政策,而非意指政体。我的报告中所涉及的是英、法等这样的国家,为维护其殖民政策,提出了一种委任统治制度来解决接管德国殖民地问题的观点,事情不过如此而已。但他们硬说我的电文弦外有音,而把这作为攻击陆总长的论据,说这一电文肯定出自陆的授意,因为陆于洪宪帝制时曾任过国务卿。他们的论点是,我本应表明,中国反对任何君主制政府,因为中国是共和国。但是,他们把"帝国主义"一词解释为"帝王的统治"了。

代表团会议于是便成为王博士和施博士二位代表吹毛求疵、肆意攻击陆总长或我的集会。在名次问题造成代表团内部矛盾之后的第一次代表团会议,是施肇基博士建议召开的,为的是任命一位新秘书长来负责会议记录和执行代表团交付的对外任务。当时办公室秘书长是胡惟德公使手下的参赞岳昭燏先生,他一直和陆总长在一起工作,与法国政府成员及各国驻巴黎外交使团都极为熟识。但是,因为他曾为陆总长起草了变更代表名次的函件,而且他未与施、王二位协商,也未听取我的建议暂且留下不发,以容再作考虑,而径将该函发出,所以,施博士和王博士显然对他很不高兴。这二位先生直截了当地攻击岳先生是陆总长的私人代理,并认为代表团应当任命一位事先取得全团同意的秘书长。听到这样的批评,真令人难堪。接着,施博士又提议,由他自己所信任的助手、驻伦敦公使馆一等秘书施斌先生来取代岳先生。王正廷博士附议这项动议。我表示反对,说,岳忠于职守,勤勤恳恳,他在巴黎交游广阔,完全称职。施博士说,既已提出动议并得到附议,请主席付诸表决。当然,除施先生之外,并无他人提议,除王先生之外,也无他人支持。我又说道,施自然有资格提出动议,但我以为岳先生工作甚佳,实无更换之必要。与会的代表和顾问们缄默不语。那次会议,有许多公使出席。如,驻丹麦公使、前驻柏林公使颜惠庆,驻罗马公使王广圻,驻西班牙戴公使[1],

---

① 经查应为陈霖。——译者

驻荷兰公使唐在复。出席会议的还有许多其他中国外交代表。他们或是认为自己无权表决，或是因为不知道这一提议背后暗藏的目的，或是因自己仅是顾问而不愿参与代表之间的私人争吵。魏宸组先生赞同我的发言，他也认为换人并无必要。会议主席陆总长是一位温文谦逊的绅士，而且显然遵奉着老子哲学。他并未反对，只说他本人同意通过这项动议。于是，岳先生退职，施先生立即上任继岳先生负责代表团会议记录，但对和会方面，岳仍是代表团秘书长。在代表团内部正式提出一项动议，得到附议并付之表决，这还是第一次，据我回忆，这也是唯一的一次。

4. 1919 年 1 月 28 日
在"十人会"上阐明中国立场

中国在"十人会"上的论辩关系至大。因为对中国来说，无论在国内还是在国外，山东问题都是一个极为突出的问题。同时，也是和会必须面对的一个棘手的问题。我们原来一直期待在会议过程中，中国能有机会被邀为自己辩护，但没料到机会来得如此之快。那是 1 月 27 日的午饭时分，我们第一次获悉，中国将被邀出席下午的"十人会"会议阐述自己的立场。这一消息是美国国务院远东事务司司长、美国代表团顾问卫理出于友谊预先通报给我们的。他说，日本已在上午的会上阐述了自己的立场，它要保留德国在山东的租借地。卫理非常希望中国代表团能为论辩作好准备。他还说，和会秘书长将会发来正式邀请函，我把这一消息告诉了正在就餐的同僚们。

这个消息对每个就餐的人来说，都不啻是一个晴天霹雳。当时在场的有施肇基博士、王正廷博士、魏宸组先生、胡惟德先生和岳昭燏先生。所有的代表，包括陆总长在内，都已习惯于共进午餐，并利用进餐时间商议工作。陆总长引人注目地没有出席。他是因患病卧床,未能参加午餐聚会。岳先生当即主动去给迪塔斯塔先生打电话。迪塔斯塔是法国驻瑞士大使、和会秘书长、法国总理克里孟梭的密友。岳先生带回消息说,迪塔斯塔正在准备邀请函,一俟签字即送达代表团。这就进一步证实了刚才卫理先生打来的电话。代表团全部内争这下似乎都从在座者的头脑中消失了,人人保持着沉默。我充分意识到,同时,我断定别人也都充分意识到中国代表出席下午会议的重要性。

我们正在讨论,邀请函送来了。到会时间定于下午三时,可此函来时,两点钟已过。我说,此事必须立即报告陆总长。岳便上楼去报告。但是,岳带来的回话是,陆总长疾病缠身,无法赴会,让我们自己决定赴会及论辩人选。时间早已两点多了,我便说,人选之事,并无问题。根据级别,我提议王正廷博士、施肇基博士赴会。我是了解施肇基博士和王正廷博士心理的,我本人又一直因并不看重名次而从未想过要名列于施博士之前,所以,这次无疑应由王正廷博士和施肇基博士代表中国出席。和会方面对与会代表倒并无特别要求,谁去都行,它不管中国自己任命了多少名代表,每次出席会议的代表可以是其中任何两名——今天甲、乙,明天丙、丁,或甲、丙,或甲、丁。

施立即答道:"我不想去。我从未准备过这个议题。"他又指着我说:"该去的话,就该你去。因为你一直在研究准备这个议题。"我答道:"我想,虽说两人列席,发言可只是一人。团长陆总长缺席,自应由第二代表王正廷博士来发言。时间紧迫,大家不要客气了。"和会秘书长需要知道到会代表的姓名,会议主席要在会上宣布姓名,我催促大家迅速取得一致意见,以便岳先生通知和会秘书长。我说:"反正是王正廷博士发言,施肇基博士去,也无须开口的。"王博士说,如果他非去不可,他可以去,但他不发言,并指着我说,顾博士应该去,并且应该代表中国代表团发言。我说,发言自当有人,但我不想发言,还是施博士同王博士去才是。但王博士说,只有我同他去,并担任发言,他才去。至此,我只得说道:"是的,我不否认我一直在准备这个问题,也知道一些情况,但是,最终并未准备出什么东西来,再说,我们大家也未曾讨论过。"此事到此不了了之,施肇基在恳切表示不愿赴会之后便离开饭桌上楼去了。接着,王正廷说,我是必去的,至于他自己,如不发言,去亦可。我说,你是第二代表,陆缺席,你理应代理。但他说:"我无准备,你有准备,这是人所共知的。"我便说:"好吧,如果你坚持的话,我来发言。我只有一个条件,当他们请中国代表阐述观点时,你要起身宣布请你的同僚来代表中国讲话。你只需说这一句话。"王回答说,如果我坚持,他可以这样做。于是,我们就此最后达成协议。有此谅解之后,我们决定前去赴会。

我们于三时准时到会。这是中国代表第一次出席"十人会"的会议,因为这次"十人会"纯粹是为要解决与中、日直接有关的"山东问题"而召开的,克里孟梭主持会议。我想,这是因为他是和会主席,所以,根据职权,他同时也是"五巨头会"和"十人会"的主席。会议室是一间中等大小的房子,到会代表大约有二十五至三十人。劳合·乔治先生、阿瑟·贝尔福先生、威尔逊总统、蓝辛先生、意大利首相奥兰多和他的外长桑理诺男爵在会议厅内坐于主席右侧,我们在左侧相向而坐。房间中央的几排座位上,除了几名其他国家的代表之外,几乎全是日本代表,其中有牧野男爵、西园寺侯爵,还有日本代表小组的其他代表。

当主席请日本代表团阐述日本政府关于山东问题的观点后,牧野男爵发表了一个十分简短的声明,声称日本尊重日中之间的成约,并说,山东问题应在日、中两国之间,以双方所商定之条约、协议为基础来解决,他还陈述了日本在战争期间为协约国事业而作出的贡献。

这份声明显然不具说服力,原因很清楚。牧野讲完之后,克里孟梭请中国代表团考虑是否对日本声明作一答复,抑或需要一定的时间以作准备。我和王正廷商量了一下,然后王便对主席说,将由我答复日本声明,但需要时间以准备中国的声明,克里孟梭说，"十人会"将很高兴能在明天听取中国方面的声明。会议随即休会。

第二天，1月28日，我们再次出席"十人会"会议。在这次会议上，山东问题是议事日程上的唯一问题。克里孟梭请中国代表团按照前一天的商定宣读中国声明。我催请王正廷博士起立，说明他已要求他的同僚顾维钧来阐述中国政府的观点。于是，主席叫我发言。我没用讲稿，谈了半个多小时。虽说这不过是一次即席发言，但因我一直在研究这一问题并一直在制订处理这一问题的方法，我思想上是早有准备的。我刚一讲完，中国代表团就鼓起掌来。威尔逊总统走过来向我表示祝贺。随后，劳合·乔治、贝尔福、蓝辛也都跑来向我祝贺。威尔逊总统和劳合·乔治都说，这一发言是对中国观点的卓越论述。坐在前排主席对面的代表中，也有很多人跑来跟我和王正廷博士握手。整个气氛与前一天日本代表讲话之后出现的冷场对比鲜明。

克里孟梭说，他希望得到一份刚才所述中国观点的书面声明。他又问，这一声明能否在两三天内交来。我说，中国代表团想提出一份尽可能充分的声明，所以需要有一定的时间来和本国政府联系，以得到所有必要的资料。其实，时间也不得不推延，因为和会主席也有将中日协定内容附于声明之后的要求。最后，和会主席同意给一周时间，在这一周时间之末，须将附有中日所签订的各种协定的声明送至"十人会"。

在我们离开房间时——应该说，是在离开房间之前——许多与会者，主要是美国人、英国人，还有一些法国人，将我们团团围住，说，他们对于中国这一声明印象极好，还说，会上这么多大国代表向我们祝贺，对中国可是个好兆头。

"十人会"的活动虽说是秘密的，但是各主要协约国及参战国都有自己的新闻发布官。这些新闻发布官惯于在会议结束后接见报界代表。于是，白天的会议新闻到晚上就在当地报纸上刊印出来了——当然，是一般的报道，但是它特别强调中国声明受到除日本以外各大国代表的一致赞扬。显然,这一消息也传到了中国、日本和其他国家,因为在以后的若干天内,我们收到许多致代表团的贺电。在贺电中,人们称中国的论辩是杰作。这些贺电中,有中国大总统、总理、外交部和其他政府首脑发来的,还有各省当局和山东省公职人员、学生联合会等发来的。有关那天会议的所有报道,在国内,也在巴黎的友好人士中间唤起巨大的希望。人们认为中国的论辩将会获胜。中国代表团内的许多人也同样乐观。我本人自然颇受鼓舞,对于辩论受到欢迎亦觉快慰。但是,声明受到称赞是一回事,最终得到有利的解决又完全是另一回事。

5. 公文递送箱遗失;提出书面声明

我更为关心的是准备书面声明。当天晚上,我向陆总长和其他代表作了报告,又把他们请到我的住所来吃饭,同时开个会讨论一下这份书面声明的总纲。我们对声明本身讨论的并不多,因为他们都说,我一直在研究这个问题,知道应该在声明中写些什么。

于是,我们转而着重讨论对于克里孟梭要求附于声明之后的中日协定应如何处置。我有一张草拟的单子,列有中日所签的各种协定,但是北京来此的顾问们看后认为并不完全。王正廷和施肇基主张附上全部协定。我同意,但我告诉他们,我在华盛顿搜集的资料中,几乎没有任何于 1918 年秋所签的协定。外交总长随身带来的文件中也没有这些协定。于是我们一致决定立即电请北京要我们与日本缔结的各种协定文本。

从外交部带来的资料,大部存放在一个公文递送箱内,但这个箱子不幸遗失了。我从华盛顿带来的资料中,有关国联问题的资料相当完全,但有关山东问题的资料却短缺甚多。许多与日本签订的密约,特别是各借款协定,政府当时连驻外使团亦未告知。递送箱的遗失颇为神秘。这是一个装有有关满、鲁、蒙、藏问题绝密文件的文件箱。它在何处失落,无从得知。在日本失落的可能性最大,可这又和所了解来的情况相抵触。有些人说在纽约港码头上见过它,可又有些人说,在美国旧金山或纽约都未再见到过它。于是,华盛顿中国代表团和纽约领事馆之间联系频繁,电询此事。邹玉成(音译)总领事奉命会见了轮船行李处和码头上的管事人,但一切努力皆无所获。公文递送箱一路上是随同陆总长一行横渡太平洋的。我总觉得,它是被日本情报部门蓄意窃去的,因为大木箱内装的文件只有日本才深感兴趣,其他人是不会觊觎它的。

日本的情报工作无孔不入,对于这一点,我是领教过的。记得在1915年,我首次被任命为驻墨西哥公使,同时负有赴伦敦的特殊使命,从北京出发。那次,我也随身带着一些文件。京师警察厅派出两名彪形大汉作我的所谓侍从沿途保护。他们几乎是一天二十四小时地守卫着箱子,每人十二小时。一个人吃饭时,另一个人就接班。因此,箱子一分钟也不会失去监护。从朝鲜到下关后,我上岸了。在那儿,发生了一件有趣的事情。日本人已知道我将要抵达该国。就在我等候搭乘火车赴东京的时候,我发现,有一男一女在盯我的梢。我很恼火,为了摆脱他们,我走进车站阅览室,拿起一份报纸来看。我不懂日文,所以看的是英文报纸。那姑娘也跟进来,挨着我坐下,同样拿起一张报纸浏览,她的同伴随后也进来,走到桌子的另一边。我在看报时,向右瞥了一眼,想看看她在看什么。不料,她竟是倒拿着报纸在看。我断定这两个人是在注意着我的行动,因为我每和秘书谈话,他们就走过来偷听。所以,我们通常都必须严密地守护好文件。

递送箱一直未能找到。我原希望能获得提供全部必要细节的文件,外交部也答应了我的要求。但是递送箱的遗失使这一希望落空。我们只得电请北京将和会开幕前几个月内中日缔结的协定和换文告知我们。这些协定内容很长,电报又要译码,常常还会因字迹不清或有所遗漏而不得不再向北京电询之后才能整理清楚。出于某种原因,北京曾几次复电,说全部协定至此已电达完毕。但我们仍然发现有所遗漏,于是再次去电索要,这样,北京才又电告我们另一份协定。有些代表,特别是王正廷和施肇基认为北京出于政治上的原因,并不想让代表团得悉全部协定。不管这种看法是否正确,事实是,直到最后我们还是发现文件不全。遗漏的协定中有:合办铁路协定和参战借款协定。

与此同时,根据我们上次晚餐所商定,由我来准备这份总纲性声明。我用了一周多的时间写完,交由其他代表通过。岳先生告诉我们,和会秘书长曾打电话询问声明还需多久才能递交,他们正在焦急等候。中国代表团,特别是我本人,也急于将声明赶快写完,但此事很费时间。最后总算大功告成,在由岳昭燏先生递交和会之前,召开代表会议最后通过。

临到快要送出的时候,大家都认为这份备忘录,包括中国正式声明和有关的协定附件,应该按照惯例的样式包装送出。那时在我的住所包括管家在内共有十个人。我们找不到缎带,但我坚持要用。我记得那管家急忙出去买来一些,可是连包扎一份也不够,而我们却得准备好几份文本,不仅要向"十人会"递交一份正本,还要将副本分递各主要代表团——美国、英国及其他友好国家的代表团。我们围坐在饭厅的餐桌旁,忙了整整一夜。我颇感孤单无援,因为在座之中我是唯一的代表团代表,其余的都是办公室的秘书,他们对如何得体地包装一份正式外交文件,毫无经验。

6. 代表团内部困难加深;
陆徵祥的遽然离去和归来;讹传我订婚

书面声明递交和会之后,我和同僚们都料想"十人会"会用一定的时间来讨论声明并作出结论。我们最初获得的印象是很好的。在进行论辩后的几周之内，无论是在宴会上，还是和友邦代表见面时，谈话总是给我们以鼓舞，使我们认为，中国的论辩已经获胜。

当时，已有大批中国政治家来到巴黎，他们是专为来观察和会向代表团献计献策的。其中有许多是各政党的首脑人物。如国民党的汪精卫先生、张静江先生、李石曾先生及该党其他要人；有与国民党对立而与北京政府合作的研究系领袖梁启超；有所谓交通系的领导人；也有民本社的代表，我想其中可能有张君劢博士和李教授，李曾在美国各大学执教，和中国驻华盛顿公使馆有过通信往来；还有中国青年党首领曾琦和左舜生这样的人。这些政党领袖们看来大都认为中国将在此案中获胜。同时，根据代表团所收到的贺电来判断，获胜的看法在国内肯定也很普遍。

与此同时，代表们之间的摩擦却日趋严重。2月初，代表团召开一次会议。通知是十时开会，我到会稍许提前二三分钟。这已是我的一种习惯，我到会议室时，除新任秘书长和一二名秘书外，还没有人来。通常在长桌上首给会议主席陆总长留一个座位。可这次我看到那儿放着两把椅子，我第一次见到这样一种奇怪的安排。于是，我问新任秘书长，这是什么意思，谁叫这么做的。他说，这是一位叫赵麟荪（音译）的少校让这样做的。赵少校是作为王正廷博士的私人秘书来到巴黎，经过我同意了王的要求才得以进入代表团的。据施斌先生讲，就是他重排了座位。我又问，这是为什么。施说，赵告诉过他，王正廷博士代表南方，如同陆总长代表北方一样，既然地位相当，就应像联合主席那样并排就座。接着，更为有趣的情况发生了。在大家步入会议室时，陆总长对这样的座位安排皱了皱眉头，但是他在紧靠着我的左侧椅子上平静地坐下。而王正廷却神态庄严地走进门来，坐在右侧椅子上。这简直是一幅喜剧画面，陆总长显然吃了一惊，以至有片刻时间一语不发。这时，王正廷博士竟无所顾忌地宣布开会，并且要求听取汇报。会议进行中,王正廷得寸进尺地把肘部向左侧挤去,每挤一次,陆总长便不得不挪让一次,直至最后离开桌子,坐到我这一边来了。但是陆总长并未作声。显然,其余的人此时即使没有对王的丑态厌恶,也是深感不对头。但是,会议依旧继续。我记得,我当时一言未发,一直按捺着未作汇报。直到最后,我提请大家注意这种我所看不惯的座位变化。我指出,陆总长是外交总长、代表团团长。我还记得,我当时说,我们必须先澄清这种局面后再开会。那次会议的内容倒并不重要,除了秘书长的例行汇报之外,别无其他。

翌日,陆总长称病未到会。不久,便离开巴黎,去向不明。甚至连陆最亲密的朋友、他毕生的支持者、驻罗马公使王广圻和陆的另一位亲密朋友、驻巴西公使夏诒霆也不知道他的去向。我们对此不仅骇然,而且不知如何应付这种局面。代表团内明显分为两派:一派支持施博士和王博士;另一派同情陆总长。我记得在和魏宸组先生进行了一次简短商议之后,召集了一些顾问和专家开会。我坚持尽管陆总长缺席,工作还应继续。这次会议没有邀请代表参加,它实际上仅是在办公室内举行的一次私人性质的非正式会议。我觉得大家应该按照所分派的任务继续进行准备工作,同时要竭尽全力查明陆总长去向,并把他找回。这些事情都迫在眉睫。王广圻先生曾报告说,陆总长很可能去了瑞士,他在洛迦诺湖畔有一处寓所,那是他最喜爱的休憩之地。

在2月份,陆先生不在的那些日子里,我们仍然继续工作。到3月中旬,七份体现中国迫切要求的备忘录已准备就绪,并递交和会。

北京得知陆托词休息已撇下代表团从巴黎转赴瑞士后,大为吃惊。这时巴黎有谣传说,梁启超先生已离京前来,将代陆任代表团团长。事实上,总统和总理从前曾电告陆氏,梁先生与和会筹委会来往密切,一直在研究对中国有影响的种种问题。而陆总长总是设法让梁充分了解正在处理的问题情况,并想让梁参阅包括机密文件在内的全部文件。代表团的成员并不轻信这一谣传。但梁启超,他的政治背景一向被认为在涉及中日关系的问题上态度是较为和缓的。当时的这种印象可能未必真实,但由于梁在北京是总统的亲密顾问,又是支持政府反对南方的进步党领袖,这一传闻似乎又有些可信。3月上旬,陆总长回来了。那时,由于北京内阁改组,他已被重新任命为外交总长。他在瑞士时和北京有过通讯往来。现在得到的电稿表明,他一直在和北京就提高团长权力,俾便处理代表团内部问题进行商谈。他重返巴黎时,带着代表团总裁的头衔,同时拥有必要时可不经其他四名全权代表同意自己决定任何问题的权力。我料想这一着棋是专为对付那两位同僚的,他们在代表团内给他造成了极大的困难。陆先生回来以后,在代表团会议上,代表们个人之间的关系并未改进,隔阂并未消除。对立更为隐蔽,而在偶尔暴露对立之时,矛头所指更多的却是我,而非陆先生了。大概在5月的一天早晨,我收到一封上海友人的来电,告知我《字林西报》发表了两整版的论文,矛头特别指向了我。论文以一则报道起首,说我为求与北京亲日派建立友谊,已和曹汝霖先生之女订婚。当时曹汝霖被误认为是北京亲日派首领。朋友的电报还说,文章对此评论道,中国何其悲哉,值此危急之秋,适逢国际间胜利在望,而国家赖之共济时艰的最卓越外交家之一,却与亲日派联盟,与曹小姐订婚,转而反对国家之利益。这一报道真令我不胜惊讶,以至无法相信竟会有人编造如此毫无根据的谣言。确实我认识曹汝霖,并与其在外交部,特别是当签订"二十一条"时共过事。但就我们所共之事而言,我始终感到曹先生是一位能干的外交家,是拥护国家利益的。至于此外,他是否还做过其他对国家不利的事情,我则一无所知。

这一报道恰似晴天霹雳。我当即复电,请其查明谣言来源。上海很快复电,称谣言出自广州,系由通讯社发往上海。于是我猜疑此事或与巴黎情况有关,极欲得知这一猜测是否确有根据。

两天之内,我未对任何人谈及此事。但是,当我接到上海第二封电报时,我决定去向一位和广州军政府关系密切的同僚询问此事。那是在一次由我出面招待李石曾先生的午宴上。李石曾是政界元老,那次午宴他坐于上首,王正廷博士坐于我右侧。午宴将尽之时,我对王正廷博士说,我有一事不明。近日收到上海来电,大意说我已和曹小姐订婚。但此事绝无可能。因为我虽丧偶,但却从未想过续弦之事。我又说,这消息是从巴黎传至广州,又由广州传出去的,所以我特来向他请教,不知他是否知道此事,抑或发出这消息的就是他本人。这时王正廷满面通红,答道,"是的。"我问:"你相信此事是真的吗?"他用中文答道:"有闻即报是我的责任。"我说:"这是私事,我们每天都开会见面,发电之前,你起码应该先问问我本人。"他脸色更红了,说:"我希望这不是真事。"我说:"你知道这不是真事。"这时他答道:"但是不光是我,伍朝枢也发出同样的报告。"谈话到此为止,我心里烦乱至极。想不到代表团内的同僚,一位受过良好教育的有身份的人,竟会由于政治上的目的而出此伎俩。

那时,伍朝枢博士已赴纽约。我当即致函请他答复我,王正廷之言是否属实。与此同时,我去看望了汪精卫先生,我和汪认识已多年了。我将发生的事和王正廷的话告诉汪,汪听后勃然大怒,说:"咱们一起去见王,我要当你面打他耳光。他怎么竟能如此卑鄙、蓄意制造这类谎言。"汪精卫本人并未听说此类传闻。我知道,汪精卫有时爱使性子,我又不想制造事端,便劝阻了他。我说,我不过是让他知道此事而已,因为王正廷是代表南方的呀。汪说:"不,不,他太下流了——他的品质,他的行为都太下流了。"他又说,总而言之,王并不代表南方。王的那套观点在南方是遭到反对的,可是他不顾这些反对而自己跑到巴黎来。我无从得知这话是否属实,但是,它进一步证实了王正廷并不代表广州。在1月的第一次会议上,陆总长曾告诉我们,他所以想让王正廷先生在代表团内排第二位,是因为他对王许过愿。

我百般劝说,才使汪精卫先生打消了立即去找王正廷先生的念头。几天之后，我接到伍朝枢博士从纽约寄来的亲笔复信，信中说，他可以肯定地告诉我，王正廷是个撒谎者，他从未听说过我订婚的事，他要给王正廷写信，指出王是个撒谎者。对我来讲，事情也就到此了结了。自然我从中得到了一个教训：在政治生活中，是会有像王正廷那样全然不顾事实的人的。

曹小姐在北京，我在巴黎，我从未见过她。我不知道曹汝霖有几位千金，也不知谣传和我订婚的是哪一位。而且自从1915年我与曹先生在外交部共事以来，我们根本未曾互通过只言片语。

7.“四人会”作出决定；中国力争修改

在威尔逊总统启程返美、陆总长隐遁不见之后，中国代表团一直在忙于准备反映中国迫切要求的七份备忘录。3月中旬左右，这些备忘录终于完成并递交和会，正好赶在威尔逊总统回巴黎之前。

威尔逊总统的返美之行以及美国国内出现的与和会、特别是与国联盟约草案相关的情况，看来影响了总统在和会上的地位和威望。盟约草案是以威尔逊总统为主席的十八人委员会的工作成果。威尔逊总统一直盼望美国参议院能予批准，以促成和会通过，这样便可实现他所孜孜以求的目标。然而，他发现参议院中以马萨诸塞州参议员洛奇和威斯康星州参议员博拉为首，对此极力反对。这些反对意见在参议院中占了上风。我想，这是因为从总体来看，美国人民对成立国联普遍缺乏兴趣。在美国，孤立主义情绪依然十分强烈，而参议院的反对正是这种民意的反映。不管盟约草案在美国遭到反对事出何因，反正威尔逊总统一返抵巴黎便发现自己处境相当困难。他感到，对于和会依然面临的，包括国联盟约在内的种种问题,他将不得不谨慎对待。自然,盟约还是必须要由和会来通过,但是主要欧洲协约国对盟约也无甚好感。他们的兴趣与注意力似乎都集中于一些重大问题,那就是由各国提出的,最后必须加以解决的政治和领土方面的问题。

法国极力要求得到战争赔款和吞并欧洲盛产铁、煤的萨尔地区,并坚持说,为防止德国势力在欧洲大陆的卷土重来,建立国联的国际部队至为重要。法国这一要求与威尔逊总统阐述过的美国政策及观点正相背驰。

一些新恢复的国家,如捷克斯洛伐克、波兰、南斯拉夫,也对德国提出领土要求。但是,给威尔逊总统带来最大困难的问题是阜姆问题。奥兰多代表意大利执意要求吞并阜姆。由于英、法对支持威尔逊并不热心,他实际上不得不单枪匹马与意大利正面抗衡。威尔逊的处境可以理解,如果他屈从于意大利的要求,便不得不放弃他那“十四条原则”之一的“不吞并领土”原则。但是,他最后还是决定反对将阜姆割让给意大利,这导致意大利代表团退出和会。

日本是组成“十人会”和最高会议的协约国五强之一,它要求吞并太平洋上前德国所属岛屿,其中包括对美国具有特殊利益的关岛,寸步不让。威尔逊总统则坚持将原德属太平洋岛屿转让日本时,必须把关岛除外,并认为这一条件必不可少。另一个争论是日本要求在盟约中体现平等原则。美国在国联委员会内起草盟约时曾全力反对这一要求,但是这却是日本最为认真看待的重要声明之一。

总之,威尔逊总统回到巴黎后所面对的形势与他离法返美前的形势大相径庭。中国代表团也感到,对中国实现自己的目标来说,此时形势最为不利。但是,中日争执的山东问题有何结果,当时尚无明显迹象。威尔逊总统归来之后的六周之内,虽因意大利的退出和会,五强之间的团结已经破裂,但“十人会”和最高会议还是着手处理了各种具体问题。意大利的退出最能表明和会的困难处境;同时,这也特别影响到威尔逊的处境。中国在等待的同时,一直在劝说友邦,尤其是美、英,尽快地在和会上解决山东问题,因为中国担心各国由于其他问题延误了时间,而对这一主要问题便只能作出不利于中国的仓促决定。与美、英、法等代表团成员之间的谈话表明,目前尚未确定解决方案,要过些时候,才能着手解决。美国代表团看来很不乐观,因为威尔逊总统在处理和会其他问题时正面临着种种困难。有些国家因所提要求遭到反对,对他即令不算愤恨在心,也是颇为不满。人们可能注意到,豪斯上校建议中国代表团和日本共同接受某种解决方案,蓝辛外长则对提出这样的解决方案是否明智表示怀疑。布利斯将军和怀特大使或多或少地站在蓝辛一边。

将近4月底时,人们得悉,和会已经着手解决山东问题,经过讨论也已找到某种解决办法。4月22日,中国代表团接到通知称,威尔逊总统、劳合·乔治和克里孟梭约见中国代表团。陆总长和我到美国代表团威尔逊总统的寓所参加了会见。我们发现仅有五人参加这次会见——美国总统、英国首相、法国总理,英文翻译汉基将军,法文翻译是一名法国海军上校,他的名字我已忘记了。我们受到了诚挚欢迎,可是我们注意到,威尔逊、劳合·乔治和克里孟梭表情严肃,这是一个不祥之兆。克里孟梭提议由威尔逊总统代表他们大家讲话。威尔逊首先讲述和会面临着众多问题,而其中有些问题又是如何难以找到解决办法,山东问题就是一个最困难的问题;接着,他说,法国和日本早有协议在先,在和会上支持日本关于山东问题的要求,由于插进来这一情况,问题愈加难以解决了。他所代表的美国现在是唯一在山东问题上不受任何协议约束的国家。他说,现在提出的这个解决方案,最高会议希望能被中国接受,它也许不能令中国满意,但是在目前情况下这已是所能寻求的最佳方案了。然后,他便讲述这一方案:日本将获有胶州租借地和中德条约所规定的全部权利,然后再由日本把租借地归还中国,但归还之后仍享有全部经济权利,包括胶济铁路在内。这就是最高会议所同意的方案内容。威尔逊说，当然，中国可能不待他们的陈述就已经完全了解了。这可能并不合乎中国的愿望，但是，目前"会议"的其他成员国处境十分困难，最高会议所能求得的最佳结果也只能如此了。威尔逊所说的其他成员国是指法国、英国和意大利。法国和英国以前曾答应支持日本要求，意大利则已退出和会。

陆总长让我代表他讲话，这样可以使威尔逊总统直接从英文来理解意思。于是我遵命而谈。我非常坦率地告诉威尔逊总统，我是何等失望，方案又是何等不公。这种方案只能使中国人民大失所望，而且无疑将在亚洲播下动乱的种子。我们的观点是，这样的方案对中国和世界和平都无所补益。我还向他指出，这个方案只字未提日本归还它在山东全部权利的时间表。总之，中国要求不由日本，而由德国直接归还这些权利，这是我们要求的要点，也是我们关于山东问题备忘录中的要点。看来威尔逊总统对此很为同情。他说，他理解我所讲的话，但是由于美国国内形势所致，这已是能够为中国谋得的最佳方案了。他又说，和会结束之后，国联能够对各国所提要求重新调整并主持国际间的正义。作为国联成员国，中国可以在它愿意的任何时候，随时向国联提出自己的要求。他极力劝我们对此放心。我则力图向他们阐明，国联虽然是一个很好的国际组织，但它是否能够改变刚才总统所提出的方案，中国是怀疑的。

劳合·乔治接着说，他想提个问题：中国是愿意接受中日之间早先制订的那个方案呢，还是于深思熟虑之后决定采纳刚才所谈的新方案？前者指的是作为"二十一条"的产物又被1918年9月中日换文再次认可了的中日条约，后者则明确日本只能得到中德条约中原定的经济权利，而不享有胶州租借地。我跳起来，告诉陆总长，劳合·乔治讲了些什么。我提醒陆，这种选择是极不公平的，两种方案均无法接受。陆总长表示完全同意。这时，威尔逊总统转而问克里孟梭是否有话要讲。克里孟梭说，他完全同意劳合·乔治刚才的发言。于是,我在和陆总长商量之后说道,劳合·乔治所提的问题使中国进退两难。这两种方案都不公平,既不利于中国,也无助于世界和平事业。我又解释说,日本的目标在于亚洲。山东是具有重要战略位置的沿海省份。日本获得在山东的经济权益,只能为其实现建立东亚帝国、排斥西方国家利益的计划大开方便之门。

威尔逊总统说,中国代表团或许愿意对他刚才就解决方案所说的话再作考虑,或许能够进一步理解到,该建议是目前情势下所能得到的最佳方案。我提出要求,希望得到威尔逊刚才所提方案的抄件以及"十人会"讨论、提出方案的会议记录。威尔逊总统听后便把脸转向劳合·乔治,劳合·乔治又把脸转向汉基将军。这时,汉基说,"十人会"会议记录是绝密的。我便强调说,对于这样一个直接关系到中国的重大问题,应该向中国代表团提供有关讨论内容和有关方案形成过程的全部记录。威尔逊总统说,他将和其他同僚对此予以考虑。他又提出,中国或许愿意花费一定时间来研究一下他刚才所说的话。

"十人会"的决定使整个中国代表团和北京政府深感失望。我们当时曾立即通过外交部将情况呈报总统和总理。以前我们也曾想过最终方案可能不会太好,但却不曾料到结果竟是如此之惨。至于日本,则是如愿以偿。它可以先将德国在山东的领土和经济权利直接攫取到手,然后再就归还租借地一事与中国谈判。换言之,1918年9月的换文以及"二十一条"受到了尊重,或者说,至少在1915年5月25日以"二十一条"为基础所签条约中的前几项有关山东的条款得到了承认。我记得,陆总长和我在威尔逊寓所进行的那次谈话中,我曾指出,向我们提出的这个方案无疑是以1915年中日条约为基础的,但是人所共知,该条约系中国于日本提出最后通牒后被迫签订的。至于1918年9月换文,只是该条约的继续。和平时期的条约,如系以战争威胁迫签,则可视为无效,这是公认的国际法准则。但是,对此种种辩护,威尔逊的回答是,他也知道该方案对中国来说不是最好的解决办法,但由于其他与中国友好的国家如英、法等国的困难处境,这已是目前力所能及的最佳方案了。

时间已是 4 月末了。剩下的六七周时间可以划分为两个不同阶段。第一阶段是力争得到"十人会"决定的文本全文,以便了解该方案的实质和范围。中国代表团费尽周折,总算说服美、英、法同意提供文本。最后在要我们绝对保密之后,终于得到该文本的抄件。美、英、法说,提供会议文件资料并非"十人会"的惯例,另有一些国家在"十人会"处理、裁定其要求之后也曾请求得到有关文本但均遭拒绝。

两周之后,当我们看到文本全文时,我们的失望程度之大不亚于听取威尔逊总统口述那次。尽管如此,我们依然继续努力,设法使方案能得到修改。在这方面,美国代表团成员们的态度使我们受到鼓舞。他们也认为这个方案很不公平,甚至连威尔逊总统的亲密朋友、总统在战争期间的机要使者豪斯上校也毫不犹豫地表示,由于英、法承认被缚住了手足,不能给予中国以支持,竟使威尔逊总统陷于如此困难的处境,深感失望。那时,我还会见过蓝辛先生、怀特先生、卫理先生、亨培克博士、威尔逊总统的机要秘书贝克先生和美国五名和会代表之一的布利斯先生。他们都毫无例外地对中国感到歉疚。他们说,他们对此方案失望之至,他们也很不理解,威尔逊总统何以会认为应给中国这样一个方案。由此可见,威尔逊总统搞出这个方案,并未和自己的代表团磋商过。当然这倒也不足为怪。因为在威尔逊总统返回华盛顿后,人们早已看清,总统深感,为和会面临的种种问题求得解决方案已经迫在眉睫,他还经常不顾某些同僚的反对,毅然同意某些方案。自然,作为美国总统,只有他对美国负责,他有权行使自己的权威。但是,他对整个代表团的意见不予充分考虑和尊重,便接受那些方案的做法,看来仍使代表团成员普遍不满。那时,我几乎每一两天便要和他们那些人会见一次,有时和一个人,有时和几个人。他们的这种不满情绪，我是不会看错的。和会之后出版的蓝辛回忆录，也表明这种印象正确无误。

美国代表团的成员，除威尔逊总统之外，都对中国表示同情，甚至还和我一道讨论有关修改方案的方法。但是，威尔逊总统不同意，他们就不能有任何正式表态。威尔逊总统本人正在忙于应付和会的其他问题，和他晤面愈益困难。我和豪斯上校会见时，豪斯曾几次表示——尽管他同情中国——他对"十人会"决定通过的山东问题方案是否能进行修改表示怀疑。

从整个5月，一直到6月上旬，中国代表团都在全力以赴敦促修改方案。但是，和其他协约国的商谈也如同与美国的商谈一样，未能成功。与中国友好的第四号主要协约国意大利，此时已退出和会。英国代表团在商谈中说，他们的手脚已被束缚，他们认为现存的这个决定是目前的最优方案。他们明确表示，问题并不在于英、法、美各国愿意如何做，而在于如何使日本同意修改条款，这是个实际问题，但看来又绝无可能。法国自然坚持"十人会"的决定。陆总长会见并交谈过的毕勋先生曾经表示过，他对这一方案是满意的。他说，就是这个方案也还是在对日本施加压力之后才获得的。于是我们明白了，这个令人不满的决定实际上是日本和"十人会"内其余四国之间达成的一个妥协。

当和会秘书长正忙于为德国全权代表签字作准备时，中国代表团由于发现方案绝无修改可能而深感失望。对于即将对德国代表宣布的和平条件，除其中与中国有直接利害关系的条款之外几乎毫无兴趣。这些感兴趣的条款包括：废除战前的中德条约；归还义和团时期德国从北京掠去的天文仪器；当然也包括转让德国在山东的权利于日本的条款，而且这一条款无疑是痛心之点。除此之外，中国对国联盟约也很重视。该盟约组成了和约的第一部分。不言而喻，这是美国代表团、特别是威尔逊总统的提议，目的在于使美国参议院无法避开整个和约而单独否决国联盟约。

中国代表团在获悉"十人会"和最高会议通过的条款之后，就明白所提的七份备忘录未被理睬。这七份备忘录表明了中国的迫切要求,并提出在公正平等基础上调整中国与列国的关系。中国代表团所得到的不过是和会秘书长收到备忘录之后的一份收到文件的通知,没有承诺采取任何实际行动。我本人对和会直接采取行动一直未存奢望。战争直接引起的问题已经堆积如山,难以解决,他们哪里还有时间来自寻麻烦,考虑中国的问题呢。事实上,在威尔逊总统将山东问题解决方案通知我和陆总长的时候,我们对这一形势已经了然。因为威尔逊当时曾说过这样的话:如果中国考虑自己可能受到日本的威胁,或者考虑日本不遵守它对中国的义务,中国可随时向国联理事会提出;同样,中国于备忘录中所述之迫切要求也可向国联提出,由这个新的世界组织予以考虑。

当然,人所共知,对德宣布和平条件之后,和会便也行将结束了。因此,对于这一包括我们所反对的山东方案在内的和约,应持何种态度,便成为中国代表团的当务之急。我的态度自始就是:对山东问题不能取得保留就应拒签。保留是我们最后的办法了,必须竭尽全力争得保留,使中国免遭伤害。代表团内的其他人认为,最后表态为时尚早,修改这一苛刻方案或许还有希望。但是,我很清楚,和约条款一经对德宣布之后,山东方案就已成定局。德国自然没有可能来建议修改与中国有特殊利害关系的条款,同时,它也绝不会有这种想法。对德国来说,这不过是它交出在中国山东全部租借地和经济利益的问题,至于交给日本还是中国,对它并无所谓。因为在和约有关欧洲条款上,它有更为重要的问题需要考虑。

8. 力争对青岛条款的保留权利

代表团未能全体参加关于最后表态的讨论。施肇基博士已返伦敦,颜惠庆博士和其他当顾问的公使也都各返其欧洲任所,只有那些剩下未走的人参加了讨论。陆总长当时正在圣·克卢德医院住院,也未能参加讨论。代表团的成员大都未改初衷。在讨论是否应先提出保留再签字,以及如保留遭拒是否拒签等问题之后,大家一致同意对山东问题应坚持保留。有些人对于"十人会"和最高会议的决定虽然不满,但对于拒签的后果表示了担忧。然而,无人赞成无保留签字。施肇基博士、王正廷博士和我三人态度都很鲜明:赞成拒签。在讨论中,我详细论述了"十人会"的决定是如何令人失望而又不公平,我的结论是:应力争保留。

要使条约多少能有利于中国,争得保留是绝对必要的。但是,在和会当时的形势下,力争保留已益趋困难。和会当时正在致力于结束工作,并再次召唤德国人来凡尔赛签约;威尔逊总统正在准备离开巴黎返美;劳合·乔治首相已经返回伦敦;尽管如此,中国代表团仍旧继续向各主要代表团陈述意见。

6月28日,在凡尔赛会议即将召开最后会议对和约签字之前不久,由于陆总长不在,与法、美代表团打交道的任务便落到我的身上,与英国代表团打交道的则是施肇基博士。我们所作的一切都是为了争取使他们支持中国的保留态度。

法国反对保留意见,而且态度最为强硬。陆总长患病前曾与法国外长毕勋先生谈过,中国想对和约提出保留。这位法国外长对陆说,此事绝无可能。理由是,如果接受了一个保留,其他国家可能也要提出它们的保留,在协约国及参战国中,许多国家都对有关自身的解决方案不完全满意。法国人通过中国驻巴黎公使胡惟德先生和驻巴黎公使馆参赞、代表团秘书长岳昭燏先生明确表示,法国肯定将拒绝支持中国代表团对山东条款所提出的任何保留。英国代表团也认为任何保留都行不通,他们和法国一样,反对保留的立场坚定不移。施肇基博士与英国代表团的接触大多通过英国代表团顾问、前英国驻北京公使麻克类爵士。我和麻克类爵士也曾交谈过。他本人是同情中国的,也答应尽力劝说其上司，但同时他也明确指出，保留一事关系重大，他认为无甚希望。

　　与此相反，美国代表团的成员则支持中国保留，而且包括蓝辛国务卿在内的几位成员还和我讨论了保留的条件。但是，蓝辛向我表明，无论条件如何措辞，只要威尔逊总统不同意，美国代表团便不能支持。此外，还有豪斯上校，他对我表示过，这种保留极难获准，因为这会为其他代表团也提出保留开路。豪斯的态度与其他美国代表团成员不同，但是他的说法看来反映了威尔逊的意见，因为不久之后，美国代表团发现，威尔逊未对支持中国的保留采取任何行动。他所作出的最后决定使得他自己的代表团和中国代表团同样深感失望。

　　威尔逊总统拒绝支持保留，理由可能有以下几点：第一，中国代表团的任何保留都将开辟先例，而那些对于和会有关决定不满的代表团就会起而效法；第二，总统考虑最多的是国联盟约问题，该盟约在某些方面已为美国参议院所反对，而且，其他国家的代表团可能也会对盟约提出保留，特别是日本，它坚持要在盟约中体现种族平等原则；第三，正如他对我所讲过的，他认为即使不允保留，中国也不应拒绝签字，因为拒签将使中国被摒于国联之外。但是，事实却是，在不允保留之后，中国唯一对策就是拒签。因此，美国代表团看到保留行不通时，对这第三点理由产生了忧虑。甚至豪斯上校也认为在山东问题上的这一情况对中国关系极大，因此，中国代表团是应当予以充分考虑的。豪斯上校还向我指出，中国成为国联成员之后，在对外关系中以前受到的不平等待遇是可以改变的，这种看法也反映了威尔逊总统的思想。而拒绝签字，中国就无法成为国联成员了，也将因此而失去作为成员国所能获受的利益。美国代表团其他成员虽然也承认中国成为国联成员事关重要，但和中国代表团一样，对于山东问题解决方案深感失望。我将这些情况向陆总长作了报告。陆深知中国获得国联成员国资格关系重大。我对陆说，让我来研究一下这个问题吧！看看能否找到解决办法。

美国代表团曾经向我保证过,对保留问题,他们也要认真考虑。几天之后,我和蓝辛、卫理、豪斯上校以及上校的助手贝克一道商议此事。当时,对中国来说,巴黎的形势笼罩着一片黑暗。但是,无独有偶,我和美国人在讨论中都从那一片黑暗中觅得了一线光明。美国人说,他们发现,通过对奥和约的签字,中国也可以成为国联成员国,因为对奥和约的第一部分就是国联盟约。于是,我更加坚信,不允保留,自当断然拒签。但是,我们并未放弃争取保留的努力。实际上,这种努力一直持续到凡尔赛签约那天早晨。威尔逊总统当时已经返回华盛顿,我们未能征得他的同意,也未能征得英国的同意。英国外长贝尔福也认为保留难以实现。在美、英拒绝支持保留之后,想要再获取法国的同意,根本毫无可能——法国害怕同意一个保留将会引起许多其他保留——然而,中国代表团依旧全力以赴,在法国代表身上下工夫。陆总长卧病期间,由我肩负此任,锲而不舍。

和约签字前一天,即6月27日的下午,我会见了毕勋先生。关于中国的最后三种选择,我对毕勋至少已谈过两种了。第一种选择是,将保留附于和约之内;第二种选择是将保留附于和约之后;第三种选择是由中国在预备会上作一声明,大意是中国虽然签字,但不接受山东条款,同时将此声明记录在案。然而,这次谈话仅五分钟就戛然中止,因为毕勋强硬表示,任何声明,即使只是在会上宣读并不附于约后,也难以获准,这是由于这样做势必引起轰动。和会的最后会议纯系签字仪式,中国如作此类声明,将与惯例相悖并在协约国内制造不和。法国如此断然拒绝,使力争保留毫无希望,剩下的事只是决定签字与否了。

看来,中国政府当时已经下定决心要签字。如有可能,则附以保留。陆总长对此似亦无异议,他忧惧拒签的后果而倾向于签字。6月末,国内舆论坚决支持无保留即拒签。我们虽然将争取保留的进展情况全部报告了北京,但是北京抱着成功的希望,或多或少地对国内隐瞒了情况,所以,国内的人们显然并未考虑到保留的问题。6月24日以后,北京外交部接连电告代表团:国内局势紧张,人民要求拒签,政府压力极大,签字一事请陆总长自行决定。这自然把中国代表团团长置于极为严峻的困境。陆总长当时已经在圣·克卢德医院住院多日了。

就在此时,我们收到和会秘书长的来函,要求中国代表团——和要求其他代表团一样——将出席6月28日签字的两名中国全权代表的印章送交和会。按照惯例,一般是在签字之后盖章的,但是由于这次会议规模之大,人们发现应缩简仪式。当岳先生在代表团会议上向我报告此事时,我表示了我的担心。我说,最好还是等到6月28日之前的最后一刻再来决定是否送交印章,提前送交有可能严重危及我们力争保留的尝试。再者,我们迄今未获任何成功,不可因过早送交印章而给人一种印象,认为中国并非十分认真争取保留。注意到这一点是绝对必要的。但是,岳秘书长解释道,和会秘书长迪塔斯塔先生明确告诉他,要求送交印章纯属缩短仪式程序问题,没有任何承担义务或妥协让步之意。

但是,我的忧虑最后却被证明是正确的。据可靠消息,某些代表团,特别是法国政府人士方面,普遍产生一种印象,即北京政府已经训令签字,只不过某些中国代表依然在坚持要使中国在和会上得到更好的待遇而已。

9. 6月28日前夕:中国不参加和约签字

6月27日晚,凡尔赛和约签字前夕,我去圣·克卢德医院,在陆总长卧室内向陆报告全部情况。那时,和会对中国问题的不利决定已经引起人们的极大不满,而且,对于五四运动的爆发,它即使不是唯一的原因,也是一个主要原因。在巴黎的中国政治领袖们、中国学生各组织,还有华侨代表,他们全都每日必往中国代表团总部,不断要求代表团明确保证,不允保留即予拒签。他们还威胁道,如果代表团签字,他们将不择手段,加以制止。他们急欲获知代表团的立场。为了应付他们,我亟待陆总长决策。当时国内公众团体以及某些省份的督军省长们甚为焦急,纷纷致电代表团,坚请拒签。他们称,北京政府已愿意签字,因此,巴黎代表团应采取明确的爱国立场,拒绝签字,以符民意。

晚饭之后,我去看陆总长,发现岳也在。我们一道交谈了几个小时。岳先生后来起身向外交总长告辞,要返回巴黎。这时,发生了一件有趣的,在当时看来非常可怕的事情。岳先生在走后二三分钟又匆匆地折了回来。他脸色苍白,对外交总长说,他在医院花园里受到了袭击。据他讲,花园里聚集着数百名中国男女,很多人是学生,也有一些华侨商人。他们拦住了他,诘问他为何赞成签约。甚至在他保证说,他不过是代表团秘书长,对签字与否并无发言权之后,人们还是围住不放,并扬言要将他痛打一顿。他们把他看作是陆总长的心腹,并认为陆不顾代表团其他人的劝阻,已经决定签字。据岳先生讲,人们威胁说要杀死他,人群中有一女学生甚至当真在她大衣口袋内用手枪对准了他。于是他跑了回来。他说,他还是在医院里过夜为宜。我尽力使其平静,同时说道,人们恐吓他是可能的,但还不至于真的想杀死他,两点钟左右,我告辞出来,偕岳同行。我对岳讲我将负责他的安全。我们下楼之后,人们又将他围住。但是,当人们看见我以后,局势似乎便不再那么紧张了。显然他们了解我是主张拒签的。我告诉他们,不允保留,中国当然不会签字,而由于未得到任何支持,保留看来已无可能,因此,签字一事便亦不复存在,诸位可不必为此担忧。

人们听了这番话之后便散开了,我们也得以走出医院。几年之后,我在纽约常常见到魏道明夫妇。魏夫人名叫郑毓秀,西名苏梅,她曾参与过 1919 年 6 月 27 日圣·克卢德的那次聚众之事。距今四年前的一天,她缅怀往事,对周围的宾客们大谈我在危机之中是何等勇敢。我答称,对那次事件我了如指掌,我当时断定她那假冒手枪之物不过是藏于口袋之中的一段树枝而已。她笑道:"你猜得很对,可是岳先生当时真吓坏了。我那时站在一旁暗自好笑呢。"她又说,她认为我很勇敢。我说:"我知道你并无手枪呀!"虽然爱国学生与华侨在那次事件中是认真的,但这一事件还是一出喜剧。

我去见陆先生的主要目的是向这位外交总长和代表团团长报告,尽管我曾向和会主动提出,保留意见不载于条约正文之内,而仅附于我们的签名之后,但仍未获准。此外,中国预备在会上作一声明的建议也被毕勋先生拒绝。我知道,北京政府和陆总长,还有我们之中的某些人如颜惠庆博士,有这样一种意见:把中国摒于和会这一庞大组织之外是极为严重的事情。我也有此同感。然而另一方面,我坚信如果中国在力争保留完全失败之后拒绝签字,将会得到国内外舆论的支持。怀着这一想法,我建议另作尝试——设法在和会上发表一口头声明。我把经过修改的口头声明稿交陆总长过目。陆和往常一样,毫不迟疑地签署了这一声明。我建议,为了不在和会上引起轰动,我们应该通知法国。于是,我便往见和会秘书长。

我好不容易才和迪塔斯塔秘书长约定好 6 月 28 日晨会晤。但是,迪塔斯塔在会晤中声称,发表声明,无法接受。我又生气又沮丧,愤慨这一拒绝使得寻求妥协的种种方法均告失败。我已清楚,中国无路可走,只有断然拒签。

我于是去圣·克卢德向陆总长汇报,那是大清晨。彼时情景我记忆犹新。我自己驱车驶离医院。那真可谓一次旅行——在清晨五六点钟,从圣·克卢德到巴黎,竟用了十五甚或二十分钟。汽车缓缓行驶在黎明的晨曦中,我觉得一切都是那样黯淡——那天色、那树影、那沉寂的街道。我想,这一天必将被视为一个悲惨的日子留存于中国历史上。同时,我暗自想象着和会闭幕典礼的盛况,想象着当出席和会的代表们看到为中国全权代表留着的两把座椅上一直空荡无人时,将会怎样地惊异、激动。这对我、对代表团全体、对中国都是一个难忘的日子。中国的缺席必将使和会,使法国外交界、甚至使整个世界为之愕然,即便不是为之震动的话。

10. 中国决策的背景

对巴黎中国代表团来说,直到 6 月 28 日前夕,北京政府一直在扮演什么角色是耐人寻味的。实际上,直到 6 月 28 日下午,中国代表已经拒绝出席和会全体会议之时,代表团从未收到北京关于拒签的任何指示。就任新内阁外交总长的陆徵祥觉得如此重大事件不应由他个人决策,请总统和总理就签字一事给予明确训令。但北京政府却电谕陆总长自行决定。6 月 26 日或是 27 日,陆总长再次电请北京给予特别训令。由于代表团所接训令一直为"签字",所以陆为加强自身地位计,呈请北京务必作出拒签决策。到 27 日下午,事情已经一清二楚,甚至"将保留附于约后"也已注定无望。经将有关情况再次电呈北京,说明此种情势之下只有拒签为宜,望政府重新指示。发出此电之后,我们接到北京复电称,北京早些时候曾有电谕,而奇怪的是巴黎何故不曾收到。这一电报实际上是指令代表拒绝签字。电报于 6 月 28 日下午到达,我想是三点钟左右,那已在和会最后会议结束之后了。到那时候才来了电报,实可惊异。

一方面,喜欢寻根究底的人们在头脑中有这样一种猜测:最后的拒签令是否果真早已发出而在途中延误了呢?各国都不愿中国拒签。法国肯定是不愿意的,因为此事颇为严重。中国此举使协约国内部产生裂痕。它不仅是一起国际性事件,而且成为一个极为引人注目的先例。我们知道,法国一直在对北京施加压力。法国政府令其驻北京公使劝说中国政府电饬代表团签字。关于此事,我们是知道的,虽然并未从我们的两名外国顾问处看到任何文字性根据。这两名顾问,一名是公使、全权代表,宝道先生;另一名是比利时人,和法国人关系密切的德科德特先生。德科德特先生原在比利时外交部工作,现在是陆总长的外交部法律顾问。

另一方面,我们代表团内的某些人也在揣测,或许北京政府并不想由自己来决定。北京很可能是在得知最后会议已经召开之后才发出电谕的。在某种程度上说,临时政府的踌躇是可以理解的。因为随着代表团保留意见所得支持的变化,巴黎的形势每小时都可能改变,中国政府离和会现场万里之遥,难以决策。换言之,尽管国内舆论明确无疑,使人确信中国理应拒签,但北京政府和巴黎的陆总长依然感到采取这一步骤责任实在重大,后果难以逆料。陆总长本人起初赞同签约,甚至即使不允保留,可能也会赞同签字,但由于中国国内以及巴黎形势的发展,在国内舆论强大压力下,他最后也同意我的意见,反对签字了。我至今难以推断,如果北京最后的训令是签字,他是否会俯首遵命。

最后决定并未经全体代表和顾问们充分商议。实际上,在和代表团正式或非正式接触的人们中,许多人,即使仍在巴黎的人,已经不再活跃了。最后,他们都打算和巴黎的悲剧局面一刀两断了。当初,中国获胜希望很大,政界要人及名流纷至沓来。但是,"十人会"的决定以及威尔逊总统、劳合·乔治和克里孟梭对代表团的通知令人大失所望,这就使得那些人一个个溜之大吉,哪里还顾得上首尾一致、善始善终呢!甚至在代表团内部也是如此。代表团已经分崩离析、各自为政,人员也已不多。陆总长当时住在圣·克卢德,我和他倒是经常碰面。剩下的只有我自己和一名秘书长。驻巴黎公使胡惟德甚至都不常见到。6 月 28 日那天早晨，我没有见到王正廷博士，不知他在何处，或许他是去看陆总长了。我那时奔走于巴黎和圣·克卢德之间，无暇去吕特蒂总部，也无意于弄清王的去向。但是，如果需要去人到和会签字的话，那是应该由他和外交总长这前两名全权代表去的，他们的印章已经送交和会了。

不允保留就不签字，无疑是代表团一致的意见。例如，施肇基博士，尽管他起初态度犹豫不定，但在赴伦敦之前，也表示了这一看法。我知道，他和我一样，对毕勋的强硬态度感到不满与愤慨。如我已经谈到过的，代表团最后的一致意见和决定是自己作出的，并非北京训令的结果。

回顾中国在凡尔赛和会上的立场和前此的发展过程，无论从国内还是国际观点来看，它都是中国历史上的一个转折点。中国出席和会导致必须披露中日密约，特别是那些于 1918 年战争结束前夕签订的密约。这些密约，政府对日本负有保密义务，未曾透露过。现在披露出来，便引起巨大的公愤。总的说来，中国公众认为这些密约完全有损于中国利益。南方军政府则认为，北京政府是为在财政及其他方面取得日本的支持，以便使用武力镇压国内反对党，而蓄意采取这种与日签约的政策的。这种看法，似乎形成于安福系控制北京，握有北方政权，执行与日勾结，迁就日本愿望的政策那一时期。

和会对国内政治情势影响至巨。和会期间双方停止了公开的战争。然而不久，便爆发了第一次直奉之战。人们可能很难推测，如果中国在巴黎解决山东问题上获得令人满意的成功，或者，如果中国不要求保留意见就在和约上签字，那形势又将如何？现在恐怕无法得到圆满的答复。

11. 后　果

　　虽然，中国的坚定立场在国内外获得良好印象，但是，在主要协约国及参战国的首都，它也引出了问题。在北京，美、英、法的公使请求中国政府采取措施，改变这一窘境——所谓窘境，是从他们的观点来说。中国的答复是，请这些国家与日本交涉，说服日本确定归还德国租借地的确切期限。日本政府对于中国最后拒签，亦感意外。中国此举使日本处于微妙境地，没有中国的签字同意，它在对德和约中获享的权利就不能合法继承，虽事实上日本由于它对德武装干涉，已经通过军事占领行使了它在山东的特权。日本当然急于在巴黎得到各国对其特权的承认，但不仅如此，它还亟盼中国接受和约，以便取得中国对其享有的特权的同意。

　　在华盛顿，情形更为严重。甚至在对德和约签字之前，美国参议院就已经对国联盟约的许多方面表示了反对，而在威尔逊总统第二次从巴黎返美后，这种反对情绪又有所增长。那时已经不仅限于以参议员洛奇和博拉为首的一批人，而且还有许多其他参议员为了形形色色的理由，对盟约也表示反对。中国的抗议和拒签则在舆论界和参、众两院议员中间得到普遍支持。换言之，美国人民对国联盟约的愤懑原已郁积心头，而和会未能对中国山东问题公平处理一事，无异于对此火上浇油。

　　美国政府方面显然在竭力劝说参议院批准和约，然而，虽说威尔逊总统在解释国联盟约为何要有那些条款上并无困难，但要使美国参议院和舆论界信服他在同意山东问题方案时的想法却非易事。

　　在 7 月 10 日凡尔赛和约提交美国参议院之前，北京和日本都在作外交上的努力。日本看来急于要与英、美商得一种能得到中国同意的方案，并以此挽回面子。毫无疑问，在中国拒签之后，日本肯定会归还原德国租借地，但是，如何就此事和中国谈判，以及从中国方面索求什么条件，尚未完全确定，至少从中国的观点来看，形势是这样的。起初，日本对于华盛顿为最终归还时限所作的建议，并未准备接受，但是据美国在北京以及在巴黎对中国代表团所透露的消息来看，对于明确承诺归还期限一事，日本也未公然反对。就中国而言，这一问题的重心已从巴黎移至北京。中国政府并非不愿考虑归还期限问题，而且美国和英国公使也已建议以一年为期限，但是，中国政府已充分认识到，这一问题已在全国激起普遍注意，以及当时出现的南北方之间的政治局面。不摸清民意，北京政府是不可能立即接受一个限期的。而且，北京还坚持要有一个由日本明确表态的书面承诺。而这，日本已经明白表示不愿给予，它甚至不愿对美英作出任何保证。日本不作承诺，导致这一问题出现僵局。美国舆论界对威尔逊总统的批评更激起中国国内对和会的抗议，也使得北京对于接受日本与美、英之间所商定的任何方案都更为犹豫不决，这些方案不过仅仅包含日本起初表示过的口头承诺。在美国参议院内发起反对运动期间——山东条款和国联盟约一样，在参院内遭致多数反对——北京政府变得更为游移不决，同时舆论也更强烈地反对与日本就此问题进行进一步的谈判。巴黎中国代表团曾对北京清楚地表明了观点，我曾使陆总长相信，虽然拒签之后，中国在国际间将暂处困境，但是美国国内对和约的反对已经产生了一种新的形势，这种形势的发展，必然在山东问题上对中国的奋斗目标有利。

美国国内的斗争愈演愈烈，参议院内反对派增多。这表明，如果参议院最终通过和约，倒是出人意料的了。参议院最后以压倒多数拒绝通过和约，这不仅会使威尔逊总统本人大为沮丧，而且会造成共和党能够加以利用的局面。看来，凡尔赛条约必将成为翌年总统竞选的政治争端，因为在美国国内，不仅共和党参、众议员们,而且人民也普遍反对山东条款。我深信,美国,特别如果共和党在1920年的选举中获胜的话,不管对国联盟约如何,必将寻求某种有利于中国的办法来修改山东条款。

后来事态发展,美国参议院最后拒绝考虑和批准凡尔赛和约,这一决定造成了国际紧张局势,对美国自身,对法、英、日更是如此,对于其他国家就更不待说了。美国一直被视为国联这一解决国际争端和问题的世界组织的积极成员和主要支持者。人们认识到,美国不参加国联势必削弱这个组织的力量,也势必减少其维持世界和平的可能性。换言之,中国拒签对德和约很快在国际上产生了深远的影响。美国退出国联,给它自身和其他列强都带来了问题。国际联盟于1920年12月举行成立仪式。中国被选入国联行政院,我被任命为中国代表。我清楚地了解,行政院对这些问题起码极感失望,甚或是窘迫难堪的。每当行政院考虑一项重大问题时,这个新的世界机构的代表们就要把注意力转向华盛顿,观望美国对这一具体问题的兴趣和态度。人们都知道必须和美国及其在日内瓦的观察员保持密切联系。这方面的情况,我将在后面叙及中国在国联的作用和国联其他方面问题时谈到。

人们认为,1920年的美国总统选举不仅对于美国自身,而且对于外部世界也极为重要。和会未能解决全部政治问题,这就使大部分未了问题拖到将来由国联予以考虑,而美国不是国联成员,所以,美国总统选举的结果更加重要了。1920年11月,共和党获胜。无疑,新政府将把着手处理山东问题并制订一项明确的有关政策作为它的首要任务之一。

四 首次出使伦敦及华府会议

1. 我的任命和华府会议的召开

我于 1920 年 10 月返回华盛顿,结束我在美国首都的外交使命,等候去伦敦就任新的职务。这次任命是与施肇基博士交换,已指定他接任华盛顿的职务。对这个变更我并不感到意外,因为中国一旦入选国际联盟行政院,必定委派我兼任行政院的中国代表。返回华盛顿之后不久,我继续与北京联系,安排中国就任行政院席位之前的预备事宜,并为一年内召开的首次大会做准备。到达华盛顿之后不久就接到总统正式任命,派我担任国联行政院中国代表。这个任命是 1920 年 12 月,即我已就任驻伦敦公使后公布的。当时中国对这个新的世界组织颇感兴趣。因为即使中国向和会提交的备忘录没有明确表明山东问题应当提交国际联盟,我和陆总长与威尔逊总统在巴黎讨论山东问题时,总统也曾这样建议过。

自 1920 年底起,陆总长返京后,在巴黎的中国代表团便由我负责。除陆总长离开巴黎外,其他三位或已返华,如王正廷博士,或各赴任所。中国代表团继续留在那里,是等待签订匈牙利及土耳其和约时,维护中国的利益。这两个和约没有特别涉及中国之处,只是匈牙利条约中有废除不平等条约的条款,这一项对中国很重要。匈牙利条约签订于 1919 年秋, 随后在 1920 年签订了土耳其条约。我到英国首都接任不久, 便向国王乔治五世递交国书。虽然我在美国担任过几年公使, 但伦敦与华盛顿在外交使团的组成与外交活动程序乃至社交习俗、日常生活等方面都有颇为显著的差别。我记得负责礼宾的宫廷大臣, 也是宫中典礼官, 曾给我讲解衣着穿戴以及呈递国书的礼仪。想到要穿马裤和紧身长衬裤, 真令人好笑, 然而这种场合非着这样的衣着不可。他还告诉我, 谒见时, 习惯是新任公使不主动攀谈, 只应回答国王陛下垂询的问题。我感到仪式一定十分庄严, 郑重其事。情况果然大致不出所料, 只是国王陛下虽然身穿王室礼服, 态度却很友好。在呈递了国书, 互相致词之后, 国王主动开始谈话。虽然新公使呈递国书理应致词, 国王也应作答, 实际做法只不过是交换讲话稿而已。这次觐见还是令人印象深刻, 甚为有趣的。觐见时间不过二十分钟。

我到伦敦的第一年, 并非完全在首都伦敦度过, 我得出席几次国联行政院会议, 这些会议只有一次在伦敦召开。除开我在国联行政院中承担的工作以及 1920 年 9 月的首次大会外, 我最关心的就是山东问题。寇松爵士是外交大臣, 他曾担任印度总督, 当时年仅三十六岁, 被公认为亚洲及远东问题的权威。他是闻名于世的政治家和才智之士, 但却很难与他人相处。不仅他的外交部工作人员, 就连外交使团的头面人物也觉得难以同他打交道。了解到这一点对我颇有裨益, 我可以在见到他时有所提防。一些外交部的官员常略带牢骚地对我讲, 大臣阁下总按自己的时间表工作, 他想干到什么时候, 就毫不犹豫地让他外交部的同僚干到什么时候。即使在星期日, 他也会在他还睡在床上的时候打电话召见工作人员, 下达指令或口授一些重要的急件。我与他会见总是在很晚的时候。我发现他出乎意料地乐于交谈。每次去见他时我总有明确的问题和他讨论, 而且我们会见的时间总比我事先设想的要长, 因为他会提出另一些并不专门涉及中国, 只属于一般兴趣范围的问题。在这些问题中,不只一次地提到美英之间的关系。他知道——并且也这样说——美国对中国十分友好,中国与华盛顿一直交往密切,因而他常与我讨论华盛顿的局势,以及美国对远东,特别是中国问题的政策和态度。

1921年秋末,报上有消息说华盛顿新政府意欲召开一个会议,主要讨论限制海军军备问题,以及由于山东问题久悬未决而日趋严重的远东问题。劳合·乔治先生与寇松爵士在处理有关倡议中的会议问题上,不能合作一致,伦敦报刊对此做了出人意外而引人入胜的披露。后来到了10月末,寇松爵士的秘书请我去见他,谈到华盛顿可能要召集一次国际会议的消息,看来他是急于从我这里了解一些有关这类报道的情况,而我觉得他对正在发生的事情并不十分了解。原来劳合·乔治先生正在亲自处理英美政府间的秘密关系,整个情况连他的外交大臣也不完全了解。我并不感到意外,因为在上流社会中,大家都爱议论寇松爵士与劳合·乔治先生的对立。寇松爵士一生的最大野心是担当大不列颠的首相,劳合·乔治先生对此也一定很清楚。报纸并不回避这个问题。在我应邀会见寇松爵士那天下午的《晚邮报》上就登载了专题文章,展望华盛顿国际会议,详细讨论了两位英国政治家都想在这次会议上扮演主要角色而进行的斗争。直到我就要动身去美国的前一天,寇松爵士才约我相见,告诉我他前此未能相告的消息,说英国代表团肯定不包括他在内。我们交换了不仅是关于中国局势,也涉及亚洲和太平洋地区总的局势的看法。这次交谈结束了我与英国外交部的接触。

华盛顿会议实际是美国在将近10月底建议召开的,而且在被邀参加各国的首都都已秘密地讨论过了。我很高兴收到了中国外交总长颜惠庆的私人电报,是由清华大学校长周诒春博士签署的,他是外长和我的挚友。电文说颜博士想委派我为出席华盛顿会议的中国全权代表,问我是否愿意担任。第二全权代表的职务由施肇基先生担任,因为他是当时驻华盛顿公使。我立即明白了这次电询的目的,因为我想到了我们在巴黎的尴尬处境。我毫不迟疑地回电,表明若需要我作为中国代表团成员参加拟议的会议,我将乐于从命,颜博士大可不必为席位的主次担心,我指出施肇基博士不但是驻华盛顿公使,他从事外交事业的资历也比我老。结果外交部正式来电邀请我做中国代表团成员。总统的命令系在会议召开后公布,任命施肇基博士为首席代表,我名列第二,王宠惠博士位居第三。这项使命对中国至关紧要,虽然我对于中美两国在华盛顿以及在北京的讨论几乎一无所知,能奉命承担这一使命,还是很高兴的。工作显然为期甚短。会议的主旨乃出于英、美两大海军强国要与另一个海军强国日本解决限制海军军备问题的共同愿望,裁军是当时英、美两国普遍关心的问题。远东问题则是由于山东问题而变得重要起来,美国新当权的虽然是共和党,但其首脑们充分了解威尔逊总统对中国的保证:由新的国际组织为中国解忧,这新的国际组织是威尔逊总统为之献身的,当时的共和党也是如此。

2. 华府会议——组织与程序

我于11月初登轮启程,对于华盛顿会议上将涉及的有关中国的问题只不过有个大体了解。一路上无可述者。我偕夫人及两三位秘书抵达纽约时,美国政府派代表前来迎接,并和当地行政长官一起举行了正式欢迎仪式。我们直接去华盛顿,被安顿在美国政府专为中国代表团准备的莫兰大厦。该大厦十分宽敞,位于马萨诸塞大街,非常显著。在纽约和华盛顿,美国方面欢迎的热诚与华侨到场之众多,都给予我很深的印象,这表明他们对即将召开的会议都极为关心。在我到达的一两天内,代表团的其他成员到了旧金山,直接乘火车来华盛顿。驻美公使施肇基博士已在华盛顿了。第三位全权代表王宠惠博士未携夫人同行,与他同行的是一大批以各种名义在代表团中工作的重要中国官员。其中有三位高等顾问,一位是周自齐先生,曾任山东都督、财政总长、代理外交总长及国务总理,一度甚至代理过陆军总长。第二位是梁如浩,人们称为梁孟亭,广东人,曾在1913或1914年间任外交总长三个月。他是19世纪70年代末或80年代初派遣到美国的最早留学生之一。返华之后,虽然一度担任过天津海关道台,主要还是任铁路总办。他是另一位早期留美学生唐绍仪的密友。任命他为外交总长,是因为在袁世凯任直隶总督时,他曾一度当过袁的幕僚,而且唐绍仪又是袁的盟兄弟。按照当时的惯例,担任外交总长的人,总要能讲点外语,英语或法语都行。梁孟亭先生不仅是我的朋友,也是施肇基先生和王宠惠博士的好友。我和他相识多年,在外交部当秘书时就是他的下属。第三位是蔡廷干海军中将,他也是早期自美国回国的留学生。当时我感到惊喜交加,竟会任命这几位在国内享有政治威望的前辈政治家来充当实际资历比他们浅的三位全权代表的顾问。外交部的一封电报和施肇基博士的解释很快解开了我的疑团。原来选这几位做全权代表的高等顾问,是由于他们与全权代表的私交与本人的声望,可以调解全权代表间的任何个人分歧。陪同他们的另一些中国代表团的成员也证实了这个意图。有过巴黎的经历,我很能体谅这番苦心。

参加华盛顿会议的国家有不少问题要解决。许多问题是直接由战争或是由战争结束时形势的变化造成的。日美两国在太平洋和远东地区的利益有明显的矛盾,东京与华盛顿自然要就这种局面达成某种谅解和协议。巴黎和会上,日本对华政策和山东问题均未得解决,而且,自和会以来,这些问题在美国已变成政治问题。1920年共和党竞选总统获胜,在竞选中,提到美国普遍关心的中国问题,共和党保证要公正处理,他们不可避免地要拿出一些行动来履行这个诺言。英国方面将终止英日同盟,这是英联邦国家,特别是澳大利亚、新西兰、加拿大所迫切盼望的,华盛顿更是求之不得。英日同盟的终结,使大不列颠有必要重新调整在太平洋及远东地区的外交政策。第一次世界大战结束后,英国的地位削弱了,迫切需要与美国建立更密切的国际合作关系,因为美国参议院拒绝批准凡尔赛条约,而国际联盟盟约是和约的第一章,因而美国不能加入国联,这就使国际形势处于不稳定的状态。日本则发现由于自己在和会中的桀骜不驯,现在就必然要面对这样的形势:在中国问题和太平洋地区形势问题上,不得不同华盛顿达成某种谅解。

这次会议对于中国显然是很重要的。中国的主要对手是日本。中国非常盼望趁这个机会彻底解决山东问题,要求国际上确保中国的安全,承认中国与世界其他国家的平等地位。换言之,中国政府和人民最关切的是两个主要问题:马上解决山东问题,立即废除那些不平等条约,废除不平等条约在当时尤其是针对日本,要免受日本在中国大陆推行领土扩张和经济渗透政策之害。中国本身则被一些派系之间的政治斗争和军事冲突弄得四分五裂,当时不仅南北对抗,督军之间也互相争夺。举国上下,忧国忧民者莫不翘首以待,盼望华盛顿会议能解救中国时局,带来和平,使国家能以得到发展。总而言之,这次会议实为各方所重视,中国尤其对会议结果寄予极大希望。

我对中国政府所任命的代表团的规模也颇为惊讶。代表团成员不仅有外交部直接指派的,还有各部委派的,使中国代表团人数达一百三十名之多。参加巴黎和会的中国代表团人员为三十五至四十名,还比不上目前的技术专家、特派代表和各部代表的人数。当然,去巴黎的也有一大批人,诸如各党派领袖、新闻记者等,然而他们是以个人身份,或党派代表,或其他非正式成员身份前往巴黎的。当然,去凡尔赛会议的颇多鼎鼎大名的政治领袖,略举几位便可见一斑:代表国民党的是汪精卫、李石曾、伍朝枢;代表进步党的是梁启超;代表交通系的是叶恭绰。当时各党派几乎均主动派去代表,因为都感到会议结果会极大的影响中国未来的发展。在这方面,华盛顿会议比凡尔赛会议就相形见绌了。

至于在大会中的工作,代表团里有两种会议。一是全权代表会议,以中国政府总的指示精神为基础,来决定方针、政策和在大会上应取的态度。再就是我们所谓的代表团会议,一般参加者有全权代表、高等顾问及其参谋、技术专家、秘书长及秘书。我们有时还召开代表团全体会议。第二种会议经常根据大会的工作召开,主要目的是通知有关事宜,给技术专家分派工作,以及召集大家征求意见,等等。全权代表们一致同意对大会工作进行如下分工。施肇基博士自愿负责撤军及撤销和移交外国邮局问题。王宠惠博士自愿承担的问题有收回外国租界、废除领事裁判权,这个问题包括了中国的新法典和中国法庭的组织等,他对这一领域一直十分关心,并对这些问题很熟悉,他还负责要求取消“二十一条”。剩下的问题由我负责,有租借地问题、势力范围问题、关税问题、山东问题以及废除或修改不平等条约问题。会议采取了我建议的程序,各位全权代表(或在其技术专家协助下)准备的每份备忘录,都应当先由三位代表一致讨论通过,才能提交大会。

宣传工作由代表团的正、副秘书长负责,由我负责监督,我于是拟订出一些原则,经全体代表一致通过,来统一我们对提交大会的问题的观点和态度,也以这些原则来统一我们对有关中国政局或党派争端等国内问题的观点与态度。不仅我们代表团的两位主管宣传的官员要以此为指导,那些要在华盛顿、纽约或美国其他地方作公开演讲的人员也都必须遵守这些原则。事实证明这个措施很起作用。

代表团的技术专家非常起作用,精通英语的最为需要;精通中文、熟悉中国时局的则在起草给中国政府的函电中出力不少。有许多各部门选派的专家,比如交通部和司法部的专家,就分别负责处理铁路和治外法权问题。还有来自海军和陆军部的专家。

代表团的大部分工作人员是外交部指派的,可是也有一些是从当地补充的。代表团的顾问黄郛则早已在纽约。对中国来说,会议的最重要问题是远东问题。海军裁军会议没有邀请中国参加。远东问题要由包括中国在内的九大国来讨论。除中、日、美、英、法之外还有意大利、葡萄牙、比利时和荷兰。

由于各代表团,特别是主要大国的代表团都是由许多杰出人物组成的,可以说,华盛顿会议堪与巴黎和会相媲美。美国以国务卿休士为代表团长,团员有参议员鲁特和安德伍德。英国代表有枢密院大臣贝尔福等人。法国代表有白里安、魏斐亚尼和远东事务权威萨罗。日本代表有海军大臣加藤友三郎和日本驻华盛顿大使币原喜重郎。荷兰代表是布洛普劳德和柯尼碧克。各国都尽量多派些杰出的外交家参加大会。许多代表不仅熟悉远东局势,在中国也很出名,有的是担任过本国的驻华代表,有的则与中国问题打过交道。

除开中国和日本的代表团外,英、美代表团也都起了重要作用。报刊评论说,参加国代表都是佼佼者。这种舆论表明各国政府都很重视这次会议。劳合·乔治曾否到会,我现在已记不清了。会议期间,对"二十一条"、修改条约、租借地和中国关税等问题,都有激烈的辩论。

大会主席是休士国务卿。他办事很有条理,很同情中国。鲁特参议员则是另一种类型,我看他对日本远比对中国了解。与日本相比较,中国的混乱和四分五裂的局面,对自己的形象是很不利的。安德伍德参议员负责关税问题,他为人正直公平,富于同情心,并很能体谅人,他尽力寻求妥协和解的方案。我觉得他对中国人的心情与愿望相当理解。我想安德伍德参议员是民主党人。英国代表贝尔福爵士是位大政治家,处理国际问题,特别是疑难问题有丰富的经验。他虽然心中总把英国利益置于首位,却还是相当客观的。他抒发己见的方式,沉着冷静的逻辑性以及时或表现出来的哲学家风度,都给我很深的印象。

法国、荷兰、比利时代表的作用相对要稍逊一筹,只有萨罗先生常在各种讨论中踊跃插言。除日、中之外,最主要的角色无疑就是英、美两国了。

　　加藤友三郎海军上将在头两次会议上几乎都没有露面,总是币原喜重郎和埴原正直出席,三个日本人都讲英语。记得萨罗先生和白里安先生讲法语。荷兰人除柯尼碧克讲法语之外,其他代表都讲英语。布洛普劳德的英语很好。魏斐亚尼两种语言都很好,可是在会上只讲法语,他的法语更流利些。司强曹讲法语和意大利语。会下我们都讲英语。

　　争议较大的题目均集中在像"二十一条"、废除租借地以及关税问题这类政治问题上,一般由王宠惠博士和我发言。我们安排好每人都对自己答应准备备忘录的议题负责进行辩护,因此分工是很明确的。然而,在阐明了事先准备好的论点之后,我们都可以在实际辩论中插话。在首次交锋之后的辩论中,总的来讲,我的发言要多一些。

　　然而,最重要的工作都分派给专题委员会去做。太平洋及远东问题委员会预备会上的一般性讨论之后,组成不同的专题委员会。各个专题委员会的成员们常常讨论得很紧张,有时甚至很激烈。委员会的记录,虽然会有所修改,应该还是存在的。我从凡尔赛和会就有这么一个总印象,他们愿意就我们提出的全部论点加以讨论。他们的主要目的是首先设法解决山东问题,除山东问题外,再解决一两个其他问题,使远东问题的会议能够名副其实。对于像"二十一条"前四号以及不平等条约这样的问题,只作了一般性辩论,没有采取任何积极措施。大概是这些问题太复杂了吧。而对于治外法权问题,他们则认为只有派一个考察委员会到中国实地研究中国的司法制度之后,才有可能解决。中国代表团当然十分关切取消在中国的外国势力范围、外国租借地和租界的问题。我们也讨论过几次,那个问题看来是会议解决不了的。总的态度是会议不讨论涉及个别大国的问题。我觉得由于美国坚持门户开放政策,可能在心中同情我们,然而对这些问题也难于表示观点。因而,虽然中国提出的问题相当全面,实际结果是除山东问题外,在决议中除了撤退外国军队和撤销外国邮局的问题外,对于重订关税率、取消治外法权以及一些其他问题均未承担义务。

太平洋及远东问题与整个会议的关系很不平常,而山东问题会谈与会议的关系则尤其不平常。为了迁就日本的意愿,山东问题的会谈是在会议之外进行的。大会的主要宗旨是限制军备,其他如与太平洋及远东相关的问题,只处于整个会议的从属地位。

3. 山东问题的会谈

中日间山东问题的背景是相当复杂的。中国想在巴黎和会中使山东问题获得公正合理解决的努力未能如愿以偿。我们知道,威尔逊总统曾力图为中国伸张正义,可是由于他始终未能得到其他列强的支持,他的努力终于遇到阻碍。劳合·乔治曾告诉我,由于大战期间英国曾对日本有过诺言,因而不能支持中国。大不列颠非常感激日本于美国参战前在战争中的贡献。他最后说,大不列颠不能背弃诺言,而根据诺言,在和会中就须支持日本。

在巴黎和会中,经过谈判,日本答应在一两年内将青岛和租借地归还中国。然而中国的政局使得中国政府没有信心去做这种权宜的妥协。我认识到任何这类只偏袒一方的解决办法对中国都不会是公平的,尤其是由于这个问题已成为美国的政治问题之一,从参议院与政府的矛盾,以及在一年后即 1920 年即将面临选举来看,我认为中国再等待一些时间,静观国际形势进展,比接受某项不利的解决方案要明智些。北京政府包括颜外长在内深入研究了我的观点之后,批准了我建议的方针政策。这就是当时的背景。

因为山东问题被当成国际问题而不是单纯中日之间的问题,才产生了所谓在华盛顿会议的"边缘"进行会谈的这种巧妙安排,来迁就日本把会谈与华府会议分开的意见。休士说,美国认为要紧的是所达成的协议,应载入华府会议记录,作为会议所接受的记录的一部分。中国的一贯立场是绝不直接与日本谈判山东问题。这个立场与日本的立场是针锋相对的。我们认为,这个问题不仅与中国有关,也关系到太平洋与远东的整个形势。巴黎和会上已经提出过这个问题,因而,华盛顿会议也应当直接解决这个问题。最后采取变通办法,在海军裁军会议之外,另行组织会谈,使其成为大会的"边缘"。中国反对直接对话。为了使中国满意,美国向英国建议,应当派观察员列席会谈,它们对中国方面解释说,这些观察员按时列席旁听,主要任务是观察以及必要时出面调解纠纷以弥合分歧。实际会谈中,日方代表为加藤和币原,由施、王和我代表中国。双方根据问题的情况各有一两位顾问或技术专家作为随员。黄郛先生就坐在中国代表身后。前几周,中国秘书长出席,有一位秘书作助手,日方也有一位秘书长。首次会谈中决定,虽然会谈的记录并不经代表正式认可,还是由双方派秘书做详细记录以备代表审核。加藤男爵并不经常到会,只在初次会谈时讲了些话。会谈两三次后,他就再不露面了,大概是由于限制军备问题的讨论已到利害攸关时刻,而我们的山东问题会谈与该会议同时进行,使他难以分身。只剩下币原,由埴原和出渊相助。我方的三位全权代表则始终参加会谈。

首次会谈之后,实际就一直由币原代表日方谈判,我方则主要由我发言。我们对任何问题的基本方针或态度事先都在三位全权代表中讨论过。因此,我的发言都是根据我们的一致立场。谈判中由我承担辩论和说理工作,日本方面则由币原担当。

全权代表面临的头一个问题是究竟从主要问题,还是从次要问题开始讨论。比较简单的问题有档案核对、行政移交和港口接管。港口接管实际是胶州管理的一部分,但是非常重要,因为它包括对码头和船坞的管理,有大量的收入。其次是警察与邮政问题。双方对这些较为简单的问题,是不难达成协议的。

胶济铁路则是双方都最为重视的问题。起初双方达成部分谅解,处理完较简单的问题之后再讨论铁路问题。在前十天会谈中,虽然似乎已达成了许多实质性的协议,然而对于这种顺序,中国代表却在自己代表团中遇到了困难。中国代表团中以黄郛为首的一部分人普遍认为,按照这样的顺序,中国会有耗费时间的危险,下一步将难以要求彻底解决铁路问题。他认为中国应当在一开始就提出铁路问题,而我与施、王则认为,从谈判技巧以及双方强烈感情考虑,还是先处理比较简单的问题较为明智,这样有利于为讨论最困难的问题创造一种畅所欲言、开诚布公的气氛。黄郛争辩说,整个山东问题中,铁路最为重要,日本的政策是尽可能拖延谈判,以争取时间迫使中国最后要么接受日本的主张,要么使整个山东问题得不到解决。当然在会谈中对这两种顺序有过争论,然而从技术观点看来,中国代表主张把较大的问题搁置一下是更明智的。而且,我想币原男爵也很痛快地赞同这个建议,并未暴露出别有任何用心。他作为讲究实际的谈判者,也认为应当先解决比较简单的问题。

可是,由于受黄郛等人看法的影响,十一二天之后,当一系列较简单的问题还未解决完时,我们在讨论中途突然提出了铁路问题。当然,这个问题又牵涉到许多难题。首先,在要求日本人阐明观点时,他们毫不犹豫地说,愿在最初中德铁路协定的同样基础上解决这个问题。日本只是按铁路贷款协议,进行接管,并且取代德国的地位,整个行政管理权名义上保留在中国人手中,实际上由日本人控制。在旧的贷款协定中,铁路公司总裁一直是中国人,但实际则由一名德国总工程司、一名德国车务总管和一名德国总会计管理整个铁路公司。另一个难题是关于在他们所谓的铁路区内,护路的铁路警察问题。第三个难题是开发铁路区域内的矿藏问题。日本在铁路问题上以及与其有关的几个方面的立场坚持不变。他们无疑确信会得到巴黎与伦敦的支持。英、法最后采取这样的立场,由于山东以前一直是德国的势力范围,胶东与山东省的领土权应当归还中国,而日本应继承德国的一切经济权利,不仅是铁路,而且包括整个山东省的经济权利。我利用同其他三个代表团谈话的机会,强烈反对这个方针。当时我告诉他们,不仅日本的政治与领土兴趣对中国的完整造成明显的威胁,其经济开发同样是危险的。对于中国主权的侵犯,这种手段的作用虽然缓慢一些,却更为有效。

日本对铁路的态度很强硬,它提出要求说,以他们的观点来看,解决方法很简单:在一切有关铁路利益的问题上,只消把日本当成德国的接替者就行了。然而在猛烈的抨击下,币原男爵无法捍卫日本作接替者的地位,因为铁路已经修好,已在运营了,铁路贷款协定已不再需要。中国提出偿还贷款来反对日本的立场。我们承认,日本凭武力夺得了铁路协定中规定的德国在铁路的财政与经济利益,但中国愿偿还贷款,从而废除整个协定,使铁路归属中国(铁路贷款为二千五百万元)。在这个问题上,天天争论不休。最后,中国政府指示代表们,铁路贷款协议可在原则上接受,但要谈判,尽可能缩短其期限。我宣布,我们可以接受贷款协议的原则,记得我又说,"日本人则代表日本人自己",这是个站得住的好论点,引得观察员马慕瑞先生与蓝普森先生都大笑起来。(马慕瑞是当时美国国务院东方事务局局长、英国观察员蓝普森爵士是英国外交部中国司司长。当时的用意是马慕瑞先生与中国代表团保持密切联系,蓝普森爵士与日本代表团密切联系。)当日本坚持要贷款,并要取代德国在贷款协定中的地位时,我们反驳说,没有贷款的需要,中国准备偿还贷款,任何国家坚持让别国接受不需要的贷款都是不合情理的。我指出,在中国既不需要借债、也无须用钱的时候,日本似乎急于让中国充当日本的债务人。

然而,在向国内非官方各方面询问,中国能否轻易而迅速筹集此项资金时,答案令中国代表团大失所望。代表团曾陆续收到中国各地的来电,有各省长官的,有诸如学生团体等民众组织的,有广西、湖北、云南等许多南方省份打来的,还有吴佩孚将军来电,都赞成立即偿还贷款。由于北京政府拖延汇款,张作霖甚至慷慨解囊,汇来一笔一万五千元也许是二万元的款子供代表团开销。许多来电纷纷保证,所需款数可立即凑齐,并通知我们,估计募捐款额已超过四千万元。中国代表团随即秘密给上海银行公会和中国各商会的主席打电报,询问那些承诺的捐款是否可靠,能否筹集到现金,因为有些省长即使履行诺言,签署了支票或付款单,这些单据能否都在交换时兑现还是另一个问题。得到的秘密答复使代表团极为失望,募集到的尚不足五十万美元,而且据他们看来,有指望得到的总数不会超过两三百万元。他们指出,这些诺言都有政治色彩,向许诺者收集捐款就极其困难了。从中国的经济与金融形势来看,有一个极为重要的因素应加以考虑,即所需的款额即使真能募集到,也会在金融界产生货币危机,会剧烈影响中国外贸的主要港口上海的金融形势。因而,他们一致认为,代表收到的电报中的诺言是靠不住的。而且,即使诺言能够兑现,交出二千五百万元这样一笔巨额外汇,对中国货币市场的影响会造成上海金融界的严重危机。政府当然从未向代表团表示过可立即筹措到这笔款子,政府还是了解局势的。正因为政府自知无法筹措如许款项,才指示代表团原则上接受贷款协定,但要努力协商,尽量缩短期限。我们提议为三年,后来延长至五年。日本起初想定为二十年,后来减到十二至十五年。

　　以上的问题最后终于解决了。然后就讨论三个关键的职务,即总工程司、总会计和车务总管。我们主张,由于铁路即将为中国政府经营,胶州也将交还中国,连接胶州与济南府的铁路理应完全由中国人经营管理。倘若日本要保障其在铁路上,也就是铁路贷款上的财政利益,可以把总工程司职务让给他们,由中国任命总会计和车务总管。然而,日本人认为这两个职务比总工程司一职更重要。我们说,由于铁路已修好,日方愿意的话,可委派一位总工程司,但设备、机车的日常维修及工厂等可由中国负责。日本人不同意。双方都明白,铁路业已运营。过去在铁路建成以前,总工程司的职务极为重要,因为可以影响到路线的选定,可能会穿过某些有自然资源的地区和贸易中心等等,此外,总工程司对获取供应以及向何处订货等事务的管理有主动权。最后,我们抛开了工程司问题。日本人虽然希望中国人当总工程司,可是他们接受了由中国人当副总工程司。而由于日本人在铁路管理上有财政利益,我们也不十分坚持非由中国人当总工程司不可。

车务总管是争论的中心,因为由他掌握铁路日常运行、货运管理,对贸易有很大影响。在这个问题上双方争执了许多天。日本主张由日本人担任车务长,而中国反对,说应由中国人担任车务总管。他们作出妥协,先是提出中国可于三年后任命一名副车务总管,后来改为由双方同时任命。我们坚持由中国人担任车务总管,由日本人担任副职。在这一点上,双方各执己见,争论了好几天毫无进展。我不知道日本人在自己政府中碰到多少困难。中国代表则在代表团内部受到强大的压力,其中黄郛将军是最突出的角色。他始终坚持,中国政府应当立场坚定,三个职务都得给中国人,因为倘若我们把任何职务,特别是总会计和车务总管留给日本人,就意味着由日本人掌握铁路的命脉,对中国贸易交流和山东省经济资源的发展都有妨害。由于代表团内反对在这个问题上做任何妥协,所以一段时间,中国代表坚持了这种立场,但是谈判毫无进展。不参与谈判的两位列席的观察员也感到有责任使会谈尽快取得进展,改变了他们的见解,乃由马慕瑞与我方商谈,可能同时蓝普森也与日本商谈,建议我们寻求某种双方都更易于接受的方案。

因而,我们最后采取的立场是,无论如何也应由中国人任车务总管,总会计可让给日本人,由于让日本人主管会计业务,只有由中国人当车务总管才公平。起初日方提出由日本人做车务总管，中国人任副职，我方拒绝了，并如法炮制，回敬日本人。日方也拒绝了。后来，由于会谈陷于僵局，币原男爵就指出，这不该成为如此困难的问题，这不过是与铁路有关的诸多问题之一。于是他说，为表示日本代表团方面极其和解的态度，他提出接受中国人为车务总管，而以日本人为副职，而两位的权力应大体相等，对一切事情应当协商一致。然而他说，这只是他个人的建议，与日本代表团得到的训令是相抵触的。训令指示他坚持日本人为车务总管，至多同意有个中国副车务总管。然而他说，为摆脱僵局，他将亲自向政府提议由中国人任车务总管而以日本人为副职，双方具有同等权力。他希望把这看成是他个人的建议，倘若中国能够接受这个妥协方案，他答应尽力劝说政府采纳这个方案。我方答应对这一方案加以考虑。

会外有许多新闻记者，有两三位中国记者和许多美国、欧洲以及日本记者，他们千方百计地探问进展如何，我们概不回答。这样，我们回到住地。黄郛将军当然是听见了的。记得当晚正值晚餐前，他和代表团另一些成员一同进来，没有见到我和施博士，就去和王宠惠博士还有也许是马苏谈话。黄郛和蒋梦麟说，代表团的某些成员强烈反对接受这个方案。不过，蒋是否在场我不能肯定。当晚我们开会商议，王博士、我与施博士都认为应当接受这个方案，可是王博士将黄郛来访之事告诉我们，我们就再次讨论如何抉择。权衡这种种议论，我们依然认为，若想解决山东问题，就必须接受这个方案。我指出，这是唯一的出路。我们若拒绝这一方案，会议必将破裂。施博士和王博士均有同感，只是王博士担心反对意见。早晨，到莫兰大厦来访的代表团成员络绎不绝，总的印象是黄郛将军和国民党都强烈反对该方案。

于是，我们决定提出这个问题，征求高级顾问的意见，告诉他们由此激起的大量批评以及引起的不安。他们听了我们的解释，赞成我们的看法，这对我们是个鼓励。我们和平时一样，赴会前先集中以便一同前往。两点半左右，人们开始在附近聚集起来。两点半到三点之间，我们要动身的时候，吵闹声越来越大，秘书来说，莫兰大厦内外聚集了一群人要见代表，听说代表们要接受日本人的方案，他们的态度十分激愤，秘书和另外两三位都说我们最好别下去。可是时间过得很快，每隔两三分钟，马慕瑞先生就来一次电话，问出了什么事，日本人已到会，我们已经迟到了。接前两三次电话时，我们都说就去、就去。这时楼下的人们叫嚷起来，于是我想亲自下楼。王博士和施博士认为我不宜前去，派两位秘书去，可是他们两位不能使人们平静下来。电话又响了，想找代表通话。我接过电话，告诉马慕瑞先生我们所遇到的麻烦，他说，"啊，那好办！"想叫警察局派骑警来。我请求他别那样做，如果他能请日方再耐心等一会儿，我们一定能到会。

我们走下楼，我对候在那里的人们说，中国代表认为刚与日本达成的协议是合理的妥协。又说，如果大家认为该协议证明是中国代表卖国，中国代表团可拒绝在协议上签字。我进一步解释说，在任何外交谈判中都不会百分之百地如愿以偿。这次与日本谈判，中国所获已超过了百分之五十。我指出无论从技术观点看，还是从国家威望着眼，我们从日方获得的已达最大限度，不能指望日本再让步了。我们若不接受这个方案，会议势必破裂，这样一来，由于中国无法对日本施加压力，就很难确保会议复会。我还告诉他们，英、美代表对币原的和解态度已大感意外，对他大加赞扬，而依我看来，他是个通情达理的人，很了解西方的正义感。我最后对大家说，由于谈判代表是代表国家、政府和人民的，就必须对他们负责，当然不能滥用人民赋予的权力，然而我提醒他们，一旦会谈破裂，我们就无法再恢复会谈了。当时，我周围的人们回答说："我们不管这一套！我们只要求你不要答应。"我告诉他们，我可以不答应，但又再次提醒他们会谈破裂的后果。最后，我们这些代表冲出人群，人群中有人骂我们是卖国贼。

我们到达泛美大厦时，日本代表已等候半个小时了。于是，他们问我们作何答复。我说,我们赞赏他们所提方案的和解精神,然而……我刚说出"然而"这个词,币原立即走出房间。看来日本代表大概已经了解到中国人民强烈反对该协议、中国代表团甚至遭到中国人的围攻,我看他们一定是预料中国代表团会明确作否定答复的。

当时,圣诞节将临,梁士诒先生出任国务总理。日本驻北京临时代办小幡谒见梁,对他表示祝贺。他问梁对山东问题有何新政策,梁说,"借款赎路"。1921 年 12 月 28 日,中国代表团接外交部来电,谈及此事。其实,小幡在会见梁之前刚刚拜访过颜惠庆博士,他在新内阁中仍任外长,他问颜,华盛顿的中国代表团是否根据北京发出的训令行事(小幡显然受东京政府的指示,应当注意,小幡在日本多少是同情所谓"少壮派"的)。颜博士的回答是含糊其辞,敷衍而过。于是小幡决定去见梁。梁的"贷款赎路"的答复传到东京,又由东京传到华盛顿。休士国务卿与另外几位从日本代表团获悉此事。美国人对梁的说法大为震惊。

这一来,有两三个星期情况混乱。中国代表团请示北京政府,山东问题的会谈是否将在北京进行,指出果真如此的话,我们就辜负了英、美的好意。回答说政府无此意图。与此同时,英、美代表则邀请中国代表,交换个人的看法。

报载,吴佩孚将军通电抨击新内阁,特别是新总理。中国代表团对北京发生的事情概不了解,消息是从美国人和英国人那里得来的。施博士与我应邀去见休士先生,以后又应邀去见贝尔福先生。他们都劝我们重新考虑我们的反对立场,指出,由于中国在车务总管问题上的僵硬立场造成的混乱,会导致山东问题无法解决。贝尔福先生说,如此重要的华盛顿会议,就因为中国在这样一点上的僵硬立场而无法结束,外界对此是不能理解的。休士先生强调说,山东问题会谈虽然是在华府会议的"边缘"举行,其实也是会议的一部分,只有解决了山东问题,这个限制军备大会才能圆满结束。

两星期后,我问到当时的日本方案是什么。他们都说得到了币原男爵的通知,说日方只能接受由日本人任车务总管,五年之后再由一名中国人担任副车务总管。

第三卷

回国任职

（1922—1932）

一　北京的政治生活，1922—1924

1. 颜惠庆博士再次担任内阁总理，
1922 年 6 月 11 日—8 月 5 日

在华盛顿会议结束时，颜惠庆博士给在华府的中国代表团发去一封电报，希望三位代表会后返京一行，以便磋商如何实行华盛顿会议的一些有关决议，特别是关于山东问题的协定。实际上施肇基博士并没有回国，王宠惠博士在会议结束后立即回国，向政府汇报会的情况。我准备把在英国的工作安排就绪后也启程，估计春天可以回到中国。

会议一闭幕我就返回伦敦，但直到 4 月下旬才动身回国。记得当时乘的是一艘大英轮船公司的客轮，旅途经过五个多星期才从伦敦经苏伊士运河抵上海。我到达上海时已 5 月下旬，时序进入初夏，天气也热起来了。

在上海时我给颜惠庆外交总长发了一份电报，告诉他我已抵沪，几天内就可到达北京，向他亲自汇报。颜复电表示欢迎。5 月 31 日我乘火车进京，到北京后下榻于铁狮子胡同，颜总长当时住在石大人胡同。我抵京后不久，在一天下午两点半前去看望颜总长，向他汇报有关实行华盛顿会议决议事宜和当时中、英之间的国际关系。使我感到奇怪的是，颜总长对华盛顿会议决议或一般的国际关系都闭口不谈,只说他要在当天晚上离开北京去接家眷从杭州北来度夏。颜说他要设宴为我接风,筵席已经准备好了,但因他当晚就要离京,只好由外交次长代表他主持欢迎宴会。我听说他正巧要在当天离京,觉得有些惊讶。当我问到他什么时候回来时,他说要离开北京一些日子,休息一下,又说,因为在政府中担任了一段时间的外交总长,从健康情况考虑需要休息较长时期,希望我接任他在外交部的职位。

他的建议使我大吃一惊,因为我回国只是为了就当时的一般国际形势,尤其是山东问题与外交部进行公务性的磋商,并不打算在国内久留。而且,我也无意进入政界,只想返回伦敦,因为我在那里仅仅工作了一年多一点。

当时,北京的政治局势很混乱。在颜博士离京后我谒见了徐世昌总统和其他一些人。徐总统非常热情地接待了我,他称赞我在出席华盛顿会议的中国代表团中所做的工作和在会议中所起的作用。并且说要为欢迎我举行一次午宴,已经吩咐庶务科长准备了。通过这些礼节性的谒见,我了解到北京的政治局势正处于动荡状态。报纸上登载了不少关于聚集天津的政界要人的活动,人们预料可能发生政变。

我离开中国已七年,在这期间中国的政治形势经历了巨大的变迁。1915年8月我离开北京出任中国驻墨西哥公使。那年5月,中、日就日本提出的"二十一条"进行谈判后,双方签订了一项条约。在袁世凯总统和陆徵祥外交总长的指派下,我参加了这次谈判。也正是在那一年发生了由"筹安会"倡导的恢复帝制运动。随后是1916年袁总统逝世。接着是1917年张勋复辟,同年段祺瑞将军恢复民国,年末又出现了护法运动。1917年在段祺瑞担任总理时,发生了中国是否参加欧战的争论,当时我以驻美国公使的身份,主张中国参战。1920年又发生内战。

在此期间,以宪法为中心内容的争论也日益激化,主要是关于继任总统职位的问题。袁世凯死后,南方坚持前副总统黎元洪已根据旧宪法继任了袁的总统职位;而北方却坚持黎是按照新宪法继袁之后担任总统的。黎元洪在袁世凯死后继任总统直到1917年被张勋推翻为止。恢复民国后,冯国璋曾被选为黎元洪的副总统,冯继任了黎的总统职位。因此,当黎元洪被张勋推翻后,他就把总统职位移交给了冯国璋,冯担任总统直到1918年10月10日。袁世凯、黎元洪、冯国璋三个人应该共同任满五年一届的总统任期,既然袁就职于1913年10月10日,冯的任期当然应终止于1918年10月10日。接着徐世昌担任了总统。同时,在这七年中,内阁也出现了许多更迭。

因此,我于1922年5月回到北京时,对国内的政治现状觉得有些茫无头绪,但预感到即将发生某些变动。在总统预定的欢迎宴会日期之前,每天都有新发展,表明局势正在走向危机。我记得在1922年6月11日,也就是预定为我举行欢迎午宴的那天上午,我给庶务科长(总务部门负责人)打电话,请他报告总统:鉴于总统近来一直为政治局势操劳,觉得他应该取消这次宴会,请他不必对此感到为难。庶务科长说,总统那天一早就吩咐按计划做好各项准备,甚至问到了谁将参加宴会。由此可见总统是真心实意要举办这次安排好的宴会的。我出席了午宴,地点在居仁堂。参加宴会的宾客约有四十人,其中有内阁各部总长、副总统、军警首脑,如卫戍司令、警察总监、宪兵司令都出席了。这次宴会的来宾完全是中国人,邀请了政府首脑和政界名流。进餐时我坐在徐总统的右侧,我们边吃边谈,他问了一些关于华盛顿和英国的问题,丝毫没有显露将要发生什么事情的迹象。他神态十分安详,有时也和左侧或对面的客人从容交谈。午宴结束后——我们吃的是西餐——他请大家到另一间屋子去喝咖啡、抽烟,并且说有几句话要对大家谈。我们退入休息室,当咖啡端上来后,我们站成一个圈。徐总统说,他想对这次给了他很大乐趣的聚会讲几句话,他知道在这种场合主人讲话是不平常的,但是他觉得这是他说一说心里话的好机会。于是他宣布由于年老和身体不大好,觉得应该引退休息了,他知道照管国务方面的安排已经做好,所以想借此机会向大家告别。他说他已做好旅行的一切准备,将直接去车站乘车返回天津。在场的人都大为惊讶。我想也许有些人(我认为很少)已经知道了总统引退的决定。我们等他乘汽车离去后,随即都赶到火车站为他送行。这天是 6 月 12 日,他是下午 3 点左右离京,开始其退休生涯。

此后不久,或在次日或在当天下午,黎元洪预定要抵京。我记得我们没有回家而是留在车站等候迎接新总统。徐总统离京时王宠惠博士也在车站上送行的人群中。当黎将军的专车进站时,我惊奇地看到颜博士也在场。我问道:"你什么时候回来的?"他说:"昨天晚上。"我知道就在几天以前,他接回家眷后离开北京去了汉口。这时我见他走过去和王宠惠博士低声谈话,我心中暗想一定是出了什么事。在车站上的人群中,许多人都是我熟悉的,其中也有王正廷博士。使我感到惊诧的是不但见到了颜博士,还见到了许多据说已经离开北京的人,他们本来在天津或其他地方,现在突然都出现在车站上。他们大多数人随黎元洪总统前往他在东厂胡同的公馆,但是我回家了。

我离开车站前,王宠惠博士说:"我有件重要的事情告诉你。"过了一会儿他来到我家,说他从颜博士那里带来一个重要口信。颜博士托他转告我,他已经推荐我当外交总长。我觉得很奇怪。我说,颜博士曾提起过他担任外交总长很劳累,因此打算去杭州休息一些日子。王博士说颜博士特地要他转告我这个口信。我说这不可能,因为我只是回来汇报的,只带了很少一点随身衣物,其他东西都还留在伦敦。

当时我并没有认真对待这个口信,可是我意识到某种政治角逐正在进行。我所以没有跟随大伙去黎总统的公馆的原因是在车站等待时——其中有众议院议长吴景濂、参议院议长王家襄以及其他许多人,包括我在北京的一些老朋友——我已推测到黎总统将要组阁,据知吴景濂、王家襄、颜惠庆和王正廷去总统公馆是为了商议新内阁的人选事宜。原宣布当天下午就要发表内阁名单。但等到很晚他们说还没有研究好，而且颜博士也已离开北京去了西山。黎总统派王正廷博士去劝他回来。我听说原来黎元洪总统提名唐绍仪先生任内阁总理，颜惠庆博士任外交总长，在唐绍仪到任之前由颜代行总理职权。颜博士对这一职务安排不满意，所以离去了。当时还不能确定唐绍仪先生什么时候到任，也不知道他是否愿意就职。但要唐先生担任内阁总理却是国会领袖们的一致愿望。这显然是南方护法集团与直系之间做成的一笔交易，因为辞职引退的徐世昌总统就是直系的元老之一。黎元洪将军原来并没有被选定为总统，只打算让他再次出任副总统，我认为后来直系与南方护法集团一定取得了某些谅解，推出黎将军暂时代理总统，以便为曹锟的上台铺平道路。

内阁在那天晚上未能组成，王正廷博士去西山也没有把颜博士请回来。组阁人员知道这些情况后终于接受了颜博士的意见，发表他为内阁总理，于是颜着手组织内阁。这时有些朋友来我家说：吴佩孚将军——实际上包括直系中的保定派和洛阳派——主张在新内阁中包括前华盛顿会议代表团的成员，问我是否同意入阁任职。我说我只是回来看看，同时协助执行华盛顿会议的决议，特别是山东协定。但他们说，各方面的意见都赞成组织一个有代表性的内阁。他们说："不管怎样，颜博士会有消息给你的。"然后他们就回家了。

两点钟前连续来了几次电话，通知我颜博士将请我加入内阁。我对此并无多大兴趣，只是纳闷，我既没有经历过北京的政治生涯，又是刚刚回国，为什么会被选中。在颜博士与之商谈的人中，显然存在着意见分歧。有人按照自己的看法，主张王宠惠博士担任司法总长。颜博士曾犹豫了一下之后说，施肇基博士也是参加华盛顿会议的代表，他想请施担任外交总长，请我担任教育总长。有人说颜博士这样安排，显然是已经决定在施肇基到任之前，由他自己兼任外交总长。在来访的人中，有两三个是王博士的随行人员,一些国会议员,还有周自齐,他还特意带来了他的联络员新闻记者端纳,这个记者也参与了一些政治活动,他爱中国,在中国有许多朋友。访客中有个人说:"颜博士要给你打电话。"两点钟时电话铃响了,接电话的仆人说颜总理要跟我讲话。当我拿起话筒后,里面的声音却说:"请等一下,总理一会儿就来。"我拿着话筒等了一阵没人说话,就把话筒挂上了。隔了二三十分钟又来了电话,里面有个人说,颜博士需要应付各个集团的要求,最后只得改让林长民当教育总长。林长民那时是众议院的秘书长。可是傍晚时却发表教育总长是黄炎培。

第二天,颜博士给王宠惠博士打电话,请他转告我:他本想邀我加入内阁,但很抱歉,因为许多派系都要求在内阁中占有席位,所以不能邀我入阁。但他仍希望我与他密切合作,准备给我安排财务委员会主席的职务,征求我的同意。我回答王博士说,教育、财政都不是我的本行。总之,我这次回国原来就只打算停留不长时间,现在还是这个主意。他说:"别那么说!中国的财务工作紊乱,颜博士掌握了一些材料,认为纯粹的财政家应付不了那种局面。加以中国的财政问题与国际银行业密切相关,他不得不从财政界以外物色一些无党派并且熟悉国际情况的人士担任此项工作。"我告诉王博士说这完全超出了我的专业范围。后来,颜博士亲自给我打电话,要我帮他的忙。他对我说在组织机构和人事安排方面,我完全可以自主。而且这个职位的薪俸将和各部总长一样,希望我能重新考虑他的建议。他还说:成立财务委员会的事已经发表了,难道我能不助他一臂之力吗?确实,当时中国的财政工作一团糟,人们经常谈起财政改革和清偿外债、内债等等话题。

后来,我进一步了解到在关于总理职位和挂名总理职位问题上所出现的斗争。众议院议长吴大头(吴景濂)极力主张由唐绍仪先生任内阁的挂名总理,在唐先生到职以前,由颜博士以外交总长代行总理职权。颜博士自有他的一批政治伙伴,他们劝颜不要接受这个任命,免得处境尴尬。因此颜博士在离京去海滨之前,所提出的争论理由是:"我作为代理总理能干些什么? 当我要做出一项决定时,是否应和唐先生商量? 我应该按照他的意图组织内阁,还是按照我自己的判断去做?"从政治观点考虑,这确实是个问题。吴景濂作为众议院议长和黎元洪总统复职的主要支持者,也有他的一套想法,而且早已制订了一个方案并坚持不肯让步,所以双方的意见冲突难以解决。由于颜博士拂袖而去以示抗议,这就形成了僵局。因为当时还不知道唐绍仪先生是否愿意接受总理的职位,如果接受的话,也不知什么时候才能到任。结果经过王正廷博士的斡旋——王正廷当时是参议院副议长,王家襄是议长——黎总统听取劝告,满足了颜博士的愿望,任命他为内阁总理。内阁名单发表后,吴景濂很不满意,曾对他的同事们发过一些牢骚,这些人中有几个也是我的亲密朋友,他们给我透信说:"恐怕颜惠庆博士的内阁寿命不长,当内阁名单提交国会批准时,他要遇到难关。"吴景濂先生的集团曾经扬言,除非内阁中有能被众议院接受的阁员,众议院将不批准这个内阁。那时吴是所谓"益友社"(友谊联合会)集团的首脑,政学系也靠近他,因此吴控制了整个众议院。在内阁得不到国会批准的趋势变得明朗化之后,颜博士宣布他的内阁属于过渡性质,只准备执政六个星期左右。因为国会要到 1922 年 8 月 1 日才开会,在此以前他的内阁并不需要被批准。一待国会到期开会,他就提出辞职。

2. 王宠惠博士的内阁及其与国会的冲突, 1922 年 8 月 5 日—11 月 19 日

颜惠庆博士内阁辞职是人们预料中的结局,因此在 1922 年 7 月下旬以后,以总统府为一方,以吴景濂领导的国会为另一方,已

经就组织新内阁问题开始了幕后协商。驻节洛阳的吴佩孚将军主张由参加过华盛顿会议的代表们组成内阁，这种意见当时在国内很流行。关于组阁问题，吴将军与保定派有着密切联系。保定派的发言人是曹锟的弟弟曹锐。吴将军的发言人是孙丹林，他还有另一个代表名叫高恩洪，但比较起来吴更为信任孙丹林。孙和高两人都是吴佩孚将军的出生地蓬莱县同乡。我经常在我的亲密朋友王宠惠博士家里见到孙和高，特别是遇到孙的次数更多。实际上，孙是经王介绍与我相识的

1922 年 8 月 5 日王宠惠博士被任命为代理总理，他要我当他的外交总长，高恩洪当交通总长。我了解到每个阁员的提名都电告洛阳取得同意。这时唐绍仪是内阁总理，王宠惠只是在唐到任前代理总理，吴景濂自己承担了与唐先生联系的任务。在一个短时期内，好像在上海的唐绍仪先生可能同意出任总理。这时在王宠惠代总理的内阁中，田文烈任内务总长，高凌霨任财政总长，张绍曾任陆军总长，李鼎新任海军总长，张耀曾任司法总长，王宠惠兼任教育总长，卢信任农商总长，高恩洪任交通总长。既然这届内阁的组成是这副模样，我完全理解唐绍仪不愿就任总理的原因，因为有些内阁人事安排是唐不能同意的。所谓唐绍仪内阁仅仅是利用了他的名字，这个内阁实质上是保定、洛阳两派达成协议并与吴景濂为首的"益友社"取得谅解后的产物。高凌霨属于保定派。

王宠惠代总理的内阁组成于 1922 年 8 月 5 日，在唐绍仪明确拒绝出任总理后，于 9 月 19 日进行了改组。由王宠惠任总理，孙丹林任内务总长，罗文幹任财政总长，张绍曾任陆军总长，李鼎新任海军总长，徐谦任司法总长，汤尔和任教育总长，高凌霨任农商总长，高恩洪任交通总长，我继续任外交总长。

王宠惠博士的内阁由于和吴景濂为首的国会之间关系处得不好，遇到了不少困难。据我所知有这些原因：首先是提出内阁名单经国会批准时，孙丹林和高恩洪得不到国会的同意，理由很

明显,许多国会议员认为:孙和高不够资格当内阁阁员,其政治品质也不清楚,他们的名字能列入内阁名单,就因为他们是吴佩孚的人。此外,还认为内阁名单中收罗了一些钻营禄位的人。人们都知道王宠惠博士是处于孙和高的影响之下,王通过他们两人特别是孙与吴将军保持密切联系。吴将军是强有力的人物,是内阁的后台。至于吴景濂,他在政治上是个强有力的人物,总是坚持他可以自行其是。虽然吴将军有时认为宪政问题重要,但他对国会议员并不特别喜欢。这就是那个时期中国政治的实情。

得到国会其他一些派别支持的吴景濂集团放出风声,当国会根据宪法对批准内阁名单进行投票表决时,孙丹林和高恩洪两人就要遭到否决。我认为很难说孙和高究竟是否具备阁员的资格。在正常情况下,作为内阁阁员,应该在全国享有声望,在政治生活中积有丰富经验。就我个人而言,我喜欢这两位先生而且和他们相处得很好。但无可讳言他们的政治经验很贫乏,我甚至不知道他们是否有任何政治经验。孙丹林当过吴将军的秘书长,而高恩洪则是以前上海的一个电报局局长。但在一种特殊意义上,孙、高二人都适合担任内阁阁员,因为他们是吴佩孚大帅的同乡,受到吴的信任。从政治角度考虑,吸收他们参加内阁并没有坏处,他们可以充当吴将军的代言人,如果没有吴的支持,内阁就不能维持长久。但从另一政治观点来考虑,国会中各派特别是吴景濂派都非常希望能有他们的人进入内阁,任命孙丹林、高恩洪为阁员不能说是恰当的选择。吴景濂是个野心家,一直想当内阁总理。他与洛阳、保定两派合作迫使徐世昌下台,迎回黎元洪,是因为以吴景濂为一方和以洛阳和保定派为另一方之间达成了协议。这件事虽然还不能证实,可是政界人士都知道有这样一个谅解:在徐世昌下台后,暂时恢复黎元洪的总统职位,以便为选举曹锟当总统铺平道路。待曹锟选上总统后,吴景濂就出任总理组织内阁。

这就是谅解的基本内容。但吴佩孚将军平时强调宪政,却并不太喜欢国会议员。我很怀疑他是否懂得代议制政治的原理和概念,虽然他为人诚实,是一个干练的军人,并且拥护旧的传统道德和法律。

所以,以内阁为一方,以总统为另一方,以国会为第三方,再加上所谓的"实力派",这就再次形成了一种四角安排。这种安排既有好处,也有弊病。在政府的实际工作中,互相之间的政治利害冲突一直非常激烈。

王宠惠博士听到吴景濂及其在国会中的同伙宣称孙丹林、高恩洪两位总长的任命将遭国会否决后,他接受别人劝告并通过孙和高的渠道得到吴佩孚将军的同意,决定不把他的内阁阁员名单提交国会审批,使国会得不到推翻内阁的机会。这便是王博士内阁遇到困难的根本原因,这些困难导致总理和以吴景濂为首的国会之间的公开争吵。这种公开争吵反过来又促使财政总长罗文幹拒绝支付国会的必要经费,最后激成了罗文幹被逮捕、拘留的案件。

王宠惠内阁组成不久,国会和内阁之间就发生了摩擦。吴景濂亲自带领一些国会议员登门找到罗文幹,索取国家预算中拨给国会的经费。罗博士觉得难以筹措所要求的款项,但他没有提出任何解决国会财政困难的办法。说来奇怪,罗在国会中有许多朋友,却不喜欢议长吴景濂。吴的个性很强,任何不了解他的人都会觉得他盛气凌人。罗博士的个性也很强,他觉得身为财政总长,应该由他掌握、分配经费,并可利用这种权力作为武器。在另一方面,吴景濂则认为既然王博士的内阁阁员不能被全部批准,这就意味着内阁的垮台。

一天,吴景濂先生来找我,抱怨财政总长的冷漠态度和拒绝提供国会经费,要我替他想想办法。我说我给罗总长打电话,支持吴先生对经费的要求。当我给罗打电话时,罗说,"别理他",接着罗给我解释:第一,国库没有这么多钱;第二,吴不和政府合作。在私下里说,他的话也许有几分理由,但用来处理政治纷争,就不是明智之举了。我认为毕竟国会按规定应享有每月的经费。正如吴先生所说,没有经费他如何给秘书们发薪,国会又如何能工作呢?我告诉吴景濂,国库可能真的空虚,建议他借点钱,要财政总长为贷款担保。吴说正因为财政总长不干,他才来找我。他说他的一个朋友曾和比利时银行谈妥一笔三万银元的贷款作为国会的每月拨款,但银行要求财政总长给银行写封信说明原委,而且信上要由外交总长副署。为此我再次给罗博士打电话,他拒绝这样办,我和他争论起来,他说银行真正需要的是外交总长的签名,要我尽管去办理借款协定。我说:"你让我尽管去办,那么说你同意这笔借款了?"接着我又说财政部应该保证偿还借款,外交部没有钱。因为罗博士和我一直关系很好,我在那封信上签了名,并且发出公函连同吴景濂和比国银行所订协定的副本送交总统及财政总长,在这事件中,我仅仅是个中间人。

财政部和国会之间早有摩擦,理由之一是罗博士站在王博士一边,王博士又站在吴佩孚将军的两个代表孙丹林和高恩洪一边。王博士并没有把他们之间的一些政治策划和磋商情况完全告诉我。罗是王的终生好朋友,王博士是个学者又是个非常谦谨的人,罗博士正好相反,很容易与人争吵。他们两个都是广东人,虽然我也能说广东话,但我从不参与他们的私人事务。

随着时间推移,形势变得越来越紧张。国会接连不断地给总统送去公文,要求他送去内阁阁员名单,总统却始终听信内阁,更确切地说是听信两个吴佩孚代表的意见,没有理会国会的要求,这就形成了很不好办的局面。

因此,国会想方设法挑政府的毛病。他们屡次要求总统命令总理亲自出席国会接受质询,但王博士从没去过国会。这个问题三番两次地提到内阁,我一直认为国会是根据宪法行事,内阁也应该按照宪法去做。我建议内阁派人出席国会,所以有两三次内阁派我出席国会。开始,有的同事警告我:"你去国会要遇到很大的麻烦。"我说,这是每一个议会制政府必须应付的场面,唯一办法是面对现实,这是无法回避的。我还说,国会议员同样是人,只要你能认真说明理由,他们不会难为你。王博士看到我总是主张和国会取得进一步的谅解,他就派我出席国会答复质询。

我来到国会时,发现议员们的神态很严肃,因为他们都想找我的麻烦。随之开始提出质询,我很有礼貌地作了回答。答复质询时,我对他们的态度很诚恳,尽可能地说明真实情况、原因、困难以及正面与反面的理由。一般说来,每当我的答辩结束后,议员们都鼓掌欢迎,有人还来到我面前,对我出席国会表示欢迎,说我树立了一个尊重宪法的榜样。也许这是他们的真实感情。他们告诉我说:我正交好运,应付质询很得体。但这总不是满意的解决办法,尽管国会议员们对我相当友善,他们的真实意图仍然是给内阁制造困难。这可以用中国的一句成语来解释:"醉翁之意不在酒。"

我担任了内阁与国会之间的联络员,经常宴请一些国会议员,客人常常多达三五桌,内阁各部总长也经常在被邀请之列,这是与国会议员处好关系的一种中国式方法,他们对我的殷勤好客都表示赞赏。经过一些试探后,我想用一种比较直接的方式,调解内阁与国会的争端。有一次我在外交部大楼举行宴会,邀请了国会领袖和内阁阁员,打算努力把双方聚到一起进行说和。在筵席上,王宠惠博士坐在我对面,我的右侧是参议院议长王家襄,左侧是吴景濂。吴一见到王宠惠,脸上就露出不高兴的神色。我正想说几句笑话缓和紧张气氛,这时吴对王博士说:"你是总理吗?你是什么总理? 你对宪法还有丝毫尊重吗?"这是当着大约四十位客人面前对王宠惠博士的公开侮辱。于是有人说:"安静! 安静!"然而,王博士毕竟是总理,他得维护自己的尊严。我只好打圆场说:"别提这些事了,我们喝酒!"宴会于是不欢而散。

内阁与国会之间争端的实质,主要是提出阁员名单交国会批准的问题。无论在内阁会议上或是在王博士家里,我都试图说服他,使其认识到当时采取的做法是不明智的。我说:"你是个国际知名的法学家,大家都瞩望你在所有人中是最能够严格尊重宪法的人。宪法规定阁员名单应该提交国会批准,这是宪法的内容之一。你必须就此作出决定。现在有三种选择:第一种选择是,按宪法办事,要求总统把内阁名单提交国会审批,如果有的人在国会中通不过,那时你再做些必要的更动;第二种选择是,如果你不愿意把内阁名单提交国会批准,那你就应该辞职,这样做也是符合宪法的,而且你的辞职将会得到国民和国会的谅解;第三种选择是,如果你认为内阁名单中因为有两个吴佩孚将军的人而将遭到国会否决,那么,你应该要求吴将军另外遴选两人补入名单。以上是三种可供选择的办法,但你至今没有照此行动。你所做的只是无视国会,这样干是行不通的。现在你已经给国会领袖们提供了攻击内阁的机会。据我看来,你选择第三种办法最困难。因为这两个吴佩孚的人一直坚持不提交内阁名单供国会批准,同时你也难以越过他们,直接和吴将军接触。正因为这两个人反对第一种办法,而第三种办法实际上又做不到,唯一的办法只有辞职。你不能总是呆着不动,拒绝作出任何选择。"

我知道王宠惠博士处在孙丹林、高恩洪两人的影响之下。我也了解吴景濂的傲慢和跋扈。所以,有时是在我家里和王博士谈话。王是个沉默寡言的人,不愿意被人看成懦夫,更不愿意在与吴景濂及其所玩弄的国会把戏的斗争中成为失败者。但我看出了这种局面难以长期维持,有些国会议员正在策划其他谋略以迫使内阁垮台。因此,我相信辞职比被迫下台对我们要好一些。可是王博士对此始终未置可否,他不能作出决定。

当时北京笼罩着一种政治气氛,似乎将要发生什么事件来加剧内阁与国会的冲突。果然没隔多久就证明这种推测并非全无根据。一个星期六的夜晚,海军总长李鼎新将军在海军俱乐部举行宴会,像往常那样,内阁主要成员和武装部队领导人都应邀出席。在军警首脑中有京畿卫戍司令、京师警察总监、宪兵司令。此外,还有一些国会议员。在宴会过程中,进来一位将军和卫戍司令王怀庆将军说了几句话。看到这种情形，我预感到要出什么事。晚间九点十五分宴会结束，罗文幹和教育总长汤尔和一道离去，我停留了十分钟后也告辞而归。我回到家里即接到从罗博士公馆打来的电话，说有几个军人来到罗家把罗带走了，从罗被带走的方式来看，他好像是被逮捕了。这个消息使我大为震惊，我立即赶到王宠惠博士家，想弄清楚究竟是怎么一回事。王博士说他也接到了罗博士被捕的消息，而且和罗一道被捕的还有财政部的库藏司司长。这是个广东人，罗的朋友，年岁不大，给我的印象是很能干。罗博士被捕对王博士是个震动。我向他建议应该把这件事报告总统，查明为什么一个财政总长会受到这样的对待。王博士显得很沮丧，他说如果我认为应该找总统请示的话，他同意由我去这样做。我极力劝说王博士，罗的被捕是影响到整个内阁的一件大事，而王博士是内阁首脑，这是个严重事件，必须查明这事的责任。王博士说他要辞职。我告诉他这可能是下一步势所必行的。但现在我们首先应该查明这桩非常事件的背景。显然，这时王博士感到非常心烦意乱。

虽然王博士和我都相信罗博士作为财政总长的诚实品质，但很明显，逮捕他必然也有某种借口。我在晚上约十一点钟离开王博士家，临告辞时我对他说，既然已得到他的同意，明天上午我就立即去总统府，努力弄清事情的背景。

第二天上午刚过九点，我来到总统府，立刻被带进一个正在开会的房间。人们招呼我入座后，我发现总统坐在会议桌的主席位置，在座的有卫戍司令王怀庆，驻北京的步兵师师长、警察总监和众议院议长吴景濂、参议院议长王家襄、总统府秘书长饶汉祥，此外可能还有一两个出席会议的人，现在我已想不起他们的姓名了。我到达时，他们都保持沉默。当时我很激动，直截了当地对总统说：我认为他们已经知道我的来意与罗博士被捕有关。我说，王宠惠总理不能来，我来是得到了他同意的。我接着说财政总长的突然被捕，不仅对内阁而且对总统也是个严重事件，因为根据宪法,目前的内阁是向总统负责的。怎能不和政府、总理、或司法总长打个招呼就逮捕阁员呢？所以,我来觐见总统的目的就是为了弄清为什么会发生这种事,谁下令逮捕罗博士的,以便确定责任问题。

对我当着出席会议的人的面严肃地对黎元洪总统说话,他看来似有所动。他忙说他没有下令逮捕。于是我说,如果总统没有下令逮捕,谁能下这个命令？还有,既然代表总统行使职权的内阁也不知道这件事,我认为这样做是违法的。为了使总统和那些出席会议的人加深印象,我接着说,这个事件将在国际上造成很坏影响。作为外交总长,我曾经力图使国际上认为中国像其他国家一样,是个法治国家。我说,既然总统、内阁和国会都应遵照宪法行事,那么我要再次提出这个问题:总统说他没有下令逮捕,究竟谁能下这个命令？我代表内阁很愿意听到有关这方面的说明。这时总统指着王怀庆将军说,是他的司令部下令逮捕了罗文幹。王怀庆将军回答说:"不！我对总统说了,是总统指示我去办的。"总统说:"我没有那个意思。我只是告诉你吴景濂议长来信的内容,信里说这件事涉及到奥国贷款。收到信件后,我确是把你叫了来,但我并没有让你逮捕罗总长。"王将军说:"我奉命来到后,你告诉了我信件内容,我问是不是要依法办理,你说放手去办吧。"总统回答说:"我没有命令你逮捕他。"王将军说他理解总统的意思是要他把罗看管起来。总统说是吴议长曾经口头和书面建议逮捕罗总长。于是吴景濂说,他只是把这件事报告了总统,至于决定是要由总统来做的。最后,总统说他没有逮捕罗的意思。

我插话说,从他们刚才说的话判断,没有人下令逮捕罗。如果没有特别命令,卫戍司令肯定无权逮捕。这个行动不能认为是合法的。我还特别强调说,必须把这个事件看成是中国政府的耻辱,我们应该迅速采取措施,弥补已经造成的损失。总统指着出席会议的军警长官说,顾总长说得对,应该立刻释放罗总长。于是我就表示我高兴地看到总统已经领会到这个事件的症结而且措置得宜,接着我就离开了总统府。我回到王博士家向他报告交涉的经过。隔了一会儿,我仍在那里时,王博士接到一个可能是从总统府打来的电话,说罗博士已经被释放并被请到总统府,目前正和典礼局局长王先生(广东人)在一起。

后来,我得知事件的经过是,总统、众议院议长和参议院议长在会后进行了商议。显而易见,他们对这件事从法律方面考虑,同意释放罗博士。可是因为罗博士在基于奥国赔款的奥国贷款事件中被指控为违法,这个问题仍然未得解决。现在让罗博士恢复自由而不采取任何预防措施,日后如果对他的控告终于核实成立,就要冒在此期间罗有可能离开北京、逃避法律制裁的风险。所以他们决定把罗博士作为一位非自愿的客人"请"到总统府来。显然,这是一场国会、内阁和总统之间的三角冲突。

关于对罗博士的控告,实际上我一无所知。我曾问过王宠惠博士,他是否了解任何内情。王回答说,罗博士签订贷款协定前只报告了他,而未经内阁会议批准。我对罗为什么要这样做感到有些惊诧。王解释说,罗这样做是为了急于开辟财源度过中秋节,这个节日对于政府特别是对于负责提供经费的财政部一直是道难关。我问道,为什么罗要在他家里签订这个贷款协定。王说,罗当时正患着重感冒,听了库藏司长黄先生的劝告才这样做的,黄是罗的广东同乡。王接着说,黄司长向罗介绍了一家叫做安利洋行的著名外国进出口商行,这家商行的买办也是广东人,他和罗总长、黄司长都是朋友。我说,确实,这种办事程序不够正规,但问题的实质在于借款协定内容是否有任何违法之处。我还说,这是个实质性问题,王博士应该进行调查。众议院议长提出的控告中,攻讦罗总长和黄司长以佣金的形式谋取个人私利。显然总统恰是被这一点所激怒的。但它仅仅是未经证实的指控,我们必须查明其是否真实。

王博士决心和整个内阁一同辞职。我完全同意他的决定。

但我坚持这两个案件必须弄清,因为王博士和我都充分相信罗博士的诚实品质。此外,这件丑闻的政治目的是为了促使内阁垮台,它的主要策划人是众议院议长吴景濂和像陆军总长这样的一些内阁成员。陆军总长张绍曾并不掩饰想当内阁首揆的野心,他和吴景濂过从甚密,而且已经谈论到由他担任下届总理。据说他和吴景濂之间有一个政治分赃,即内阁职位分配的秘密协定。

3. 张绍曾将军组阁及其垮台

不管关于吴景濂伙同张绍曾秘密筹划攫取政权的政治流言是否属实,总统理所当然地照准了王宠惠内阁的总辞职。我猜想黎元洪总统身边那些不赞成吴景濂集团的谋士们一定曾向他献策,找一位年高资深不属于任何政治派系的政界元老继王宠惠当内阁总理。因此汪大燮先生勉为其难,接受了总理的任命。汪是一位学者和外交官,在清代担任过驻伦敦的中国公使,作为一位老政治家,他享有较高的声誉。汪提出就任总理的条件是,他只出来填补空当,摄职以十日为期。

在此期间,我曾力图澄清王宠惠内阁由于罗文幹或内阁任何其他人的问题,在诚实性方面所受到的怀疑。那时,连王博士也被间接地指责为与罗文幹在奥国贷款事件上同谋营私。这种指责中有一部分甚至是来自那些完全了解王、罗在诚实方面是无可怀疑的人。但是,政客们为了争权夺利而不顾节操已成为当时的风气。

虽然我和其他阁员曾谈到过这件事,不知道为什么他们不愿意和我一道去设法澄清内阁所蒙受的耻辱。我认为,宪法规定内阁为集体责任制,内阁任何成员由于违法乱纪或被诬指为违法乱纪而出现的任何问题,都将影响到整个内阁。

一天，我正因病在家休息，总统府秘书长饶汉祥来看我并转达了总统的意旨，要我在王博士辞职后担负起组织新内阁的任务。我尽力向饶解释，在目前形势下，我不可能担当这一任务，因为根据宪法规定，内阁阁员承担共同责任。我的意思是，罗文幹案件至今仍没有澄清。饶说众、参两院议长一同觐见总统提出了联合建议，总统完全同意由我继任王宠惠的总理职位。他还说两院议长将要亲自来登门拜访，但黎总统决定派他先来传达意旨。我再次向饶说明不能接受这项重任后，他答应把我的意见报告总统，可是要求我在国会领袖们来看望时，不要采取僵硬的态度。

　　紧接着，吴景濂和王家襄来到我家，他们告诉我众议院和参议院都赞成我当总理，准备授予我全权委托以组成一个新的内阁。他们还向我保证可以得到国会的继续支持。我用对饶汉祥说过的理由回复了他们。

　　吴、王两人离开我家后一定是直接回到了总统府，因为总统随即给我打来电话——那时我正躺在床上——敦促我接受这个建议，以便缓和政治局势。他说国会领袖们之所以推荐我，是因为他们认为我在罗文幹案件中毫无牵连，同时也因为中国需要由国际知名的人在总统委托之下领导政府。于是我把以前对别人说过的理由又向他重复了一遍。此外还说我正患着严重的流行性感冒，就健康来说，无论如何都不能承担组阁的工作。而从政治上讲，更不能接受这一委托。我接着解释我不适宜继任王博士的总理职位，在王博士内阁中我担任外交总长，正因这个内阁的财政总长被指控违法才导致了内阁的垮台。除非这些控告、指责和怀疑得到彻底澄清，我不可能担任政府的任何职务。再说，我如果接受这个建议，那就会使外界看来好像是我为了要当内阁总理而策划了这次倒阁运动。最后，总统说他将物色别人临时代理总理，但他希望我继续留在北京给他帮忙。我说我可以留在北京从事非官方的工作，也不要任何正式的头衔。

　　汪大燮就任代理总理后，有一天他的秘书长陈汉第打电话告诉我:总统的秘书很快就要给我送来一份汪大燮刚刚签署的任命书,任命我为关税委员会主席。还说总统这样做,正表明他在我身体一直不大好时,仍然继续信任我。我对陈汉第说:虽然我个人很愿意帮助总统,但不能接受政府的任何官职。我还说我将很快提出辞职。于是我写好辞呈,派我的秘书亲自交给陈汉第。然后,我给陈打电话,请他帮忙暂不要报告总统,而是先向汪大燮代理总理转陈我辞职的理由,并递上辞呈请汪批准。陈是位翰林,杭州人,典型的儒家君子。汪大燮和我虽然没有多深的关系,可是我们两人互相钦佩。汪是位长者和前辈,一直对我表示赞赏。我记得第一次见到他的时候是 1908 年,那时他任中国驻伦敦公使,我还是个留学生。我在返上海探亲途中路过伦敦时,曾和他作过一次长谈,给我留下了深刻的印象。

根据事先商定的条件,汪先生不久就辞职了。1922 年 12 月 10 日,王正廷博士接掌政府,担任代理总理兼财政总长。那时,热衷于登上总理宝座的张绍曾将军积极地与吴景濂合作,力求能被任命为总理,组织新内阁。至于张的任命迟迟未能发表和需要王正廷博士出来成立一个临时内阁的原因,很可能是由于要等拟议中的内阁与以吴景濂为首的国会集团之间制订出一个合作计划。吴景濂虽是众议院议长,但在众议院中也有他的为难之处。那个时期众议院比参议院更为重要。吴是"益友社"的首脑(这个组织是国民党内的派系之一),但还有一些其他派系反对吴的集团。即使在"益友社"和其他亲吴派系成员中,也有不少人特别是广东省的议员是王宠惠博士和罗文幹博士的朋友。卢信、司徒殷和一位姓欧阳的就是明显的例子,他们与王、罗的交情很好,不赞成张绍曾组阁,因为张参加了王宠惠内阁后又从中兴风作浪设法推翻王的内阁。

然而张绍曾的组阁愿望终于实现,并以施肇基博士担任外交总长。事实上施博士在他的名字提交国会通过之前就已回国并到任视事。他甚至搬进了坐落于史家胡同——石大人胡同后面的一条胡同——的外交总长官邸。当国会举行投票表决内阁名单那一天,施博士的姓名首先在众议院获得通过。接着在参议院举行投票,院内院外的人们都一致认为施博士被顺利批准是理所当然的,谁知表决时竟没有得到必要的票数。

施博士落选的原因说来有趣。参议院副议长王正廷博士自己有一帮人,在参议院中影响很大。其中王正廷有个得力助手是来自东三省的参议员之一,他的姓名现在我已记不起来了,这个人受王正廷委托照料参议院的工作,而王本人则去西山度假,有意避开投票。投票将要开始前,他不断地往西山打电话向王正廷博士报告参议院的动态。这时有三十多名东三省的参议员都已在他们的票上写了"同意"两个字,准备投出以支持施博士的任命。后来上述得力助手接到王正廷博士的电话指示,他要求这些东三省参议员同事们在票上的"同意"二字之前加一个"不"字,结果施博士未能得到必要的多数票,弄得很尴尬。据说王正廷博士搞这一手的原因是他自己要当外交总长。关于这点我没有直接的证据,但当时却是尽人皆知的。后来我和几个东三省参议员曾谈起过这件事,从他们那里得到进一步证实。施博士不是政客,也不属于任何党派,王博士不可能对他存有政治嫉妒心。有趣的是造成形势逆转的关键,全在于那些东三省参议员的肯定票在投出前变成了否定票。其实,东三省人一直是支持施肇基博士的,因为清代末期施曾一度任过哈尔滨的海关道,在与俄国人打交道中很有一些名气,东三省人把他当作自己的朋友。

参议院没有通过施博士的提名,多少打乱了张绍曾将军的组阁计划,但不太严重。以后黄郛将军在1923年2月代替施肇基博士当了近两个月的外交总长。

新外交总长黄郛上任后办的第一件事是送交在北京的法国公使一份答复照会,同意法国关于解决金佛郎问题的要求。当时一度喧传我在黄郛的辞职事件中插了手,这种说法其实毫无根据。事情的真相是:金佛郎问题第一次出现于我任外交总长时期,那时它已经是件错综复杂的悬案。外交部采取拖延的办法,按下来没给法国公使答复。1922年8月我就任外交总长后,曾在外交部通商贸易司长和总务司长提供的原始材料基础上研究过这个问题。我起草了一份呈交内阁的备忘录,对这个问题本身和中国为什么不能接受法国要求的理由作了说明和分析。在备忘录中,我指出,无论从1901年9月1日的议定书来看,还是从国际法和国际惯例来看,法国人的要求都缺乏充分依据。根据以上理由,我给催逼着等待回答的法国公使作了答复。这个否定的答复不仅引起了法国使团的不满,也引起了某些与法国使团处境类似的国家使团的不满。为了使民众了解这个问题和使国会支持政府的立场,报纸公布了一些与金佛郎问题有关的资料。同时国会也向政府提出了相应的质询。我记得当时在政界人士中普遍认为中国不应该拒绝法国的要求。从外交部的卷宗内甚至可以看出外交部的最终意见即倾向于接受上述要求,理由是唯恐采取拒绝态度会在赔款豁免部分的交付问题上招致除了法国还有例如荷兰、比利时的不利反应。

在黄郛将军就任外交总长之前,国会对财政问题,例如金佛郎问题、发行公债问题和中国参加欧战借款等三问题,颇感兴趣。我记得吴景濂和他的国会同事们想要得到我对金佛郎问题所准备的备忘录副本。因为我已离开外交部,一天他们特意为此来到我家里。我告诉他们:"我确实准备了一份备忘录,可是身边没有副本。即使有的话,也不能私自交给你们。你们应该直接找外交部去要。外交部一定会给你们的。"他们果然从外交部弄到一份备忘录副本,做了研究并同意了它的内容。

在张绍曾将军的内阁中,外交总长黄郛通过代表与法国使团进行了接触。那时金佛郎问题是亟待解决的现实问题之一。同时张绍曾也迫切希望尽快解决这个问题,因为他认为如果这个问题不解决,各国外交使团,至少法国使团将会采用扣留交还赔款减免部分的办法来给政府制造困难。所以黄郛就职后,他办的第一件事就是给法国公使送去一份答复金佛郎问题的照会。

很快，国会知道了这个消息。可以肯定正像在我任职期间一样，有些国会领袖在外交部安插了自己的人。据我所知，那时有些外交部的官员是经过国会领袖例如众议院议长等人的介绍而后任命的。通常的做法是，在被介绍的五六个人中，有一人受到任用。外交部就通过这个办法与国会保持友好关系。这是一种政治手腕。但应该指出的是，这次国会得到的消息却是首先来自报纸。在正常情况下，如果国会与内阁的关系相处融洽，这类消息并引不起多大重视。但因这时吴景濂对张绍曾已感到失望，张曾经向吴许过几次愿，其中之一是张允诺任命吴的两个朋友为内阁阁员，后来都没有兑现。所以国会与内阁之间开始发生龃龉。国会开始要求总统派总理和外交总长到国会接受质询并回答问题。黄郛根本没有去国会回答问题。由于张绍曾决定不理睬国会，事情闹得越来越厉害。结果金佛郎争议变成了政府与国会之间的争议。最后导致了黄郛将军的辞职。我认为国会甚至是要求黄辞职，因为他无视国会。

然后，我在事先没有得到通知，更没有得到我的同意的情况下被任命为外交总长。这当然使我大吃一惊。任命宣布后，众议院议长来看过我，可是张绍曾本人并没有照面，他已被迫离职。黄郛在1923年4月8日辞去外交总长职务，过了一段时间才正式公布。（黎元洪总统于1923年6月13日离开北京，张绍曾离去更早一些。）我记得任命刚一发表，曹锟的三个得力助手就来游说，劝我接受任命，这三个人都是张绍曾内阁的阁员，高凌霨任内务总长，吴毓麟任交通总长，陆锦任陆军总长（高凌霨当时正竭力想维持内阁）。我没有同意，告诉他们说只要罗文干的案件一天不澄清，我就一天不任职。罗博士当时正处于被地方检察厅起诉的状况之下。关于罗案的报告已经呈送到司法总长程克那里，他将就地方检察厅是否应在法院对罗提出刑事起诉作出决定。高、吴、陆三人听了我坚决拒绝接受新职的理由后，说：如果这是我提出的条件,那么一俟我就职后,罗案即将解决。这是他们许下的诺言。我和他们之间的分歧点在于:我坚持只有罗被释放后,我才就职。

最后,在一位陈先生家里安排了一次会议。陈是北京《亚洲日报》的编辑,福建人。因为他与北京的政治界关系密切,他的妻子又是一位殷勤好客的女主人,所以许多政界人士经常利用他家作为会议场所。参加这次会议的有吴景濂、司法总长程克、王兰亭、高凌霨、陆锦和吴毓麟。他们之中有人躺在床上抽鸦片烟,其余的人抽雪茄烟。吴景濂说:召开这次会议是为了向我保证将要释放罗博士。他指出司法总长也到场了,这就可能作出必要的安排。接着他要王兰亭代表其他出席人发言。王力图用这些话打动我,即:一个政府如果没有外交总长,在执行职务时将受到很大影响。而且政府的地位也会引起外界、特别是国际方面的怀疑。因此他希望我出任外交总长,使世界各国人士看到中国有了适当的政府。王接着说,就罗博士案件而言,因为罗即将被释放,这个案件也就没有多大问题了。于是我问他罗什么时候释放。他回答说只要我一就职,罗即将被释放。我又问他司法总长打算怎么办。我说地方检察厅已经向司法总长呈上报告,现在该由司法总长下令撤销这个案件。于是,吴景濂指着程克说:"刚才我们说的话你都听见了,你就是负责执行的人。"程回答说:"当然! 这事没有问题。"我表示我将在罗文幹被释放后的当天就职。他们说最好是我先就职,随后释放罗。因为司法总长下达释放罗的命令要经内阁批准。最好由我先参加内阁,这样我就可以监督使命令得到批准。他们还说这项批准手续将在我出席的第一次内阁会议上完成。取得了这一谅解后我同意就职。因此,我第二天上任,随后罗文幹被释放,这是 1923 年 7 月初的事。

早在 1923 年 6 月 13 日黎元洪总统已经下台离京,按照宪法规定,内阁可以作为摄政内阁行使总统的权力。但人所共知,为了维护中国的名誉起见,没有外交总长的内阁是不宜于行使总的职权的。宪法规定,如果总理缺席时,由外交总长代表内阁,尽管内阁是以集体形式而不是通过任何阁员个人行使总统的职权。这是促使我就任外交总长的原因之一。那时罗文幹博士的案件已经不再成为严重案件,最重要的事情是在全世界面前维持一个政府。

在黎元洪总统去职至 7 月 3 日我接替黄郛将军担任外交总长的这段时期中,内阁已经聚集了一些人,他们得到保定派的支持并有国会为之撑腰,可是其中没有一个国际知名人士。当然他们也担心,缺乏外交总长,内阁难以执行职务。

我记得吴毓麟和高凌霨来看望并敦促我就任外交总长职位时,他们曾对我说,按照宪法规定,在没有总理的情况下,我作为外交总长将领导内阁。后来我同意就职时曾明确地提出,我当外交总长只致力于处理国际关系事务,不想介入国内的行政事务,因为我对国内的问题不大熟悉。我还争辩说,在总理和外交总长缺席时,按顺序应由内务总长高凌霨领导内阁,事实上他也已经主持了内阁会议。其他阁员同意了我的意见。我相信他们心中有数,知道我不愿意和各个政治派系打交道,尤其不愿意和内阁的真正后台保定派周旋。我也相信他们要我当外交总长,只是为了使内阁看起来更像一个政府。

4. 摄政内阁,
1923 年 6 月 13 日—10 月 12 日

1923 年夏当我就任摄政内阁的外交总长时,国会正在开会,主要的政治议题是准备选举新总统。我尽量不参与这件事,我的一些内阁同僚们也不愿告诉我有关选举的幕后活动,倒使我感到轻松自在。

选举活动中的主要问题在于使国会议员协调一致投曹锟的票。众议院议长吴景濂和其他一些集团的首脑看来想为实现这一企图召开会议都有困难。显然，以曹锐为一方，和以操纵着国会中最大集团的吴景濂及国会内外其他集团首脑为另一方在讨价还价。这时国会内部简直开不成会，许多议员为了不让任何会议达到法定人数而离开了北京。同时，为了便于操纵即将到来的选举，国会议员们组织的各种交谊俱乐部，犹如雨后春笋，纷纷出现。

当时曹锟在保定。充当他的竞选代理人经常往来于保定、北京两地的是他的弟弟曹锐。曹锐被人们称为曹四爷，在选举前后为曹锟经办了大量政治事务。他很少在公开场合或大型会议上露面，可是却在幕后进行了全部策划。曹锐比他哥哥曹锟受的教育多得多，他是个文人而不是军人，从外貌和举止看比曹锟总统显得文雅，但是行为不大检点，后来因缺乏教养而招致恶果。例如他和吴佩孚大帅虽然属于相同的政治派系，却遭到吴的激烈反对。我觉得吴景濂不只是不喜欢曹锐，甚至还恨他，因为曹锐拒不履行他和吴景濂所达成的政治交易。据了解，曹锟当选总统后，吴景濂将成为总理以偿平生夙愿。临近选举前夕，吴景濂身为众议院议长，手里掌握着操纵选举的武器。毫无疑问，他企图阻挠选举，向保定派提出了一个又一个要求。由于他的强硬态度和苛刻条件，使国会议员们分裂成不同的集团。有些所谓特别议员俱乐部，成了吴景濂集团的直接竞争对手。吴未能实现其野心，因为曹锟当选总统后，仍由高凌霨继续任总理。

在摄政内阁时期，我想起一段有关筹集总统选举经费的插曲。其时国会仍在会期中，众议院议长吴景濂在议会中处于支配地位。一次内阁会议上，财政总长张英华提议把向日本借的参战借款利息转入本金内。我记得有几个阁员赞成这个意见，但我表示反对。当时我所持的理由是：这项关于中国参加欧战的借款，已经成为国内的一个重要政治问题，遭到舆论的强烈反对。这也是激起"五四"运动的原因之一。国会曾多次通过决议，拒绝承认这笔借款。我说，政府如果批准把上述的借款利息转入本金，那将是很不明智的举动。没有人接着发言。于是高凌霨先生说,既然顾总长反对这个建议,内阁可以把它搁置存档。这事发生在星期二,内阁通常在每周二、四、六上午开会。

我想吴景濂和国会中其他领袖们,一定在内阁中有代理人,因为他们知道正在处理承认中国参加欧战的借款问题。承认借款问题曾经不断地成为对财政总长的压力,而这个问题,正是财政总长向内阁提出的。

每逢夏季我经常在星期五晚上去北戴河度周末。有一个星期五的傍晚,我接到了吴景濂亲自打来的电话说:"我听说你要去北戴河,请先别去。"我问:"为什么?"他说他得到一个报告,大意是内阁其他阁员知道我要去北戴河,他们准备在明天上午的内阁会议上提出有关中国参战借款的问题。我说:"既然如此,我就不去了。"第二天上午我去内阁开会,往常会议都是安排在上午十点开始,这一天的开会时间却提前了五或十分钟。我在十点三分左右到达会议室,这时其他阁员已经就座,我坐在代理总理高凌霨的对面。高说:"决议已经通过了。"我说:"对不起,我来晚了一步。"我问高通过决议的内容,他说是关于中国参加欧战借款问题的决议。于是我说:"那一天我已阐明了对这个问题的意见,内阁应该非常慎重地考虑这个问题。"于是,高说:"既然顾总长不同意这个决议,我将告诉秘书长把这个问题先搁置一边,这个决议算没有通过。"正在这时候电话铃响了,吴毓麟总长被叫去接电话。给吴来电话的是日本工业公司的冈田,我猜想冈田一定是通过电话向吴打听内阁会议讨论的结果。吴在隔壁房间接电话,大声说:"还没有!还没有!我们正在讨论这个问题。"随后,高凌霨又重复一遍:"这个决议没有通过。"

星期日晚上我被邀请参加王兰亭举办的宴会。王是保定派的首脑之一,后来当上了曹锟总统的秘书长。参加宴会的除了王兰亭外,客人有吴毓麟、高凌霨、陆锦和李彦青。我们很友好地进行了交谈。这时王兰亭说:"在入席前,我要和你谈点事情。"吴毓麟说他不得不对中国参战借款问题发表一些意见,他能够理解为什么我反对承认借款,因为我已经说明了自己的观点,然而从他的观点来看,这个问题很重要,直接关系到曹锟是否能当选总统。他接着说:"少川,因为你在国内、国外受过教育,并且已经建立了你现在的声望,无论哪个派系当权,都会邀请你参加政府工作。但对我们来说,情况就不同了。如果曹三爷(曹锟)下台,我们就要失业。"所以他希望我能够理解他们的个人处境。他还强调他不仅仅为他自己说话,同时也代表了所有其他在座的人。我倒是有几分赞赏他的坦率,因为他的话表明他们把我当作朋友对待。我说我完全理解他们的处境,我反对承认中国参战借款,不单是因为国会多次否决了它,也是为了曹三爷和他那一派的利益着想。我解释说:"如果政府批准了承认中国参战借款,立刻就会遭到国会的反对,同时全国人民都将知道这件事。这样不仅影响曹锟当选的机会,而且即使他被选上了总统,也使曹锟的政敌们有攻击他的口实。再者,这样一来,你们将会丧失作为政府官员的声誉。总而言之,我反对它决不只是为了个人的原因,而是出于维护整个内阁的信誉和你们自己的利益。"我不知道吴毓麟是否同意我的观点,他只是说:"我们入席吧!"

无论怎么说,参战借款问题总算被搁置一边了。还应该提到的是,我在那个星期六上午突然出席内阁会议,确实使其他阁员大吃一惊。

5. 对曹锟和吴佩孚的一些回忆

曹锟当选总统早在人们意料之中,他于 1923 年 10 月 5 日当选,五天以后正式就职。

这次选举总统遭到了猛烈的政治攻击,特别是南方的反应更为强烈。我和内阁某些成员都不知道其中进行了什么交易,而且我们也没有参与其事。我以为曹锟真的是根据民意当选,谁也不知道在多大程度上他的选票是买来的。选举过后,曹锟贿选总统成了贻笑全国的一个话柄。后来有些贿赂的证据陆续被揭发出来。有可能他的一部分选票是以金钱收买、封官许愿或其他方式换来的。在当时的中国,特别是在视民主为儿戏的政治局势下,黑白之间本来没有鲜明的界线,但无论如何就这次选举而论,其中掺杂了许多流言、臆测和谣传。选举活动并不属于内阁职责,更不属于外交部的职责范围。我和我的亲密内阁同事们都抱定这样的宗旨,即把这类事情留给政客们去干,我们决不插手,以免被外界误解为我们属于任何军事集团或政治派系。所有这些年来,像我、王宠惠博士、汤尔和先生、罗文幹博士这样的人一直努力保持我们的独立地位,我们自己没有分外之想。也正因为外界认为我们超然于政争之外,不依附任何政治派系和任何军事集团,所以他们都愿意延纳我们。我和曹锟总统共事的时间比和其他任何国家元首共事的时间都长,在连续四届的内阁更迭中,我一直担任外交总长并且任过一个时期的总理。人们传说曹锟是个文盲,我不知道这是否真实,但我发现每当我觐见他向他呈递报告或备忘录时,他总是把那些东西放在一边,而要求我口述文件的内容。在我的政治经历中,我曾亲身接触过中国的几乎每一个重要的政治和军事领袖,我认为曹锟总统确实是个有意思的人。我觉得他一定具有某些不寻常的品质,使他能从一个普通士兵登上中国政权的顶峰。为此我对他很感兴趣,注意对他进行观察和研究。我发现他有几件事给了我的探索以答案,表明他虽然几乎从未受过学校教育,却是个天生的领袖。举个例子,曹锟不仅能得到他的政治追随者的忠心拥戴,还能使他的军事将领们如吴佩孚大帅之流感到心悦诚服。吴大帅是个性情刚愎、相当专断独行的人,但每逢紧急时刻,他就毫不犹豫地执行曹锟将军的命令并尊重他的权威。有一个涉及国际关系的例子(我在下一章还要说到这件事），足以证明吴大帅对曹将军的尊重。1924 年 3 月苏联大使加拉罕和王正廷博士草签了解决两国之间一些问题（例如外蒙古、中东铁路问题等）的中苏协定。吴大帅对王正廷博士草签的协定表示坚决反对，他出面发出通电批评我主管的外交部。这就置曹锟于既尴尬又恼怒的处境。曹是北京的总统，吴佩孚公开出面反对我当总长的外交部，批评我应负责的外交政策，而这个政策却是我在曹锟总统领导下执行的。我把这件事报告了总统，并且说："这种局面让外界看来难以理解，国内外都认为吴佩孚将军是你最忠实的部属，但他却公开攻击你的一位总长。这个政策难道不是经你批准的吗？"曹总统立刻看到了问题的要害，他显然动了怒："我在这里，当然比吴子玉（吴佩孚的字）知道得多。他不明白这里发生的事，应该闭上嘴。"他还说："我今天要派专人去告诉他停止发出通电，并且要他闭上嘴。因为有些事他不大清楚，这些事是中央政府的职责。"曹总统果然在当天下午派了一个人乘专车前往洛阳。下次我见到他时，他说使者已经带着吴佩孚将军的明确保证回来，吴允诺今后保持沉默，对这件事决不再说一句话。

另外，还有一件事给了我深刻印象，使我了解到曹锟将军为什么能从一个普通士兵升到中国总统的最高地位。正好在他就职后的三个月，高凌霨内阁被以孙宝琦为总理的内阁所代替，在新内阁中我仍然任外交总长。保定派的三个领袖陆军总长陆锦将军、交通总长吴毓麟先生和高凌霨先生曾一起及分别对我劝说，极力要求我任命黄荣良为驻伦敦公使。黄曾任过驻澳大利亚和纽约的领事及驻奥国公使，他是个职业外交官，同时也是我的朋友。我告诉他们黄是个有经验的职业外交官，但任命他为驻英国公使还需要慎重考虑，因为当时的任何国家都认为伦敦是个最重要的外交岗位。第二天他们又来找我，两天后他们继续催促，我在这种不断逼迫的压力下感到有些厌烦。我对他们说我正在考虑，还说我们必须选择最合适的人到这个重要岗位。黄先生在华盛顿干得很好,一般说他的性情、举止和言辞都不错。至于说到担任驻伦敦使节,因为我自己在那里工作过,知道一些英国的情况,我要选派最适合于这个位置的人赴任。他们肯定把我的回答理解成了拒绝。一天总统在他的办公室召开内阁会议,研究一些其他问题。在孙宝琦总理来到之前,总统和其他阁员都到齐了,吴毓麟先生隔着会议桌对总统说:他和陆锦、高凌霨都对外交总长谈过关于黄荣良的任命问题,希望总统再亲自和顾总长谈一谈。曹总统听了吴毓麟的话立刻沉下脸来,对他说:"老弟,你什么时候开始学的外交? 因为我不懂外交,才请顾先生来当外交总长。顾先生办外交有经验,我把这摊工作完全委托给他,你们为什么要出来干预? 这件事应该完全由顾总长决定。"由于总统回答得很干脆,其他人都不作声了。这件事给我印象很深,因为我并没有对总统提过黄的任命问题,也没有向他解释过对这项任命需要花费时间考虑的理由。但他能立即作出判断,认为他们不应该干预。

在这些行动上曹总统表现了他的性格。每当他任用一个他认为胜任的人,他就放手让他拥有充分的办事权力。换句话说,他信守这个原则:"用人不疑,疑人不用。"我认为他处人处事的方式给人印象颇深。他可能没有从书本中学过这些,但他的行为却一直符合这句中国的古老格言。他也很恢弘大度,襟怀开朗。当吴佩孚大帅于1924年9月中旬来到北京后,在他的司令部中当着刚组成不久的颜惠庆内阁全体阁员的面,草拟命令,派任各军司令官。我记得他一写完命令就打发内阁秘书立刻送呈总统批准,以便加盖总统印章。我以前曾和几位总统共过事,他们必然会对吴这种狂妄越权的行为感到愤慨。吴大帅很可能没有和总统商量过这件事,因为他在那天下午刚刚到达,会见总统的时间很短,我甚至怀疑他是否见到了总统。可是一切顺利,当天晚上命令就正式公布了,也就是说得到了总统的批准。这件事说明曹总统充分信任吴佩孚大帅,对吴大帅行使权力并不敏感多疑。所以我对曹锟作为一个领袖给予很高的评价,他虽然受教育不多,却具有领袖的品格。

　　我对吴将军的印象是：他不仅是个干练的军人，还是个严肃的纪律执行者。他对部下要求很严格。用过去的标准衡量，他可以说是个第一流的军人。他执法严明，办事公正。我另外一个印象是：他操守廉洁，想把中国的事情办好。但是他也像其他军人一样，是个性情专横的独裁者。我记得他在北京建立司令部后出发去前线之前，有一次他邀请我去讨论日本方面的最新发展和中日两国的外交关系。我去拜访他时，他正笔写忙碌，因为他喜欢亲自书写命令。吴将军和我交谈中，北京的三位军界首脑来求见他，一个是京畿卫戍司令王怀庆将军，一个是一位步兵师师长，另一个是执法处长车将军。吴将军看到他们后，让他们站在一边等了很久，他自己继续和我谈话。我想告辞，他说："让他们等一会儿。"这三个人等了好几分钟。在我们的讨论中，吴将军感兴趣的是日本对中国的态度。我对他说，在内战时期，这三位等候着的将军一定有重要军情要向他报告，我是个文人，最好马上离开。吴将军说："不必。"于是他没有请那三位将军坐下就向他们发布命令。他对王怀庆将军和步兵师师长说："你们今晚七点出发，火车已经准备好了，你们到达第一个停留点后就打电话回来报告。"接着他对车将军说："你同乘这列车到某某地方，然后打电话回来报告。"三位将军问他是否还有其他指示，他说没有，并要他们立刻离开。那时王怀庆是陆军上将，身居要职，吴将军对王和其他两位将军说话的态度显示了他的威望。事实上吴不但是个军事领袖，还是个铁腕人物。

6. 第二次直奉战争和冯玉祥倒戈

　　曹锟就任总统后的三个月中，我在高凌霨内阁担任外交总长。1924年1月内阁改组,由孙宝琦出面组织新的内阁。孙以前没有担任过任何内阁职务,他推荐颜惠庆博士当外交总长(颜夫人是孙的姊妹),在政治上孙和颜是同路人。我本人对是否留在政府中并不介意,因为我的朋友们都离开了。我对保定派也不熟悉,例如以前我从来没有会见过吴佩孚将军,虽然他力荐王宠惠博士出任外交总长,而王博士是我的亲密朋友。我和曹锟也素昧平生,尽管在总统选举前,曹锐曾一度邀请我和一些其他人访问过保定。

孙宝琦推荐颜惠庆当外交总长,曹总统却要我留任这个职位,并通知了孙。我以前做过孙的参赞,可是孙一心想把颜拉入内阁,因为颜比我接近保定派。不管怎样,孙宝琦最后还是接受了总统的意见,我继续留在内阁担任外交总长。我考虑留任我的理由可能是因为近一时期我和其他阁员曾坚持工作,克服了种种困难,如果把我从外交部调到其他部门,那将是一种忘恩负义的行为。

在孙宝琦辞职后,出现了类似的局面。那是1924年夏天,我仍在内阁担任外交总长。一天下午,交通总长吴毓麟打电话到外交部,祝贺我升任代理总理。因为我事前一无所知,这个消息使我感到惊奇。我任代总理的命令发表于1924年7月2日。我告诉吴毓麟说,我不愿就职,因为我不熟悉北京的政治情况,而且我想继续献身于外交事业。他说,总统和孙宝琦同意按照宪法,总理缺席由外交总长代理的规定,任命我代理总理。他劝我不必踌躇,还说内阁其他阁员将会继续帮助我。我说问题不在这里,我从来没有企望过担任总理,况且我不了解国内政情。他说总统坚持要我接受新任命。他不但不把我的意见转告总统,反而建议我和他一道去见总统。于是我和吴毓麟到了总统那里,但曹锟总统这时已经下了决心,我婉辞无效。总统说他理解我的心情,让我代理总理只是临时负责,他还要另外物色总理人选。在过渡时期暂由我代行总理职权。

基于这只是暂时代理的谅解,我接受了代理总理的任命。内阁其余成员也全都留任,没有更动。由于我同时兼任外交总长,政治界中出现许多征象,显示颜惠庆博士作为早已预定的候选人,将正式继任孙宝琦的总理职位。这时传出一些流言,说国会更希望我担任总理。我对这些消息不大相信,也没有什么兴趣,因为我并不想当总理。我一向对中国的外交政策和外交关系感到兴趣,我的夙愿是实现修订中国的不平等条约,而无意于卷入政治活动和政治竞争。我猜测为什么国会宁愿要我担任总理的原因是:在过去两年中,我和国会的关系一直处得比较融洽,而以前颜博士担任总理时,与国会的关系却弄得很僵,特别是他和众议院议长吴景濂之间的关系更是势如水火。1922年他的内阁因受国会掣肘,不能顺利行使职权,只勉强维持了六个多星期。这次,国会领袖们,尤其是吴景濂集团,又散布消息说:如果颜惠庆的名字提交国会,他们将投票予以否决。

　　最后,经过保定派的大力疏通,才使颜博士被国会接受,并使国会对颜的提名得到曹锟总统批准。下一步工作就是选择内阁的各部总长,这项工作中的唯一问题在于确定外交总长人选。其余各部如最重要的财政部以及陆军部、海军部这一类的总长人选,已全部由曹锟总统内定。关于外交总长人选,则出现了许多争议。这时我提出辞职——实际上,当颜博士被提名组织新内阁时,原来的整个内阁都辞职了。颜博士自己想兼任外交总长,同时打算让我当财政总长,但因财政部是个要害部门,保定派伙同吴景濂早已确定了总长人选。总理颜博士要兼外交总长,但是有个保定派的首脑告诉我,曹锟总统和他的拥护者都主张我应该继任外交总长。他们争论道,我在摄政内阁中担任过这个职务,并且在困难时期干得很好,没有理由把我从外交总长调任农商总长。起初颜博士坚持不让,后来当他以坚持己见作为就职条件时,曹锟总统显得有些心烦意乱,并且表示:如果是这样,那么颜博士就不必当总理。这一下形势变得紧张起来。颜博士看到曹锟总统已下定决心,宁愿牺牲颜的总理职位也要让我留任外交总长,最后他终于让步,接受了这个方案:由他兼任仅次于外交总长的内务总长。我则再次被任命为外交总长。以上是吴毓麟讲给我听的一段内情,吴是曹锟总统最亲信的政治拥护者之一。

内阁组成后,我心情并不舒畅,因为我不愿意在这个新内阁里任外交总长。颜博士是总理而且他自己很想兼任外交总长的。虽然我知道颜博士有意邀请我参加内阁担任一些其他职务,但任命我当外交总长却很勉强。颜和我一直是好朋友,在外交政策方面我们经常看法一致。一般说来,我们都坚持维护中国的主权,愿意尽自己最大努力使中国与其他国家在国际上处于平等的地位。我们都认为有关主权的问题,中国不应该屈从于外国。在大的方面,我们执行着同样的政策,只是就策略问题和谈判方式而言,我们有时可能存在意见分歧。此外,我们之间还存在一个主要的意见分歧,那就是涉及对日本的关系方面。不止一次,颜博士倾向于他所谓"更现实"的做法,不像我那样地怀疑日本的对华政策。其原因之一可能是,在他的追随者中,有不少人如张志潭、沈仁佑、唐在礼的弟弟唐在章等人在日本受过教育,并与日本关系密切。颜以前曾因我以怀疑日本对华政策闻名,没有接纳我参加内阁。那是在 1922 年 6 月我回国后,正值颜第一次被任命为代理总理组织内阁。洛阳派和国会没有告诉我就把我的姓名向他推荐,认为我是出席华盛顿会议的全权代表之一,理应入阁担任外交总长。当时他提出他之所以犹豫不决,难以邀请我参加内阁的理由是,日本对我的敌视和反感。当时我被公认为是中国反日政策的倡导者,特别是在凡尔赛和会以后更是如此。

无论属于哪种原因,我认为从颜博士方面看来,让我参加内阁担任外交总长终归有些勉强。同时我也想到,他自己要兼外交总长是很自然的。所以洛阳派和国会领袖坚持推荐我当外交总长时,颜的答复是他要邀请我入阁担任其他部的总长。后来,当各方意见一再要求他组成以华府会议代表为基础的内阁时,他计划以华盛顿会议的中国首席代表施肇基博士任外交总长来迎合外界认为应该组成"华府内阁"的观点。在施博士到任之前，他将自己兼任这个职务。

由此可见，1924年我当颜博士的外交总长并非出自他的本心，只是由于曹锟总统和他的拥护者的坚持。曹锟总统把我看成理所当然的外交总长，而吴佩孚将军甚至在曹之前就已有同样的看法。他们都希望有个包括华府会议代表在内的内阁，因为从1922年以来，参加华盛顿会议的代表们在国内享有很高的声誉。

内阁组成后，立刻就面临两个问题。第一个问题是直系的曹锟、吴佩孚将军与奉系的张作霖将军之间的尖锐斗争。形势正在迅速恶化，人们都意料到不久就要爆发一场武装冲突。颜博士的内阁刚刚组成，北京就期待着吴将军的到来。颜内阁正式就职才几天，吴佩孚将军从洛阳抵达北京。因为当时国内公认吴是曹锟登上总统宝座的有力支柱，他的莅临北京成为一件大事。经过一轮例行的官方欢迎宴会后，吴将军要求在他的司令部召开一次内阁会议，这事自然得到了总统的同意。在会上看到他公然指示内阁总理应如何行事，这对于我是一番新的阅历。他当时手持铅笔、纸张，亲自书写了几道命令，其中一道总统命令是任命几个对奉军作战的高级军官，他以总司令的名义签署了自己的姓名，而以冯玉祥任第三路司令，施将军任军法处长。随后，他吩咐财政总长负责筹措作战经费，并疾言厉色地说他决不允许任何不必要的拖延。内阁这时有一项亟待完成的工作，就是起草准备对奉天作战的"讨伐令"。

内阁面临的另一个问题，是对日本的关系。当时日本企图利用山海关的局势，警告中国政府不得派遣任何军队越过山海关。吴将军曾问我日本人在照会中表现出的最近态度以及我反驳他们的干涉要求时所持的理由。我的见解完全与吴将军一致，主张坚持维护中国的权益，密切注视日本究竟敢于把它干涉中国内争的恫吓实行到什么程度。

吴佩孚和张作霖之间于 1924 年 9 月 24 日正式宣战,这时双方已经开始了军事行动,直军正在迫近山海关。第一次的战报很乐观,报道了前线直军的进展和吴将军已亲临前线督战。可是约一星期后,传来了冯玉祥将军所部在喜峰口表现令人吃惊的消极的消息。一度进展顺利的吴将军部队停下来了,这一方面是由于张作霖将军部队的阵地得到了加强,另方面由于日本人从中阻挠。此外,也由于冯将军担任的侧翼支援不力,因此战场上出现了僵峙的局面。

　　一天早晨,我的厨子给我带来了新的消息:冯将军的军队占领了电信局,包围了总统府,现在北京全城已经落入从前线回师的冯军控制之下。当时电话不通,于是我急忙赶到颜惠庆博士家里,想弄清究竟发生了什么事情。在颜博士家我见到了薛笃弼、刘牧师和一个内阁同事张国淦。后来,我记得吴毓麟先生也到了。这时颜博士显得很惊惶。当时唯一重要的问题是内阁该怎么办。在我的印象中,薛笃弼(他声称是冯将军派他来的)和刘牧师都极力主张颜在冯将军的支持下继续留在内阁。我则认为在这种局面下,内阁已毫无权力执行任何职责,应该辞职。内阁无法继续存在,除非解除对总统府的包围,使总理能自由地会见总统,而这些据说是不可能的。颜博士显得进退两难,因为他一向对冯将军和所有在北京的政界领袖很友好,冯将军也一直对他持友善的态度。加以冯将军也是个基督教徒,我猜想这正是他派刘牧师前来敦劝颜博士与冯将军合作的另一个理由。这时虽然为颜博士提供了使用电话的便利条件,但他没有去使用它是对的,否则他会遭到窃听。我们的最后决定是内阁辞职。可是当时已无法同总统取得联系。我自告奋勇去会见总统,但有人告诉我,谁也不能通过封锁线,因为负责包围总统府的军队指挥官得到严格命令,不允许任何人进入。

　　冯将军的突然政变,使我回想起几天前我告诉颜博士的一件事。我曾注意到黄郛将军出人意外的缺席。他说他已给颜博士通过电话因感身体不适而不能来。显然,这时颜博士还完全被蒙在鼓里。过了好一阵子,黄郛将军来到颜博士处与颜进行了一次谈话,可能是劝颜继续干下去。我没有参加他们的谈话,不了解谈话的内容,但我知道颜博士已经决心辞职。我不清楚内阁的辞职书是怎样正式递交给总统的。我想,也许根本就没有递交,因为这是一次政变,据说冯玉祥将军即将到达首都。

直到这时许多内阁阁员都失去了联系,我自己在第二天搭乘我的加拿大密友何士先生的汽车离开北京。在我动身前,一些亲近的朋友曾为我担心,怕我通不过北京外围的封锁线。因为冯玉祥将军的军队和奉军正向北京源源开来,沿着京津公路一线的岗哨很密。同时,前方的吴佩孚将军的军队正在迅速撤退,据说也集结在邻近一带。然而,我听从了何士先生和一些中国朋友的劝告。形势发生了如此变化,我继续留在北京已无作用。汽车在途中被冯军的武装哨兵拦停了好多次。当我们驶近天津时,还必须通过奉军的防线。开始,何士先生要我不必暴露身份,所以我向哨兵出示了他给我准备的一张其他中文名片,但岗哨并不同意放行,于是我拿出了自己的名片,才得顺利通过。显而易见,这些军队并没有得到任何要阻留我的命令。

我抵达天津时已近拂晓。在天津法租界帝国饭店的门口遇到辛普森先生,他写过许多关于满洲的书,也是《北京导报》的编辑。第二天一早,《北京导报》登出消息说顾维钧博士化装成女人逃离北京。幸亏有辛普森先生亲眼看到了我,但是报纸上的东西传播很广,这条无根据的消息曾以讹传讹,广泛流传。甚至连庄士敦爵士——他当过宣统皇帝的英文教师,后来成为威海卫的行政长官,退休后著有《紫禁城的黄昏》一书——也在他的书中引用了这则消息。许多年后,当我在伦敦时曾写信告诉他这条消息是虚构的。我还告诉他,当年登载这条消息的《北京导报》的编辑曾亲眼目睹我和何士先生抵达天津,而那时我穿着正常的服装。庄士敦爵士对我很好,在回信中说他很抱歉在书中引用了这条虚构的消息,并说将来此书再版时一定要加以更正。

从此结束了至少是暂时结束了我在北京的政治生涯。实际上,自从政变以后,我就没有过问过北京发生的事情。今天回顾起来,我认为那次政变是冯玉祥将军受个人野心驱使并掺杂了他对吴佩孚将军的某些宿怨而贸然作出的行动。

二 政治、内战及财政

1. 引退和重返北京任财政总长，
1925 年—1926 年 7 月

我在天津小住后即去上海作寓公。一些政界朋友也同我一起到了上海，有的在我之后，有的在我之前。1925 年一年中，我们经常过从，随时了解时局变化。在这些政界朋友中有罗文幹博士、汤尔和博士以及吴佩孚将军的亲信孙丹林先生。我们常在孙丹林担任行长的一家银行里碰头，互通消息和情报。虽然我过的是家居生活，但常与各派政界人士保持接触。换言之，尽管我已引退，却依然充分了解外界种种动向。我的主要兴趣是追踪有关在华盛顿开始的"关税会议"。关税问题在华盛顿会议上讨论过多次，这是涉及中国力图恢复其关税上的完全自主权的问题。除此之外我就很少有政治兴趣了。当时北京政府是一个革命政权，并无任何宪法依据。国家元首的头衔叫执政，这就表明这个政府是一个新的政权。

1926 年初，以冯玉祥为一方和以张作霖、吴佩孚为另一方的战争再次爆发。直奉联军似乎没有什么困难就赢得了上风，冯军从直隶东部和天津被赶至南口，继而退入仍为冯部控制的绥远和察哈尔。

1926年初，当冯军和联军的战争开始有利于后者时，政治问题就开始突出出来了。为此，吴佩孚将军的总部派人来沪与我们——我、汤尔和、罗文干、孙丹林接触。当然，孙丹林一直与吴在汉口的总部有密切联系。吴的手下安排我们前往吴将军处祝贺其3月12日的生日，希望我们在汉口小住数日，以便与吴磋商如何改组政府事宜。据了解，吴当时正对政局作反复考虑，斟酌如何改组政府。吴当时最倾向于恢复颜惠庆内阁。从直系的观点看，这个意见是可以理解的。颜内阁是冯玉祥政变推翻的，为了补救对直系造成的损失，恢复颜内阁乃是理所当然的。

当时在南京的孙传芳没有前去为吴祝寿。孙在上海有一些代表，其中有丁文江博士。他与其说是个政客，毋宁说更像一位学者而受到孙的信任。丁与我、罗文干和汤尔和时有接触，曾为孙传话，请我们去叙谈。孙除军事外，对政治也颇有兴趣。我认为他是有其个人野心的。当时，他是长江下游五省联军总司令。这个职位不仅拥有军政大权，而且在事实上完全控制了这一地区。实际上，他是个自成一统的军阀，也是左右时局的一个重要因素。他自然希望与我、罗和汤一类人物进行联系，把我们视为政界朋友。其时，尽管吴和孙已有许多摩擦，但当我们见到孙时，他总是询问我们对时局的看法和吴的想法。

最后，吴佩孚将军发出一份邀请电，不是请我们去汉口庆祝生日，而是要我们前去会商。当然，我们知道他的寿宴也将同时举行。我们应邀前往。对我来说，在汉口的日子是一次颇有发现和饶有兴味的经历，因为我发现吴的生活极为简朴，对事业极为专心致志，他不仅致力于在华北进行的战争，而且也研究整个中国的、特别是华北的政局。他告诉我们，他的计划中包括恢复颜内阁，但恢复颜内阁仅是一时权宜之计。为了实现其计划，他还要取得张作霖的首肯，因为张对颜博士的看法并不太好。虽然张仍不同意吴的想法，但吴认为他能设法取得张的赞同。

会谈两三次之后，其他几位朋友即返回上海，而我则被吴留下来进一步商谈,尤其是因为他希望我直接从汉口去北京。他和我作了数次密谈。他说颜内阁作为整体固然要恢复起来,但他想在内阁中作一番更动。他与颜博士及在北京的同僚商量之后,都希望我替代王克敏博士出任财政总长,由施肇基博士任外交总长,在施到任前由颜博士兼。他请我同意该项任命。我说不行,拒绝的理由是我对中国的财政问题从未深入研究。对此他立即指出我是财政讨论会的会长,根据我提出的报告,可以肯定我对一些问题甚为熟悉。我说,我一直对外交事务和外交政策以及和外国打交道较有兴趣。他说,目前无论是改组中国财政还是争取国外信贷,都与外交不可分割。所以我的经历对改组中国财政和财政管理都很有用。他希望我不要一味拒绝,还是携带他当着我的面修改的内阁名单赴京。看到他执意要我出掌财政,我遂提出王克敏是公认的理财能手,久与中国银行有关系——曾任董事长和行长多年,此外,他一度还是特派交涉员。对此他说,王在完成财政部的任务方面不能做到完全令人满意,他也不像我那样受到政府和公众的信任。他要我勿再坚持拒绝,并一再声辩,中国需要一个作风与一般财长迥然不同的财政总长。

　　鉴于他立意坚决,我说愿意考虑一下,但我得先去上海一行。他问我何以要先去上海,并说他有一节加挂在去北京列车上的专用车厢。我说,上海不仅是中国政治舆论的中心,而且也是搜集外国对中国政局和恢复颜内阁等事件的反应的地方,先去上海是为了估量一下外国人士和上海华人的看法。我答应他在回沪途中拜访一下孙传芳,这也是我为什么要去上海的第二个理由。他说,我能否把时间缩短,待一天就返回。但我说至少也得待上三四天工夫。

　　所以,最后还是安排我先回上海。我在大约十天以后,于4月29日返回汉口。到达汉口时,我受到隆重欢迎。吴将军的汽车立即送我去吴的司令部,然后即行会谈。他问我在上海有何发现。我陈述之后,他要我直接去北京,因为颜惠庆和其同僚渴望我带去修改过的内阁名单。他将名单交我,我又请其重新考虑。我说我可以携名单去京,但请其谅解,我不接受财政总长之职,因为我无当此重任之能力。他说我应与颜博士讨论这件事,颜对此也同样焦急。也许要我出任此职本来就是颜博士提出来的,因为1924年在我们内阁的最后一些日子里,颜惠庆博士与王克敏的关系就很紧张,其矛盾任何人都可以从表面上看得出来。

我乘火车于1926年5月6日下午七时左右抵达北京。除了颜博士外,几乎颜内阁的全部阁僚都齐集车站,他们说,颜因接待客人未能前来。我被直接送往颜博士的寓所,得知他正焦急地等待我的到来。我到达时已近七时四十五分,用餐之后,立即开会讨论名单。张志潭在此间十分知名,是交通总长;张景惠也列在名单上,他乃是张作霖的人;杨文恺比较说来是一个新露头角的人物,他是属于哪个派系的我已不记得了。该名单清楚地表明,这是一个吴佩孚和张作霖的联合内阁。虽然名单已经揭晓,内阁任命已经公布,但内阁会议尚不能举行,我还在拒绝接受财政总长之职。此外,对内阁名单,张作霖也还不完全中意。大家都明白,颜内阁可能成为死胎的主要原因,在于未能取得张大帅的完全认可。因为我不愿担任财政总长,故持冷淡态度。为了满足张作霖的愿望,张景惠可能被提名为陆军总长,郑鸣之为内务总长,这两人都是奉系的主要人物。但是张作霖要重组的内阁是一个没有颜惠庆的内阁。所以虽然颜内阁已经恢复,但不能行使职权。北京到处谣传说,张作霖对颜内阁不中意,对之没有兴趣。张作霖的两个重要代表既没有就任陆军总长,也没有就任内务总长。

两个军事力量之间继续磋商,张作霖大帅由杨宇霆(杨麟阁)和郑鸣之(郑谦)代表,吴佩孚大帅由张鸣岐和白坚武代表,以图就北京内阁达成一个折衷办法。张作霖的代表提议由我任总理。我曾在颜内阁中任外交总长,也是华盛顿会议的代表,他们认为在国际场合我和颜博士同样享有佳誉。吴佩孚对此表示接受,因为以我为总理,将使华府内阁的原则得以延续。这一切是张鸣岐来京告知我的。他说他已直接与吴大帅通了电话,他们已经商定了。因为吴佩孚大帅不希望总理有太浓的奉系政治色彩,正像张作霖大帅也不愿有一个完全是吴的人做总理一样。张鸣岐让我做好必要的准备。当我对为什么被选中表示惊异时,他向我说了上述各项理由。这是一个张作霖提议的折衷内阁,而实际上我已经是内阁成员。张鸣岐离京赴汉口,并说将于两天内返回。我猜想他须向吴报告天津会议所涉及的另外一些问题。张鸣岐说,将在天津就这次天津会议协商的结果发布一项公报。但该公报在最后一分钟被扣住未发。我的一个秘书杨清萍(音译),是一个留美学生,与从日本回来的留学生有密切往来。据他说,公报被扣压不发是因为孙润宇告诉张志潭说,如果我主持内阁,将会引起日本人来找麻烦,张志潭又将这个意见转告在津的保定派首领们,所以公报暂不发表,以待情况的澄清。尽管一般说来吴佩孚也是直系,但直系是保定派和洛阳派组成的,而保定派首领们的看法是:上述日本人会找麻烦的消息可能是真的。不管怎样,公报终于没有发表。有人向我报告说他们正在设法弄清楚这事究竟有多大真实性。

其时天津有人建议(此人可能就是被排除在恢复后的颜内阁之外的张志潭),在澄清日本人态度期间,也许由某个人代理总理可能更好些。颜内阁系于5月份恢复,当时会商仍在进行。内阁会议一直未能举行,这是因为虽然我在6月8日前后就任了财政总长,但被提名的奉系人员并没有到职,所以这是一段政治真空。

最后,海军的杜锡珪将军被说服当了代理总理,于7月6日接任。杜是吴的亲信,是一个头等的海军专家,在政治上多少是独立的。他既是代总理,同时还是海军总司令。在颜博士辞职之后,我一直是名义上的财政总长。杜锡珪将军来找我,让我答应就任该职。他说颜博士辞职时,曾建议蔡廷幹任外交总长。他理解我不愿担任财政总长的职务,也希望我出任外交总长。但是他说颜博士已经推荐了蔡廷幹,因为他在颜任总理时是海军总长,出于尊重颜的意见,他认为必须接受对蔡将军的推荐,特别是因为颜曾说过,如果有什么困难,他愿助蔡一臂之力。

我告诉他,我一开始即因不能胜任财政总长职务而加以推辞,同时我也不理解,为什么颜内阁的财政总长王克敏不应继续任职(虽然我知道颜博士和吴佩孚大帅似乎都不赞成他继任),所以我建议杜去拜访王克敏,请其出任财政总长。杜说,他也听说王不完全受颜的欢迎。他将采纳我的建议,但是,他认为即使王克敏接受了,也难以说服吴大帅。

他走后不久,王克敏先生来访,他说他听说杜将军来请我就任财政总长。我说确有其事,但我告诉他,我已建议由他继任。他连说,不,不,不愿继任。他来访的目的是想提醒我,财政总长一职不仅最难担任,而且最有危险。他历数财政部的九位前任,他们或者被杀、或者被监禁、或以出逃避难而告终。他说我在中国享有完全清白的声誉,何必跳进这是非坑里呢?我说这正是我所想的,并且我已推荐了他。我说,如杜将军拜访他请其担任此职时,请勿推却。我完全赞成这样的看法:我不是理财的材料,而他已经是而且过去也是理财的能手。他连声称否,说他不愿再任此职务。

在告辞前,他说我要推辞是困难的,因为不仅杜锡珪还有吴佩孚都要我担任。但最好的办法是离开中国。他说他有一项建议。中法实业银行是一家中国政府通过中国银行持有大量股票的银行。中国政府有权任命一名代表。他说他会设法使我以中国政府代表的身份,在中法实业银行董事会中占有一席,住在巴黎,领取优厚的津贴,同时还不负重大责任。我说我感激他的好意,我也许去国外,但不与任何官职牵连,甚至连半官方的职务也不愿担任。

同日晚间杜将军又来对我说,他已拜访过王克敏,并说,尽管多方劝说,王仍拒不接受,所以又来就商于我。他说他是一个新手,从未曾想当总理,对政府的政治问题一无所知,对财政则知之更少。特别是因为我甚得吴佩孚和张作霖的信任,恳请我予以帮助。他说吴、张对我都很中意,对由我这样一个正直的人出掌财政,甚表信任。他承认,财政部是一个历来被各方猜疑为不清白之地的一个部。他说我不会有这一类的麻烦。如果我拒绝,他将不得不辞职。他随即向洛阳作了报告。最后,郑谦或者别的什么人又催我接受斯职,特别是因为中秋节临近,没有财政总长,内阁就可能无法度过中秋。这样,杜锡珪内阁就在 7 月 6 日正式就职,而由我任财政总长。

2. 中秋节危机

(1) 五家银行从中作梗

担任财政总长使我得以了解内幕,也是我政治生涯中最值得回味的一页。在我到职之后,各司司长前来拜访,几乎每个人都建议我应该如何如何。他们完全了解我是一名新手。其中有些人我只认识而不熟悉。我记得我只作过一次人事更动。实际掌管国库的库藏司长原先是中国银行的人。我带了个自己的人郭则范来掌管库藏司,他一度曾与银行界有密切联系,也在领事馆工作过,有外交工作的经验。张某是公债司长,我记得他是王克敏向我推荐的,他有能力也很直爽。郭则是我自己挑选的。

他们建议我做的第一件事是去拜访海关总税务司安格联爵士。他们说历届财政总长就职后都要拜访他。我惊问其故。他们说他是财政部属下的官员,但握有全权。那时,要发行公债没有关税的某种保证是不行的,无论是以赔款豁免的部分作担保,还是以关余部分作担保，均须总税务司的点头同意。因此我说："对，我要见见他。"我说我要给他打电话。他们说："不，你应去拜访。"我说："不，我认识安格联爵士。"所以就给他打了电话。他向我祝贺，我说要和他谈谈，是否可以过来。他说他要来表示敬意，这样他就来了。所以我没有必要去拜访他了。当时的气氛就是如此。

约莫两三天光景，一份待我签字的文件放到了我的桌上，公债司长来要我签字。我问及所关何事时，他说这是关于向中国银行借款的一份协议书，用以偿付某项账款。总数不大，可能有几万元。出于好奇，我就开始阅读。有一款写着月利1.5%，折年率18%。我说："这太高了。"我查了当时通行利率，年利为14%，或一般月息1.2%左右。我觉得我有充分把握肯定政府所支付的利息高于市场利率。难道中国银行不是政府财政上的代理人，政府不是其股东吗？他说，过去经常是这么办的，我的签字其实只是履行贷款的合法手续而已，因为钱已经支取了。我说："我希望公平些，要按市场利率改过来，市场年利率算来不会超过15%。"他说："钧座，最好不要改动。"但是我说没有理由要政府向一家半官方银行支付不必要的一部分过高的利息，所以我就在上边修改了利率。

想不到这就是给以后造成一个大问题的起因。这件事显然在中国银行界引起了一阵轰动，说是来了个不按银行意见办事的财政总长，还胆敢给银行规定利率。多年服务于中国银行的公债司长张某恳求我不要这么做的时候，我认为作为财政总长，对银行所提的一切不吭一声就照办不误是不对的。我认识不到这么做会在银行界造成一个极为不佳的印象。

因中秋节临近，政府特别是财政总长必须筹措必要的款项以供各部门的开支。杜总理同样很着急。但他把这件事完全交给我这个财政总长了。这是很自然的。根据当时的做法，我与北京的主要银行（如中国、交通、金城、大陆和盐业银行）进行了接触。

这是五家主要的银行。通过他们，我也与其他银行如保商银行作了接触。该行是华北的一家重要的银行，虽然不是全国性的银行，但也拥有政府特准的发行钞票的权利。上述五行被认为是银行界的代表。我记得9月5日我设午宴招待五行代表，席间，就这事和他们进行了商谈。

我请他们向政府贷二三百万元，这是估计除去在财政部估算的其他国库收入以外所需要的款额。今天回想起来，我认为这个数字几乎难以使人置信。实际上，不仅五行代表，而且其他银行的代表也应邀出席了这次午宴。饭后，进行了讨论，但无结果。银行的发言人是王克敏和张嘉璈。王的态度似不明朗，但表同情；而张的回答有点外交味道，说银行代表们在答复以前要进行磋商。

几天过去了，一无回音。我们着了急，因为紧要的日子——中秋节已经临近。这时张嘉璈告诉我说，为了得到迅速的答复，我很有必要向银行公会作一次讲演，以便北京的整个银行界了解为什么我们需要贷款。只有经过这样一个手续，各家银行才能作为一个集团对我的借款要求作出肯定的答复。于是安排了由银行公会召开一次会议请我去讲一讲。虽然我在财政部对同事们说这种做法很不正常，但我还是想这是一个不无理由的安排。尽管我觉得这项安排，在银行界方面（特别是张嘉璈先生，他是中国银行的总经理，被认为是北京中国银行界的首领）只不过是一个过场，但我仍同意向他所建议的会议讲话。我参加了会议，并解释了政府需要款项的原因。我说所需的最少数目为二百五十万元，用以支付各部薪饷，其中包括军警和教育部门的人员等。

在我讲话和提出申请之后，银行公会的一名代表（名字现在我忘记了）说，他们要商量一下再给我回复。几天过去了，还是没有回音。政府各部门，特别是各部队和十三个军事机关，每天都要派代表来财政部要钱。我家也有北京大学学生的代表来访，他们要求立即给该大学和师范学院发放经费。

银行公会通过张嘉璈转给我的答复是：贷款数额超过了他们能够支应的能力，盐业、中国、交通、金城和大陆银行是愿意尽力的，他们将设法向财政部提供五十万元，这是他们能做到的最大限度。我开始感到中国银行界不像过去那样帮助财政部而表现勉强的背后，实际上是有某些政治动机。我对他们的态度，甚感愤慨。他们企图叫我无法度过中秋节。"过节"实际上就是"度过危机"。甚至在我到职之前，我的一位朋友就曾说过，中秋节临近了，这是任何一位财政总长都感到最为头疼的事情之一。要避免麻烦，我就得有更大的勇气才行。现在我为满足各银行提出的一切条件所做的努力，就像给银行公会讲话这件事，也成了徒劳。银行界的态度可能受到前述降低利率一事的影响。他们希望中国的财政总长是中国各家银行的一个工具。他们一向将政府需款视为中国各银行可以进行操纵，从而得利的机会。

我回想起有人对我的劝告，说杜将军在接受担任代理总理之后，我就不应同意任财政总长，同时，我甚至还想起了如何被邀请在巴黎担任看来是美差的中法实业银行政府代表的职位。但是我并不畏缩，我既然接受了杜将军的执意要求而担任了财政总长，就当尽力而为。

在中秋节前一天，我衡量了国库的情况，尽国库之所有加上那五十万元，总数只够支付政府费用的一部分。我向内阁建议，财政部不能支付政府的全部开支，但可筹措到款项，支付行政机关薪金的40%、军警薪饷的70%和教育部门薪金的70%。我之所以能向内阁作出此项报告，是因为我已成功地与北京中美商业银行达成了一项贷款安排。该行美方董事卫家立是卫理先生之子，而卫理曾在北京的美国公使馆长期任代办，后来是华盛顿国务院远东司司长。他会说中国话，对中国非常友好。他的孩子们都是在中国长大的。我个人与卫家立有私交，他和他父亲一样，人皆知其与中国友好。我给他打了电话，约定时间去看他。他说只要对我合适，他什么时间都行。所以，我立刻去见他。这已是下午三时左右。我告诉他来此是为了一项急务。卫家立说,他已看到最近几天的报纸,中国的财政总长已被中国各家银行置于困难的境地。

他又说:"顾博士,我知道你受到了很大的压力。请告诉我,你过节要多少钱?"我告诉他要五十万元。出乎我的预料,他说:"你的全部需要就这些?这就够啦?"我说,鉴于国库空虚,我已得到总理的同意,不发全薪。政府将只发给军警和教育部门员工薪金的70%和行政机关薪金的40%。所以借五十万元就可应付了。然后,我表示要想了解一下贷款条件和手续。

他说:"总长先生,我知道你受到沉重的压力。我知道你的责任是应付这种情况。所以,不要为贷款条件烦恼,过了所谓的中秋节再说。条件不会叫你感到不合理,这你可以放心。我们的目的是帮助你解脱困境。我们已在报纸上注意到你要求中国各银行帮助时受到的刁难。我们认为你应该得到帮助。所以我们预料你会来的。现在你果然来了,我们希望知道五十万元够不够。"我说五十万元可以帮我度过困境了。他说,"如你需要,还可多些,但如你说五十万元已可应付,我们也能理解。"我仍希望谈谈条件。

他说:"不,如你不介意的话,我愿告诉你,在你担任财政总长的任期内,我们都完全乐于提供贷款。我们的这次帮助并不完全因为你是财政总长,而是看在你顾维钧博士本人的面上。我们知道,顾维钧博士是不会令我们失望的。"

我向他致谢,并说:"现已三点钟,我知道你们四点钟关门。我想,这笔款你得从东交民巷提出来。"

他说:"不用。顾博士,我们已预料到这次危机,今天上午就已把款子提了出来。实际上,我们提出来的款额比你要求的还要多些。"

我说:"但是我知道你们关门时间是四点钟。我需要这笔钱,同时要同去开个内阁会议,请国库开出支票,这些支票在今天任何钟点都可能要来兑现。"

"款子已经备妥。银行也不关门,一直等到你开出支票的每一分钱都兑取为止。"

我说:"那就可能很晚了。"

他说:"我们有这个准备,有这个准备。"

至此我称谢告辞,感到这笔钱已有着落,实际上我要这五十万元是作备用的,因为感到从中国各家银行商借的五十万元并不一定能到手。

在那些日子里,各家报纸的某些报道,是经过对政府或对我这个财政总长本人不太友好的各方面授意的。所以我的另一位朋友、前财政总长熊希龄主动来找我。他对这种情况完全清楚,他自己不仅是一位金融家和经济学家,而且也曾经当过财政总长,可能对中国银行界的压力和花招有过类似的经验。他来找我说,他知道中国各银行并不想帮助我。他也了解我所处的困境。他说,他去看过盐务署总稽核斐立克先生,斐立克先生和他自己都愿采取某些办法来帮助中国的财政总长(熊希龄不仅是前财政总长,而且在他整个早年时期研究过中国的财政制度)。斐立克先生告诉他,预计9月底可以从盐务署的一个下属机构拿到一笔款项,总数可达五十万元,这是一笔可靠的款项。熊希龄先生告诉我,斐立克先生向他保证,这笔款一定会交到政府。他希望将此事告诉我,以便我作出计划安排。我发现自己在中秋节前夕已有足够的款项可以渡过难关了。

(2)卫戍部队的军饷

后来就出事了。在预定次日召开的内阁会议之前,我去向杜总理讲了我的安排。我说,我们可以顺利地过节了。他很高兴。同一天下午,与卫家立谈话后,我把情况又向他作了报告。然后叫库藏司长郭则范开出必需的支票。我想我可以平安过节了,就去找罗文幹博士聊天。他刚刚外出，由罗夫人出来会见。正当我们喝茶的时候，来了电话。这时已近黄昏。我的管家在电话中说："一切都完了。"我问："什么完了？"他说房子被军队包围了，并带着装甲车和机关枪，院子里到处站着带佩刀的军官。他说，我的秘书杨恩湛来向我报告情况。库藏司长开出的支票都被中国银行拒付了，所以他们又都回来找财政总长。我让他去请库藏司长郭则范先生。他说郭先生已来到，因为官兵一到，他就给郭打了电话。我叫郭先生接电话，问他全部有关情况。他说支票已被中国银行拒付了，因为这笔贷款还没有签合同，只有签了合同，他们才能照付。郭先生说，这种合同以前从来是不用签的，这只是一种手续。他说，一般在节后才补签合同。很明显，他们在找我们的麻烦。

与此同时，军官们坚持要见我。我告诉郭，让他们交回开给中国银行的支票，给他们中美商业银行的支票，他照办了。军官们拿到了新的支票，交回了旧的，满意地离去。他们想要的就是钱，而对各银行要的把戏一无所知。但是，来的只是他们当中一半的人，其余的仍在中国银行。隔了一会儿，我想回家。在回家的路上，在铁狮子胡同口，管家和另一佣人将我截住，因为胡同里都挤满了整卡车整卡车的士兵。所以我又回到罗公馆再打电话。郭说，中国银行那里出了点麻烦。军官们想知道不能兑现的原因。当有人告诉他们是因为没有签订合同时，他们先是有人信了，于是其中一半人就来到我家。但另一半仍在设法催逼，他们要见总经理，即张嘉璈。银行说，没有总经理的指示，不能付款；但总经理出去了，去哪儿不知道。只是在听到支票已经掉换以后，他们才离开了中国银行。所以，如果没有中美商业银行的帮助，就可能发展成为不幸的严重事态。

第二天，预定有一次内阁会议，让我报告我的财务安排和薪饷的支付办法。会议于四时召开。我提出的收支报告是以总理所批准为基础的，即行政机关发 40%，教育部门 70%，军警 70%。

尽管未发满100%,但内阁每位成员都很高兴,并祝贺我能筹划到这笔款项。

恰在此时,总理的副官前来报告说,有几百名军人强占了大门,并进入了国务院。身为军人的杜总理十分生气,问是谁叫他们来的。他们来是要找财政总长。我说我去向他们做解释。政府已尽了最大努力才筹集了这笔款项。军人和教育部门得到70%的特别待遇,而政府行政机关才得到40%。事实上政府的许多税收来源被军事当局夺走了,不仅在许多省而且在北京也有这种情况,如崇文门税务局就是如此。政府只能从盐务署和海关直接控制的税收中筹集到这么一点款子,而这两个部门又受外国监督和控制。我要把这些向他们作解释。总理说:"不,你绝不能去,因为这不是什么钱的问题,而是要找你的麻烦。"他说他和他们说去。这时有人说这也不是好办法,因为他们可能会大吵大闹,而使总理为难。交通总长张志潭说,卫戍部队来自直系(虽然有一部分空军是奉系),所以他认识其中的一些代表。张志潭也是北方人,他提出由他去谈。他与他们谈了好久才回来。他们坚持要支全薪。内务总长张国淦说,他去平息此事。费了很长时间无结果而回。他们要其余的30%。晚饭时间过了好一会,他们仍未离去。杜总理对这种无纪律的表现极为愤怒,他说这简直是造反、叛乱,必须予以处理。但另外一些人则说,这是一场意在与财政总长为难的政治事件,所以我们应当让他们拿到一点什么,使他们好向其首领交账。我们集议了一下,有人建议是否让财政总长作出某种承诺,一俟财政状况好转,其余30%将予支付。众说纷纭。我说,就财政部来说,也许能以对奥赔款的豁免余额作担保来借到一笔钱。有人赞成,一些人则不同意,杜总理特别反对向闹事者让步。最后以对奥赔款余额作担保发行债券的意见得到内阁的批准。这时已是午夜。我们决定未付的30%,在债券备妥后发给公债。张志潭再次出去通知这伙军官,但很明显,未能马上取得同意。他们说,他们要现金而不要债券。经过很长时间,张终以凭其三寸不烂之舌,使军方代表同意了这项安排。

　　在整个这段时间中,我们被困于内阁会议室,饮食俱无。当他们接受这项安排,最后同意撤出时,我们才得以离开。这已是凌晨四时光景。我们走出时,为了保护我,罗文幹博士挎着我的一只胳膊,张志潭挎着另一只,杜总理在前,我紧跟在后。在大门口看到一溜汽车。两个军官前来说:"顾先生,这儿有车。"杜总理环顾了一下说:"走开!"他把我带进他的汽车,叫司机驶往我家。这时,两名军官立即跳上汽车的踏板,一边一个。杜总理有一名副官,坐在司机旁边。杜总理极为生气,叫道:"下去! 滚开! 服从命令!"他们反驳说:"服从谁的命令!"杜总理说:"服从上级的命令!"他问他们是谁。他们不肯回答。这些人挎着左轮手枪。杜总理怒气冲冲,但也无计可施。我们就这样走了。除了一二个人外,全部内阁成员都跟在后面。许多军方代表跟着我们。我们进入了我家的中式建筑,他们聚集在院内。

　　这时已天亮,我让佣人拿点吃喝的东西来。杜总理想了解一下,这些人既已接受了30%余数的安排,为什么还跟着。他们说,他们希望得到债券定会兑现的保证。他们希望以债券兑换现金。我们在屋内时,有一些穿着制服的军人把我们谈话的内容甚至闲谈都作了记录。我去厕所,也有两人跟着,回来时也跟着。他们不敢动手动脚,但严密监视着我们。我记得是罗文幹说,我们必须找到中国银行的总经理张嘉璈,他的银行是政府银行,至少凭他们已经答应但尚未付给的那五十万元,也能够提供债券兑现的保证。佣人打了电话,回来报告说,张嘉璈已经外出,这是在早晨七时光景。我让他再打电话问一下他去哪里,就说我们要找到他。回话说,他出去骑马去了,他早起骑马运动,无法找到。

　　有人建议,如果总经理不在,总还有中国银行董事长在。杜总理说可请王克敏立刻前来。八时左右,王来到。我们告诉他所发生的全部情况,以及由于中国银行未履行贷给国库五十万元中该行所承诺的那部分而引起的事态。当然,有四家银行同意贷给这笔款项,但中国银行至少承担总额的四分之一,可是他们没有付款。王长期从事政治生涯,是我们的朋友,因为军人不信任内阁,我们希望他出面向他们保证,债券是可以兑现的,换句话说,要他作出银行将买下这笔债券的保证。在王向他们谈话时,已是九时左右。在他向他们作出30%的债券可以兑现的个人担保之后,他们同意离去。然后王回到我们这里,我们对他刚刚所做的工作表示了谢意。最后,我的一些同事走了,杜总理走了,王克敏走了,我去睡觉,其他人也睡觉去了。

　　傍晚时刻,有电话报告说,仍有一些军方代表在中国银行坚持要把财政部凭银行答应给的五十万元开出的支票兑成现金。显然,由于中国银行总经理指示,在合同未签订前不得兑付,所以地方中国银行的经理就不能付款。只有总经理另行指示,他才能给钱,但是张嘉璈又找不到。实际上,财政部是光明正大的,制造麻烦的正是银行本身。要钱的人想必已经知道,财政部和银行之间的做法一直是,先由银行贷款,而后由财政部履行手续。因为张嘉璈不知去向,所以呆在中国银行的一些军人就焦急起来,对经理吼叫:"把你捆起来。"经理则说,他对这一切都没有责任,他们应该去找总经理。这时,他们想起了王克敏在顾总长家里所作的个人承诺。他们说:"到王克敏家去。"据说,当他们到达王家时,王正准备出门。他们叫王给中国银行打个电话,命令银行兑付支票。王说:"我是董事长,银行的实际管理权在总经理手里,我不能直接下这种命令。"他们说董事长的职位比总经理高,王的话只不过是推托。他们向他叫喊:"快下命令。"他们还想把他带到银行去,但他没有跟他们一起走,只胡乱答应付款了事。后来这些支票想必是兑付了的,因为以对奥赔款作保的债券压根儿就没有发行。

　　中秋节终于过去了。杜总理召开了一次会议,会上我向他表示庆贺,并对因我在财政处理上给他惹的麻烦致以歉意。他说他了解全部情况,他向我祝贺,因我干得不错。他还说,这些实为政客的银行家,不仅是对我个人,而且也对他,对整个内阁制造麻烦。他还表示对这一切已经够了,要提出辞职。我说我同意他内阁总辞职的提议,但请他推迟一周再开会作出我们辞职的决定,因为盐务署总稽核斐立克先生答应我在一周内送到一笔款子,这是可靠的。我想用这笔款子付清中美商业银行的贷款。对这笔贷款,我个人承担了责任。除非我身在财政部,否则我的继任者是不会去结清这笔帐的,他会宁愿用这笔钱去解决他的其他问题。最好是等一个星期。我把这些想法告诉了他并得到他的同意。

因此,在一星期中,内阁未举行过任何会议。我曾让郭随时与斐立克保持联系,当斐立克先生通知郭说款已齐备时,就直接拨给了中美商业银行。然后,内阁举行了最后一次会议,会上我提出了财政总长的公务报告,开列了全部收支项目,有二万多元的结余。因为我看到对我前任的指控之一是他任期内账目不清,为了使我不受类似指控,所以我要求内阁审查并批准我的报告。我还说,为了整个内阁的利益,我的工作应该保持清白。内阁批准了我的报告,该报告刊登于1928年《中国年鉴》上(该书由天津《时报》的编辑伍德海编纂)。在该年鉴刊载的我致内阁会议的备忘录之前,附有伍德海先生的介绍。其内容如下:

……另一方面,1926年6月17日至10月1日,顾维钧博士任财政总长期间,虽然只有三个半月,但下列收支报告和顾博士1926年10月14日致内阁会议的备忘录本身,亟为发人深省。尽管有巨大的障碍,现金收入只有三百五十万元(实际上纯系贷款收入),顾博士除去支出,仍能结余现金将近二万八千元,这确实是一个奇迹。这个报告说明在正常情况下还是能够期望廉洁政府做些事情的。

在这段插曲中,除去美国银行家卫家立先生外,还有一个重要人物沈先生。他是中美商业银行的华人经理,为人很好,常来看我。他告诉我,他的银行常常受到中国各银行的联合抵制,没有被邀请参加银行公会的会议,不得参加中国各银行与中国政府举行的任何有关金融的会商。一句话,他被排挤在银行界之外。

一天,沈先生和卫家立先生请我吃中式午餐。席间,卫家立先生对我说:"顾博士,请不要谢我们,我们还得感谢你。"我问:"为什么?"他说:"你知道不知道,这是我们第一次向中国政府贷款而且收回了贷款。"我说:"这是理所当然的事,不要感谢,因为我只做了每个人应做的事,也就是说,有借有还。"这笔贷款有一定利息,但可能很低。而且还款是由盐务署直接付给中美商业银行的,未经过财政部。事实上,我认为这次借款是私人之间的承诺。所以回想过去向卫家立先生提到有关贷款条件的问题时,他只是说不过想帮我一把而已。

有十三个军警部门参加了示威。在北京出现这种情况,表明政府是多么无能,甚至在首都也是这样。政府实际上是由军方支配的,且受到各教育部门和学生组织的干扰。为了维持政府的存在,它在处理问题上,不得不多少拿出点勇气。方法还得恰当,否则国家就会陷于混乱之中。虽然它的权力被削弱了,但是为了中国还能成为一个国家,还能成为国际社会的一员,就必须有一个政府。即便有一些军阀做政府的后台,但他们在为政府筹措资金方面并不运用其权力。

1926—1927 年北京政府各届内阁

	1926 年 6 月 22 日	1926 年 10 月 5 日	1927 年 1 月 12 日至 6 月 16 日
总理	杜锡珪	顾维钧	(同左)
外交部	蔡廷幹	顾维钧	(同左)
内务部	张国淦	(同左)	胡惟德
农商部	杨文恺	(同左)	(同左)
教育部	任可澄	(同左)	(同左)
交通部	张志潭	(同左)	潘复
陆军部	张景惠	(同左)	(同左)
海军部	杜锡珪	(同左)	(同左)
财政部	顾维钧	潘复	汤尔和

3. 我的总理职务，
1926 年 10 月 5 日—1927 年 6 月 17 日

　　银行界和军界对待内阁的行径使杜锡珪感到愤慨，遂于1926年10月2日辞职。这时他已应我的请求，推迟了一周，他拒绝在其办公室内再多耽一天。

　　因杜的一再要求，我作为代理总理接管了政府。我的内阁于10月5日组成，对杜内阁大体未动。这是一个由依附于张作霖和吴佩孚的人士组成的联合内阁。由于我的坚持，杜将军在内阁中留任海军总长。在这两个军事集团之间，杜多少有点中立，但也许稍偏向于吴佩孚一边。奉系推荐潘复担任财政总长，故授予该职（潘和张作霖是挚友）。任可澄、张志潭和杨文恺仍各自继任教育总长、交通总长和农商总长。除了总理一职外，我还兼外交总长，接替了蔡廷干。蔡是广东人，他对南方局势的进展甚为敏感。随着国民党军队向北推进，他觉得他自己处境尴尬。有些棘手问题正在出现，如外国列强威胁要承认武汉政府。

　　在这期间，我的最亲密的同僚有：司法总长罗文幹，后不久成为财政总长的汤尔和和大理院院长王宠惠。

　　记得是在 1926 年 6 月，国民党的南方革命军开始其伟大的北伐，以统一中国。接近年末时，吴佩孚的部队在长江沿岸，特别是在武昌被击溃（武昌是在 10 月份落入革命军手中的）。整个武汉地区被南方军队所占领，吴的部队在此期间遭到惨败。

　　这种情况造成了华北的政治真空，张作霖企图独自来进行填补。是年底，他沿着长城把军队开入直隶。与此同时，第三和第四军在张学良和郭松龄率领下沿着京汉路南下向开封推进。

　　内阁，或者说至少是文职人员，不完全了解军队部署的情况，我们也不想干预各派军事头目间的争夺。

我想，我们的力量就在于不参与他们之间的倾轧，超脱于各派斗争之上。这样，各军事集团就能利用像汤、王、罗、颜和我自己这些文官。我们在人们的心目中，被认为是独立的，未直接卷入政治斗争，更没有参与旨在统治国家的军事斗争。北方军阀之所以相信我们，是因为我们没有统治中国的野心，我们也没有政治组织和军事力量。我们只是为了一个共同的目标，即中国的福利，以个人身份从事工作的。我们没有取得什么成效，因为这样并不能制止那些认为只有战争才能解决问题的军事集团。但作为对手的国民党方面情况就不同了，他们是文武双方密切配合，都是同一党派的一部分。

此时，张大帅的部队继续不断地从满洲进入华北。由于华北逐渐受其控制，所以有必要改组内阁以反映改变了的军事形势。确实，军政是同出一辙的，军事形势改变之后，往往紧跟着政治上也要有相应的变化。

因此，一个新的内阁也就在 1927 年 1 月 12 日成立了。它和前两届一样，也是摄政内阁。之所以这样称呼它，是因为它行使总统的权力。内阁中，有几名吴佩孚的人被忠于张大帅的人所接替。为吴佩孚强烈反对继续担任财政总长的潘复，接替了保定系的张志潭担任了交通总长。潘是张大帅的挚友，张要求我作出此项任命（此项职务之所以重要，是因为该部是一个有收入的部）。我的好友汤尔和成了财政总长，这是罗文幹怂恿我任命的。

属于奉系的夏仁虎，继续担任次长。让汤这样一位文官担任财政总长本不是我的想法，而是因为吴张两位大帅不同意其他人选。尽管国库空虚，但他们都希望自己的人取得该职。陆军部和海军部这两个重要的职位没有换人。张景惠没有明显的政治色彩，虽然被认为属于直系，但能为双方所接受。前教育总长任可澄仍留在新内阁内。内务总长由我任命胡惟德担任。我认为这是一个重要的职位，因为该部控制着警察。为了安全和秩序，也为了获得情报,把警察拉在自己一边是很重要的。

在新内阁中,我自任"署理"总理。"署理"有时称作"代理",这个词在中文里有其独特的意义。根据中国人的传统做法,授衔的首脑不在,次于他的人就可"代拆代行",这个词的涵义是代理其缺席的首脑。次一级的职衔是"代理",亦即我前段所担任的职务。暂时代替才可称为"代理"。再者,"署理"这个词意味着他是该部门唯一的主事者,享有全权。这个职称,常在年轻人接替长者时使用,含有对引退首脑的照顾,意思是年轻人实际上还不能把他上司的工作担当起来。按一般习惯,"署理"为期三个月,然后是"实授"或实际任命。因为这届内阁是摄政内阁,我和我的内阁同僚拥有总统的权力,所以我本可在1月任命自己为"实授"总理。但我宁愿任命自己为"署理"总理职务,以与我原先的"代理"总理相衔接。当这项任命公布之后,我与梁士诒先生进行了一次讨论(梁自袁世凯在位直至1926年期间在华北政局中是一个重要的角色)。他来看我,说我过于自谦,应任命自己"为"总理,而不要用"署理"之词。我告诉他,我懂得"为"和"署理"之间的区别。我是有意避免前者,因为我认为时局有点不正常,我之所以继续参与政治,只不过是为了中国的国际声誉而维持一个政府而已。

除了总理以外,我还继续担任外交总长。在这期间,有两段涉及与他国关系的插曲,将在后面谈及。

在国内,这一段是耍弄政治手腕和南北方军事活动的重要时期。北伐军暂时在长江以北停了下来,但预料还要恢复北上;以少帅为总司令的第三、第四军团联军驻扎在河南边境沿京汉路一带,准备阻止国民党北伐军的北进。在政治方面,张作霖及其追随者们,企图加强与华北其他不同情南方的各政治集团的政治同盟。其时北洋集团(在1926年初包括保定和洛阳两派)和某些原为北洋集团的分散分子,因吴佩孚在长江一带受挫而大为削弱。张作霖出于其加强在华北政治地位的愿望以及实现他做中国元首的毕生野心(这是中国军阀们的共同野心),那时正与其政治幕僚举行秘密会议。最后,他把司令部迁到北京庆王府,虽然他自己并不住在那里。他只不时来此作短暂的停留,就返回天津。那时他的官邸设在天津。

了解到这一切之后,我有了准备,并希望解除我自己的一切政治职责。我留在政府首脑职位上的唯一理由,是保证根据宪法使国家事务有秩序地进行。在当时情况下,这几乎是不可能的。议会于 1926 年被中止了。原来奉系最后决定废除宪法,从而开始了他们称之为"改弦更张"的行动。至于政府形式,他们选择了一个以张作霖为首并称之为大元帅的军政府。当然,张作霖大帅是能够自称为总统的(至少暂时可以这么做),但这必须由议会来主持选举以求合法化。由于议会被解散,所以没有一个有代表性的机构来主持选举。此外,如他以总统身份行事,还必须有一些基本法律。如果他按当时的宪法接受总统头衔的话,除了受宪法赋予国家元首的特权外,还必须遵守对总统权力的限制。我知道,所有这些问题,张大帅都与其幕僚作了讨论。这些幕僚中有潘复先生、梁士诒先生、郑谦先生以及与张特别密切的杨宇霆将军。他们得出的结论是:解决时局最好的办法是重打锣鼓另开张,成立以张为首的军政府,以摆脱宪法的限制和妨碍。

当我得悉他们的计划,并被要求留在张作霖担任大元帅的新的违宪政体的政府里时,我理所当然地予以拒绝。我唯一关心的是他应该进行有秩序地接管。我对张的做法将不表示反对。但我清楚地表明,我不接受新政权的任何任命。

在张大帅成立其新政府(6 月 18 日)前两天,我召开了一次内阁会议,正式作出全体总辞职的决定。新政府的就职典礼是在没有困难的情况下举行的。

4. 张作霖的军政府，
1927 年 6 月—1928 年 6 月

有鉴于早期几届政权中，总统和议会之间的摩擦和议会使用阴谋来控制政府，并鉴于宪法中明文规定议会的权力凌驾于政府之上，所以张作霖集团最后决定不再保存代议政体的面目，而使自己可以自由行事，这是很自然的。实际上，那时要举行全国范围的选举是不可能的，而要恢复 1913 年选出的议会同样是不可能的。军事首领们和舆论界对那个议会已经感到厌倦，这是发给回家路费把议员们遣散的理由之一。

我到我西山简朴的乡间住宅休息，大部分同僚也都离开北京。就在那时，潘复内阁于 6 月 20 日组成。我记得 6 月 19 日，即大元帅就职典礼的次日，吴俊陞将军（黑龙江督军，大帅的盟兄弟之一），事先未曾通知，就到西山来拜访我。他和我相识多年，每因公出差来京，都要看望我，并作友善的交谈。他来西山的任务，是代表新任国家元首张作霖大元帅转达口信，请我回京，因为大帅希望听取我的意见，同时在新政府中还要有所借助。他说大帅想按我的意愿安排我任何职务，首先想和我一谈。我说，如大帅要和我谈话，当然十分高兴，但我不愿从他那里接受官职，因为我已从政多年确实需要在西山稍事休养。这里离首都不远，到北京很便当。吴将军说，张大帅希望我住在北京，而不是待在西山，并明白告诉我无论如何不应离开华北。我告诉他，这是没有问题的。我不打算离开北京到中国的任何地方去。应其一再要求，我决定第二天回城。他安排--俟我回到北京，就去拜访大帅。据吴将军说，大帅希望我继续担任总理，但我认为这不过是--种客气的表示而已，因为我深知潘复先生一直希望担任总理一职，他在建立新的军政府中，是张大帅异常亲密的顾问。

当我按大帅的邀请,前去拜访时,他极其客气地接待了我,并一再说,只要能对他有所帮助,不管我以什么身份他都同意。我再三重复向吴将军说过的那些话。这次谈话无结果而散。大帅坚持叫我接受我愿担任的某种官职,而我则继续推辞。告辞时,他说将保持与我密切联系,并派人来继续商谈。

我回到住处不久,潘复先生(其总理任命已经传出)来访,说他是奉张大帅之命前来的,请我接受审计院院长之职。他解释说,大帅听我说不愿担当任何政治责任,所以他为我选中了这个高级职务,因为审计院是一个多少有点独立性的部门,不直接牵涉任何重要的政治问题,同时,这个职务,往往由前总理和国家元老担任。因我和潘复很熟,和他谈的比和张作霖谈的更为坦率。我告诉他,我已决心去休养,这是唯一的原因,我确实不希望在政府中担任任何职务。这件事只是我的私事,因此请他向大帅婉转而坚定地加以解释。我感谢大帅对我的美意,并真诚地请其不必再坚持其要求。潘复先生作了一番长时间的说明,说大帅怎样把我算在朋友之内,现在他自己出任国家元首,是为了竭全力为国效劳。潘复表示他是大帅特地派来敦请我同意的,所以很难向大帅回绝。

为了打开僵局,我说有一个办法可以满足大元帅的意愿。这个办法就是介绍一位我政界的密友(也是我私交上的密友)——罗文幹博士担任此职,他是我多年的知己和政界朋友。任命他为审计院院长就犹如我自己担任该职一样。潘复不同意我的建议,提出两条理由,首先,大元帅坚持让我在新政府中担任某种职务;其次,罗博士可能不接受。我说第一点我不仅和他而且也和大帅谈过了。至于第二点,如果大帅同意,潘复先生就应当拜访罗博士并提出这项建议。他说:"行!先要得到罗博士的同意,然后我再去拜访他。"于是我建议他倒过来办,先拜访罗博士,如若他犹豫并拒绝接受,再由我来设法说服他。

达成的折衷办法是由我先给罗博士打个电话,告诉他潘复先

生要去拜访,但不告诉拜访的目的。这样潘与罗面谈就不成问题
了。给罗打了电话,告诉他潘要看他去,而罗则问我潘来访的目
的。罗表示愿意接受拟议中的职务。大帅和我之间的问题就这
样解决了。

除了这一插曲外,我与新政权之间的关系是没有问题的。张
作霖与我进行过两三次私人谈话。他为外交使团或新任公使举
行午宴时,偶尔也邀我出席。因此,我既与政府无正式联系,也未
离开北京,而是与新政权保持了友好的和私人之间的关系。

张作霖坚持让我在政府中供职,本是意料中事。第一,他知
道一些我在凡尔赛和会上的表现。第二,在华盛顿会议时,他是
支持代表团的那些人物之一,我记得他甚至还拿出五万元来支付
中国代表团的费用,他还答应为赎回胶济铁路贡献二百万元。第
三,我记得在前一年,1926年,在冯玉祥将军被直奉联军击败之
后,吴佩孚坚持恢复颜内阁时,张作霖强烈反对这个意见。两个
阵营在天津会议上曾同意让我出任总理。仅仅由于意外的障碍,
实际上是张志潭的花招,才使对我的任命未成事实。(通过孙润
宇〔?〕我才知道,在这一点上曾有过争议:有人认为假使我当了内
阁首脑,中国在与日本的关系方面,可能会遇到更多的困难,因为
日本视我为中国的反日领袖之一。)所以,我知道张作霖对我有
好感。

在此期间,局外人看来,在北京有两件大事。其一是从南方
开始的北伐缓慢而坚定地向前推进,迫使第三和第四军团的联军
从河南的阵地逐步北撤。在东线,孙传芳向南京推进取得了最初
暂时的成功之后,突然撤退。一般认为,单靠张作霖的部队不足
以战胜向前挺进的国民党军队。一个原因是,民心在南方一边;
另一原因是,北伐军似乎有一种中国前所未有的新因素,这就是
支持军事的政治组织。很明显,国民党在政治上组织得很好,它
把许多政治干部先于部队派遣出去,为民众接纳国民党的部队做
好准备;只要部队一占领城镇,政治干部就能够立即把民众组织

起来,所以国民党的事业就得以前进。新的政治因素加强了军事力量。在此以前,北方军队首领往往只指望加强自己的军力而不太注意政治方面。换句话说,那些所谓的军阀,有其个人野心,而他们的方法和观点都相当陈旧。他们没有把政治观点加以综合运用,以迎合民众的期望。所以,普遍认为奉军必然是阻止不了北伐军的不断挺进的,国民党占领北京只是时间问题而已。

另一个问题是中日关系。奉系是一贯很重视中日关系和日满关系的,因为对日本来说,满洲处于重要的战略地位,所以满洲的首脑人物懂得应怎样和日本人周旋,这是一般都知道的事实。当国民党北伐军稳步地向北逼进时,日本密切注视着中国的形势。导致山东特派交涉员蔡公时在济南被杀的政治事件,标志着日本并不希望国民党军队向北进军,至少不希望它进入华北。这一事件确曾把国民党的北伐阻止了相当一段时间。

日本趁机利用逐渐不利于北京政府的军事形势,把许多要求强加于张作霖,这是它对华政策的典型表现。向大帅提出的最为重要的要求,是关于要其接受中日共同经营南满铁路和中国的四洮铁路的计划。那时日本在北京的公使是芳泽。日本一直在要求解决各项问题,其中之一就是上述的计划。南满铁路的代表们为了找到交通总长常荫槐,来往奔走于京津之间。他们想与常举行会谈,以图解决他们的某些要求,而常似乎采取了回避政策。当日本人得知常在天津而去天津时,他会突然又到北京;当日本人到北京找他时,他又悄悄地溜到天津。据说有一次日本人得悉他要到一家妓院请客时,他们在那里找到了他。但是他说那不是谈公事的地方,约他们去部里相见。第二天上午他们去部里时,他又不在。他知道日本人找他的目的,所以就故意躲开他们。

最后,由日本公使出面交涉,要求与大元帅会见,并得到了同意。日本公使芳泽怀着希望去会见了大帅,坚持其对铁路的要求,特别是对共营满洲南北铁路干线的要求,并坚持要作出肯定或否定的回答。大帅坚定地予以拒绝。芳泽先生随即警告张作霖大帅说,如果没有日本人的支持,他就不能维持其在北京的政权。大帅说如果他不能控制北京局势,就回老家——满洲去。芳泽说,没有日本人的帮助,他难于回到沈阳。

这个情况是大帅的一位最亲近的幕僚告诉我的。大帅的另外一些知己也谈到这一情况。芳泽先生告别时已是三点钟。大帅命令准备专车去沈阳。我猜想,这是因为北伐军的挺进使他退回满洲的。时为 6 月 2 日的下午。专车路过天津时,吴俊陞将军也随车同行。吴将军在一节车厢,大帅在另一节车厢。当火车于早晨到达皇姑屯时——皇姑屯离沈阳只有几英里——一颗炸弹爆炸了。张作霖的车厢被炸,吴俊陞将军那时也在这一节车厢与张在一起,两人全被炸死。这是 1928 年 6 月 4 日的事。当时不知道少帅在什么地方。实际上他正在天津以东滦州煤矿的第三、第四军团联军司令部里。死讯封锁了几天,直至少帅扮成普通士兵乘敞篷车到达沈阳时为止。只是在其到沈后,才公布了张作霖逝世的消息和葬礼的安排。

5. 安格联爵士、张嘉璈和北京政府

(1) 安格联爵士被革职

在我谈到北伐之前(北伐因日本人在济南的干涉和宁、汉分裂而受阻),我想先谈谈有关导致安格联爵士革职这一插曲的某些情况。还在我任杜锡珪内阁财政总长时,为了安然度过中秋节,我的内阁提出的建议之一,是用对奥赔款豁免部分作担保,发行一种债券。蔡廷幹当时是海关的税务督办,安格联爵士是总税务司。内阁要安格联尽快从他休假的英国回来。我们向蔡催问他的情况。蔡说他已代表内阁给安格联发了电报,但没有回音。一天天过去了,仍得不到回答。我和整个内阁都很着急。最后,我们要蔡将军以海关税务督办的身份查询他不作答的原因。安格联没有回复蔡廷幹代表内阁打的电报,但却回电答复了蔡将军本人打的电报,说他不能很快离开英国,但如一旦准备返回中国时,他计划去广州并访问武汉。我们得知这一情况后,让蔡将军告诉他直接返回北京,不要去广州和武汉。

正如我们下边就要看到的那样,安格联不立刻返回的原因远非其个人的决定。他给蔡将军的答复表明,他已从中国各银行得知政府实际上叫他回来的意图。他了解了当时的局势以后,就不回来了。我在北京也不断得到财政部各司司长传来的可靠消息,说我提出的发行短期债券的建议,没有可能获准,因为中国银行总经理张嘉璈已向安格联表明了其反对的意见,并建议他不要回来。我们是从银行本身得到这个情报的。财政部公债司司长长期以来就与中国银行友善,财政部还有另外几个人与中国银行或另外四大银行之一有联系。

这事发生于1926年秋至圣诞节左右这段时间内,也是英国新任公使蓝普森爵士到达中国的时候。在他来到北京之前,还访问了汉口和南京,估计了南方的形势,得出了一个不利于北京政府的印象。旧历新年是政府另一关键时刻。政府急切地盼望安格联回到北京。我记得他是1月份的某一天回来的,当时我是总理兼外交总长,他和蓝普森先后到达。我们感到他在讨好南方集团。作为仍属北京政府的一名公务员,他这样做是不应当的。为了安然度过旧历新年,政府打算用对奥赔款作抵押发行债券。至于债券发行的担保问题,一般的做法是向中国银行的代表商谈。我记得我邀请了中国银行的总经理张嘉璈谈了一次话,他说,金融界历来的做法是,任何债券不管用哪一种形式以关税作担保,均须得到海关总税务司的同意。没有总税务司的签字作保,债券就不能在市场上出售。所以,他让政府去找安格联。于是我们与安格联进行了联系,他以不能令人信服的理由拒绝同意。如果我记得不错的话,他说的是:在当时国家分成两部分的政治形势下,他不能签这个字。这意味着,北京政府将因财源缺乏而垮台。我不知道他思想深处想些什么,但联系到早先中秋节时他拒绝给蔡廷幹以电报回答以及违反政府指示访问广州和汉口的事,政府极为愤慨,并决定将其革职。我们提醒蔡廷幹,他是安格联的直接上司,安格联应是在税务督办直接监督之下。蔡将军对政府的计划表示反对,并指出:这样骤然改变惯常的做法将会造成许多麻烦。他的说法未使我改变原意,整个内阁都同意我的意见,认为一个公务人员的首要义务是服从政府的命令,尤其是作为一个外国人,他应该知道他的地位特殊,无权使自己处于可以对政府施加压力的地位上。内阁一致同意将其革职,并公布了这项命令。

革除安格联海关总税务司的职务,在中国银行界引起了一阵忧虑不安。革职命令下午公布,第二天上午就在《政府公报》中刊登了。该日上午九时,中国银行总经理张嘉璈在其他三四家中国的银行头面人物陪同下来找我。我接待了他们,并问他们早晨来访的目的。张嘉璈是发言人,他极为严肃认真地说,他希望通知政府,革职令在中国银行界中引起了很大的震惊。根据他们的说法,革职是一个前所未闻的行动,在全国金融市场,特别是在上海,孕育着严重的后果。他想了解政府将采取怎样的行动,以对付这种形势。他扬言,中国银行界的意见是,如果政府不准备有效地应付局势,最好是辞职,让位于能处理局势、懂得如何立即采取有效行动的其他人物。

我对他有意制造严重气氛的企图及其威胁性声明感到意外吃惊。虽然预料中国银行界反应不妙,但没有想到银行家们会像张嘉璈刚刚表现的那样,威胁政府到这等地步。我理所当然严肃而坚定地回答说,政府在决定革去安格联的职务时,完全准备好应付可能出现的任何后果。我说,政府的行动是合情合理而且是合法的。中国银行界对此关心可以理解,但是如果政府自己没有能力应付局势,威胁政府却不是银行家应该做的事。政府一定会知道应采取什么对策。我还告诉张嘉璈,他的语言很不得体,叫政府下台肯定不合乎银行代表的身份。

他说,早晨上海纷纷来电,对政府革掉安格联职务感到十分不安。这些电报还表示,上海商人想知道如果中国政府的债券市场发展至混乱的程度,政府打算怎么办。他继续说,中国债券市场实堪焦虑。他问我,如果中国债券市场发展至十分严重时,政府将采取什么办法。我告诉他,政府没有接到它驻上海代表的任何情报。我还告诉他,我的看法是,形势是否会恶化,完全要看各银行自己的举措。如果他们保持镇静并且尊重政府的行动(这是他们应当做的),就没有什么可怕的。另外,政府公职的任免是政府正常职权的一部分,所以我认为政府革除安格联职务这一行动,与其任免其他高级官员没有什么不同。张先生说我想必了解中国政府债券须根据安格联的保证来发行。他的去职,自然会使债券持有人失去信心。我回答说,政府举债不是以安格联的话而是以关余作保的。同时政府借债不是私人问题,一笔债券的发行是与关税收入紧密相关联的。他再次警告说,如果现政府决定留任,而不采取应急措施的话,就须对革职一事造成的全部后果负责。我对他如此无所顾忌和很不得体的话,感到惊异。我再次重复我在开始时说过的话,即政府完全了解这个显然仍不为他赞同的行动可能造成的后果。最后,我说各银行应该明白,如果他们以正确的看法来考虑形势的话,就能够设法避免任何不幸的发展。说完,我起身告退,因为我在外交部还有别的约会。这样,我就走了。

张嘉璈反对政府将安格联革职一事暴露了政府财力薄弱,也暴露了各银行和安格联的关系。中国政府发行债券已变得非常困难,只有中国政府接受各银行坚持的条件,才有可能办成。这个条件就是提出的任何债券都应经安格联同意,以其签字为准。这样,他对他签署的意见就负有责任,并在关余上注明用于归还政府的债款。这是中国各银行坚持的做法。政府每一次提议发行新公债,中国各银行都要在总税务司的庇护下,以求与顾客进行债券的交易中处于有利的地位,用这种办法取得他们的合法利益。安格联和中国各银行之间的合作,变成了这种情况:总税务司(安格联)在中国被看成是一位太上财政总长。中国各银行以这种合作为得计,而张嘉璈则是安格联和中国各银行之间联系的纽带。至于财政部,大家都知道,如果想得到足够的款项来维持政府开支的话,它就得唯命是从,按中国各家银行的吩咐去做。各银行所持的这种立场再次使我回想起我被任命为财政总长尚未到职时,有人对我敲的警钟。一个银行界的陌生人,特别是一个不听他们命令办事的人来当财政总长,可能是中国各银行的一颗眼中钉。

(2)外交界的反响

我突然退出在我家与张嘉璈及其同行的会见,是为了接见在北京的外交使团的代表们。到外交部不久,七国公使约见的电话接着就来了。接见不是在我的办公室,而是在外交部二楼的接见大厅里,这是因为有人通知我,他们七人是作为一个小组来的。我注意到,他们是蓝普森爵士、马慕瑞先生、比利时的道依西先生,我想还有玛德伯爵、日本公使芳泽谦吉、荷兰的欧登科以及意大利公使。他们已经看到了《政府公报》上的革职令。我向他们问候,请他们坐下。因为他们表现犹豫,我就问他们前来所为何事。因为他们作为一个整体来此颇不寻常,所以看来这次来访必有什么特殊目的。蓝普森爵士看着马慕瑞先生,意思是应该由他讲话。但是马慕瑞先生则说他希望蓝普森爵士来代表他们说话。蓝普森爵士说,他们来此是要问一下外交总长对安格联爵士革职这一不寻常行动的理由。我对他提问的态度感到有点生气。我说:"公使先生,我恐怕不能对你的问题作答。"他说:"为什么?"

我说:"因为你问到的这件事,只涉及中国政府内部的事务,是政府正常管理的问题。可以肯定,你这是想干涉中国内政。"他当即否认有意干涉,说他和其同事们希望知道政府采取这种意外和不寻常行动的理由。我问他有什么资格向我提出这个问题。他说他在中国的地位我甚为了解,不知道我为什么提出这样的反问。我说,如果他以英国驻华公使这样官方的身份提问,我不能回答,因为这只是涉及中国政府的事务。他说,如果是这样,他要解释一下。他不是以英国政府的代表,而是以关税担保的中国公债持有人利益的代表提出问题的。他还说,这些持有人为数很多,而且外国许多银行也代中国政府大量发行债券,其中就有一些英国银行。我说,"因为你代表英国的一些银行说话,你的担心我可以理解。你要问理由,很简单,就是'抗命'"。他问抗命是什么意思,请我作充分的解释。我说,"抗命"这个字是英国字眼,我肯定他完全明白。我说,他自己的政府以其良好的管理著称,凡是负责政府管理工作的人,无论使用何种语言,都可以理解这个字眼。他说,"抗命"这个罪名怎么会适用于安格联爵士呢? 他想从我口中得到正式的说法,他是怎么"抗命"的。我说,即使他代表英国债券持有人的集体利益,也代表出席的其他公使,即代表其他国家债券持有人说话,我也没有必要去解释政府为什么要革去安格联的职务。我已经说明了革职的理由,我认为这已经够了。我肯定债券持有人是会理解的。至此我表示还有另外的约会。结束了会见。

于是,我就离开他们回到办公室。这是一次不愉快的会见,但也使我了解到:即使他们振振有词地说是代表外国债券持有人,他们也没有什么好理由来干预这件事,特别是我向蓝普森解释了政府对安格联爵士革职的做法决不会影响以关税作担保的公债的安全。我先离开,他们跟着就走了。

当然这件事并不就此完结,政府在免去安格联职务的同时,任命了易纳士。他多年来一直是海关秘书长的秘书,大家知道他在任职期间与英国公使馆有密切关系。蓝普森手里有一件武器，就是阻止易纳士任职，以此对政府施加压力。蔡廷幹是海关的税务督办，是海关的直接上司。我让他催易纳士马上接受任命。蔡将军说，他已签发了任命易纳士的文件。易纳士本人是乐意的，但他明确表示，如无英国公使的批准，他不敢接任。蓝普森明白地告诉他不应接受此职。因此我让蔡将军十分直截了当地通知易纳士，他只在空缺期间代理一下，如他不愿意留在这个职务上，我们再找合适人选接替易纳士。虽然易纳士是海关的从业人员，但鉴于他和英国公使馆的关系，所以他的犹豫不决是可以理解的。从个人来说，他认为这个职务极其光荣，但没有英国公使的批准，他就有很好的理由迟迟不到任。并没有条约规定这个任命须经英国公使批准，但是，甚至在 1900 年以前，外交换文中就规定：只要中英贸易额在中国贸易中占主要比重，海关总税务司就应由英国人担任。

蔡将军坚持认为政府采取的行动是严重的，只要海关没有总税务司，只要易纳士不就任，就可能导致严重的后果。我问他：在这种情况下，他认为应采取什么方针最为妥善。他回答说，他想做出某种安排来使安格联留任。他提出的理由是，安格联爵士的革职不仅给海关造成了严重的局势，而且也使英国公使馆和中国银行界大为不满。换句话说，他感到十分不快，但又不知如何是好。他认为，除非政府找到某种出路，否则他不能应付这种局势。我认为他过于懦弱。他未能用正确的眼光来看待政府的行动，所以他就不能从非常的局势中把自己摆脱出来。我指的是关于中国银行界、海关和安格联。从长远来看，如果政府想维护其合法权威，就不应容忍这种局势。所以我向内阁作了报告，我们一致同意决定解除蔡廷幹的职务。他被解职显然是因为他感到十分不快并认为无能为力。司法总长罗文幹博士被任命兼代税务督办。

罗博士和我自己对形势私下作了讨论。他建议让大理院院长(即大法官)王宠惠博士向英国公使馆了解一下蓝普森爵士是真的拒绝让易纨士任职,还是为了向政府施加压力而作出的策略行动。我让王博士告诉蓝普森,易纨士的任命原系英国公使馆所推荐,而且他与英国公使馆有密切的关系。如他继续反对易纨士接受新的任命,政府将任命别人。替换的人选是梅乐和爵士。梅乐和是全海关资历仅次于安格联的人,故内定任命他接替安格联。但大家都知道因为梅乐和持独立的态度,他和英国公使馆的关系不协调,而让易纨士暂时代理,则可尽量避免与英国公使馆的摩擦。

王宠惠和蓝普森的第一次会谈效果不大。但有一点很清楚:公使馆不接受对梅乐和的任命。换句话说,蓝普森估计了形势,如果要在梅乐和和易纨士之间选择的话,他宁愿选择易纨士。但他仍对政府可能采取某种方式收回成命抱有希望。我对王博士说得很清楚,他也完全同意我的意见:撤销命令绝对不行。所以王博士告诉蓝普森,安格联的复职是不可能的。但如他考虑另作安排,能使英国公使馆和债券持有人认为可以冲淡在海外的不良印象的话,王博士说他很愿意听听他的想法并报请政府考虑。

最后,内阁和我自己对英国公使馆的刁难很不耐烦了。几天以后,我们通知蓝普森,在安格联革职的前提下,如他有什么政府能接受的建议的话,或可加以考虑。但总税务司的职位不能久悬,我们将通知易纨士于两周内到职。同时我以外交总长的身份通知驻伦敦代办陈维城就蓝普森企图干涉中国政府的行政事向英方提出抗议,并试探英国外交部的反应。陈的报告表明,对蓝普森为安格联的革职理由与中国政府争辩,英国政府持有不同观点。陈代办的报告给我的印象是:英国政府已经感觉到要中国政府废除官方命令是不可能的,倾向于寻求一种保存面子的解决方式。那时,英国政府已经知道我让王宠惠要蓝普森撤回他反对任命易纨士的意见。最后蓝普森同意易纨士接任新职,但他建议安格联保留总税务司的名义,改为离职一年,以缓和他被革职在海外所造成的影响。这是王博士和蓝普森向政府建议的方式,我们认为不无理由,遂予以接受。随着易纨士的到职,这段插曲亦终于结束。

(3) 结 语

政府将安格联革职,不是因他拒绝同意以对奥赔款作债券抵押而产生的怨恨或恼怒,而是经内阁一致通过的。内阁中我的一些同事还积极主张以此来打破中国银行界和海关总税务司的勾结,这种勾结是蓄意控制政府公债市场并企图加强和继续其对中国政府、特别是财政部的控制。安格联的革职遭到以张嘉璈为代表的中国银行界的强烈反对,但在全国却受到衷心的欢迎。中国舆论界一般都认为这是维护中国主权和中国政府权力的合法行动。这不是一时的冲动,内阁从各种观点的角度作了讨论,在完全明了这次行动的意义和可能发生的各种反应的情况下作出了最后的决定。我必须说,以国外舆论和有关外国政府的反应而论,这段插曲则更进一步加强了我的这样一种信念:只要中国立足于其合法权益的立场上,不管其行动在远东或在整个亚洲看来是如何引人注目或甚至令人震惊,也都将会在海外得到充分的理解。何况任何一个外国政府,如果它的官员像安格联一样行事的话,不论其职位多高,它也会像中国政府一样将其革职。

这件事未遇到太大麻烦就过去了。后来,当我在二次大战期间在伦敦任中国大使时,年事已高的安格联,请英国政府与我联系,要求中国政府给他做一件好事,同意删去海关年报中有关他的官方记录中的"辞退"一词。这是一个需要极其慎重处理、也是一个相当令人同情的请求。我觉得很难办,因为对总税务司来说,"辞退"是一个事实,而且要在官方报告中改换这个用语将置政府于非常尴尬的境地。我说,不管怎样,我是驻伦敦的中国大使,对此事不再感到为难,这事是二十年前发生的,我将给财政部打个电报,把安格联的意见通知该部。所以我就给重庆的财政部打了电报。我想这是 1945 年的事。回答是否定的。我记不起当时的财政部长是谁了。

毫无疑问,易纳士要比安格联更为合作,而且也较为谦顺。易纳士是一个比安格联年轻得多的人,乐于和中国人接触,而安格联则习惯于独行其是,而且往往对自己职位的重要性颇为自得,不是因为这个职位确实重要,而是因为中国银行界的阿谀奉承。中国银行界人士把安格联看成是一个庇护者。每当政府拟用债券筹款,解决一些重要的财政问题的时候,张嘉璈就以能左右一切的地位自居,因为他有本事能使他所提的任何计划得到安格联的同意。换句话说,每当张嘉璈代表各银行与政府打交道时安格联总是给他当后台。这两人的互相勾结,当然加强了张嘉璈在政界的地位,因为当时国库被弄得如此空虚,以致没有一个政府不仰仗中国各银行提供财政援助,否则就难以长期维持下去,张对此完全了解。

政治形势的多变是这两个人权力的又一来源。内阁的更迭就像万花筒一样,有时甚至同一届内阁中财政总长也有变动。在这幅图画中,仅有的不变者,一是安格联,他作为海关总税务司处于政治浮沉之外;一是中国银行总经理张嘉璈。因为他和安格联的特殊关系,其他一些银行都唯他马首是瞻。

张本人的银行家事业,在很大程度上是受到他的政治关系的影响。他从一个中国银行上海分行经理迅速上升到北京中国银行总经理的地位。他的迁升是由于他和国民党的关系。他的策略是秘密地培植与国民党各领导人的良好关系。他指使中国银行广州分行经理贝祖贻按这个方针活动。贝本着张的指示与汪精卫和其他国民党领导人接触。所以贝深得信任。张以中国银行总经理的身份在北京发挥作用,在政界中颇有影响。那时,如果没有财政上的支持,一个政界领袖是不可能有远大前程或取得重大成就的。所以,官方银行在国内的地位特别重要。银行充分利用了它所处的地位,这是当时一个很重要的政治因素。

银行领导人的政策和使用的手腕对国民党是有利的,银行的利益和政界的利益很容易地结合在一起。

1926年北伐已开始。尽管中国银行界后来受到一股更强的力量的影响,使张嘉璈丧失了他的地位,但是,那时他仍不失为一位很精明的银行家和十分机灵的政客。正如我们看到的那样,中国银行界的领袖处在一个有战略意义的地位。其他银行的领袖人物,如我已提到的四个主要银行的吴达铨、周作民和谈丹崖(大陆银行的行长)都已经与蒋介石有了接触,并在财政上给他以支持。张嘉璈也是这样,但是有时因过分而失算。他有能力,但不得人心,他还是一个极端的现实主义者,一有机会就毫不犹豫地尽量利用其金融力量。

蒋介石委员长对中国各银行在紧要关头给予财政帮助虽然表示感激,也对他们专横的态度感到不快。至今他仍然认为中国的各银行应该受政府的管辖。这就是为什么他后来创建自己的银行如农民银行和四行联合办事处,以了解银行界的所作所为和便于控制各银行的原因。我们知道,中国的公司法从来就不合时宜,在过渡时期,各家银行的经理们就像他们是银行的主人那样自行其是。但是国民党控制下的政府通过贯彻执行该党的政策,终于削弱了中国民间各银行、特别是公私都拥有股份的中国银行的影响(我的家庭从我父亲的时代起,就是中国银行的私股股东)。

蒋介石委员长完全了解财政问题的重要性。他不仅懂得指挥军事战役的艺术,而且也懂得不战而收买军事将领的艺术。在这方面,他遵循一条慷慨大方的政策。他显然认为:钱在用时方有用。和督军们不同,他从没有想到需要个人发财致富。我记得几年之后,他为了达到把满洲纳入南京政府统治的目的,曾付出了一笔代价,他的朋友如张群、吴铁城,偶尔还有虞洽卿都曾参与了这件事的谈判。那时我也在沈阳。当然,这类事是严守秘密的。我不知道蒋介石委员长为此付出的确切金额,因为从来没有肯定的说法。可能是一千五百万元,分几年付清,所以少帅一次次到上海和南京去领钱。

三　在我外交总长任内
（1922—1928）所发生的问题

1. 苏俄特使越飞

　　我准备就记忆所及谈一下自 1922 至 1928 年我任外交总长期间所处理的一些主要问题。除了在 1925 至 1926 年有大约一年半的间断外，我在七届内阁中担任外长，其中有两届是由我组阁。我不在内阁时，由另外三四位任外长，如王正廷博士、黄郛将军、颜惠庆博士和蔡廷幹将军。不过，他们任外长的时间都较短。

　　从中国的观点来看，我任外长期间所处理的几个问题是相当重要的。1922 年 8 月，我刚任外长，就遇到了苏俄代表越飞先生。据悉他是莫斯科政治局的重要成员，苏联共产党最高领导人之一。在接见时，他解释说，尽管他的任务是非正式的任务，在苏俄看来，是十分重要的。苏俄十分愿意在外交上支持中国，尤其是在废除不平等条约方面，他认为这是中国人民所要达到的一个目标。早在 1919 年和 1920 年，苏俄政府即已主动宣布废除沙俄与中国缔结的不平等条约，并建议根据平等互惠原则，谈判缔结新条约。越飞建议中国正式宣布废除与其他西方国家缔结的条约，苏俄将支持中国的这一立场。他想了解我的反应，我是否认为中国政府能在国际事务方面同苏俄合作。我当即向他解释说，我个人认为中国的目的首先是要废除不平等条约，并在平等互惠和相互尊重领土完整和主权的基础上与所有国家建立新的外交关系。在巴黎和会上采取的就是这种立场。中国将遵循这一政策。我告诉他,我感谢他方才所阐明的对中国表示同情的观点,至于达到这一目的的方法,我准备向内阁汇报,予以慎重考虑。我对他说,他对中国的目标的理解是正确的,但是他所提议的方法尚需慎重考虑。

过了两三天,内阁根据我的汇报和建议讨论了这个问题之后,决定授权我正式答复越飞。同越飞的第二次会见十分重要,因为他在听取了我的答复之后透露了苏俄的真正立场。我告诉他,中国政府已考虑了苏俄的建议,我们十分赞赏苏俄给予支持和实行合作的表示,不过中国政府对于不平等条约并不想采取单方面行动的政策。中国政府拟通过正常途径进行谈判,以期有关各国乐于同中国合作,实现中国所欲达到废除不平等条约的目的。唯有在有关各国明确表示它们不同意通过谈判修订条约或阻碍中国实现其国家目的时,中国政府方考虑采取直接宣布废除现有条约之政策。

越飞对我的答复显然大失所望。我们是用英语交谈的。他指责西方国家的意图,并说,中国早晚会发现,对西方国家寄予这样高的希望是必然要失望的。他表示,既然中国政府不愿接受苏俄进行合作的建议,他即将前往南方与孙中山博士商谈这项建议。他知道孙博士在政见上与中国政府并不一致,因而希望孙博士更加理解他的任务。我觉得他这番话多少是一种威胁,这是他感到失望的结果。他又说,他可以肯定,孙中山博士和他所代表的党将会更加赏识他从苏俄带来的友好建议。这一来其威胁性就益形明显。据我了解,他于次日离开北京前往上海会见孙中山博士。关于他们商谈的情况,并无可靠的报道,但根据情报获悉,他们就合作的广泛原则进行了交谈。他们二人所发表的公报内容不多。公报仅表示相互了解和友好地交换了意见。我记得公报本身并未明确提到有任何具体协议,尽管一定有一些协议。当然,随着其后所展现的事件,孙中山和越飞商讨和谈判的性质以及他们会见的意义就清楚了。后来的事实表明,他们之间已建立了实际上相当于联盟的关系,由苏俄提供军事、财政和政治支援,供孙中山博士进行第二次或第三次革命,夺取政权。越飞和孙中山之间所达成的协议成为国民党与苏俄合作的基础,协议规定国民党吸收中国共产党人入党。这就是我早年主持外交工作于1922 至 1923 年所遇到的一件事。

2. 美日要求在北京设立 无线电台与企图行贿

我要谈的第二个问题是一个日本团体通过某物产会社申请特许在北京修建和经营无线电台,同时,美国联邦无线电公司也提出了同样的申请。此事在我出任外交总长之前即已提出。我上任伊始,美国公使舒尔曼博士和日本公使小幡先生即都来见我,催促中国政府立即批准。美国联邦无线电公司的申请是向交通部提出的;而日本人的申请则是向海军部提出的。在中国政府内部,两部总长均主张无线电台应属其本部管辖。这种争论已持续了一段时间。我个人认为,由于无线电台主要是一般的通信设施,并非专供军用,因此应归交通部管辖。内阁对此事议而未决,但多数内阁成员似同意我的观点。

日方代理人继续催促海军部,而美国公司代表则催促交通部。与此同时,他们的外交代表则多次来见我,催促早日答复。不止一次,日本公使刚离开外交部,美国公使就要求见我,有时则美国公使刚走,日本公使就来。我对美国联邦无线电公司的申请持同情态度,因为拟议中的无线电台将归交通部管辖,因而此电台将作为现代化通信设施为中国的公众服务,不仅可与远东各地联系,还可与海外联系。由于交通部与海军部各执己见,难以妥协,此事即拖延下来,内阁总是议而不决。

尽管我对美方的申请持同情态度,但美国联邦无线电公司代表的举动和态度使我当时不能作出抉择。因我惯常回家用午饭,一位美方代表打电话来,执意要在我家里同我见面。我会见了他。然而,当他表示只要美方申请得到批准,美国公司愿意捐赠中国政府一笔款项时,我不仅感到震惊,而且感到十分不安。我不记得那笔钱的准确数目了。可是我模糊地记得是一万五千美元左右。这笔钱可以由我随意使用。我甚感恼怒。他毫不迟疑,直截了当地道出此话,使我明白了他的真正意图。我告诉他,在中国办事情不该用那种办法。那样干,只能使他的目的落空。然后,我同他告别,离开了客厅。我不记得他的名字了,只知道他是个犹太人。但是,他的形象至今还留在我的脑海之中。回到外交部,我的秘书就给美国公使打了个电话,通知他,我要在我的办公室里会见他。美国公使马上就来拜访我。我对他讲了刚才发生的事情,并对他说,如果美国政府确实对中国感兴趣,并希望美国联邦无线电公司的申请得到优待的话,由美国公司的这个代表来办理此事即不合适。他继续当代表只会使我难以坚持我的观点。而我的观点对舒尔曼博士来说从一开始就是清楚明了的。舒尔曼博士听后,也同样露出吃惊的样子,并表示同意我的意见,即美国公司代表由于采取了这种态度,就无法继续在北京任事了。他十分懊恼。他向我保证他将尽力设法让美国公司的这个代表离京,并让该公司另派一个人来。

拘捕罗文幹博士所引起的内阁危机导致了内阁改组,使王宠惠内阁不得不提出总辞职。我离开了外交部。我不知道这件事的结果如何。电台很可能是由日本人和美国人共同经营的。

3. 金佛郎案

  另一件事情是所谓的金佛郎问题。第一次世界大战以后,几个欧洲国家的货币大幅度贬值是这个问题的起因。虽然金佛郎问题涉及法国,但是比利时及意大利的货币同样贬值了,因而也发生了类似的问题。争论的焦点是继义和团问题之后签订的《辛丑条约》规定,中国政府应向十三国共赔款白银四亿五千万两,按比例分别以各国的货币偿付。法国和其他十二个国家的货币全都是金本位。《辛丑条约》上的措辞是"金佛郎",问题在于"金佛郎"一词究竟是指实行金本位制的法国货币,还是像法国坚持的指金质佛郎。

  在我任外交总长以前,金佛郎案业已提出,并由外交部研究。我掌管外交部工作以后,金佛郎案是我颇为注意的问题之一。这个问题很重要,它将对中国国库发生非同小可的影响。由于外交部各司不能作出任何结论,我就搜集了所有的有关文件来研究此案。经过仔细研究《辛丑条约》,条约上的诸条规定以及此案的始末,我确认法国的要求即法国公使馆要求中国用金质佛郎偿付法国,是不合理的。为了报告内阁和通知中国的财政总长,我记得我曾经亲自拟就一个备忘录。我不记得是否在离开外交部前答复过法国公使馆。据报道在 1922 年 12 月 28 日,外交总长王正廷照会法国公使驳回了法国政府关于金佛郎的要求。因为法国公使一直催促中国政府给予答复。我想王正廷博士一定是在上任后不久发出照会的,而且该照会也一定是以我写的备忘录为基础起草的。

  王正廷在外交部的时间不长。黄郛将军是在 1923 年初被任命为外交总长的。据悉当时黄郛将军曾发出另一照会,答复法国就王正廷博士主管的外交部拒绝接受法国要求所提出的抗议。事实上,黄郛将军就任后采取的第一个官方行动是照会法国公使,接受关于金佛郎的要求。随后有人说,黄郛将军在发出照会前曾与王克敏磋商过,他采取的行动是根据王克敏建议作出的。据说王克敏因在中法实业银行有巨额存款,不愿此银行停业倒闭,故希望用金佛郎赔款一事获准。我不清楚王克敏在其中是否真有私人利益,但是某些方面的人士曾认为中国应该接受法国的要求,他们中的许多人以为法国的要求是有充分依据的。在中国银行界,甚至政府官员中间,这种看法相当普遍。在我任职期间,人们认为我对此案特别关注,是要冒相当大的风险的,因为我与政府及银行界人士对此案的意见恰恰相左。法国人当然是有对付我们的手段的,他们完全可以在掌握中国海关大权的外交团中不同意交还中国的关余,以便根据欠法国政府的赔款和贷款数目加以扣除。

但是,在我研究金佛郎问题和作出结论前,国内就已普遍认为法国的要求是根本不能接受的。由于黄郛接受了法国要求,于是便和国会发生了纠纷。因为国会,特别是吴景濂手下的那部分人,对张绍曾将军的内阁不满。在张绍曾被提名并得到议会批准为总理前,张与吴景濂曾订过秘密协议。显而易见,张并没有履行协议。众所周知,张绍曾许诺任命由吴景濂提名的两个候选人为总长。但是,他没有这样做。不论事实真相如何,张绍曾的总理职务一经国会批准,内阁与国会之间的摩擦也随之开始了。黄郛将军被任命为外交总长以前,吴景濂的一派人就从外交部索取了一本我草拟的备忘录。我记得吴景濂曾来问我,这个备忘录我手里是否也有一本。我告诉他我手里没有,并对他说,无论怎么样,他作为国会议长很容易从外交部索取一本。他随即到外交部,并索得一本。吴景濂显然是用这本备忘录作为武器来反对张绍曾内阁的。我不知道黄郛将军为什么没有注意到这个备忘录以及先前关于这个问题的函件。我想,在处理这个问题上,他很可能征询过王克敏先生和财政总长刘恩源的意见。黄郛接受金佛郎要求的消息传出不久,国会中就愤怒地抨击内阁。黄郛将军也随即辞职。

黄将军的辞职书于1923年4月8日才获批准。同一天,我被任命继任外交总长。我没有立即赴任。1923年7月3日我上任时,张绍曾将军已经前往天津,内阁处于无人领导状态。我曾说过,我之所以迟迟不就任外交总长,乃是由于我当时提出的条件是:何时罗文幹博士一案澄清我才上任。最后,罗文幹终于获释。

在段祺瑞被推举为中华民国执政、李思浩被任命为财政总长前,我的印象是金佛郎一案仍然是一个悬而未决的问题。李思浩以段执政的名义,接受了法国的要求,甚至还同意变更一些偿还赔款的规定。这种做法未能坚持我任外交总长期间中国政府的原有立场,放弃了中国的合法权利。名义上,金佛郎一案是以美元汇率加以解决,实质上,是完全接受了法国的要求。随着金佛郎案的解决,法国公使立即将所扣留的一千多万元的关余交还中国国库。

4. 参战借款

另一个牵连到外交关系的财政问题是参战借款问题。关于借款的谈判是于1918年秋第一次世界大战结束前夕,由冯国璋总统领导下的段祺瑞总理进行的。当然,中国政府不仅无力偿还本金,而且连利息都无法偿付。为中国公众舆论所反对的参战借款以及其他日本借款,已成为国家大事,日本人经常要求将欠付的借款利息转入本金项下。1922年我任外交总长时,日本为了把借款利息转入本金项下,也为了定期证实借款继续有效,经常照会外交部和财政部。我个人是反对日本人的要求的。一则在第一次世界大战停战前夕商借的这一系列借款是引起中国公众普遍不满的原因。参战借款虽然实质上是个财政问题,它也关系到中国同日本的关系和中国总的外交政策,因为参战借款是巴黎和会上与中国有关的主要问题之一。尽管日本人坚持己见,但由于内阁将此问题搁置起来不予通过,所以借款利息始终没有转入本金。我已经说过,我是内阁中唯一的持异议者。在一个周末,内阁以为我不在首都,就试图批准这个议案。这件事情与为曹锟竞选总统筹措资金一事密切相关,与其说它属于外交,不如说它属于内政。

5. 日本公使芳泽
递交国书事件及摄政内阁

在我第二次就任外交总长期间,在曹锟将军当选总统以前和黎元洪总统赴津以后,也就是摄政内阁主持政务,依据宪法行使总统职权之时,有一事件在当时的北京曾引起很大轰动。新任命的日本公使芳泽先生已经抵京。根据惯例,新公使应该拜访外交总长并请求安排递交国书。在新公使和外交总长的第一次会晤中,他应将国书副本交给外交总长,使外交总长确切了解国书内容,以便为国家元首拟就在递交国书仪式上的答词。然而,芳泽没有进行礼节性的拜访,却照会外交部提出了一个须由双方解决的问题。换言之,他没有按照惯例进行礼节性的拜访,请求安排递交国书并递交国书副本,就以日本公使和日本外交代表的身份着手履行职责了。鉴于这种情况,我下令不要理睬这个照会。日本公使馆询问此事时,得到的答复是外交总长尚不知道芳泽先生已经抵京,更不知道他是以何种身份来京的。他到底应该不应该先进行礼节性的拜访,成为一个问题被提出来了。我们告诉芳泽,应该按照惯例先拜访外交总长,送交国书副本,并询问递交国书原本的日期。他回答说,由于中国现今没有总统,故无法递交国书,因此,拜访外交总长以确定日期一事也就没有意义。他所持的态度使我十分吃惊。我说,既然他不来拜访,我们外交部也就不能承认他具有任何身份。我们不知道他来京的身份,当然外交部也就不准备与他打交道。在北京,他有一个代办可以继续履行代办的职责。后来,不知什么原因,报纸登载了这个事情。芳泽陷入了窘境,因为他已在拜访各国公使。而当这条新闻登出后,他们即知道他尚未被完全承认为日本公使。

说来也怪,芳泽并没有通过他的代办安排某种解决办法来处理这个问题。事情的本身并非十分重要。但是,它是耐人寻味的。我认为新公使这样做是有意表示无视在北京的中国政府。事情很清楚,没有总统,国书当然不能递交给总统。但是,中国的宪法明文规定,总统和副总统不在期间,内阁有权行使总统的权力。以国书是写给总统的作为理由而声称不能递交国书,是根本站不住脚的。因为巴西和智利的两位新公使就已经在怀仁堂总统府把国书递交摄政内阁。作为内阁的要员,我站在中央,当着全体阁员的面,接受了他们的国书。但是日本公使却不愿照此办理。他认为日本这样一个强国不能屈尊将日本天皇签署的国书递交给一个摄政内阁。

这件事成了一个棘手的问题。我坚决认为,不论何时递交国书原件,公使总应该先拜访外交总长送交国书副本。只有这样,才能使中国外交总长并从而使中国政府确切了解他到北京来的身份,以便与其交往。

但是,日本公使并不打算这样做。与此相反,他却去找内阁的一些其他总长。在一次内阁会议上,两个同僚同我讲的话使我大吃一惊。他们告诉我,日本公使已经拜访了他们,还说,在中国这种特殊形势下,我没有必要坚持遵守外交礼仪。日本对中国政府并无偏见,只是不能向摄政内阁递交国书。我的两个同僚吴毓麟和高凌霨说,他们有一个解决问题的折衷办法。他们将与陆军总长陆锦将军商量,准备举办一个宴会,邀请我出席。在宴会上,他们将以个人的名义把日本公使引见给我。我感到愕然。他们说,在双方都无意让步的情况下,这是最好的解决办法。吴毓麟说,王兰亭完全赞成他们的建议。王先生当时是曹锟将军的秘书长,在某种意义上也是个领袖人物。他也将出席宴会。

我感到既可气又可笑。我指出,他们完全不懂得事情的原委。这件事不是我和芳泽之间的私事。我采取的立场完全是为了政府。我不是从外长个人的角度来考虑问题的,我是以摄政内阁的外交总长来考虑问题的,而他们也都是内阁的成员。芳泽本应该拜访外交总长,表明身份。他拒绝前来,意味着他目无中国政府。我说:"外交总长是代表政府的,而你们又都是这个政府里的正式总长,我不能出席宴会。"

显然,他们把这件事看成是他们和那位日本公使之间的私事了。当然他们不应该把那位公使引见给我,那样做根本不是处理外交事务的办法。开始,他们觉得我十分固执。我对他们说:"你们不要管他!让外交部去处理他的问题!"宴会还是举行了,但是我没有参加。最后,这位公使看出拗不过我,就通过他的代办与讲日语的秘书施履本商定要作礼节性的拜访并送交国书副本,但是暂不确定递交国书的日期。换言之,他觉得日本天皇的国书不该递交给摄政内阁,只应递交给正式当选的总统。日本人对这个问题很敏感。我说,他可以来访并送交国书副本,至于递交国书的日期,则应由中国政府决定。如果有总统在,此事即可由总统府决定,如果没有总统在,摄政内阁将决定是否立即确定递交日期。最后日本公使同意了这个意见。他拜访了我,并递交了国书副本,也就此了结了这一事件。

虽然我和芳泽进行官方交往的开端没有留下美好的记忆,但是后来我们却十分友好。每当他见到我国人士时,他总要问候我。1954 年他最后一次被派往台湾任日本大使,递交国书后受到了"总统"的款待。他问起顾维钧博士在何处,并说:"顾维钧博士是我在北京的老朋友之一。"之后,他又问候了我的健康。"总统"告诉他,我在华盛顿。接着他又说了一句使"总统"很吃惊的话。他说:"您知道,他身体康健,我感到由衷的高兴,因为我们两个人同岁。""总统"吃惊地问他多大年纪了。他回答说,他已经八十多岁了。"总统"又说:"噢!我和顾大使同岁。""总统"接着提到,他的确不知道顾大使和芳泽同岁。芳泽说:"是的!我们是同岁。我们在北京共过事。"由此可见芳泽大使的记忆力不太好。

芳泽先生是老派外交家,做什么事情都是谨小慎微、一丝不苟的。这一点不仅仅表现在外交礼节上,也表现在他的整个外交作风上。虽然在递交国书一事上他是做错了。当时驻北京的整个外交团都支持中国外交部的立场。同他会见时,总是令人感到吃力。他拿出指令,慢慢地用日语逐字逐句地宣读,经常在读的过程中停顿下来,之后又再从头读一遍。他的秘书也尽力学着他那种审慎的样子,再用中文逐字逐句说一遍。所以,同他会见的时间往往比通常所需要的时间长得多。他出生在日本北部山区并在那里长大,身体很强壮,但是说话和动作很迟缓。在北京的外国人,包括外交团,都知道他爱打高尔夫球。当时,北京有两个高尔夫球场,都是九穴的,一个在北京八宝山,一个在西直门外。人们只要看见芳泽先生在打高尔夫球,就收拾东西回家。他们都遇到过这样的情况:如果他在打球,别人排在芳泽先生后面等他打完,就会看到他围着球转来转去,左右端详,掏出一本关于高尔夫球的小册子查阅不同角度的球应该怎样去打。然后,他又围着球转起来,琢磨眼前的球,最后才打一下。毫无办法,这就是他那不慌不忙、细心谨慎的作风。他在处理公务上,是十足的日本人作风。他极端严格、谨慎,而且品德很好,又有教养。1954 年作为驻台湾大使,他到机场迎接过我。过后我拜访了他,他也回访了我并坚持要为我设宴。盛情难却,我接受了邀请。尽管他在出任驻北京公使时,特别是初上任时,我们之间出现过一些纠纷,可是我们仍然是好朋友。

6. 临城劫案

我准备继续谈一谈我在北京政府任外交总长期间所处理的主要问题。下面我就临城劫车案谈几点看法。1923 年 5 月 6 日凌晨，一列发自上海、途经南京、济南、天津，开往北京的直达快车被劫。火车行至山东省边界的临城附近时，遭到了一股中国匪徒的拦截。匪徒比路警和列车人员多得多，路警根本不是匪徒的对手。匪徒拔掉了一条铁轨上的道钉，致使火车出轨。车上除众多的中国旅客外还有许多外国旅客。他们全部遭到绑架并被押送到附近山区匪徒的巢穴。一位英国公民遭到枪杀，情况不明。被绑架的外国旅客中有若干名妇女。

这一事件引起了中国公众和在中国的外国人的极大愤慨。外交团开了几次会并向中国外交部提出了联合抗议。在当时，特别是在中国，劫车事件时有发生，在美国的所谓西部荒原，类似事件也屡屡发生，可是临城劫车案非同一般，此案涉及了这么多中外旅客，而且又是匪徒一次极为肆无忌惮的行动，所以包括我在内的中国政府官员对此案自然是十分关注的。作为对抗议照会的答复，中国政府采取的第一个措施是组成联合调查委员会，了解劫车一案的事实真相和被绑架人员的情况，还要查明被绑架人员被拘留的地点。山东省督军田中玉，对争取被绑架人员获释，自然负有特殊的责任。中国政府也责令他竭尽全力处理此事。

中国民众对此案十分关注，全国各地纷纷派出救济团体，以便被掳人员获释时，给予救助。

中国政府收到调查委员会的报告以后，外交团又递交了一份联合照会，其内容为解决问题的条件，赔偿要求及避免发生类似事件的保证。在当时的情况下，外交团所提的要求是很不公正的。联合照会提及了《辛丑条约》,这个条约是义和团动乱所产生的结果。照会所提要求的方式和《辛丑条约》内各项要求的方式有些相似,特别是关于惩办省和地方与事件有关的负责官员。在解决临城劫案的条件中还包括重新组织有外国人参加的路警队,对临城案件负有责任的官员,中国政府永远不得再行任用。虽然照会中关于赔偿丧生者及被绑外国人损失的赔款要求内容,不如义和团动乱后提出的要求那样包罗万象,但我认为,要求所依据的原则是站不住脚的。

结果,中国政府同意给予一定的补偿,但是我强调,我们做事绝不应有损中国的独立和主权,也不应违反或超越关于在中国领土上保护外国人的国际法准则。至于像惩办督军和地方最高军事当局的那些政治条件,中国政府已经主动采取了措施,罢免了铁路警察首脑,撤换了地方驻军司令并责令督军竭尽全力争取被掳人员获释。至于重新组织路警的要求,我在答复外交团时强调,这是一个关系到中国内政和主权的原则问题,决不允许外国干涉或干预。同时,我还告诉外交团,交通部已就重新组织路警问题进行了研究。有必要的话,我们会雇佣一些外国专家。因此,联合照会的这一要求不能给予考虑。

在赔款问题上,中国不负任何责任。但是,中国政府出于对中外被掳人员的深切同情,乐于提供一些救济来支付由此而产生的费用,并补偿实际遭受的损失。关于外国被掳人员每日开支的款额问题,联合照会声称在被掳期间每人每日一百五十元,但是如果被掳人员在一定日期后仍未获释,则每人每日增至二百五十元。这个问题我不能理解,所以我拒绝接受这一要求。我指出,为了避免发生危害被掳人员生命和安全的不幸事件,需要与匪徒进行谈判,这是被掳人员释放日期遭到拖延的原因。很清楚,为营救被掳人员而进行的有效谈判所需要的时间,不应该成为增加赔偿的理由。

中国政府采取这种立场的主要理由是,这一不幸事件并不是由中国国内哪一个排外运动引起的,而是那个地区的武装不法分子的一次纯粹强盗行动。而且事件发生的地区实际上是个无人居住的山区,在这里,很难保证不发生这类偶然事件。外交团采取的立场似乎是很严重的,因为这是整个外交团第一次联名照会。我承认这个事件是不幸的,同时我力图说明这个事件与1900年义和团动乱之类的排外运动根本不同。我说,我们要恰如其分地看待这次事件,并据此订出合理的补偿和救济办法。

经过较长时间的谈判以后,被掳人员于10月份全部获释。当时,同意获释的条件没有报告给政府。此事主要由山东省督军负责。匪首的条件之一是,他和他的手下人必须由山东军队收编。在与匪徒达成的协议中,这是一项不寻常的内容,但是,我想督军作出这样的决定是出于无奈。他觉得他对事件本身,对安全释放被掳人员都负有责任。我记得后来的一个报告提到,由督军任命担任收编队伍司令的匪首,在不到两个月的时间里,就因违抗命令被处决了。

很明显,这个关系到火车乘客生命和安全的严重事件之发生,乃是由于整个中国动荡不定的政治局势,特别是津浦快车行经地区的局势。漂流在铁路线附近荒僻地区的散兵游勇,以拦截、抢劫活动为手段来引起地方当局注意他们所处的绝境。以摄政内阁行使职权的中国政府,在没有总统的情况下,本来就面临着十分困难的局面,而最不幸的是还发生了这样的事件。这一事件不仅在国内使人深感遗憾,而且在国外产生了非常不好的印象。为了消除国际上的不良影响,并考虑到给予来华外人以必要的公正待遇,才以我上述的方式解决了这一事件。

7. 中苏谈判,1923—1924

(1) 1924 年 3 月王正廷签署协议草案

1923—1924 年与苏俄的谈判,旨在恢复中国与苏俄间的外交关系。这是莫斯科亟欲实现的目标。当时苏俄方面的代表是加拉罕先生,他以特使身份来到中国。在此以前,苏俄曾派越飞先生出使远东。关于他的北京之行,我在前面已经谈过了。越飞先生作为特使出使远东的目的显然决不仅仅在于与中国恢复外交关系,而且还将就苏俄同日本之间所存在的问题,特别是关于日本占领滨海省和库页岛的问题,同日本进行会谈。这些地区是日本在声称数百名日本侨民在这些地方遭到杀害之后占领的。

越飞先生在中国的主要目的是想同中国制订一个他称之为两国合作的计划。虽然他在中国停留了相当长的时间,但未能达到莫斯科的预定目的。他赴北京的使命失败了,同样,他秘密赴日的使命也以失败告终。

加拉罕先生就是来接替他的职务的。1919 年和 1920 年,加拉罕先生曾以苏俄外交部副部长的身份两次向中国发表声明,宣布了一项非常开明的对华政策,并宣布废除沙俄帝国同中国缔结的一切不平等条约,其中包括沙俄在中国的治外法权和租借地,所以他的名字在中国并不陌生。他到达中国时,曾在哈尔滨受到中东铁路局局长和当地一般民众的热烈欢迎。早在他到达中国之前,他就曾企图与满洲的张作霖大帅达成一项解决办法,其目的显然是为了恢复俄国对中东铁路的既得利益。苏俄当时对满洲以及西伯利亚和朝鲜境内白俄的活动感到不安。中东铁路局总经理就是一名白俄分子。这个白俄总经理能力很强,在中国住了多年,对中国的国事民情都很了解。但是苏俄不信任他,所以加拉罕要与张作霖大帅达成协议的目的之一就是想用一个莫斯科指定的人来接替这个白俄总经理的职位。他在沈阳的尝试失败以后,便动身来到北京。他在北京同样受到了热烈欢迎,不过给予这种热情接待的不是政府而是民众。当时,以作为中国知识分子和激进分子的中心和堡垒而著称的北京大学的教职员和学生们,多次为加拉罕先生举行欢迎会和宴会。因此他是在十分有利的气氛中,于1923年底出现在北京的。但根据我的记忆,外交部和政府其他各部都没有为他举行任何官方欢迎仪式。当时两国之间并无外交关系。事实上,恢复外交关系恰恰是加拉罕先生此行的主要目的。

加拉罕通知中国外交部,他作为特命全权代表到中国来的目的是想通过谈判,就所谓指导两国关系的总原则与中国达成一项协议。实际上,他同时还提出了一个先决条件,即中国先同意与苏俄恢复正式外交关系,才能开始谈判。而此时,中国对俄国人在外蒙的活动已经非常恼火。俄国人采取一系列严重损害中国利益的措施,致使外蒙这块领土实际上从中华民国分离出去。存在着破坏或取消中国在外蒙的利益和中国在外蒙的地位的企图。一千多名中国商人和工人被赶出外蒙,而且连政府特派员和由他带去的卫队也被驱逐出境了。所有这些事件不仅在中国政府内,而且在中国国民中引起了强烈的不满。因此,中国之所以不愿意与加拉罕先生谈判有两个原因:一是中国在外蒙问题上有自己的条件;二是加拉罕先生提出了中国先同意恢复外交关系的条件。这两个条件妨碍了谈判的举行。依我之见,只要苏俄发表一个正式声明,承认中国在外蒙的主权,放弃在外蒙所采取的有损中华民国地位的措施,那么在外蒙问题上的僵局就可以打破。但苏俄对此颇为踌躇。数月之后,莫斯科企图把俄国人在外蒙的活动说成是由谢苗诺夫将军领导下的白俄分子干的。与此同时,加拉罕在中国发表演说,再次向中国人民保证苏俄将与中国保持友好关系。他甚至还声称,有了苏俄的友好合作和援助,中国将会成为维护东亚和平的重要因素,而且还能把自己从损害其主权的桎梏下,像治外法权和中国与其他西方国家及日本之间的现行不平等条约的条款中解放出来。

　　以北京大学学生为主的强有力的中国舆论界对于谈判的迟迟不能开始大加指责,非常不满。北京大学是中国知识界的重要堡垒。当时蔡元培是校长,而且也是公认的所谓"自由主义运动"的领袖。直至大选完毕,曹锟就任总统职位,并且组成了在他领导下的第一届内阁之后,政府才得以着手准备举行谈判。第一步是指派王正廷博士为中国政府的全权代表与苏俄的全权代表进行谈判。1923 年 3 月 26 日,黄郛将军任外交总长时,王博士被任命为中苏谈判代表团团长。这次王博士是由内阁总理孙宝琦先生和当时在孙内阁中任农商总长的颜惠庆先生推荐的。孙是王的好友。十年之前王氏本人即曾任外长,我当时也在外交部供职,是他的参事。颜惠庆博士也在我之前数次出任外交总长,此时已被誉为政界元老之一了。这就是任命王正廷的背景情况。根据外交部的决定,此项任命由王博士本人通知加拉罕先生。书信往来是在两位全权代表之间进行的,并不通过外交部。加拉罕先生的身份仅仅是恢复两国外交关系谈判的全权代表,此外并无其他外交身份。在拟定全权证书时,我曾特别注意使措词恰到好处。全权证书清楚表明,王正廷博士有权进行谈判,拟定一个协议草案,然后政府可以批准或批驳。换句话说,他的全权证书是按任命外交谈判代表的惯例措词的。无论他与谈判对方达成什么样的协议,都须以政府同意为准。

　　谈判如期开始。王博士的助手中有一部分是我从外交部选派的,其中包括外交部外政司第一科科长赵泉先生。在我出席和平会议及在伦敦期间,赵先生曾是我的助手之一。但他也认识王正廷博士,而且还很受他赏识。其他助手则是王博士自己挑选的,而且都不在外交部门供职。谈判进行了相当长的时间。在此期间,王博士的正式汇报非常少,书面汇报则几乎没有,但我通过赵泉,不时了解到谈判进行的情况。

直至3月里一天的清晨,赵泉才到我的住处告诉我,王博士和加拉罕刚刚在加拉罕的下榻处、原俄国大使馆签署了一个协议草案。赵先生既无法告诉我协议草案的确切内容,也无法肯定协议草案是正式签署还是草签。就他所知是正式签署。当我询问两国代表签署草案时的情景时,他说谈判在天黑以前就开始,由苏方设晚宴招待王博士,饭后继续进行谈判,直至次日黎明前两国代表在协议草案上签字方宣告结束。签字程序刚一结束,就拿出了香槟酒,加拉罕先生为两国友好关系的恢复祝酒干杯。并将酒杯伸向王博士,称之为"未来的中国总理"。

我早就知道,整个政界也早就知道,王博士不仅很有政治雄心,而且还是第一流的政治家。但此事给我的第一个印象却是身为中国代表的王博士,不按一般程序,先向我、当时的外交总长,进行汇报,以便我能把协议草案提交内阁全体会议进行讨论,就在协议草案上签字,看来是失职行为。但这并不是我所关切的唯一问题。我想知道的是协议草案的具体内容,措词方式以及在已经签署的协议中是否有不利于中国国家利益的条款。我立即给王博士打个电话,问他我所得知的情报,即协议草案已经签署,是否属实。如果属实,我要他立即给我送来一份抄本。我向他陈述了缔结国际条约或协议时,不仅中国而且任何其他国家都实行的传统程序。同时,我还直言不讳地告诉他,不先把草案呈交政府审议批准,就签署协议是他的失职行为。听罢此言,王博士解释说,协议草案尚未正式签署。然后我又说,如果仅是草签,就没有超出他的职权范围。不过我还告诉他,我想看一看草案全文。他说副本正在抄写,还要再过些时间才能送来。

应我的要求,赵泉先生给我带来了一份非正式的副本,而王博士则过了一两天后才把文件送来,那个被称为指导两国关系的总原则的协议草案是为了缔结一个更加全面的条约,并解决苏俄与中国之间一些悬而未决的问题而签署的。当我仔细审阅那个草案时,却使我大失所望,极不满意。协议中有若干条款王博士是不应该接受的。如果在签署之前,他把草案呈交外交部进行审议并听取关于修改文件的建议,那么通过与苏俄代表进一步磋商,将条款加以修改并不是非常困难的。虽然协议中有好几项规定,但是为了使王博士不致过于为难,我只把其中最重要的问题归纳为三条:

第一条是有关涉及外蒙的一些条约问题。协议规定废除沙俄同中国签署的以及同其他列强签署的有关中国的一切条约。但苏俄同所谓的"独立外蒙"签署的条约和协议却没有提到。既然特别指明是沙皇政府所签订的条约,这就是默认了苏俄与外蒙的条约。我认为,中国政府绝对不能轻易作出这一重要的让步。

第二条是苏俄从外蒙撤军问题。苏俄正是依靠这些军队来维持他们所谓的外蒙独立的。虽然双方代表对撤军问题曾进行了讨论,但协议草案中的有关条款却规定,一旦中国同意撤军条件,苏俄军队将立即撤离。换句话说,就是中国承认苏俄撤军是有条件的,从而使自己处于完全听任苏俄摆布的境地,而苏俄则可以认为中国提出的条件根本无法接受而长期屯兵外蒙。此外,这一特殊条款的含意也令人十分不快,似乎苏俄在那里驻军是合法的,而且有权在撤军之前提出种种条件。

第三条是关于在中国的俄国东正教会的房地产权问题。协议草案的第三条声称属于东正教会的所有地产都必须移交苏俄政府。但据我所知,以往的条约并未在法律上准许外国使团、宗教团体以及传教士在中国内地占有土地,而且中国政府从无任何记载表明俄国东正教会在中国拥有多少财产,它们的土地在哪里,有多少,因此中国履行这一义务是极为困难的,而且会遭到地方当局的强烈反对。

以上几条,我认为是必须进行修改的。但我没有径自由我来表达政府的立场,而是起草了一个报告,连同王博士与加拉罕签署的协议全文一起呈交内阁。

　　或许有人会问,王正廷博士如此匆促地与苏俄特使达成协议,他个人动机究竟何在?当时各界人士几乎都觉得,王博士实际上已经脱离或疏远了孙中山先生所领导的南方政界,在政治上与南方政治力量合作的可能性不大。大家知道他极欲在北京政府内发挥举足轻重的作用,正像当时也在北京的相当活跃的王宠惠博士及黄郛将军等人一样。

　　任何一个有政治野心的人都想参加北京的政治活动,都想出任外交总长,然后任内阁总理。我认为,当时的这种看法与事实出入不大,因为王博士一直在寻求冯玉祥将军的支持。像那时期中国所有的实力雄厚的军阀一样,冯玉祥也是一个很有野心的将军,极欲获得政权,以统治中国。当条约签署之后,在苏俄大使馆招待王正廷博士的宴会上,在座的第二号重要客人就是冯玉祥将军。冯玉祥将军一直想与苏俄建立友好关系。众所周知,王博士与冯将军是密友,正像冯将军与颜惠庆是好友一样。只是颜博士与冯将军的关系不及王博士与冯将军的关系密切。王博士和冯将军都是基督教徒,冯将军也受过洗礼。此外,有个姓刘的牧师是冯玉祥将军的心腹和支持者,他曾做了大量的工作使王博士和冯将军联合起来,结成一个政治集团。从政治上说,王正廷、颜惠庆和孙宝琦同属一个集团。孙宝琦与颜惠庆的关系极为密切,因为颜惠庆的夫人是孙的妹妹,而且婚事是孙先生促成的。这就是颜博士、孙先生都一致向我大力推荐王正廷的原因所在。我没有理由反对任命王博士,因为我们是多年的熟人。尽管在凡尔赛和会期间,他玩弄了不少政治手腕。

　　总的说来,王正廷是个很能干的人物,当然他在外交方面不曾受过任何特殊训练。但在颜惠庆向我推荐他时,认为这个问题无关紧要。王并不是哲学博士,但1918年当他与郭泰祺和陈友仁为一特殊使命到美国时,报纸上却总是称他为"博士"。其实这只是美国公众随时准备赠与任何外国政治家以表示恭维的通常头衔。我想王或许后来被授予过某种荣誉学衔，但他从未获得过任何学术上的博士学位。

颜惠庆博士和施肇基博士的情况也是如此。他们也都没有攻读过也未获得过任何学院或大学的博士学位，但照样被人称为颜博士和施博士。中国外交界历来就有一个传统，即政府当权者考虑外交官合格与否的重要标准是讲外语的能力。如果某人曾在国外求学，并获得过西方大学的学术头衔，那么他就具备了在外交界供职的一切条件。而外交人员必须具备起码的国际法和外交史方面的知识这个问题，却从未引起国家高级当局的重视。

简而言之，尽管我知道王正廷博士并未受过从事像与苏俄谈判这样重要的外交工作的充分训练，但我还是接受推荐，任命他为全权代表。谈判是在北京举行的。我本希望他能经常不断地向我汇报，但恰恰相反，他根本不明白与外交总长或外交部保持密切联系是他的职责。在他签署协议以前相当长的一段时间里，我一直想通过他或他的代表团中的其他外交部人员来了解事情发展的情况。那时期，在一些一心想在政治上有所贪图的中国人中，普遍存在着一种观念，一种在我看来十分可悲的观念，即总想得到某一外国的支持和援助。无论那些极欲有所贪图的人是具有雄厚军事实力的军阀，还是胸怀政治野心的文官，一般都采取这种做法，而我本人对这种做法则感到痛心。

（2）与苏俄谈判；内阁否决王正廷—加拉罕协议

报告呈交内阁之后，我的所有的同僚都对此事极为愤慨。原因有二：第一，王正廷博士实际上没有注意到他是在代表一个政府谈判，从而表现出对政府的轻蔑态度；第二，他们也极力反对我已在报告中指出的三点。陆军总长对有关外蒙的二项条款格外不满。我记得财政总长王克敏先生也极力反对其中两点，其中之一是将俄国东正教堂的财产交还苏俄政府问题。王克敏对这一点（即我提出的第三点）所持的态度，得到了内务总长的坚决支持。

不过王克敏更加反对的是与处理庚子赔款有关的条款。庚子赔款是苏俄政府于1919年宣布废除的不平等条约的一项内容。沙俄在庚子赔款中占有很可观的份额，所以虽然苏俄在协议草案中再次声明废除这一条约，但该条款又同时规定，扣除以庚子赔款为担保的各项义务所需之后，所剩余的款项要由苏俄确定其用途。据我记忆，为此要成立一个双方人数对等的委员会。王克敏先生坚决反对把这笔余款的支配权完全交给苏俄，并批评王正廷未与他这位财政总长商议就接受了这项条款，而该问题乃属于财政总长职权范围。王克敏先生建议，立即解除王正廷博士的职务，并成立一个调查委员会来调查他的一切活动。此项建议得到陆军总长的支持。

我的态度比较缓和。我在发言中谈到，王博士的所作所为与授予他的权限不符，这是严重的失职，所以不应该继续担任此项职务。实际上他的使命业已结束，他所铸成的错误应由政府纠正。在免除他的职务时，应该说明，与苏俄代表的进一步谈判将由外交部进行。关于成立调查委员会的问题，我的意见是不必了。我提这个意见倒不是出于对王博士的同情，而是考虑到中国的国际地位。因为当时中国的官场往往认为对一个人进行调查是一种惩罚和羞辱。我还说，错误是严重的，但并非无法弥补，因为中国的理由很充分，并未授权王博士签署协议草案，他超越了职权，是一种严重的失职，这是公认的拒绝承认已签署的文件的正当理由。我在结束发言时谈到，这一事件的处理方式必须无损于中国的国际声誉。解除王正廷博士的职务就可以了，再对他进行纪律制裁是不适宜的。应该想到，昨天他还是苏俄代表和外交团及广大民众都尊重的政府高级代表，如果仅仅一夜之间他就变成了因违反纪律而被调查的对象，就会给人一种印象，觉得任何中国高级官员,特别是全权代表,都有可能在二十四小时之内,被贬到几乎与一般平民同等的地位,并且头上还笼罩着乌云。

使我感到奇怪的是无论孙宝琦总理还是颜惠庆博士都未曾说多少话为王博士辩解。(当时正是 1924 年 3 月,曹锟已正式就任总统。)但在内阁会议期间,根据孙宝琦的要求,王克敏提出的"免职查办"一词未被列入政府颁布的命令之中。我当然同意孙宝琦的意见,我说过,对此问题必须用比较温和的方式处理。因此,命令只是简单地说,政府代表与加拉罕先生所进行的谈判将转由外交部继续进行,王正廷的使命已经结束。命令中未明确提到查办一事。

命令发表之后,加拉罕肯定是大吃一惊。他立即致函外交部,要求中国政府在四十八小时之内宣布接受这一协议。理由是这一协议是由具有全权的中国政府代表正式签署的。他还威胁说,如果中国不在所限时间内给予圆满答复,中国政府必须承担由此而产生的一切后果。我认为他的要求毫无道理,特别是他的威胁。在复函中,我指出中国政府不能接受王正廷所签署的这一协议草案的原因,并且告诉他,王正廷博士签署协议草案的行为,超出了他的职权范围。我请苏俄代表再仔细看一下王博士的全权证书。证书上明确规定,他所达成的任何谈判结果,都必须呈报政府,并应经政府批准。加拉罕先生再次要求外交部给予满意的答复。在政府的同意下,我坚持上述立场。由于我在报告中所强调的那三四条意见极为重要,所以我的内阁同僚中不曾有任何人为王博士所接受的协议中的任何一点进行辩护。

虽然王博士签署的协议草案没有得到孙中山博士和南方政府的明确支持,但在各省的高级将领中的确得到了支持。除此之外,苏俄使团的宣传机构在王博士的政治盟友们的协作下,也开始产生一定的宣传影响。北京大学派了一个代表团来到外交部要求与我面谈。我记得代表团的团长是李大钊。他是那个由大约八至十名北京大学的教授和学生组成的代表团的发言人。他的主要观点是王正廷博士与加拉罕先生所达成的协议草案是中国外交史上最好的协议。他想了解政府予以否决而不批准的原因所在。向他们讲明政府何以反对这一协议并不困难,于是我便向他们解释了协议草案中的各点,并着重指出,外蒙问题是中国对该地区的主权和中国领土完整问题,不容随意侵犯。在谈判中,王博士无权将过去俄国与中国或任何其他方面所签署的有关外蒙的条约排除在外而不置于废除不平等条约之列,从而默认外蒙不再是中国领土的一部分。李大钊教授的回答使我极为震惊,他说即使把外蒙置于苏俄的支配和统治之下,那里的人民也有可能生活得更好。他讲话时非常激动,以致使我觉得他已失去了辨别是非的理智。因此我便对他说,他当然可以发表或坚持个人的见解,但是我,作为中华民国的外交总长,有责任设法维护中国领土和主权的完整,使之免遭任何外国势力的侵犯。由于考虑到李大钊教授的意见与我的见解完全相反,我便告诉他,鉴于我们的观点截然不同,我没有必要就此问题与他讨论。于是我说了句"请原谅",便起身告退了。这些所谓的大学和学生界的代表们有可能受了苏俄使团以及王博士手下人的劝说和鼓动。

这一事件肯定有某种政治背景,至少在加拉罕先生和王正廷博士方面是这样的。因为我曾收到一份由北京政府所管辖的各个省份的高级将领和督军们拍来的电报,其中包括吴佩孚将军。当时,人们认为他是北方的领袖,至少是军界的领袖。此外,他还是曹锟政权的主要支持者。这份通电是由齐燮元和长江下游、四川、河南以及山东等省的督军签署的。电报显然是在吴佩孚将军的怂恿下发来的,但其幕后操纵者却是王正廷博士本人。电报中所讲的与以李大钊为首的代表们所提出的非常类似,亦即认为协议草案是表明中国能够使人承认它是与一个外国处于平等地位的国家的第一个协议。电报还提出了同样的问题,即既然这是中国所签订的最好的协议,我有何把握能把它修改得更好?尽管我当时相当恼火,但丝毫不觉得难堪。因为我完全相信,那些已经得到内阁全体阁员甚至总理和颜惠庆的一致通过的理由是无懈可击的。总理和颜惠庆原是王正廷博士的推荐人，但他们未曾对王博士的行为进行过只字的辩解。

我所能采取，而且也的确采取了的唯一措施就是将此问题呈报曹锟总统。尽管总统本人对外交、对外政策及外交问题不甚熟悉，他自己也曾对此多次公开承认，但他完全理解内阁对协议草案所持立场，并且表示百分之百地赞同内阁和外交部的观点。他说吴佩孚将军既不了解谈判进行的情况，也不熟悉这一问题的性质，所以他无权发言。他还说吴使他非常生气，因为他干涉了与他无关的政府事务。为此，他将派自己的私人代表当天去见吴将军，让他住口。所派代表既是曹锟的坚决支持者和个人追随者之一，也是吴佩孚将军的好友。他是乘专列出发的，并于两天之内回到了北京。总统随即告诉我，吴佩孚将军已经明了当时的形势，保证自此以后不再就此问题发表任何意见。

通电指责外交部，拥护协议草案等等，显然都是在苏俄使团、王博士的同伙以及在北京的国民党信徒们的煽动下干的。他们的行动肯定出于某种更加重大的政治目的，即推翻北京政府，夺取政权。然而，外交部和内阁对此问题所持的态度却完全出于对维护中国的威望负责，没有夹杂任何政治企图。几十年来，特别是中华民国成立以来，将国内政治与对外关系混为一谈，一直是中国的灾难之源。

最初，加拉罕先生企图用提出强烈抗议，要求在四十八小时之内得到答复的办法对外交部进行恫吓，但以失败告终。我之所以对他的抗议不以为然，是因为我认为不仅王博士所同意的那些条款对中国来说关系重大，而且加拉罕先生提出抗议的理由也很不充分。他显然没有看清楚王博士的全权证书，因为王博士没有加拉罕先生所声称的那种签署协议的权力。由于僵局仍然存在，我的立场又坚定不移，所以在最初的几天里，加拉罕先生便致力于煽动中国的舆论界对我施加压力，并大肆宣传，向报界散发材料。很明显，王正廷博士和他的支持者们一直是为达到这个目的而同加拉罕先生合作的。由于在中国报界所进行的那些蓄意安排的宣传和鼓动并未动摇我的决心，所以加拉罕便改变了他的战略，转而采取了和解和谈判的方针。

（3）炸弹事件和 1924 年 5 月 31 日签署的协议

协议修正本签署之前还发生了一次完全出乎意料的事件。这一事件表明，拥护加拉罕—王正廷协议者，为了影响我的观点，对我施加压力以便让我改变立场，是无所不用其极的。那是秘密谈判之前，在我家发生的一次炸弹爆炸事件。大概是由于炸弹事件仍丝毫未能改变我的态度，所以加拉罕先生才被迫建议进行谈判。尽管在我看来，炸弹事件本身并无任何重大意义，但因为是我的一段经历，所以倒也值得在此一提。

加拉罕—王正廷协议签署后一周到十天左右，我到孙宝琦总理的官邸参加午宴。回家之后，我像往常一样，急趋书房，以便查看一下是否有需要我签署的重要电报或急件。当时，外交部有个惯例，即每当我不在部里时，他们便将收到的或要发出的重要电报及其他急件送至我家。当我跨进书房，目光落到写字台上的时候，桌上一件样子十分奇怪的东西立刻引起了我的注意。那东西看来似乎是一根直径大约三英寸、高约数英寸的生铁棒，外观是一个圆柱体，上面有张红纸条，纸条上写道"敬赠中国外交总长"，左边的赠者落款为"河南南阳考古研究所"。我名字右边的字说，这是一块秦朝白金古印。当我小心翼翼地用双手捧起该物时，觉得分量很重，而且上面还有一个小小的玻璃管。这使我感到此物颇不寻常。虽然我从未见过炸弹，也不曾认为那件东西是颗炸弹，但我觉得它肯定不是好东西。因此我立即派人将我的管事老崔找来，让他小心谨慎地把它拿走，扔到铁狮子胡同的我家花园中的小人工湖里。我还提醒他，那件东西可能有危险，因此他应小心搬运，并轻轻地扔进水里。他将该物携出后几秒钟，就传来骇人的爆炸声，我立即意识到爆炸声肯定是该物发出的，便立即冲出书房，向出事地点赶去，但却被管家拦住。他已听到爆炸声，并说一定是在大门附近有什么东西爆炸了。我说不对，声音一定来自人工湖的方向。当我走近中国式主体建筑进入外国式的那部分住宅时，发现那里烟雾弥漫，有两个人躺在地上。一个在外面，一个在厨房里。隔壁的房间里还有一个人。屋里和桌子上都各有一个洞。出事时我的厨师正在厨房外的花园里靠近走廊的地方削土豆皮。此时他正大喊大叫受伤流血了。我认为躺在外边地上的那个人肯定已经死了。我的管家说他立即去打电话通知警察厅。我拦住了他。我吩咐说："立刻打电话给北京协和医学院，让他们派一辆救护车和几个大夫到这儿来，然后再给警察厅打电话。"几分钟之后，大夫和救护车到了，警察厅长带领一名警察也到了。躺在地上的两个人被抬走了，一个双手被炸掉，血流了一地，另一个已失去知觉。走廊上的厨师的脸和手都被炸碎的玻璃扎破。

当警察查看现场时，我向一个女佣人询问了事情发生的经过。她说管事老崔手捧那件东西来到这里之后，便大声呼唤所有的人都来观看这件宝贝。他说此物外边写的是"白金"，肯定值很多钱，不知主人为何却让把它扔掉。由于想看一看里边是否有块秦朝的印，他把炸弹放在走廊上的一张木桌上，试图用刻刀把它打开。但他刚一打开，炸弹就爆炸了。我为那些受伤的佣人感到难过，并也意识到管事并未按我的吩咐行事。他就是两名躺在地上的受伤者之一。手被炸掉的是在管事试图用刀把炸弹打开时，用手扶着炸弹的那个人。

最初，当我刚刚发现桌上的那件可憎的东西——炸弹时，我就曾问过门房（当时，北京的许多高级官员都有门房），这件东西是怎么来的，又是怎样放到我的书桌上的。其中一个人告诉我，炸弹于前一天晚上天黑以后，以包裹的形式送到我家。送包裹的两个青年人说那是一件价值昂贵的古董,总长肯定喜欢。当门房询问他们的住址时,他们不讲,并迅速离开了。于是,他把包裹交给了我的一个秘书杨恩湛,当时他正在我家。杨恩湛先生将包裹打开,告诉门房把那件可憎的东西放在我的书桌上,因估计我可能想知道礼物是谁赠送的。这就是炸弹出现在我书桌上的经过。那是一颗结构很粗糙的定时炸弹。警察厅长向我表示衷心的祝贺,因为如果炸弹继续放在我的书桌上,过二十分钟就会爆炸。炸弹是我回家之前不久放在书桌上的,不移走,我肯定会被炸死。

警察厅长认为这件暴行自然会影响到他的声誉。因为他要对首都的治安以及政府官员们的安全负责,这件事会显得他无能。于是,他便下令进行调查,并几乎每天都向我汇报调查进展的情况。事隔大约十天之后,他亲自来向我报告说,线索已经查明。他们对两名被怀疑与炸弹有关的学生进行了审讯,从他们那里得知,炸弹是在哈德门外一家玻璃匠店铺中用土法制作的。他们是北京大学的学生。他们供认以上情况,但不直接承认自己与事件有关,只是供认他们是在一些高级人员的唆使下订购、监制这颗炸弹的。他们不愿披露这些人的姓名。警察厅长肯定,这一事件是由一些中国政客策划的。他还怀疑是我的政敌之一,此人与谈判关系重大,并得到了加拉罕先生的鼓励。他想对王正廷博士和加拉罕先生起诉,从而把此案彻底搞清。我告诉他打消这种念头。他说,不过事实真相或许如此,或许不是全然如此。这一切都不是直接的证据,但是两名学生的供词也许吐露了一些实情。我说任何扩大这一事件的做法都于事无补。此外,不能因此事而影响最终打开僵局的谈判。他极力与我争辩,说他应对此事负责,这是一个卑鄙的行动,两名受伤者伤势很重,内阁总长的安全受到了威胁,等等。但我劝他把这一切都记录在案,并最好把两名在押的学生释放。显然,他们不是有意干的,而是充当了人家的工具。像他们自己说的那样,是秉承了别人的旨意干的。

最后,警察厅长非常勉强地接受了我的意见,但执意继续给我派四名护卫,随时随地保护我的安全。四名用马枪武装起来的护卫,既不大雅观,也不十分必要。因为他们总是站在我的汽车两旁,很引人注目。所以一周以后,我便打电话要求警察厅长召回两名。大约两周以后,我又坚决要求他把另外两名召回。据说其中一人是名神枪手,他自己也要求留下,做我的保镖,因此,我便接受了他的请求。从1924年至1960年,他整整跟了我三十六年,直至两年前才离去。目前,他靠自己的积蓄,已成为在华盛顿新开业的北京饭店的一个股东了。

很难断定谁是炸弹事件的幕后策划者,尽管警察厅长对王正廷博士极为怀疑,但我却无任何确凿证据。我个人认为王正廷博士本人并未参与此事,可能是一些在政治上支持他的人,包括加拉罕使团中的一些成员插手干的。他们在中国有更加重要的目的和政策,而不仅仅要签署一个与中苏关系有关的协议。前面提到的与此事有关的两名北京大学学生都很年轻,虽然警察厅曾向我报告过他们的姓名,但我已毫无印象。我相信,正像那两名学生自己讲的那样,他们是受人之命订购炸弹的,而不是自己的意图。当然,当时确实有些共产党特工人员在北京大学的学生中活动。

这一事件,特别是"知识"界和报刊对我的大肆攻击,再加上各省纷纷通电批评外交部拒绝承认他们认为是通过正当手续签署的协议,使我立即意识到,该事件与中苏谈判以及我所坚持的立场有关。但炸弹事件并未能使我改变态度。记得此事过后不久,加拉罕就派他的秘书前往外交部,问候我的安全与健康情况。

加拉罕先生听说我因高烧卧病在床。他的秘书的使命虽是代他问候我的身体情况,表达他的良好祝愿,但与此同时,秘书还说,他认为我和加拉罕先生应会面一谈。他说,虽然加拉罕先生对此建议并不知晓,但他认为加拉罕先生可能愿意讨论一下目前形势。由于我的确高烧,不能起床,所以我说,如果他能到我家来,我将乐意与他会面。实际上,这正是加拉罕先生想通过秘书向我提出的建议。加拉罕先生到我家后,似乎尽力做到通情达理,并问我对协议究竟有哪些反对意见,同时他又表明不同意作大规模改动,但仍愿意听听我的见解。由于我不愿意在病榻前进行谈判,于是便告诉他协议中有些重要条款需要充分商讨,予以修正,不是简短的讨论所能解决的。他告辞时未表明将如何行事,但给我的印象是他非常急于打破僵局。事后他派秘书来外交部索取书面意见。虽然他并未表示同意修改协议,但却说很愿意了解一下中国政府的反对观点和修改意见。事情照此办理之后,加拉罕先生觉得不便亲自到外交部来,便再次派秘书前来。于是他的秘书和我的秘书在外交部外政司的工作人员的协助下,进行了一系列的非正式谈判。外交部和苏俄使团就协议中有意见分歧的条款交换了修正草案。正如以前我曾说过的那样,主要问题有三,其中两点与外蒙有关,即维护中国对外蒙的主权和苏俄从这一领土撤军。第三点与在中国的俄国东正教堂的财产及房地产有关。

至于庚子赔款苏俄部分的管理问题,即财政总长王克敏反对最力的部分,未曾进行讨论。因为此案将由一个由中俄双方代表组成的委员会进行处理。虽然中国代表在委员会中占据多数席位,但任何决议都必须经全体一致同意方能生效。委员会主席将由中国代表担任。由于中国代表占据多数席位,就中国的国际声誉来讲,并非不利,所以我认为此方案尚可接受。如果我的记忆正确的话,我不同意其中一点,即任何决议都必须经委员会全体成员一致通过方能生效。关于教育和慈善事业基金的分配问题,委员会实际上听命于苏俄代表,但若没有中国代表的同意,任何决议都无法通过。

这三点的确极为重要。最后,加拉罕先生对此三点都作了让步,同意所提出的修正意见。双方就需要修改的各点曾多次互换照会。显然是为了挽回苏俄代表的面子,加拉罕先生提出了如下方案:协议草案仍保持签署时的原样,通过交换照会进行修改。

因此声明中明确规定,互换的照会是协议草案的一部分,并与协议具有同等的效力。最后终于就我从最初就一直坚持的三点达成了协议。剩下的程序只是选定日期——1924年5月31日——请加拉罕先生到外交部来签署修改过的协议了。

这些间接的谈判有个有趣的特点,即都是秘密进行的。实际上,这是加拉罕先生为谈判修改条款问题而提出的条件。由于考虑到刚刚与王博士签署协议后自己所处的境地,加拉罕先生特别希望谈判能秘密进行。我对其意图十分明了,因此就同意了他的建议。再说,此事已引起广大公众的高度注意,已成为国内的一个政治问题了。

互换照会的签署仪式于1924年5月31日在外交部举行。结果证明,事后立即发表的新闻使新闻界和广大公众都喜出望外。由于外交部做了坚持不懈的努力,终于就政府认为意义十分重大的主要问题达成协议,取得了胜利。大家对这一事实深为赞赏。签字后,加拉罕先生与我握手,显然是对结果感到满意。因此,我们个人之间的友谊得到了保证,外交关系也正式建立了。

这时,中国与苏俄间的正常关系已经建立。李家鳌先生被任命为驻莫斯科代办。虽然加拉罕先生被任命为驻中国的大使,但中国政府并不想派一名全权大使赴莫斯科任职。原因是已经达成并签署的只是一个关于指导下一步谈判的总原则的协议。要真正解决许多悬而未决的问题,有待进一步的谈判。当时,中国北方的局势相当混乱,因此虽然中国政府与苏俄政府已在北京缔结协议,但事实上,满洲当局仍然自行其是,只是名义上保证效忠政府,似乎那里已不是中华民国的一部分。苏俄政府与满洲当局都认为中东铁路问题非同小可。越飞先生和加拉罕先生先后都曾以苏俄政府官方代表的身份,试图与张作霖大帅达成某种解决办法,以便能重新控制与苏俄接壤的满洲境内的这条十分重要的铁路。莫斯科急于寻求解决办法的目的不仅仅限于恢复对这一重要交通干线的控制权,而且或许更为重要的是想防止以奥斯德穆夫为首的管理机构利用白俄分子的活动来反对苏俄政府。由于苏俄代表未能使张作霖大帅承认北京协议,所以于1924年9月20日又与张作霖大帅在沈阳签署了一个单独的协议。此问题在北京并未解决。加拉罕先生可能由于已经看出中国政府对满洲的权力是有名无实的,所以,他不愿达成任何可能不为满洲当局接受的协议。

我之所以提及这些,是想表明当时中国的整个政治局势是何等的混乱和复杂。如今回首往事,使我意识到当时的北京正处于中国政治史上一个极为动荡不安的时期。除了国内政局复杂和外国势力策划阴谋之外,现在又加上了一个新的因素,就是还存在着一个试图执行莫斯科的一项重要政策的苏俄使团。所有这一切,在北京和中国北方,造成了格外混乱的局面。

8. 归还威海卫问题的讨论

归还威海卫问题在华盛顿会议上首次出现了具体的可能性。当时英国代表外交大臣贝尔福勋爵在会议的一次闭幕会上发表了声明,答应将租借地威海卫交还中国。贝尔福先生的唯一条件是由两国政府指派代表就归还方式和细节达成一项协议,然后按此协议有条不紊地归还中国。为了考虑中国问题,曾成立过一个远东委员会。在委员会会议上,中国代表曾提出过自己的愿望,其中之一就是将所有的租借地归还中国,如日本从俄国接管的大连和旅顺、威海卫、租借给法国的广州湾,等等。中国曾指出,这些租借地不仅是对中国领土完整的侵犯,而且也是列强所主张的在中国的势力范围的中心。然而委员会实际进行的讨论当时并未为中国早日收回这些租借地带来多少希望,因此,英国主动声明将租借地威海卫归还中国,当然是受欢迎的。

英国为什么要主动归还威海卫呢？

此地于 1898 年 7 月租借，为期二十五年。当时英国提出这一租借要求的目的是与直隶湾（渤海湾）对岸的租借地旅顺和大连抗衡。那时期，英国与俄国之间的竞争非常激烈，都想在中国扩大自己的影响和势力范围。1894 至 1895 年的中日战争结束之后，为了收复辽东半岛，李鸿章曾被派赴俄国，秘密缔结了一项同盟条约。帝俄以它是中国的同盟国为借口，寻求并获得了在中国北方特别是满洲的特殊地位。其中包括北起俄国边界南至北直隶湾的中东铁路的修筑权，并有在"铁路区"内设铁路警察的特别权利。大连和旅顺租借地就位于铁路区内铁路的两侧。中国当时的局势极为危险，欧洲各国首都都在议论纷纷，认为对中国的瓜分已迫在眉睫。我记得当时有一本贝尔福勋爵著的书，名为《中国的分裂》。当时，英国认为有必要向中国租借威海卫以抗衡和抵制俄国对满洲和中国北方的迅速渗透。据我的记忆，威海卫与旅顺和大连的租借期相同，都是二十五年。因此到了 1922 年初期，根据租约，二十五年的期限已近结束。这就是英国有必要发表这一声明的原因之一。

另一原因就是中国拒绝接受凡尔赛条约，以及美国参议院不顾威尔逊总统的一再坚持，拒绝批准这一条约，在美国大大增强了美国人对中国的同情和热忱。许多对中国友好的美国朋友认为，在山东问题上，威尔逊总统曾使中国大失所望，出卖了中国，因此在美国公众心目中，华盛顿会议应该是一次为中国伸张正义的会议。所以，英国的声明是非常适时的。它不仅赢得了中国的称赞，而且还获得了美国舆论界的好评。这是英国在外交上深谋远虑、机警明智的典型例子。

我记得，此事使当时占据着广州湾的法国大吃一惊。英国在闭幕会上发表上述声明的第二天，萨罗先生就以法国代表团的名义发表了一个类似的声明，保证把广州湾归还中国，试图以此来挽回自己所处的不利地位。法国代表团给人的印象，即使是在当时,也不如英国代表团好。因为人们认为,法国代表团此举不仅是受到英国代表团的影响,而且或多或少是出于不得已。尽管法国的声明与英国的相似,但我和我的同僚在欢迎法国声明的同时,都担心法国到时不会心甘情愿地归还广州湾。他们很可能尽量设法拖延时间。事实证明,这种担心是有充分根据的。法国一次又一次地寻找借口,拖延归还日期。直至第二次世界大战爆发,法国处境极为不利时,中国才得以将其收回,而无需与法国达成任何协议。

英国建议归还威海卫的谈判在中国举行。华盛顿会议结束后不久,当时的外交总长颜惠庆博士就采取了一些初步行动。但直到我接替他任外交总长之后,才对开始谈判采取了一些具体步骤。1922年9月,中国任命早年留学美国、曾任驻天津特派交涉员的梁如浩先生为政府代表,同时还任命了两名助理,两名技术顾问和一个秘书处。英国政府指派的代表团由外交部官员翟比南先生和一名殖民部代表、一名海军部官员组成。谈判最初在威海卫举行,有几个问题很难达成协议。为了便于梁先生与外交部保持联系,进行磋商,及时听候指示,乃将他召回北京进行磋商。后来,根据外交部的指示,梁建议将谈判地点迁至北京。谈判于1923年3月继续举行,双方达成了一项临时协议,拟出了协议草案。但双方均理解,这个协议草案只是向双方政府提出的建议,尚需经政府考虑和批准。

当外交部有关各司和我本人审阅这一协议草案时,发现有必要做几处改动,主要的困难是属于威海卫的刘公岛问题。此岛一直被英国海军用作避暑场所。但这只是它的一个用途,更重要的是作为英国舰队在中国北方的供应站和驻地,就像上海不仅是贸易、商业和政治中心,而且也是长江和沿海的英国分遣舰队的军事基地一样。协议第二条规定将威海卫归还中国,但又规定,英国有权使用刘公岛作为英国海军休养和避暑地,期限为十年,并有权续租,直至两国政府都同意终止租期为止。到那时英国将把该岛和岛上的建筑物全部归还中国。我认为此条款关系重大。因为要实现彻底归还威海卫,位于威海卫对面控制着这一海湾的刘公岛就应同时归还中国,并由中国海军设防。如按照草案中此条的规定那样将此岛租给英国,则此项租借十分可能成为永久性的。因租约的终止需经英国政府同意。我主张只有双方政府均同意时方能续租。换句话说,除有特殊原因外,十年期满,中国即有权终止租借。

英国主动归还威海卫及其附近领土的行动,使梁如浩深受感动,可能所有的中国人都有同感。他觉得将此岛租给英国,作为英国海军的避暑地,毫无疑问是无足轻重的。由于他认为这是对英国表示欣赏和感激所做的姿态,并无任何重大的害处,所以就此事与我进行争辩。他不理解此问题与中国收复一切失地的国策的关系。尽管刘公岛很小,其战略地位却非常重要。只要是中国领土,无论面积多小,亦不应主动出租给外国。如果这样做了,就会开创一个先例,在与法国谈判广州湾问题及与日本谈判旅顺和大连问题时,他们都会效仿此法。事实证明,这一条是达成协议的严重障碍。

谈判到此阶段,即不再由原双方代表进行。根据伦敦指示,麻克类爵士直接与我进行谈判。非常明显,英国海军部赞成原来的草案,尤其因为此草案是两国代表在谈判中毫不费力就谈妥的。我不能不认为,英国海军部坚持这一条款的原因正是中国拒绝接受这一条的原因。经过多次辩论之后,麻克类终于同意对此条款进行修改。虽然讨论是在友好气氛中进行的,但双方都明白这一问题意义重大,因此僵持了相当长的时间。

我的立场是,既然英国将包括刘公岛在内的威海卫租借地归还中国的意向是真诚的,而且英国代表在华盛顿发表归还声明时并未提及任何条件,因此,中国同意将刘公岛租给英国十年,已经是向英国表示好感和友谊的异乎寻常的姿态了。麻克类不能接受我所提出的方案,即刘公岛续租需经双方政府同意,换句话说,中国的方案与英国的要求实质上完全相反。他们的要求是：只要英国单方提出续租要求即可续租。我记得，根据他的建议，最后双方同意：十年期满时，如双方政府不能就该岛的续租达成协议，即付诸仲裁。至于出现此局面时所应采取的措施，则有待十年之后进行讨论。我说，我们现在何必自找麻烦呢？因为双方都不能预料十年后的形势。如果形势像现在这样一切顺利的话，在十年期内，中国和英国不仅能够成为朋友，而且可能成为盟国。到那时，经过中国政府的同意，英国海军不仅能够使用刘公岛，而且还能够使用中国的其他一些领土。因此，鉴于中国一贯将英国视为朋友，而且也认为英国同样也将中国和中国人民视为自己的朋友，我坚持将此问题搁置起来。

由于 1924 年末，中国政府突然倒台，签署协议草案一事被推迟了。直到 1930 年英国公使和中国外长举行了第二次会谈后，归还威海卫问题才最后得到解决。

9. 万县事件的解决

万县一案的事实是，驻扎在长江的英国海军当局采取了相当蛮横的行动。无论是就事论事，还是从国际法准则来看，这一行动都是毫无道理的。以下是 1926 年 8 月 29 日万县一案的简要情况。当时，行驶在上海和万县之间长江江面上的英商太古公司所属的一艘轮船正停泊在万县附近。两条载着杨森将军部下官兵的木船驶近了这艘轮船。船上的官兵正在执行解送长江一带士兵饷银的任务。当这艘"万流"号商轮的船长看到木船驶近时，他突然下令掉转船头，疾驶而去。由于商轮正处在水流湍急的长江激流之中，所以，它掀起的巨浪打翻了木船，船上的人和饷银都被江流席卷而去。

在此之前已发生过几起类似事件,地方军将领杨森将军部下死亡甚多。杨森向当地英国领事馆提出赔偿要求,但是毫无结果。这次又发生此等事件,实在令人忍无可忍。杨森将军乃命令将太古公司停泊在万县的两艘英国轮船扣留,以此作为一种报复性措施,也作为向英国公司和英国领事当局施加压力的手段,以促使解决过去的事件和当前的这一事件。被扣留的轮船是"万县"号和"万通"号。驻长江的英国分遣舰队司令立即参与这一事件,他命令开动一艘巡逻艇,并亲自登上了"柯克捷夫"号炮舰。他这样做无非是迫使杨森将军释放被扣留的船只。据中国方面讲,英国舰队司令下命令向万县开炮轰击。而英国方面讲,是杨森将军的部队首先开火的。如后来的来往函件,特别是中国外交部照会所表明的,在当时的情形下,到底谁先开火不是实质性的问题。因为,英舰开到万县时,大炮已做好射击准备,显然是怀着迫使释放被扣船只的敌对意图。英舰的炮火造成了巨大的损失,在落水丧生的中国士兵之外,又有约一千平民死于非命。万县城内大量财产也毁于炮火。

英国海军当局这一恃强逞凶、蛮横无理的行径是与国际法原则和惯例背道而驰的。在这种情形下,提出抗议是必要的。类似事件以前也发生过。但是,解决这些事件的办法全是徒劳无功。其原因,首先是对事实的陈述有时不太清楚,同时又不能依据国与国之间的关系应该遵循的国际法原则和规定来处理,而是按照当地习惯去处理,未能从国际法的角度充分认识事件的严重程度。而外国人则认为中国方面的这种反应是理所当然的。

因此,我认为有必要提出抗议。抗议照会是精心起草的,首先陈述了事实真相,然后根据国际法有关规定提出抗议。我还认为有必要将事件公布于众,使外界了解此案实情,了解驻扎在中国的外国海军当局这一令人吃惊的异常蛮横的行径。外国海军当局驻守长江当然是经条约批准的。但是,这不能成为他们专横跋扈的理由。根据国际法,即使在战争时期,亦不应轰击未设防的城镇。金问泗博士已将此抗议照会收进他编的外交文件集中（金问泗：《顾维钧外交文牍选存》），因为这份抗议照会是中国应当如何处理此类案件的范例，并表明此类案件不应作为中国与外国当局之间一般的纠葛来对待。

万县事件发生在 1926 年 9 月 5 日，我的抗议照会是同年 11 月 2 日发出的。万县事件发生在前任外交总长蔡廷幹将军任职期间。10 月上旬，当杜锡珪将军重新组阁时，蔡将军提出辞职。杜将军辞去了总理职务，由我继任，他保留了海军总长一职。我回到外交部，同时任内阁总理兼外交总长。我在此次任职期间接手处理此案。正如我刚才说过的，我觉得有必要澄清此案的真相，阐明主要事实、它的严重性，以及依据国际法英国海军当局应负的责任。有关英国战舰非法轰击万县一事的抗议照会是一份相当长的文件，可能是截至当时中国外交史上最长的文件之一。由于我要求麻克类爵士将抗议照会的内容转达英国政府，过了相当久之后，才给予答复。与此同时，英国领事与中国驻宜昌特派交涉员正在当地进行谈判。杨森将军同意释放所扣的两艘轮船，至于赔偿生命财产损失一事，待充分调查后再予以解决。

10. 终止 1865 年签订的中比条约

1865 年签订的中比条约到 1926 年已满六十年。条约第四十六条规定，从互换批准书之日起，每满十年，可以修订。条约的批准日期是 1866 年 10 月 27 日。1926 年 4 月 16 日在颜惠庆博士重新组阁前，外交部理所当然地照会比利时驻华公使，通知比利时政府中国政府决定终止旧条约并愿举行谈判，以便在平等互惠的基础上缔结新条约。这是自巴黎和会以来中国政府的一贯政策。在巴黎和会上中国提出的一系列备忘录中，最重要的一项就是要求修订不平等条约。4月份致比利时的照会要求答复。比利时也适时地作了答复，表示比利时政府同意中国的主张，不过同时指出，根据条约第四十六条，只有比利时一方有权要求修订条约，比利时保留这个意见，但是仍愿就缔结新条约举行谈判。双方争论的焦点是：比利时政府希望中国政府保证在谈判缔结新条约期间，旧条约继续有效；而中国一方则认为确定新条约的谈判日期是个重要问题。中国的立场是用六个月的时间足可进行谈判和缔结新条约。比利时政府坚持要求中国政府保证新条约生效前，旧条约依然有效。此事一拖再拖，始终没有具体的结果，双方所持态度似乎就难以调和。

当我回到外交部时，此案就由我来继续处理。就原则而言，毫无疑问，当该坚持。事实上，自巴黎和会以来，修正不平等条约一直是中国的国策。因此，10月中旬回到外交部后，我亲自负责处理这个问题。为了打破僵局，我建议在1926年10月27日以后，也就是第六个十年期满之后，应有一暂时协定。这个协定是暂时按旧条约的基本条款行事，但是，我坚持明确规定缔结新条约的期限。如果六个月期满时，新条约仍未制定出来，暂行协定即失效，中国将依据国际法原则对待在华比利时侨民与处理同比利时的整个关系。

比利时不愿意接受中国的主张，他们建议在新条约制订前，暂行协定应该继续有效。比利时曾就第四十六条保留其立场，该条规定仅比利时有权提议修订条约。此时由于其建议未被接受，比利时乃向中国表明，它准备将此案提交国际法庭，由国际法庭解释此条的含义，理由是中比双方均已接受国际法庭的所谓强制性管辖。实际上，比利时已经向海牙国际法庭提出诉讼。不过，中国接到法庭的通知后，没有给予答复。由于北京的谈判仍在进行之中，比利时暂时亦未催促审理此案。日期一到，比利时又表示要催促在海牙审理此案。显然，比利时此举意在威胁。1865年中比条约中关于每满十年只有比利时能够要求修订条约这一条款是纯属片面的。尽管条约上有明文规定,我深信它是同世界上的国际法学家当时的观点相违背的。国际法有关情况变迁原则一直受到重视,尤其是巴黎和会以来,它赢得了国际法学家的支持。事实上,中国提出修改不平等条约备忘录的主要理由之一是签订条约时的情况已经发生了变化,而变化了的情况已使条约过时,必须根据当前的情况对条约进行修订。

比利时政府始终坚持:旧条约或包括旧条约重要内容的暂行协定都应无限期继续有效,直至拟议中的新条约确已缔结并生效为止。因此,中国除终止旧条约外,别无他途。我决定这样做。于是我向张作霖大帅呈交了一份报告,并附上一份说明谈判原委和终止旧条约理由的总统法令草稿,和一份处理中比关系及保护在华比利时侨民所应遵循的规定的声明。1926 年 11 月 6 日,张作霖大帅发布了终止 1865 年中比条约的法令,并公布了一套拟议的规定。比利时政府对此感到震惊。但这是不可避免的。因为,为了举行缔结新条约的谈判就商谈了将近半年,而比利时仍然固执己见,认为中国应该继续以旧条约或拟议中的暂行协定为基础对待比利时人,而暂行协定实质上仍旧给予在华比利时侨民以优惠待遇。比利时所持态度的动机是显而易见的,特别是比利时政府还提出,如果英国、美国、法国和日本四国中任何一国同意终止同中国签订的关于领事裁判权和治外法权的现行条约,则比利时将乐于终止旧的规定。争议的基本问题是:比利时要求继续行使治外法权和领事裁判权,毫无在旧条约满期前六个月内完成新条约谈判的真诚意愿。

正式废除 1865 年中比条约是中国外交史上的一个里程碑。因为,这是中国政府第一次在面对另一缔约国公开、正式反对的情况下宣布彻底废除旧的不平等条约的。中国有必要这样做,不仅因为中国根据情况变迁原则在国际法面前有充分理由,而且因为中国有必要开创一个先例,证明中国决心行动起来,以结束一世纪以来不平等条约给中国人民带来的灾难。当时中国的政治形势对北京政府来说开始急剧地恶化了。比利时政府则处于困难的、不知所措的境地。实际上他们不能采取任何报复行动，也没有特殊理由这样做。因为，与废除 1865 年中比条约的总统法令同时发布的另一个法令，命令地方当局采取措施，保护在华比利时侨民的生命财产，并规定比利时在贸易方面受最惠国待遇。

废除旧条约的法令颁布以后，比利时将此问题暂时搁置一边。1928 年国民党发动的北伐战争胜利结束时，也就是在张作霖无声无息地死去后，比利时公使向中国的南京政府提出此问题。南京外交部和比利时公使馆达成的协议令人相当吃惊。因为协议接受了中国北京政府一贯反对的内容，即双方同意实行一项暂行协定，其中一条说，比利时侨民在过去六十年中依据领事裁判权以及治外法权所享受的保护，将要继续到享有同样权利的缔约国一半以上同意放弃这些权利时为止。在治外法权这一特殊规定上，上述协定使比利时摆脱了原来的困难处境。因为它无需再为坚持这些特权而承担任何责任，而把这一棘手的问题推给了其他国家。

我感到，在这个问题上，南京政府所采取的行动与北京政府的政策是背道而驰的。我曾极力设法消除恶性循环，采取行动，创立先例，向其他国家表明，中国决心尽早废除不平等条约。然而，南京政府却采取了妥协的政策和行动，将此问题拖延到半数国家同意废除条约为止。中国北京政府和南京政府在同一个问题上采取的不同政策和态度是令人难以理解的。尽早废除不平等条约的政策乃是基于举国上下的共同心愿。根据旧条约第四十六条，只有比利时才有要求修订条约的权利。这明显是签约国之间订立的不平等条款之一。而比利时则仍然抓住这一条死死不放。1926 年北京政府官方声明的结束语大意如下：

> 比利时政府一面坚持自己对旧条约第四十六条的解释，一面又表示同意缔结平等、中立条约。这样的做法，至少可

以说是自相矛盾的。鉴于这种情况,中国感到不得不宣布终止 1865 年 11 月 2 日的条约。中国坚信,如果公正地回顾中国采取这一行动的前前后后,人们就不会将作出这一重大决定的责任归咎于中国。中国举国上下渴望中国获得本应享有的地位,而中国政府这一行动正是体现了全民族的此种意愿。

然而,南京外交部却同意旧条约中关于治外法权和领事裁判权这些主要条款的实质性内容继续有效。

1928 年 11 月 22 日,当南京外交部同比利时政府订立的暂行协定公布时,中国公众甚感惊讶,但仍不明白是何缘故。到南京立法院着手处理这一事件并要求外交部长王正廷博士出面解释时,人们才明白其中的原委。王正廷不能给予满意的回答。立法院院长胡汉民先生亲自斥责了王正廷的无知和轻率。胡汉民先生显然一直注视着在北京的谈判,没有预料到南京外交部竟然同意了比利时的要求。从王正廷博士的回答中可以看出,他觉得暂行协定的签订对中国来说已经是个胜利了。从表面上看,比利时人同意终止旧条约并接受了暂行协定。这个暂行协定继续有效,直到在中国享有特权的外国列强同意放弃这些权利为止。王正廷博士显然认为这个结果是足够令人满意的了。

这个暂行协定表明,从各种意义上说都是比利时力图保住在中国的特权。通过坚持这一条款,比利时将责任推给了其他国家。当比利时表示,如果四国中的任何一国放弃在华的特权、它也同样愿意放弃时,就是在制造恶性循环。如果这些国家都持同样的态度,中国将永远无法摆脱这种恶性循环。我想,南京外交部在接受比利时方案时,没有完全理解其含义,也没有密切注意或研究北京谈判的经过。但是,在这点上,胡汉民先生做到了。在斥责王正廷博士时,胡汉民说,南京外交部的所作所为实际上就是使治外法权这一特权得以继续存在。

南京立法院审议此问题的经过公布后,中国新闻界和公众舆论对南京外交部所采取的行动十分不满。但是,外交部的行动已是既成事实,在对待比利时的问题上已无法补救了。比利时的旧条约被废除了。但是,这个暂行协定使比利时所处的地位与先前无异。尽管在华盛顿会议上包括比利时在内的列强已同意中国恢复海关关税自主权,并于 1929 年 1 月 1 日公布,但是,在中国废除治外法权一事,仍迟迟不能解决。1941 年第二次世界大战期间,中国加入同盟国后,经英、美两国发起,这个问题才得重行讨论。1943 年 1 月中国同美国在华盛顿签订了条约。在同一天,中国同英国在重庆订立了条约。从而才废除了旧条约中主要的不平等规定,在管辖中国领土上的外国侨民方面重新建立了全面的自主权。

11. 归还庚子赔款;中国基金会

在我任外交总长期间,中华教育文化基金委员会的董事会成立了。董事会的成立标志着中美两国开始密切合作,安排中国学生赴美深造。早在 1908 年,唐绍仪先生作为中国政府特使与美国政府达成了减免付给美国的部分庚子赔款的协议。当时减免赔款的总数为一千二百万元,准确的数字为一千一百九十五万一千一百二十一元七角六分。协议于 1908 年 12 月 28 日签订。中国政府用这笔款办起了清华学堂,培养准备赴美深造的中国学生。由于美国这一友好、慷慨表示,许多中国学生才能在完成清华预备学校的学业以后赴美国各大学深造。这些留学生的全部费用都出自这笔基金。一名中国董事在华盛顿设有自己的办事处,监督使用这笔基金并负责发放学生们每月的津贴。1924 年美国国会通过了一项法案,批准减免应付给美国的庚子赔款的下余部分,亦即满足了通过美国政府提出的赔偿要求之后的剩余部分。1924年的减免数目为六百一十三万七千五百五十二元九角。关于这笔减免款项，中美签订的协议规定建立一个由十名中国人和五名美国人组成的联合董事会。美国政府指派哥伦比亚大学的孟禄教授前往北京，以便与中国政府制定和达成一项明确的协议。

由于当时我是外交总长，所以我理应参与讨论此事。在这项工作中，我得到东南大学校长郭秉文博士的帮助。协议草案拟出以后，由我交内阁审议批准。内阁一致通过了协议草案。按例行公事，协议草案又呈送总统，由总统明令公布。协议规定了董事会的组成。董事会成员由双方政府任命。我想，美方成员是由美国公使馆按美国政府的指令提名的。董事会的中方成员有：胡适博士、郭秉文博士、前清华校长周诒春博士和范源濂先生。我记不清蒋梦麟先生是否也是董事会的成员了。董事会出色地行使了自己的职权。它的主要任务不仅限于分配中国文化教育所需的基金，而且还负责监督从美国政府定期得到的基金是否用于可靠的投资。我记得，离开外交部以后，我曾在董事会任职，成为财政委员会的成员。当时，北京国际银行的经理贝纳特先生是这个委员会的美方成员。

1928年以前，董事会总是在北京集会。董事会正常地行使职权一切非常顺利，到了北伐胜利，南京国民政府成为中国唯一的政府之后，随即出现了一个棘手的问题。这个问题是由新教育部和财政部提出的。他们主张董事会监管的这一大笔基金不应全部投资于美国证券，即不应全部投于在纽约股票市场上的美国债券和股票，董事会的基金应以部分投于中国公债和中国其他的债券，否则就是不公平的。另一个引起激烈争论和麻烦的问题是：根据中美两国政府签订的协议精神，董事会实质上是一个永久的信托机构，它不受任何一方政府的控制，然而，南京国民政府认为，既然这个机构掌握着公共基金，它就应该受教育部的领导和监督，对于董事会大部分成员是北京旧政府及北方的政治家和教育家这一事实也提出了批评。为了妥协,董事会中部分成员被撤换,吸收了部分国民党的教育家。但是,新教育部要在董事会中起支配作用的意愿却遭到了反对,因为这是与协议的内容和精神相违背的。

董事会及时进行了改组。失去中国大陆以后,董事会会址迁移到美国,命名为"中国基金会",亦即现在的名称,这个机构依然做着同样的工作,只是财源大大缩减了。由于中国使用的法币急速贬值,所有投资于中国公债和中国公司股票诸如上海电力公司和中国实业公司股票的基金,实际上在一夜之间都不值钱了。董事会的年会一般在华盛顿中国使馆举行。出席会议的人员是:董事会的成员,我这个"外交部"的代表,以及"中国教育部"的一名代表。大约在1956年,我从"外交部"退休以后,被选为董事会董事。如今,我仍是这个董事会的成员。董事会成员任期为五年,这已经是我的第二任了。

今天,中国基金会监管的基金,有董事会遗留下来的基金,这是一笔大幅度贬了值的基金,其贬值是由于投资于中国公债和私人债券遭受损失所引起的;另外还有清华大学基金和范源濂基金。令人感到遗憾的一件事是,尽管当初以部分基金投资于中国公债和私人债券的想法与董事会的意见相抵触,但是,这在当时是正确的意见。中国投资的结果是非常失败和令人失望的,这一情况在当时是无法预料的。

英国、法国、荷兰、比利时和日本都仿效美国处理庚子赔款余款所开创的先例。但他们同中国签订的协议内容各不相同。日本虽然像美国一样将减免的款项用于中国的文化教育,但是,整个管理工作由日本外务省全权处理。中国教育部长企图控制减免的赔款基金,特别是清华基金。他的理由是清华大学的预算原来是由教育部长批准,而且清华的校长要由教育部任命。这使梅贻琦博士感到头痛。梅博士是中国基金会的成员兼清华大学校长,失去中国大陆以后,仍任此职。这对中国基金会会长胡适博士来说也是件相当棘手的问题。最后，中国基金会拟出并通过了一项折衷办法：由中国基金会监管的清华基金的大部分收入转交台湾的"教育部"。另外，中国基金会将依照会长的建议每年批准颁发台湾大学、师范学院，可能还有农林学院大笔奖学金和研究员基金。这一折衷办法至今仍在执行。

以某一问题为理由对基金会的批评不仅来自台湾"教育部"，而且还来自台湾和美国的教育界人士。我个人怀疑这种批评是否十分公正。尽管为研究工作而设的基金和奖学金确实颁发给了许多在美国的中国学者，而且他们与梅博士、胡适博士或蒋廷黻博士相识，但是，颁发这些奖学金是非常审慎的，颁发的条件也是很严格的。获得奖学金的人来自一个不大的范围，可能是由于董事长和董事会的其他教育家认识他们。中国基金会采取的政策引起了许多误会，使许多人感到不快。失去中国大陆以后，中国基金会面临困难的形势。因为，到美国避难的大批清华大学教授，还有一些科学家陷入十分困难的境地。我想，为了援助他们，给了他们某些优惠待遇，这本来是人之常情。因为，像梅贻琦博士、胡适博士和蒋廷黻博士这些人都与他们相识。他们知道，这些经济上有困难的人在各自的学术领域里都是学识渊博的优秀学者，所以格外同情。他们并非有意识地不加限制、不予歧视地将奖学金主要发给了这些人。这样，在这个范围以外的人就自然感到他们受到了不平等的待遇。这是引起批评的特殊情况。当批评的呼声和来自台湾"教育部"的压力越来越大时，中国基金会的成员开始考虑这一问题，而且最近几年已设法扩大奖学金的发放范围。这样，不仅台湾教育机构培养出来的学生可以领取奖学金，基金会成员认识的有限人士以外的合格申请人也可以领取奖学金。

12. 1927年4月袭击苏俄大使馆一案

1927年4月6日,我任总理和外交总长时,中国宪兵袭击了苏俄使馆并没收了大量秘密文件。袭击的命令是张作霖大帅下的,由安国军宪兵在张作霖总司令部外事处的指挥下执行的。

我记得,这件事在当时引起了很大的轰动,但是,外交部和国务院在事件发生前均未得到通知。

事件发生后,我间接地接到了通知。我认为这是一个十分不寻常的行动。因为,苏俄使馆终究也是外交团的一部分。我尽力查明事件是如何发生的。后来,我得知卫戍司戍司令先接到命令。之后,他将命令转达给警察厅长和宪兵队长。这三方面的人配合行动,袭击了苏俄使馆。听到这个消息后,我感到十分不安。我和张大帅总司令部的人以及执行袭击任务的宪兵队长研究了这件事。我记得他们对我解释说,他们之所以没有通知外交部,是因为他们深知外交部不会同意。他们也知道,这件事一定会使外交部为难。

我的确是会反对这种行动的。在致苏俄使馆的照会中,我申明外交部事先不知道此事。在我任职期间,我尽力使中国政府给人以井井有条的印象,尊重法律和惯例,可是军阀们的行为使我的愿望难以实现。

(当时,在政府不知道的情况下,在苏俄使馆里的李大钊〔?〕被捕了。后来,他被判处死刑。《京报》姓邵的编辑也遭到逮捕〔?〕并被处死。)

对这个事件有一些错误的报道,我想加以纠正。我首先要谈的是吴晋上校。他是安国军外事处处长。他在此事件中起了一定作用。在采取行动前,他曾与外交团团长荷兰大使欧登科磋商

过此事。据传,吴是当时的外交部次长。事实上,他根本就不在
外交部,与外交部毫无关系。我的次长是王荫泰。6 月份,王荫泰
继我之后任外交总长,这时吴晋才成了外交部次长。但,吴从来
未当过我的次长。

据报道,苏俄外长在事件发生后给我打了个长途电话。这也
不属实。(报纸上的报道与其说是来源于中国,不如说是苏俄提
供的消息。俄国人在宣传方面是很内行的。)

人们推测,这一事件促使我在 6 月份辞去总理和外交总长的
职务。然而,我的辞职乃是因为张作霖大帅推翻了宪法并成立了
一个所谓的革命政府。

四　回顾北京政府

1. 对于 1912 至 1928 年
民主政治在中国失败的一些看法

失败的原因非止一端。我个人认为,首先是中国没有根深蒂固的代议政治传统。虽然自古我们的经书中就有"民之有愿,天必应之"的说法,但这一基本政治原则只不过是一种政治上的理论条文而已。据说在我国历史的传奇时期,政府的管理是较为民主的,国家元首像尧、舜、禹的帝位并非世袭。最早期的各统治者,在达到自认须退休的年龄时,即选定继承人而自动禅位。但人人均知,禹、汤以后,帝位即成为世袭,从此中国政治即形成以拥有无限权力的国家元首为全国首脑的中央集权国家。皇帝君临一切而居于万民之上,虽然有时也有监察制度,承认监察御史们有直接向皇帝上奏之权,不仅可以弹劾朝中高官,甚至可以对皇帝本人的行为进行诤谏。这种情况实属例外。对皇帝的规劝和诤谏是否能被采纳,取决于皇帝的个人品德。有些开明皇帝能采纳忠言,即据以修改朝廷政策,但一些头脑顽固又不太开明的皇帝则常以此为犯上,故历史上不乏因直言苦谏触怒皇帝因而遭到惩罚、有时甚至丧命者。所以我认为就民主制度或代议政治而言,在中国是没有传统的,而传统在中国却至关重要。简言之,中国古书中的光辉箴言并没有建立付诸实施的正常制度。在中国成为单一的政治实体以后，皇帝身居宝座，统治一切，理论上不仅有无限的政治权力，甚至对其治下全体百姓的生命财产也拥有绝对权力。人民很难有任何表达其意志的机会。孔孟的教导非常明确："民为邦本"；"百姓足，君孰与不足"。但这些是箴言、理论，从未完全实施过。我认为并没有代议政治的实践。因为中国的政治制度不允许这样做，任何人民团体都很难正常地通过制度来施加其影响。

还有另外一个原因，我认为非常重要。虽然在中国农村，特别是在农民当中，有着一定的民主精神，地方上修桥补路、慈善事业都在士绅领导下由百姓来办理，但其效果仅仅是地方性的，并没有我们所看到的北美城镇会议中美国式民主的基础。在那里民主政治确实是深深扎了根的。即使在民国成立后，中国也没有朝那个方向发展。因为帝制的推翻和民国的建立，只是推翻了存在多少个世纪的一成不变的政权体制，而又开始了一个军阀时期，国家分裂成许多个军事长官统治下的政治势力范围。即令是国民党统治之下的中国，也是如此。其中有一些以各军事头目为首的集团，尤其是在北方，每一个军阀都想巩固其军权，以便将其意志强加于尽可能大的区域，而以统治全中国为其最终目的。换言之，中国的皇权思想有如此长久的传统势力，以致军阀们虽身处民国，却从来未能理解民主为何物，或应取何种形式。我前此曾经述及民国初期我任袁世凯总统秘书时与他的谈话。袁详细问我关于"民国"一词的含义后，对于中国老百姓是否能有足够的一心为公精神来建成真正的民国很感怀疑。从那次谈话中我感到，袁世凯总统虽是一个爱国者，即他在处理对外关系中，特别是对日关系中，唯恐丧失中国的主权，但他对于民主的内容则是一无所知的。我想他的思想状况可以代表当时几乎所有中国领导人的态度，仅有的例外也不过是几个曾在国外学习、旅行和看过民主在西方如何实行的少数知识分子。

另外，我想中国难以有系统地发展民主政治的根本原因是：

缺乏互谅的精神和不能正确理解言论自由的原则。我在世界大战期间的体验足可证实我的分析。我作为中国驻伦敦大使,因英国议会友好访问团事,于 1942 年回国。当时英美提出了取消在华治外法权的问题,愿按平等原则谈判订约。对美条约正在华盛顿进行谈判,而对英条约则在重庆谈判。我没有参加英国大使薛穆爵士与外交部长宋子文的谈判。他们遇到了收回香港问题这一意外困难。薛穆爵士(他曾来看我)和宋子文博士都说,这在中国是绝对必要的条件。英国要不放弃香港即不能签约。僵局被拖延下去,令人感到有些焦急,尤其是英国大使。有一天召集了一次会议,几乎所有部长,其他四个院的院长,还有党部的两三个首脑如陈果夫、朱家骅、王世杰都参加了。大约共有二十五人,由委员长(蒋介石)主持。他提出了他的看法,宣布了开会的目的,即讨论对英条约问题,特别是香港问题,并说中国必须坚持,不应签约。这时是 1942 年底。当他征求几位元老如于右任、孙科、王宠惠等人的意见时,他们都支持这位委员长的立场,认为是唯一可循的方针。

接着他要我发表意见,因为我刚从伦敦回来。我相当全面地做了报告。实际上我在前一天晚上已私下向这位委员长报告过了,不过我把重要的内容又重复谈了几点:我在英国时曾和邱吉尔先生、艾登先生以及其他两三位内阁重要成员谈过,和联邦大臣克兰普顿勋爵谈过,和银行界领袖们、各大学领导人(如牛津的一个学院的院长)谈过,后来又和中国协会——一个对中英关系有重要影响的团体——谈过,最后还和新闻界领袖们谈过,像《晨报》、《泰晤士报》和《每日邮报》的编辑们。我在这些会见后总的印象是:英国是准备将香港交还中国的——这是不成问题的结论。这些人提出的唯一问题是:为什么中国坚持要在战时这样做?像邱吉尔对我所说的,大不列颠和中国正在与共同的敌人进行生死存亡的斗争,我们应该将全部精力首先用于争取战争的胜利,当取得胜利之后,大不列颠不会改变它的主意,把香港归还中国。条件只有一个,即移交须有秩序地进行。有些是细节问题,像如何移交,以及对公务人员的义务和对其他人员的照顾问题。大不列颠所想到的只是这些。至于原则及交还的问题,他们是完全同意的。我告诉委员长说,我个人的看法是,我们应该签订条约。英美交还治外法权原本是作为善意表示的。治外法权在我们犹如芒刺在背,长时期来人民一直要求取消。他们想为表示友好而送上礼物,如果我们因为香港未包括在内而拒绝订约,未免相当尴尬。就我所见——而我的印象是相当明确的——战争胜利后,香港即会被交还中国。

我是唯一不同意委员长意见的人。他马上面露不悦,转向全桌说道:"香港必须交还。"然后说:"散会,散会。"会议以很不愉快的调子结束。我们鱼贯而出,退至邻室。当走向出口时,王宠惠、吴铁城和孙科一个个都拍着我的肩膀说:"不要担心,我们全同意你的话,我们和你的看法完全一致。"我说:"那为什么你们说同意那另一种看法? 为什么——","你知道,"他说,"委员长不喜欢在会上被反驳。""那么,"我说,"他为什么要召集会议呢?""我们全站在你一边,"他说:"我们会想办法。"

这只是小事一桩。我并不将其归因于委员长的特殊个性,这是所有中国领导人的共同感情。在中国,任何公开集会上都不能容忍批评和反对意见。这可能是由于两种情况:一种情况是,传统上一向认为年幼者须尊敬年长者,而不应反驳老年人的意见;第二种情况是,一个人出于礼貌和规矩,不应该公开反对上级的意见。此乃中国人的心理。由这两种因素所形成的人民心理,根本就不习惯于承认言论自由是基本原则,至于遵从大多数人的意见就更说不上了。在中国,遇到会议上有不同意见,与会者均认为自己意见正确时,通过讨论和争辩来弄清情况或达成妥协,这不是中国的方式。民主的决定不是根据某一两个人的意见,而是根据大多数人的意见做出,或者,如可能的话,根据妥协的方式做出。相反意见之间的互相容忍和对民主原则的理解,这是我们尚未培养起来的品质,在我们的传统中是找不到的。训练人民需要时间。在任何公开或不公开的会议上,通常三四个人会一起都讲起话来,那么除非主席是很坚强的人物并坚持有秩序的讨论,否则就很难维持秩序。

近年来"立法院"会议在开会时已经有秩序得多了——远较在北京时的国会有秩序。我曾几次参加国会会议,常常有五六个议员同时讲话,而议长则竭力维持秩序。近年来"立法院"已有更多经验,特别是在迁往台湾以后。其次,"立法院"委员们对任期已更具信心,因为他们已几乎成为终身职。第三个因素,我认为是政党的组织并不完全具备应有的效率。除国民党外,其他政党则有些像是政客组织的社会团体。如袁世凯组织的进步党,这个党的党员来自不同的集团,他们参加该党的目的只有一条,即反对反对党——即指国民党,当时袁世凯就是要阻止国民党控制国会。另一个原因是,议员对他在立法机构职责的概念,不论其为众议院还是参议院议员,并不总是忠于其作为人民代言人的职能的。民国初年——甚至后来亦然——国会议员的大多数,不论其为参议院还是众议院议员,都把他们的地位和特权当作政治武器。按照宪法,他们享有选举权,有弹劾高级官吏甚至总统、副总统之权;有同意或不同意总理的任命之权和任命内阁阁员之权。他们在大多数情况下是为了政治的或个人的利益而使用这些政治武器,他们并不理解赋予国会这些权力是一个有秩序的立宪政府的必要部分。国会议员们的这种以宪法特权作为政治武器的倾向,使得国会的信誉扫地,并妨碍了这一立宪机构的正常工作。

此外尚有一个原因,政府成员自总统而下,对于国会的立法职能的理解相当差。总统或总理在我看来不像完全明了国会在政府中应起的并理应为政府行政部门尊重的合法作用。他们不把国会看成是宪法规定的机构,有权根据宪法行事,如批准内阁成员的任命或批准内阁提出的财政措施。由于对国会的这一合法任务缺乏了解或领会,常常引起几乎是连续不断和永无休止的国会与内阁的冲突。国会与总统府之间也有冲突。我已说过,这种三角冲突一再证明是北京历届政府解体的原因。在我担任外长的王宠惠内阁,我感到有一事颇可说明问题。国会要求黎元洪总统提出内阁名单,但王宠惠博士始终拒绝照办,因为国会反对其中两位阁员——内务总长和交通总长——,二者均为吴(佩孚)大帅的代表。当孙宝琦内阁任命阁员时,情况也大致相仿,而任命必须通过。不过彼时总统府与国会之间时常有讨价还价的交易,通过这种交易谈判,任命终于通过。通常一些集团——国会中集团很多,甚至众议院中亦然——会对未来的内阁部长们提出一些要求,常是推荐一些亲友到各部任职。但由此作出的对于任命某些高级官员的诺言常不履行,于是立即招致国会中一些政治集团的敌意反应。甚至拒绝接受低级职位的荐举,也常会导致国会对有关部长们意想不到的敌意。在我看来,各部首脑普遍的态度是,将所有推荐一概加以拒绝,认为这些推荐都是不必要的。至于我个人,如前所述,则并未与国会有何难于相处之事。事实上国会一向对我持欢迎态度,甚至在我并非以个人身份而系代表总理前去时亦然。我认为如果国会要求内阁部长们前去答复质询,则他们理所当然地就应尽力做出回答。如果有些国会议员推荐一些低级职位的官吏,我也不难接受一二,予以"委任"或委以更低的职务。总之,国会议员们并不是那么不通情理的,你如对他们以政治朋友相待,他们就不会找你不必要的麻烦。但是我的同事们——有些是我的至交好友,有些亦曾在国外留学——一般地不像是能理解国会是整个政治制度的必要部分,而且它的地位为宪法所保证。相反,他们把国会看作是令人厌恶的东西。曾记得有一次国会议员们被公开称为"猪仔"。在任何立宪政府中,政府成员均不应感情用事,而应保持头脑冷静,实事求是,面对现实。我这样说并非批评我的一些同事,而只是要指出,在政府管理中为什么会有如许摩擦,如许困难,为什么民主机构和代议政府在中国未能恪尽厥职。

以上所述各点乃是失败的一些根本原因。我曾不止一次想到，在我国的基础教育中，特别是在小学和初中这些低年级中，不仅应向青年人讲授代议政治的原则，而且也应讲授应如何实行，使他们在长大后能够理解。不论在私人聚会、公开集会，或在委员会讨论中，言论自由和提出反对意见的权利应被承认。如果存在正常的意见分歧，总会找出可行的妥协办法，要使他们认识到这一切都是正常程序。依我看，民主政府要在有效的妥协的基础上才能成功地行使其职权，不论多数还是少数都不能将其观点强加于国家和人民。少数当然更不行。即使多数，如一味依赖其票数，强行通过其提议而不考虑少数的观点，虽然按民主是合法的，他们的日子也不会久长，总会出现不满和不平。这是我反复思考的问题，也就是我上面提出的"民主政治在中国为什么到现在一直遭到失败"这一问题。我所说的一些因素也可能不全面，但却大半说明了迄今未能成功的原因。

　　还有一点——就是缺乏对法治的重要性的认识。要有法律指导这一意识，还没有在人民当中扎根，还不足以促进代议政府的建立及其职权的行使。我可以举出两例。第一例足以说明当权者对尊重法律的重要性缺乏理解。一次某委员会选举后，权威人士通知我被选为委员。他表示投票结果并无所谓，投票的结果可以加以修改。有时因某人年高德劭或在政府中占重要地位，应使其当选为委员会成员，而分配给他一定票数。有两三次有些政治元老或重要军事首脑未被选上，但从政治上考虑需要他们参加，就又被重新列入名单，而且得票很多，名列前茅的人士反遭排挤，有些甚至从当选人中被排挤掉，这是常有的事。负责此事者并不以此为非，反认为从政治观点看，办得非常明智。这说明他们缺乏对法律的重要性的理解，对于一般老百姓没有尊重法律的概念就更不足为怪了。我于1924年第三次出任总理时，一位远亲特地从上海来看我。他在上海开设一家小银行。他本人曾做过廿余年的华俄道胜银行的华人经理，去职后自己组织了一家华商银行。我非常有礼貌地接待了我父亲和我们家的这位朋友。他说这次来北京一则是看望我,二则是有事相求。当我问及何事时,他说,中国不少华商私营银行均有权发行纸币在全国流通,他想为他的银行取得此项发行特权,故此前来相求于我。我告以总理府并不管这类事,他应按现行规定向财政部提出申请。同时我说此事相当困难,因为几周之前,鉴于弊端累累,内阁经我建议已决定停止再授予发行纸币的特权。不管怎样,他应向财政部提出申请。他回答说,他知道现在要取得这种特权是不符合规定的,因而才来找我。我说情况就是如此,政府已就方针作出决定,不再授权发行纸币。他说道:"你是归国留学生,你不完全熟悉中国人的生活和中国办事的方式。你又怎能管理政府!"我说,我也许不熟悉这些方式,但我现在和你谈的是法律。他说:"我知道法律不轻易准许那样做,因此我才找你个人帮忙。"这句话完全说明了那个人的态度。不论有无法律,你必须"讲情面"。这件事给我的印象极深。因为他不是孤立的一个人,他的心理代表着一般人的心理状态。

民主制度为什么在中国到现在还不能成功,基本问题就在于此。不过我们也不必丧失信心。这只不过是时间和训练问题。必须教育人民使其懂得一些民主的基本原则。除非我们全民族决定不走民主的道路而回到专制政治的道路上去,我想就该采取步骤朝着民主方向教育人民。民主不能在一夜之间产生。我并不认为中国在过去五十年中所面临的民主政治问题仅是由于中国的情况特殊,因而其经历也就独特,而是相信在亚洲甚至非洲一般都会是如此。毫无疑问,民有、民治、民享是最重要的原则,但它并不像看起来那么简单。尽管中国在历史传说上有统治者必须尊重民意的说法,但实行民主和承认民主则属实际问题,决不是作篇演讲的学术问题,需要有良好的训练、纪律和实践经验才能使其行之有效。

2. 北京政府三权之间的冲突，1912—1928

即使在袁世凯统治时期，临时宪法，或称约法，对行政权和立法权都是有规定的。总统享有大权，但在某些方面却受国会节制。他提名的总理和内阁各总长须经国会批准任命；政府预算须提交国会讨论通过；政府与外国所订条约须经国会批准。

实际上，行政首脑看来有意尽量将国会甩在一旁。对于承认宪法或临时宪法所赋予国会的权力表现得相当勉强。这样做也许是有些道理的，因为那时国会并不总是客观地行事，时常设法利用其宪法特权对行政部门施加压力。国会用以迫使政府接受其某些要求的最常用方法，就是在总统任命总理或内阁部长时不予批准，或拖延批准时间。政府行政部门和立法部门的工作关系时常相当不睦。私利，即两个集团各自的利益在起作用——国会中以国民党为一方，以总统所率领的北洋系为另一方，这两个集团一再发生冲突。这种冲突被认为是无法解决的。因为基本问题是总统试图保持行政特权以便尽可能自由行事。另一方面，国民党作为一个政党，自然要以国会的名义坚持发挥其影响和行使其宪法权力。

民国元年，唐绍仪当政不过一个月，论私交，他和袁是盟兄弟，曾一直共事。民国以前，袁世凯任直隶总督和北洋大臣时，唐绍仪任奉天巡抚。当时唐绍仪和徐世昌同为袁世凯亲信，但唐绍仪一旦在袁世凯总统之下担任总理，二人对究应如何管理政府，看法却不尽一致。唐的任命据悉为南北和解的条件之一。作为临时约法下的总理，唐提出要行使属于总理的权力，即他有权向总统提出建议，按宪法总统作为国家元首，有义务予以批准。造成第一次意见分歧，并使唐在就任总理一个月内即行辞职的第一个问题,是有关选任直隶都督的问题。

我重提此事,仅仅是为了举例说明民国的立宪政府从一开始就产生了困难。唐的辞职当然意味着袁世凯总统的胜利。国会在曾任唐内阁农商总长的宋教仁领导下继续发挥其影响,但唐的辞职在国民党和以袁世凯总统为首的北洋系之间造成了无法弥补的鸿沟。这一破裂乃是宋教仁被暗杀、不幸死亡的主要原因,这一破裂也导致了袁世凯总统所谓的国会造反。国会终于被解散,内战又起。整个这一段情节清楚地表明,袁世凯总统对国会缺乏信心,对国民党在北方的目的一直存在疑虑。如我以前试图说明的,冲突的基本原因是两党无法调和的政治背景。袁世凯总统是旧朝代传统哺育的人物,曾掌握无限大权,除了最后的皇帝权威之外,其他一无顾忌。另一方面,国民党作为一个政党,想要实现代议政体,并根据临时约法,要求其合法权利。双方由于基本宗旨和目的互相冲突,其领袖人物感到势不两立。此外我也一再听到朋友们说,袁世凯总统从未去过华中,更未去过华南——他从未跨过长江。他对于华中和华南人民的情绪和情况是不熟悉的,对于代议政治的基本原则就更不熟悉了。国民党仍是满怀革命胜利的激情,它是全国唯一有组织的政党,自然想要取得政权统治中国。因此,双方感到几乎无法合作,也不足为怪。

当国会开会时,在政府与国会之间总有摩擦,有时,如在后期,摩擦发展成三角关系,即不仅总统府与国会有摩擦,由于总统府与内阁在对国会的关系上意见不总是完全一致,在总统府与内阁之间也有摩擦。于是这种三角体制工作起来摩擦不断,有时陷入无法解脱的困境。

这个体制也有其变化。例如,赵秉钧内阁与总统完全一致,或关系友好。在这种情况下,总统就能保持强硬立场,有如自任总理那样行事,并按自己的偏爱任命内阁各总长。一般来说,是从他的支持者们中间任用。于是总统府和内阁之间自然也就不产生摩擦。国会作为一方,和整个政府,即以总统为首的行政机构作为另一方之间就有摩擦。但这是相当例外的,一旦出现这种情况,国会一般是不喜欢的,因为按照临时约法,总理和其内阁同僚一样有时须出席国会回答质询,即使有时问题系就总统的某些行为直接向总统提出,也须由总理作为总统代表出席回答。

国会能使它不喜欢的总理非常难堪。当陆徵祥在唐绍仪辞职后于1912年6月29日出任总理时,我除担任总统府秘书之职外,又是外交部秘书,因此与他有着密切的联系。陆从未受过辩论的训练。他曾是一位职业外交家,并以其外交上的练达和熟谙礼仪著称。他完全没有受过代议政治的训练。他很勉强地出席国会,完全是作为一种宪法上的义务。记得有一天总统不得不催他去国会时,他被众议院里好几百议员的那种气氛吓住了。他是作为袁世凯总统的发言人去的。国会议员们并不喜欢他,因而一开始就对他相当的不友好。我并未在场,但报纸登载的是他没有回答向他提出来的问题,而企图回避。这并非不可能,因为他不愿使自己负有责任。众议院对待他不热情,并非全由于他们不喜欢陆这个人,而完全是由于他未能在国会中像任何西方国家的政治领袖或政治家那样做。众议院感到大为不满,而陆自己也认为这种场合极不合他的口味。他们说他"俗气",尽管他是高雅的绅士,无论言行都彬彬有礼,虽不健壮而态度温文,有学者风度,从不多言而表现沉静多思。但我猜度"鄙俗不堪"之说非指其人,恐系指其在国会的演讲而言。他在国会的演讲确是很不合适而且文不对题。国会原来认为他的演讲必会具有大政治家出现在人民代表面前为其政策辩护那样的风度。而他虽然在国外生活多年,并大部受的是欧洲教育,先是在法国,后在俄国,他却既不具备一个欧洲政治家的知识,又不具备那种经验,没有足够的勇气像他们那样进行政治搏斗,向国会发表演说来捍卫自己的政策。他的经验仅限于面对面交谈的老式外交,这里需要的是有经验外交家的一切技巧。他曾参加第二次海牙和平会议,作为中国代表名誉卓著。但海牙会议并非一个讨论任何重大政治问题或进行激烈争论的场所,它是 1899 年会议的继续,召集会议的目的是为制定一项关于和平解决国际争端实行强制仲裁的协议。简言之,海牙会议致力于和平的崇高理想,但并不要求任何一国为本国利益作情绪激昂的辩护。诚然,他确曾在会上做过几次演讲,就中国而言,在其国际关系中,这几乎是史无前例的,而他的法语也是完美无瑕的。但是作为一个政治家,他并无面对人数众多的人民团体的经验,也没有作为雄辩家的经验。因此他和国会的接触是不很愉快的。袁世凯总统看到了这一点,在陆本人的坚持下,袁总统不久接受了他的辞呈而任命其亲信赵秉钧先生接替他的职位。当黎元洪总统掌握总统府时,政府各部门间的冲突又是另一类的。黎的脾气和秉性与袁世凯不同,他比较接近于人民。他为人朴实,行为举止颇为民主,远不是袁世凯总统那样专横的权力主义者。需要采取重大决定时,他很易犹豫。他自己并无坚定的信念或肯定的意见,但却有按其自己主意行事的性格。他很易为周围所左右,特别是受政界朋友影响。因而在他出任总统时,摩擦不是以三角形式出现,而更多地成为国会与内阁之间的斗争。事实上成了因内阁的态度而发生总统与国会之间的摩擦,或是因总统偏向国会而发生内阁与总统之间的摩擦。特别是当他在 1922 年出任总统时尤其如此。可惜黎元洪因为缺乏主见,遇事每易动摇。从一种观点看,他是代议制度政府首脑的理想人物,因为他这人比任何南北领袖人物都多少要民主些,但他的缺乏教养和没有充分的行政经验,却成了他的不利条件。

　　中国的旧政治形势就是这样因三权之间的不断冲突而变得大为复杂。其背后则是中国各政党,包括以各地军阀为首的各派系之间的猜疑、敌对和各种阴谋活动。所有这些因素确实就是这个时期政治不稳定的原因。这种不稳定常常造成公开的敌对行动和内战。如果人们统计内战的次数,就会惊奇地发现,从民国元年到国民党军队占领北京完成北伐这短短的一段时间,内战是多么频繁。即使在国民党南京政府统治时期,也发生了一些军事反抗,这些反抗无助于促进国家的和平与安定。

我已经把黎元洪任总统时我与内阁的经验叙述了一番。这一经验并不太令人愉快。那时王宠惠博士任总理。由于和国会的冲突,终于造成罗文幹被捕和内阁倒台。就我追忆所及,不论是在曹锟任总统时或在他当选总统前我主持摄政内阁之时,与国会都没有多少冲突。当时是 1923 年,北派及国会领袖们正忙于谈判选举曹锟当总统的合作条件。这是一个我没有亲自参与的问题,也不了解其内情。曹锟当选并就任总统后,国会开会,几乎同样的摩擦马上就发生了。多数不是内阁与国会之间的摩擦,而是国会与总统府之间的摩擦。众议院议长吴景濂曾积极活动商讨选举曹锟当总统的合作条件,并准备组阁自任总理。但后一项显然完全不合保定派或直系亦即北洋派的口味。甚至在选举之前,由于吴景濂盛气凌人已经出现异议。保定派为抵消其在国会中的影响,在北京建立了好几个他们所谓的"国会议员俱乐部",尽力拉拢国会议员,以求能保证足够的选票来选举曹锟当总统,而不必顺从吴景濂的苛刻条件。这一次主要是由于吴景濂失意未能当上总理而引起了国会与总统之间的摩擦。

3. 1912—1928 年间
北京政府施政工作的几个方面

(1) 内阁会议

我发现北京政府的管理方法相当简单。内阁例会通常一周三次。在我的经验中,总是在每星期二、四、六的上午。一般说来,内阁需要考虑和决定的问题共有三类:第一类包括总统要内阁提出或草拟的命令,例如国会要求答复的咨文或总统向国会发出征求意见的咨文;第二类是总理或其办公厅提出的各项问题,这些问题通常包括各省政府首脑处理该省一些特殊问题的呈文;第三类是北京各部提出的问题或报告。除总统提出的与国会有关问题外,在内阁会议上讨论的并不多,更少辩论。这些会议所做的大多是例行公事,如委派各省的县长、省长,或各级军事指挥官。按定例,各部对各项任命均有报告提出建议。一般的传统做法是,凡各部有全权处理的事项,即按有关各部的建议做出决定。例如外交总长提议某人为驻某国的中国公使,或担任某省交涉员,外交总长的提议通常完全不经讨论即被接受。同样由陆军总长提出的武装部队的各级任命,尤其是低级职位,或财政总长提出的各省财政厅长的任命亦照例通过。对于国会向总统提出的问题应如何答复,究应以文字答复抑或派人亲自出席答复等,则有些议论。同样,有关中国与某一重要国家关系的问题或有关诸如南方政治形势的问题通常也都须进行一些讨论。但一般说来是很少进行讨论的。传统上有这样一种理解,即每一位总长均须对其本部的事务负责,而这种理解通常是为所有阁员尊重的。

内阁会议出席者仅为总理和各总长或代理总长。讨论或辩论从无记录,只将决议记录在案。决议的记录以及根据决议起草的命令,均呈总统府;有时由总理在亲自前往报告时递交,但以由秘书长呈递的居多。

偶尔总统也在总统府召集内阁会议。这种会议或应总理本人建议或由总统亲自主动召开。在这种会议上,总统担任主席,讨论某项问题。在我的经验中,讨论一向是自由的。虽然讨论军事问题时文职各部主管很少参加意见,但在问题涉及外交政策或外交关系或国内政治形势时,讨论即很普遍,常常每一阁员都会表示自己的看法。这种在总统府召开的会议是难得的,只在发生确实重要的问题须讨论决定时才举行。

每当要签订一项新条约时,均须先向内阁,然后向总统详细报告。条约签订前内阁须对其内容进行批准。然后将条约报告总统批准,以便授予外交总长或中国公使或签约特使以全权,我想这乃是各国的通常做法。

(2) 各部经费

我对各部经费状况的了解,仅限于外交部和财政部。就外交部而言,它并无特别收入。直到后期驻国外领事馆才被授权签证或发放货运许可证。驻国外领事代表根据规章在发放许可证时收取一定金额。每份货运许可证按有关货物数量规定收费标准。后期驻外领事代表将此项货运许可证所得收入连同护照签证收入按月造表汇交外交部,由外交部转报主计处或后来的审计处。换言之,后期的北京外交部从发放签证和护照或货运许可证收费中取得进项。

根据我本人在外交部的经验,我记得部有年度预算,包括全年需款预计和由发放护照签证和货运许可证取得收入的预测。事实上各部均须向总理府主管编制下年度预算的审计处提出报告。通常预算系会同各部代表进行草拟的。年度终了时,按财务规定,各部一切节余均须上缴国库。我不知道在北京政府时期此种节余是否可为各部所保留。据我了解是可以保留的。

传统上某些部被认为是富部,其他的部则被认为是穷部。政治家,特别是职业政客,通常都愿意受命掌管富部而不愿受命掌管穷部。穷部是教育部、海军部,再就是司法部和外交部。外交部虽在后期有从领事馆的两个来源取得收入,还是被算作穷部。因为,有时各领事馆不能按时得到经费,但是还须按时汇回其收入,除非特许其保留一部分当地收入暂时充抵开销。一般认为是富部的有财政部和掌管铁路等有收入企业的交通部。

然而财政部尚须筹集足够款项支付政府的各项开支,做起来困难重重。在我任内它肯定还是一个穷部。除仍由政府控制的关余之外,没有一定的收入来源。其他如由崇文门税务司交来的税款,亦曾一度成为财政部的收入来源。来自崇文门的税收,从前是宫廷收入的特殊来源。民国成立后,这项收入自然归了总统府。但以后几年,凡是控制华北的军阀,都将崇文门的收入攫为己有。因此在我出任财政总长时,中央政府甚至连崇文门收入亦不可得。当权的军阀不但攫取这份收入,而且还要订出附加税来增加收入。这样一来,中央政府由于其收入来源被军阀侵占就变得更穷。当然这只是原因之一,另一原因即各省早已停止向中央政府汇缴税收。

从前各省规定有各种形式的赋税。前清时原有"粜谷"、"钱粮"、"漕粮"各种形式的土地税,均须上缴中央政府。到太平天国造反时,汇缴即不正常,但这些都是中央政府认定必须收缴的税收。当时为了镇压太平天国的特殊目的,曾特别授权各省总督或巡抚征收通行税(厘金),但此税一直延续到清末直至民国期间还在征收。据我所知,前清的财政管理和财务规章是相当简单的。各省需缴纳"钱粮"或"漕粮"——漕粮用以代贡米。有时他们缴纳米粮,后来折成银钱称为"漕平"。以后盐税成为中央政府的收入来源,主要来自两淮盐运使和长芦盐运使,这二处是有大量收入的机关。但在晚清和民国初年,汇缴也不正常,常被地方或各省当局所扣留。因之民国时北京政府的仅有收入来源只有海关关余和由国家控制汇缴中央政府的盐税。

(3)官员薪俸

至于北京中央政府官员的薪俸,各部及内阁的官俸都是一样的,只有级别之分。薪俸有一套规章,其基本原则是每一官员都按其所属等级支薪。规定官员分级的章程含有四个等级:特任,总理、内阁各部总长、特命使节、各省都督属之;简任,即遴选任命者;荐任,即由主管部门推荐任命者;委任,即由各部直接任命者,不报请内阁核准更不必报请总统核准。在国民党政府中,尚有选任,在特任之上,系由党方向国民政府主席推荐再由主席任命。选任为国民党政府中的最高一级。但在北京政府中则无此一级。在北京政府中,总理由国会选举产生,总统作为最高行政长官则不属于任何一等。北京政府中的薪级是划一的。属于特任这一等的官员均支同样的俸额,在其他三等中又有不同的级。

就我个人的经历而言,外交使节的薪给比京官要高。例如民国初年驻外公使为简任,月支薪金一千八百元,尚系清朝所定的俸额。清朝使节分为两级,称作一等钦差(级别等于大使)和二等钦差(等于公使),头一级使节俸银一千八百两,第二级使节俸银一千二百两。那时有各种不同的银两,此项俸银系指"关平"而言。"关平"值一元五角。因此一千二百两折成银元即为一千八百元。此项俸额晚清一代直至民国初年一直未动,而就我记忆所及,甚至在国民党统治时期也一直沿袭下来直到不久以前。

北京政府中各部总长为特任官,月支薪俸一千元。简任官次长则分为八百元及六百元两级,但享受的津贴数额向无任何规章。一些自有收入的部,在民国期间对总长、次长有时甚至各局处长的薪金均有一定活动余地,有所谓特别费或特别津贴。没有收入的各部则薪给开支全靠财政部拨给。就外交部而言,并无固定金额的特别津贴,全看总长本人。不过他招待外国公使和外国客人,均由部里安排开支。当然他也有专用汽车和司机。至于交通部,据我了解,交通总长公馆的开支全部由部里报销,通常并不走正式手续,而由该部负责财务者照料解决。民国初年我在外交部时的情况是,逢年过节,不论是端午节还是中秋节,特别是临近年关,袁大总统都送一千元给总长作为总统府的一项特别津贴。这种事我有亲身体验,因为即使在我担任他的秘书时,他也会在年底(不是在两节),特送一个月的薪金以应年景。因此我知道总长和次长们都会由总统府得到特别补助。

总统府的经费出自政府预算,而通常政府相当大方。总统个人的薪给是固定的,我相信为五万元或十万元。总统府不在组织条例及官员任免条例的管辖下,因此是在正式官制之外。总统府成员系由总统直接任命,故不享受官员的同等地位,他们不算是"官"。其次,总统可任意增减其人员,并且他常常出于政治上的考虑任命一些顾问,而对这些人的数目并无限制。因此对总统府的拨款通常是慷慨的。预算即按总统所提来制订。我猜想,有些省的首脑人物是总统的特别支持者,这些省会在年终——这是清朝遗留下来的习惯——送给总统一定的款项以表示对总统的忠诚和拥护。

(4) 各省的陋习

各种陋习不仅限于最高级官吏。下述事件可以略为表明捐税如何征收和税吏如何得以特殊手段中饱私囊。我在北京供职的最初几年中,当我担任外交部秘书时,曾在天津购得铜的床头几作家中摆设。因急于返京,故将铜床头几随身带上火车。抵达崇文门时,我携带它去崇文门海关。火车旅客满员——多为农民或贫民,担挑农产品,等候查验。轮到我时,我出示了天津付款金额的收据,要求按正常税率付税将铜床头几带入城内。经过核算后,经办人告我须付金额约在七八元之间。

"怎么算的?"我问道。

"这是正常税率。"他说。

"税率是多少?"

"百分之三加上百分之一特别附加税。"

"如果是百分之三,"我说,"为什么还要另加百分之一?"

"这是常规。"他要我看一下布告栏。我看到那里写着"百分之三加百分之一"。我请他让我看一下印好的规章。他说找不到了。

"谁核准的税率?"我问他道,"如果规章定的是百分之三为什么还要另加百分之一?"

"一直都是这样做的。"

"你是怎么算出这个金额的?"

"按照正常的方式。"我问他何谓正常的方式;他说我可以自己去算。我真的做了。首先他们把元折成两,然后按两收税。他告诉我换算率是一元三角五,因此一百八十元按一元三角五一两折成大约一百四十两。一百四十两的百分之三应为五两二。我算了一下,应为七元零三分,此数少于他算的金额。因此我说他算错了。

"不,不,"他说,"你再折回银元时,每两应按一元五角,这是海关的折算率。"因此一元三角五是市面上的银两价,而"海关折算率"是一元五角。我说不管他们用哪一种折算率,折算率应是一致的,并问他谁在那里负责。

"税务司,"他说,"现在税务司不在。"

"那么谁来代理?"

"他正忙着,"他回答说。我说我可以等候。我等了一会之后,负责人出来了。他问我是谁,我告诉了他。我说我要看一下规章,查清是谁核准另加百分之一的。我并且问他们是经谁核准用两种不同的标准的,这种算法不是有利于纳税人而只是有利于他的本单位。因而他说,我认为付多少合理就付多少。我说,我可以多付百分之一,但只能按一种折算标准付税,不管他想使用的是哪一种标准。

这件事使我对于中国税局的行径大长见识。当我回到外交部时,我把这件事告诉了一些同事。总务科长说:"你本不必去管他,通常我们什么都不付就能通过。"我告诉他问题不在那里,这只是偶然的事件。但就在北京城门口,竟有如此做法,实在令人寒心。

有一位来访者是香港和台湾两地几家工厂的非常有钱的厂主。他的一家工厂制作建筑用板材,另一家是乳品厂,是制作冰激凌的现代化乳品厂。另外他还有一家纺织厂。他告诉我说,他能理解为什么在想向国外订货输入台湾时,需要向卖主开立信用证。但是他说,为了开出一份信用证,不论金额多大都必须预存一项百分之百的税金。同时他还需等待一个时期,在这期间任何好处都得不到。信用证本身通常需要很少费用。为了度过当中这一段二至五个月长短不等的时间,他不能运用这一笔资金,但他说这笔资金是台湾银行所要的。他谈到,更令人沮丧的是,当货到时尚不能立即提走,还要看海关督察员是否有空。常常是机器货物到后在码头搁置多少天和多少星期也得不到海关检验。不但积压资金,而且他从金融界借来的贷款还得每天付息。有些是易腐货物,却在烈日下曝晒。我请他将问题向更高当局提出。这样做他并无须破费,只是行政管理问题。他说他也曾这样做过,但未取得任何结果。我说那我就不懂了。

或许这已成为惯例。贸易商贾是富人,而这些督察员、低级官吏薪给微薄,总想找些外快。我并没有马上想到这些。事情完全在于要按做生意的原则管理政府。我记得西奥多·罗斯福曾提出过要像经营生意那样主持政府的口号,于是每一分钱都应当计较。

(5)外交部的陋习

以上所述都是比较公开的人所共知的做法。当然在某些部尚有些秘密的不正当的做法,成为非法收入的来源。下述两例可以说明。

我任外交总长时,曾有驻日公使不止一次向我建议出售中国政府在朝鲜汉城的财产,该处曾作为中国驻军统领衙门。当中国仍是朝鲜宗主国时,驻军统领衙门设于汉城中心。袁世凯在该处任职时对朝鲜王族特别是王妃曾施加极大影响。一些日本商号因其地处汉城中心地带,位置极佳,申请购买。该处仍属中国政府财产,在民国时期成为总领事馆馆址。办公处所颇为壮观。记得有人极力建议外交部将此处土地出售,然后以所得之款或其一部分为总领事馆另购远离城市中心的体面房屋。据说,有意购进者愿为这笔交易在正式价款之外另付一笔款项。我再三予以拒绝。因为所提的建议虽有吸引力,因外交部需要该款扩大领事业务等项工作,惟对在朝鲜的中国人,在心情上终将是一次打击,对我国在朝鲜人民中的声誉,该处房屋是颇有价值的,而日本人则无法强迫我们出售。

　　我曾述及 1922 年无线电交涉中,有人向我这位外长第二次提出搞不正当行为。某日本公司,我想是三井洋行,和美国联邦无线电公司都想找关系在北京建立无线电台。日本人找到北京的海军部,而美国联邦无线电公司找到交通部。政府的方针是建一处电台,但由于海军部与交通部相争,内部问题趋于复杂。显然,日本和美国对获准建立电台一事都相当重视。我想不仅是为了名誉,而且是为了在亚洲开无线电通讯之端。日美两国公使都是一再要求。有一天,联邦无线电公司代表请求接见。他为避免在报纸上过多地宣扬,要求到我家中相见。他在我家请求对其所属公司的申请给以优于对日本公司申请的考虑,接着表示该公司愿意特别奉送外交总长,或送给外交部一笔交际费,由我们选择。我大为吃惊,并感到恼怒。我当即中止了谈话,告以适才所谈远远出乎我之所料。作为到过美国的人,我绝不认为他所提的建议在美国会是属于正当业务。我请他原谅,并说我不能再继续与之交谈了。过后,我的秘书从外交部打电话给美国公使馆,请舒尔曼博士来我处,因为有关无线电台问题我有要事须对他讲。他来后,我非常坦率地告诉他那位代表所讲的一切。我告诉舒尔曼博士,我之所以约见乃是为了让他知道联邦无线电公司代表提出要送的这份令人预料不到和莫名其妙的礼物。我说如果舒尔曼博士真想得到优待的话,那么这个人就更不应这样做,因为这已把我置于非常尴尬的地位。经过这样一来以后,我便不能对联邦无线电公司的申请按其本身的价值予以支持。我告诉他说,就我本人而言,我一直认为无线电台应和其他国家一样归交通部管,但我现在非常为难,只能建议将这位代表马上送出中国,不然我便不能继续处理此事。刚刚发生的事,只能损及我和我所在的内阁中大多数同事们对美国公司所持的赞同态度。舒尔曼博士本人亦非常着恼。他告诉我一定照办,尽管他得悄悄地去做。约一个星期,此人即离开中国。

(6) 财政部的陋习

1926年我任财政总长的那一段时期内,曾有一些有趣事件可在相当程度上暴露为什么财政总长这一职位会成为如许众多政客追逐的目标。尽管由于地方税收几乎全由各省军政当局扣留以致国库枯竭,财政总长的职位仍被看作是一个肥缺。我就职后,立即召集部内各司长开会,告诉他们我并不打算久留,此来只是应杜锡珪将军之邀出任斯职,旨在筹措足够经费使政府可以支撑度过中秋。我并要求他们提出如何筹集所需经费的建议。我部库藏司长建议我应找中国银行界商议,但其他司长则向我提出了一些看来相当使人吃惊的建议。公债司向我报告,如果财政总长同意像参战借款那样将利息转入日本贷款的本金,日本准备提供五十万元。这显然是不可行的,我态度一如既往,即使在两年前,我已认定那不是一种可利用的筹款办法。

一天上午,赋税司司长送呈一份申请给我,那是苏北士绅代表向我提出的一项建议。申请的内容是请财政部核准沿海拓地。按照惯例,这类土地可由财政总长认可定为应缴纳土地税的土地。一旦这样做了之后,该项土地的所有权即归申请人所有,中国谓之"升课"——将取自海中的新涨地作为应缴纳土地税的土地。赋税司司长说明,如果财政部批准其申请,这帮士绅愿贡献四十万元以表谢意。从表面看来,申请似乎合理。但我想知道申请者到底有何打算,因为据我所知,各国一般惯例是,沿河或沿海开垦所得土地通常是属于原来水滨的所有者。因此我问起各申请人是否曾说明他们在沿海原来就有产业,新地是否和他们的原有产业相连。回答是不能令人满意的。申请人愿意在财政部给他们特别方便时向财政部纳贡,其原因即在于此。我说如果财政部不经查考就答应申请人的要求,我不知道以后将何以面对那片土地的合法所有者。接着我说,财政部显然不能办这件事,除非申请人能证明他们按照法律和习惯有权取得有关的土地。赋税司长虽得此少有的机会可筹措至少四十万元,但对我的批驳却无言以对。

另有一次泉币司司长向我提交一份代表云南省某些方面利益的一伙商人的申请,要求发给许可,准许经由长江将上海的铜元运往云南府。申请转运的是三千万枚铜元。申请人提出愿奉献十万元。我问通常是如何做法,回答是,辅币或银元的转运须经财政部批准发给特别许可,通常即由泉币司办理此类事项。

显然,云南虽有铜矿,但铜价并不低于上海,而且恰恰相反。当我询问那些商人为何想进行转运,又为何愿奉献十万元给财政部时,他们给了我如下回答。

云南缺少铜元,一元钱在云南兑铜元不到一百枚,而在上海可兑二百八十枚。因此在上海按一元兑二百八十枚搜集铜元,带到云南后可值三元。我说要对此事加以考虑。旋即问了一下银行界的意见。他们告以由上海运走三千万枚铜元将大大扰乱金融市场。因此我驳回了申请。怕的是由于金融市场短缺辅币,会对金融、商业和公共舆论产生影响。铜元为商人买卖的普通媒介,也为农民进城出售其产品买回所需物品的手段。如铜元被转运,很可能扰乱本地局势,而一旦发生此事,政府即须负责并受到责难。我又一次没有批准建议,我告诉泉币司司长不得批准申请。

我没有采取任何这类暧昧手段来筹措所需经费。我通过一笔中美商业银行的贷款,另外也从熊希龄掌握的盐税中筹得一笔款项,凑足了中秋节的用款。但我的经验却留给了我一个印象,即财政部虽然缺乏收入,总有些办法和手段可以不仅为国库,也为财政总长个人和他的下属的利益筹得款项。从而我们即可了解财政总长的职位何以总成为中国政客追逐的目标了。

4. 北京和南京在对外事务方面的对比

在处理外交事务上,1912 至 1928 年的北京政府和 1928 年后的南京政府——或国民政府——显著不同。这种差别我认为是重要的,因为它产生了许多后果。这种差别可以从对外交关系所表示的关心程度,和对中国驻外使节的观点所给予的重视程度看出来。

在民国的各位元首中,袁世凯可谓是例外,此人对处理对外关系颇有经验,当他任总统时,实际上同时又是外交总长。不论是有关帝俄对外蒙的要求,或因西藏涉及与大不列颠的关系,或是关于日本提出的“二十一条”,袁世凯总统都是幕后的真正谈判者。在中日交涉中,不仅是何者可接受何者应拒绝等原则问题由他决定,他还规定了对付日本公使的战略。“二十一条”的提出并不出乎他之所料。他曾想到会有这类事情出现,也提到过,如欧洲不发生战争,日本原不敢这样做。他说:“日本现在可以把自己的意志强加给中国了,不必担心西方列强的任何干涉和阻挠。只有美国会反对它。”当时他不了解东京、伦敦或巴黎的情况,因此他说可以采取的一项战略是等待国外的反应。我前已介绍过,我作为五名代表之一的任务就是使驻外使馆了解谈判情况。日置益先生在头一次会议时就反对我参加代表团。他说,首先是不需要那么多代表,其次,我或许无助于谈判的进行。我说:“不要包括我。”袁世凯总统理解,我在会上能做的有限,而在会外反而可做更多的工作。

关于会议应多少时间举行一次有过多次讨论。因为日本急于尽快谈判,而陆总长则建议每周只开会一次。最后达成妥协,会议每周三次,于星期一、三、五召开。当报告袁总统时,他说:"干吧!这样也好。"

每次会议都在下午三时至五时召开,但陆总长使用了一些手法来拖延。当会议开始时,他的客套话会长达十分、十五分甚至二十分钟。然后侍者清理桌面,摆上茶点,又需中断三十到四十五分钟。尔后在讨论中,一切必须由日文翻译成中文,及由中文翻译成日文。陆总长习惯于讲究辞藻,出言文雅,轻言慢语,译员施履本有时听不清陆总长言语,又需请他复述一遍。

遇有困难时,陆总长即向日方提出:"我将就此报告大总统,下次会议时给贵方答复。"所有这一切为争取时间而施展的手段,终于招致了1915年5月7日的四十八小时的最后通牒。

整个谈判过程中,每次会晤的记录均立即送呈大总统。他也仔细阅读,并作批示,如"此项回答似过于明确"或"此项必须答以'否'"。

袁总统有一个日本顾问名叫有贺长雄,是国际法学家,和日本军事集团并无牵连。在最后通牒之前不久,他将有贺长雄派回日本,探听一些元老,特别是西园寺的真意。通过有贺长雄的努力,我们在5月以前得知,中国必须接受"二十一条"的前四号要求,而日本将不坚持第五号。这最后一号包含的内容最为全面,也最重要。

有关西藏的交涉事宜,每次朱尔典爵士和袁总统晤谈,都由我担任翻译。至于朱尔典爵士和外交总长的少数几次晤谈,也由我担任翻译。我同时担任政府与朱尔典爵士间的联络工作,并曾屡次被派赴英国使馆直接和朱尔典爵士就西藏问题继续交谈。在所有这些晤谈场合,均有秘书做谈话记录。每次记录都是一式三份——一份呈总统,一份呈外长,一份归我本人。总统对交给他的一份记录阅读非常仔细,不时用他的红蓝铅笔将需要特别注意之处一一划出,并作批注,指出下次会议应说些什么,有时还和我一起阅读。简言之,袁总统在对外关系上是煞费苦心的,对政府所做的一切亲自承担了责任。

他尤其重视了解重要的世界政治舆论,常常阅读路透社报道和外国报章重要评论和新闻的译本。外交部翻译科由我担任科长,下设助理八至十人。每天早晨我们将日文、德文、法文及英文报章择其重要条目译成中文,下午译完,供袁总统次日阅读。某日晚约九时半,我在外有饭局,总统府来紧急电话找我。我接过电话,原来是总统府一位秘书打听新闻的译稿为何尚未送到。他说打搅我很感抱歉,但总统每天早起穿衣后必要索阅,因此他急于替总统准备好,供他阅读。此事表明袁总统是如何重视我们的翻译,虽然总统的武官处也在翻译路透社的报道。1915 年 1 月该处未能认出一份实系来自日本天皇的贺年电报,总统对其工作失去信心。自此以后即下令不愿再看武官处的翻译文件,而只看外交部的材料,并要外交部送呈每份电报的译文。这些情况说明,袁总统是如何地注意国外舆论和外国报纸有关中国的评论,以及各国所推行的对华外交政策。

可惜他在帝制运动时期,对中国舆论的估计却欠可靠。当时唯一刊登人们不满实情的报纸是日本人主办的《顺天时报》。袁总统怀疑中国报纸不可信,一向多依靠《顺天时报》。不过帝制运动的首领们竟胆敢在每有不利评论时,精心复制新版,以拥护帝制的假报道替换。因此,当袁世凯总统欲知舆论对帝制如何看待,尤其是日本舆论如何时,他看到《顺天时报》表示赞同,即认为日本方面不会有问题。

袁世凯总统的继任者们不大参与外交事务,黎元洪总统和冯国璋总统均是如此。徐世昌是个学者,受过极好的教育,由于长期与袁世凯合作,完全理解对外关系的重要性。但他虽关注此事,却缺乏自信,感到自己没有实际经验,因此将对外事务一任外交部去办。

根据我在国外时的经验,北京政府极愿征求驻外使馆意见。例如当是否参战的问题在中国成为政治争论时,我曾在一份备忘录中提出我的看法,极力主张站在美国一边,以便在和会上取得一个席位,希望能从这个世界会议得到一些公正待遇。遇有问题,不论是有关战争形势的问题还是其他重要问题,北京政府总要发通电给各使馆,在一些未设使馆的国家,则发电给总领事馆,要求就当地舆论和对华态度,以及对北京政府最终将做出的决定可能有何反应提出报告,而且要在收到国外报告之后,方做最后决定,以便能够了解外界主要国家的舆论趋势,这样对于如果做出某种决定会有什么反应能有确实把握。

随着国民党政府在南京的成立,一切就都大不一样了。1928年以后,南京政府非但不屑于征求中国外交代表的意见,而且常常在做出决定时除通知那些驻在直接有关国家的外交代表外,对驻其他国家的外交代表甚至连通知都不给。显然国民党的领导者们自己懂得外交。他们熟悉情况。因之驻外代表的地位就降为仅仅是外交部的代理人,而发自南京的公文一向都用"饬"字,意为直接命令。与此相反,在北京政府中,公使们自前清时起,都自认为是与外交总长平起平坐的。外交总长对公使行文一向都用"咨"字。因为公使代表总统就像总长本人代表总统一样。当然公使在对外交部行文时,称为"咨陈",即按用词来说,他是受外交总长监督,但一般认为是同级。虽然民国时期严格说来公使是"简任",但常常是享受"特任"官待遇。这是从前清遗留下来的传统:驻外公使如"钦差",有权直接向皇帝上疏。国民党政府成立后,公使降为外交部长的代理人,再也没有人向他征求意见。外交部甚至常常在不完全了解国外反应的情况下即做出决定。

国民党政府之所以实行一项不同的方针,或许是因为它要一反以前的做法。前清的总理衙门或庚子条约后的外务部,总要征求驻外公使意见,向他们了解可能出现的反应。当时,甚至民国初年,当政者均为旧派人物,因为在清末的五六十年间,外交事务常常成为绊脚石,甚至成为许多高官显贵倒台的原因,故视办理外交为畏途。他们害怕牵连,因而宁愿交给"外交专家",即对外交及对外关系有专长的人去办理。在国民党内,许多领袖人物都曾在国外居住、学习,他们自以为完全有资格做出决定,不需征求驻外代表的意见。

美国也许不经常征求其驻外代表的意见,尤其是最近几年。但他们实行一种使驻外使节完全了解情况的制度。举一事为例:当我任驻巴黎大使时,美国大使是蒲立德,其时在日本发动侵华战争之后,我国政府急于由美国得到一笔借款。他在和我直接谈话时告知,当时在罗斯福总统政府中担任财政部长的摩根索不久来法,并想见我。据他了解,我国驻美大使王正廷正极力想从美国得到借款,但他采取的方式不对,他绝不会从美国拿到一文钱。蒲立德说:"如果你被授权来讨论这个问题,我们马上可以解决,你准能拿到你所要的钱。"我当时是驻法大使,我说这件事应属于我国驻华盛顿大使馆的职责范围,多谢他的好意,但我不能管。他说:"好吧!如果你不能管,你们在华盛顿的人从我们手中一文钱也不会拿到。"我说除大使外,我们还有其他人可以办理财政谈判。他说如果我能叫陈光甫先生来,他们可以有话商量。他说一句不承担责任的话:他可以告诉我,陈能从他们手里拿到借款。我电告国内,派出陈光甫,马上第一批借款——棉麦借款——就谈成了。有一次午饭后蒲立德来访。他说:"你知道王正廷为什么拿不到这笔钱?我可以告诉你。你知道,他时常是不假思索,信口说一些没有事实根据的话,而他又向政府做些毫无根据的报告。""不过,"我说,"你怎么——?""你想知道吗?"他说,"我有一套你们大使与国务卿和财政部长会谈的全部记录。我国政府把情况通知所有大使馆。"英国的情形也一样,我知道朱尔典与袁总统讨论的每件事都有记录抄送东京,因为日本和中国关系密切。并且也抄送其他使馆如华盛顿使馆。每当英国外交部有重要消息或指示时,也自动将一份寄来北京。情报对于外交官来说是极关紧要的。而我们呢,1943年开罗会议临近召开时,我却一无所闻。当时我是驻伦敦大使。一天中午,《芝加哥每日新闻》的库先生来我处,见面就问:"有何新闻?"然后他说就要举行某项重要会议。我说:"我不知道。"他问:"你真的不知道?"并接着说:"如果你真不知道,我将在今天傍晚再来,我想那时候我会得到一些消息。"他于三时返回,告诉我说:"要在开罗召开会议,你们的委员长已经离开重庆,正在去印度途中。"我只好"噢"了一声。这是一个例证。我国政府正参加开罗会议,但却对我只字不提。薛穆爵士实际已在开罗,美国大使也陪同罗斯福总统在那里。但我国政府却把这个消息当作了绝顶的机密。

5. 外交家和外交

现在我想就外交家和外交稍加评论,兼及对有可能从事与列强进行重要谈判的中国代表应有的训练。有几件事很能说明我的观点。例如,早在袁世凯时期,在西藏问题上,我即曾建议政府不要批准在拉萨起草的协定。我也曾述及在第一次大战期间,我们的驻华盛顿公使如何未得袁世凯总统同意即提出备忘录,预言要在协约国与同盟国之间进行斡旋促成和谈。另一例是威海卫的交涉。同样的情况还有1924年王正廷博士与加拉罕的谈判。此外对于芳泽在北京的正式身份,更是可以说明问题的事件。

我也愿举出送交中国全权代表签署凡尔赛和约所用印章一事。签约前五日,正当我们竭力要求对山东问题做出保留,明确表示如达不到一定程度的满意就不得不拒绝签字时,印章已被送交巴黎和会秘书长。虽然我与当时住医院的陆总长保持着联系,和约无论如何也不会由我签字。巴黎和会秘书长曾要求所有代表将各人的私章送交给他,以便在举行仪式时节省时间。秘书长曾为此找到陆总长和王正廷博士,因为他们是首席和第二代表。他们把自己的印章送了出去,不了解这样一种行动会给法国政府和和会秘书长以及其他人士造成什么印象。结果与会人士一般均认为中国政府肯定已经指示其代表在和约上签字。因此我在6月28日早晨遇到的一位法国人士对我说:"贵国政府已完全准备签署和约了。"

这些只不过是我想到的几个例子。一个外交家和一个情报官员一样,需要注意每一细节,并应设法弄清其意义,看看有否隐藏的含意。观察必须非常敏锐,遇事决不能想当然,不能仅看表面。所以过去认为外交就是"口是心非"。这话固属讽刺,实际意义则是从事外交者必须非常谨慎,仔细观察,小心从事,并永远瞻前顾后,有进有退。

曾记得我在哥伦比亚大学时,穆尔教授常说外交即战争,是和平时期的战争,只是武器不同而已。必须估计对方及自身的实力。如果一味坚持己见,到此为止,不再前进一步,则结果又将如何?中国古代大兵法家孙子说过,战争中要"知己知彼"。中国大多数军人,尤其是军阀,只想了解其对手及可能的敌人,而不知道本身的弱点,结果造成毫无根据的希望和野心。我在中国演讲时,常常谈论及此。我谈到中国有一句为大家普遍接受的谚语:"宁为玉碎,不为瓦全。"在外交上却不能接受这条成语,因为国家是不能任其破碎的。但在外交上也不能指望百分之百地成功:如果你想达到百分之百成功,而对方也这样要求,那就不可能有成功的外交,因为这样就无法达成协议。因此你可能做到的只能是求取百分之六十到百分之七十的成功,能够做到这点,对你来说即是大胜。当你已达到百分之五十的地步,而正接近百分之五十一、五十二时,应当小心不要有任何可能引起谈判破裂的言谈和行动,而失去你那百分之五十一、五十二。因此如果你的目标是要达到百分之七十,就应特别小心,以便在可能的情况下实现那百分之七十的目标,取得谈判成功,这时你应该感到满足。"人民外交"总是以百分之百成功为口号,是永远成功不了的。那样只能把谈判搞糟,就像黄郛在华盛顿会议时对有关山东铁路的交涉一样。

当办理重要交涉时,唯一影响你的考虑的应当是民族利益,而不是党派和政治利益,更不能考虑个人政治上的得失,因为如果有了这些考虑,你的外交从民族利益的观点来看就不会成功。你要么是牺牲民族利益实现你的政治野心,要么使谈判完全破裂。王正廷和加拉罕谈判时发生的情况就是如此。

在我提出一个外交家应避免的失误时,我并非仅指中国外交家而言。特别是在人民外交当中,由于离不开公众舆论和大众的支持,一个人很容易做一些讨好公众的事,而不总是光考虑民族利益。如果是民族利益,那就是永恒的,不因时间、舆论或党派而改变。因此当国内人们批评中国的外交家们没有政治头脑时,我接受了这种意见,因为如果一个外交家有了政治考虑,那他的外交就很危险了。在中国,特别是在民国初年,不同的军事和政治派系有依附某一个外国势力,或是日本,或是俄国,或是英国,来巩固支撑其政治前程的普遍趋向。这是一个错误,因为他们不自觉地使自己成为某个外国的外交政策的工具,这永远是一个难以向人民大众交代的问题。在中国,自从五四运动以来,"人民外交"的口号已经成为非常时髦的口号,群众组织起来大游行或组成代表团对中国的代表们施加压力,常常造成灾难性的后果。

西方各国外交官不一定受过比东方外交官更好的训练。英国外交人员的训练是很好的,美国外交人员训练稍差一些。我高兴地看到近年来已在努力发展并保留职业外交人员,并逐步减少对重要外交岗位的政治性任命。美国既然已成为自由世界的领袖,那就更有必要对其未来的外交官进行正规训练,并任命合格的代表到主要的和敏感性的岗位上去。

有一个关于被任命为驻华公使的人的事例。理查德·柯兰是芝加哥的一个资本家和工业家,曾任柯兰公司董事长,而且我记得他对中东曾有过大量捐款,特别是对黎巴嫩和君士坦丁堡的美国大学。他的任命受到人们衷心地欢迎,因为他一直是中国的朋友。他在赴任途中来到旧金山。这里一直是华人聚居的地方。他在一次很大的招待会上受到欢迎。在讲演中,他非常坦率地,而且是过于坦率地批评了日本在中国的政策。毫无疑问,他的话是出自肺腑的。可是东京马上提出了抗议,最后是他的任命被撤销,在他还未到北京之前就被召了回去。一个受过训练的外交官是不会犯这种错误的,他在言行上会非常谨慎。我所说的那些关于中国外交官需要具备的条件,也适用于其他国家的外交官。有些欧洲国家,虽然是小国,却有非常好的外交人员。荷兰的外交人员是非常好的,法国的也非常好,当然他们有着较老的传统,比美国的经验要丰富。

至于日本的外交人员,我认为在巴黎和会上他们的外交官是被人在智谋上挫败了。但一般来说,他们都受过很好的训练,我想比中国外交官受的训练要好。东京外务省对日本在国外的外交官的管理要严格得多,他们有时过于小心,因为他们必须注意外务省和军部之间的抗衡。日本的驻外武官时常不仅在情报工作方面,而且也在和驻在国各阶层人士的交往上,发挥很大的影响。

日本旧时的外交家没有看到对外宣传,即公众关系的重要性。他们受的多半是老式外交训练,认为机密是外交的重要因素。第一次世界大战在世界上引起了改变,并开辟了通过会议形式进行外交的时代。对日本人来说这是新现象,他们对此感到陌生,也没有在这方面受过充分的训练。在会议外交中,一个外交家必须时时注意会议讲坛,尤其是世界报刊所代表的舆论。因此老派人士躲避报纸和舆论是大错而特错的,有些时候关键因素就在于当事国报纸所反映的群众的认识,因为在有些国家,政府的政策是受舆论影响的。在美国,没有群众的支持,任何一届政府也不能成功地推行一项外交政策,常常是政府要按舆论的发展情况调整其方式方法和进展的速度。当罗斯福总统在芝加哥发表"孤立演说"得不到好评时,他立即看出舆论还不愿意支持他的政策,于是他进行了修改,慢慢进行准备。这是一个非常好的例子,说明在像美国这样一个民主国家,外交家有必要了解群众,在这样的国家中,政府在执行外交政策时,必须领导和引导人民。

外交礼仪在有些方面已经改变,所谓"衬衫外交"旧时是被人看不起的。我个人对它并不赞成,但你必须正视它,应付它,而有时还必须采用它。

当我出任中国驻法公使五年后被任命为大使时,得知我将是第一个坐汽车去爱丽舍宫总统府呈递国书的人。以前当中国公使时,我是坐马车由共和国卫队骑马护送。但在 1937 年,礼宾司长坐汽车陪我去爱丽舍宫。

仪式也变得简单多了。我可以讲一件极为有趣的事。1944年当我被任命为我国出席敦巴顿橡树园会议代表团首席代表时,我曾特意要对罗斯福总统做一次私人访问。多年以前我们二人是美国首都最年轻的高级官员:他是第一次大战期间海军部的助理部长,我是中国公使,我们处得相当熟悉。这次他的秘书安排在十二点十五分会见。我提前五分钟左右到达。一般都知道那时候总统很忙,比平常要忙得多。秘书说总统有一个十二点钟的约会,时间不会太长。正当此时,有五位外国的外交官鱼贯走出,而令我感到吃惊的是那位秘书走来对我说:"请随我到总统那里去。"我看了一下表只有十二点十分。我走了进去。总统手里拿着一叠像是信封的东西朝着我说:"顾,你猜是些什么!"我说我知道都是些什么——是大使们递来的国书。他说:"你猜对了!我刚在十分钟内接见了五位大使。"接着说:"我本应一个一个接见他们,但我很忙,他们或许也忙。我没时间看这些国书,我将把它们交给秘书。"在有些国家,当呈递国书时,需要致辞,国家元首也要答辞。例如在台湾,在这种场合致辞、答辞仍被认为极其重要。

不过总而言之,一切都在改变。这些仪式也都已简化。当我 1941 年第二次去伦敦任中国大使时,典礼官打电话给我说,国王陛下建议省去致辞、答辞,我只须将讲话稿送去一份就可以了。这在当时确是一项创新。典礼官又提出,已形成的传统是,在举行仪式时,国王将提出问题,由我回答,而大使则不能提出问题。但他又说,他已获英王特准,让我对这项规定不必认真,可以随便提出任何问题。我知道国王乔治六世有点口吃,有时讲话困难;典礼官叫我这样做是为了不使国王受窘,可以很自然地将谈话接下去。这一切都表明外交礼仪已大大简化到什么程度。现在有些外交官对其他外交官直呼其名,另有些人则用鞋来敲打桌子——这也未免有点太过分了。

五　满洲危机

1. 赴欧小住；被召去满，1928—1929

临近 1928 年底，我到欧洲去旅行，目的是摆脱变化后的中国政局，同时在欧洲观察世界政治趋势。我于 1929 年初到达欧洲，在里维埃拉休息几周之后即去巴黎。在两地，特别是在巴黎，每当我遇见欧洲各国政治领袖或政治家中的一些老朋友时，我都常常提出布尔什维克俄国这一话题。说也奇怪，虽然苏俄已经巩固了政权而且有几个国家已经和莫斯科建立外交关系，但是美国仍旧拒绝承认苏俄。所以我很注重了解英、法的政策以及我的朋友们对于德国局势和美国政策的印象。

我特别感兴趣的是他们对苏俄军事潜力的看法。因为张作霖死后，少帅统治着满洲。张学良无疑是个爱国者，对日俄两国的政策都特别怀疑。根据报纸上的报道和从我个人所收到的书信来看，张少帅关于苏俄对他在满洲的积极政策可能作出的反应的估计是相当不现实的。记得有一次我和贝特洛先生谈话。他是法国外交部的政务司长，对法国外交政策有很大影响。不论政府发生什么政治变化，换了多少个外交部长，他能够多年继续保持职位。可以说，他是制定并执行法国外交政策的最重要人物。他在回答我提出的关于苏俄的潜力问题时，他明确地告诉我说，他完全知道满洲当局和莫斯科之间的争端,也知道少帅对苏俄的态度。然而他暗示,中国应当小心谨慎,少帅更应该特别小心,因为他首当其冲,并负责处理涉及苏俄的问题。他说苏俄的军事潜力还很小,不能用欧洲任何一个强国的标准来衡量。但是考虑到中国的情况特别是满洲的军事准备情况,如果采取任何行动挑起与苏俄的战争,那就是个错误。由于西欧和美国对苏俄仍旧抱有成见,苏俄必然采取克制政策,在西方苏俄一定不会挑起任何冲突。但是苏俄对远东特别是对满洲的态度就不同了。据他从官方的和非官方所得到的报告,苏俄的现有实力,在远东特别是满洲制造任何出人意料的局势是绰有余裕的。但是,就莫斯科的心理方面而言,如果苏维埃政府由于任何刺激而被迫行动的话,它是会毫不迟疑地作出明确有力的反应的。因此,作为一个中国的朋友,他要我理解:少帅方面以保持小心谨慎比勇往直前为佳。他告诉我一些关于苏俄的军事、经济和政治形势的情况,结论是苏俄国内现在比以前更加巩固得多了。

我的一些朋友肯定了他的意见。我觉得少帅正在迫使苏俄作战争尝试,这种尝试不是故意的而是为了准备对付敌对行动的爆发。因为我担心任何这种可能发生的事件的后果,便给以前的同事罗文干博士发了一封电报,请他转告少帅千万小心。我本想事情已经到此为止,但是当我离开法国去加拿大避暑时,抵加后不到三天,罗博士就给我一封信,说少帅邀请我立刻回到沈阳会商,并且要我迅速答复。罗博士又说,他本人建议我应该尽快赶回。我不愿意去满洲,因为我感到需要再休息一些时间。我写信给罗博士和少帅,说明我不能立刻回国的理由。在这封信没有到达之前,我又收到一封电报,说少帅非常急于和我见面,而且已经叫人把住处都预备好了。鉴于这封电报,我才离开加拿大去沈阳。

我随身带的护照是北方的中国政府发的。那是外交护照,即使在北京政府已不复存在,国民政府业已建立的情况下,我还是能使用它。我记得那时候没有什么有关护照的麻烦,当时对护照和签证不像现在这样认真。但在日本，我遇到了一些困难，原因是日本有一条非常奇怪的规定。下关的检查员来到我搭乘去朝鲜釜山的船上时，要看我的证件。我认为一切符合规定，可是他要我填一张每个在日本的旅客都必须填的表。他坚持要我在表上签中文名字，不签英文名字。这使我感到生气，因为这次我不想让别人知道我是谁。我确信这位检查员明知故问，简直是有意刁难。他说那是规定。我拒绝用中文签名，他说那么我就不能在朝鲜登陆。我觉得更加气愤，问他别的手续是否无误。我说如果他弄不清我的英文签名，他可以向东京查对，因为他的外务省收到了我途经朝鲜的通知。（那时外相是币原喜重郎男爵。）我说他应该打电话给东京向外务省查问 Wellington Koo 是谁。大概他也觉得他的傲慢并不妥当，于是把问题撂下就突然离开了。这时来了另一位官阶较高的人，他一脸目中无人的神气，说我必须签中文名字。我仍然拒绝。他说所有东方人必须用自己的文字签字。我说我走遍欧洲、加拿大、东京，从来没有遇到过困难。（这张表一部分用日文一部分用英文。）他还是一味坚持。因此我说，或者由他打电话给东京，或者安排让我和外相通话，他就会知道我是谁。我坚持要他打电话。他说他不愿意打，如果我要打我可以自己打。我请一位和我一起旅行的加拿大朋友何士先生去看看是否他们能够上岸打电话，并且问一下他们能否安排在釜山打电话。他回来说他们可以试一试，但是那是十分困难的。当船在釜山靠岸时，我原来以为会被拘留，但是一个检查员也没有出现。这件事表明日本人对中国人的态度。

2. 少帅张学良与苏俄的冲突，1929—1930

我应张学良之邀，经陆路如期到达沈阳。当天晚上和他见面。一起谈话的有罗文幹博士，我想还有汤尔和先生，他曾经在王宠惠博士内阁中当过教育总长，那时我当外交总长，这时他像罗文幹博士一样，是少帅的高级顾问。少帅要我详细说明我对苏联的印象和我对苏联的估计，以及苏联的国内国外形势。我对他说了我在欧洲的外国朋友们谈论的要点，我并不指望我的说明会得出任何结果或结论，也没有自己作出任何结论。我谈话的目的只是要使他知道我所听来的一切。他非常注意听，但是我认为他并不相信我的欧洲外国朋友们估计的准确性。他要尽可能和我多见面，要我也当他的高级顾问。我当然婉言谢绝了。第二天，他派秘书长王树翰送来一封聘书，邀请我当他的高级顾问，并且带来口信说少帅已经发出指示为我准备住处。这在他固然是好意，但是我没有接受。我说考虑到我们的私谊，少帅不必给我官衔，任何时候只要想和我谈话，我都乐意去谈。至于住处，我告诉他我自己找到一处私宅，已经安排好了，谢谢他的盛情厚意。

几乎是每天早上，肯定每周有三四次，他都邀请我和他打高尔夫球。通常是四个人一起打，除我以外还有端纳先生，他一度当过墨尔本和悉尼几家报纸驻北京的记者，后来他接替著名记者莫理循当了伦敦《泰晤士报》的记者。第四个人是少帅的英文秘书，我们径呼之为李。他人很健壮，在这四个人中球打得最好。那时少帅身体不很强健，所以在高尔夫球场上每进两三个洞之后，他总要在为他个人使用而特别修建的有游廊的平房里休息一会儿。

我们打球时，我和端纳配对，少帅和李配对。端纳常常和我说起我应该对少帅更郑重有力地谈谈他对苏俄的政策。据他所知，不久就会发生大事。少帅深信他的情报人员的报告，这些人把苏俄内部描写成为困难重重。少帅不断对端纳讲，这是中国对俄国过去在满洲的不义行径报仇的机会。他确信会有出头之日。端纳感到少帅的情报是不正确的，他断定无论如何武装冲突的结果不会对满洲有利。他力主用一种方式对少帅说明，使他感到必须改变他的政策。端纳知道我在国外给少帅的信电的全部内容。他说他同意我的意见。

一天，在打进几个洞之后，少帅请我们到他那所平房里小憩。我们四人围着一张摆着果汁饮料的木桌坐下，谈话由我开始。我说在打球时我看到几辆满载军队的火车，一辆接着一辆向北方开去。我问道："那些军队开到哪里去？"他说："去哈尔滨。"我说："去干什么？"他说："啊，这次我要吓唬一下苏俄。"他表示曾经得到报告，苏俄向满洲边境和满洲里派遣军队。我说："我看见军队时就猜到了。他们看起来很好。我对你的虚张声势觉得好玩，因为你是打扑克牌的能手（在北京我和他打过几次），那也是玩牌的一种方法，虚张声势。但是，假如你发现你的对手手里真正有好牌，你怎么办呢？"他转过身去用手撑着头，显然是认真思考了一会儿，然后扭过头对我说："我自有对策。"

很明显，他只想到了一个结局，就是在武装冲突中彻底获胜，而没有想到可能出现相反的结果。因此，他不能回答我的问题，只给了我一个实际不是答复的答复。见他如此，我不想逼他。他说："咱们继续打球吧！"我们就继续打球去了。端纳说他很高兴看见我说得这样直截了当。我说："不错，为了劝导他我说了我要说的话，为什么你不对他说呢？"他说他一再说过，但是少帅毫不理会。

我不知道在少帅的顾问中是否有人可以算作关于俄国问题的专家。莫德惠先生是他亲近的合作者之一，曾经一度当过中东铁路督办。有一位张景惠将军是哈尔滨特区行政长官，中东铁路局就设在哈尔滨。第三位是刘哲。第四位是蔡运升，官阶较低，担任驻哈尔滨的北满特派交涉员，他负责处理俄国问题。刘和蔡都懂俄语，特别是刘哲，后来代表奉系当了北京大学校长和教育部长。

南京在沈阳的对俄政策上是否起过作用是个疑问。实权集中掌握在少帅和他在满洲的同事手里。我在沈阳时，我的两个朋友吴铁城先生和张群将军作为蒋委员长派往满洲的两个代表在那里呆了相当长一段时间。偶尔李石曾先生也被派去和少帅联系,讨论或解决一些南京政府与满洲当局之间的问题,主要是关于海关的管理、任命满洲的法官、满洲盐税收入的分配和其他行政事务等。

很可能张之所以卷入对俄问题乃是南京对付不听号令的所谓四大集团军的不同战略的一部分。第一种方法据说是用财政手段对付冯玉祥的第二集团军,因为冯有财政困难。第二种方法是用政治手段对付阎锡山的第三集团军。第三种方法是用军事手段对付李宗仁的第四集团军,就是以武力摧毁它。但是对付少帅则用外交手段。中央政府打算把少帅诱入圈套,因为少帅妄自尊大又无充分外交经验;吴铁城、张群甚至李石曾可能设法使他陷于对俄的困境,使之必须依赖南京,这样中央政府就能控制他了。

这种战略如果是杨永泰向蒋委员长提供的,那正合乎杨的权术和机智,此人精通中国历史上战争时期的哲学和战略。我在北京认识他,那时他是国会中政学系的领袖。由于熟悉他的政治哲学和当政治顾问的敏锐观察力,并且也了解蒋委员长统一中国的坚定政策,我个人认为很可能杨永泰先生在某个时候用函件提出过他的见解,委员长可能曾把它搁置一旁并未立即实行。虽然如此,他必定在制定他统一中国的策略时充分考虑过它,我认为委员长甚至有可能发现有必要用不同的手段来对付不同的集团。这往往是各朝各代的开创者,在对待傲慢专横的军事将领时都要考虑的课题,尽管这些人曾经为新朝代的开创者立过功勋。

少帅过于自信的对俄政策,导致了在伯力城接受哀的美敦书。我记得当苏军进入满洲,去占领满洲里和扎兰屯时,少帅的一部分军队离开哈尔滨前往迎击。前线部队由马占山将军和一位韩光第将军率领。他们指挥着两个著名的勇敢善战的旅。但在 11 月 17 日的战役中全部被俘,被送往西伯利亚①。少帅和他的亲近的顾问们都大为惊骇,垂头丧气。少帅立刻召开东北政务委员会特别会议,到会的人有满洲各部门的领导者,其中包括张作相、莫德惠、刘尚清、刘哲、王树翰和一位王树常将军,他后来当了河北省主席。我得到关于发生事变的紧急通知,少帅要我立即去见他。当我到达时,这些领袖们正坐在会议桌周围。看来他们开会的时间已经很长,显得有些疲惫了。他们极为热情地欢迎我。少帅告诉我已经发生的事件,指出讨论题目是哈尔滨特派交涉员蔡运升转来的最后通牒。此通牒有三个条件,要求:(1)恢复冲突前中东铁路的状态;(2)恢复苏联的经理和副经理的职务;(3)释放所有苏联被俘人员。我认为要求中国接受作为进行谈判的最后通牒中的这些先决条件是很带侮辱性的。

但是给我深刻印象至今难忘的是那鲜明的对比:当初满洲当局,特别是少帅绝对相信"捉鸡"政策必胜的情绪,和如今在这次会议上又完全沮丧的神态。所以我说这份所谓最后通牒所包含的内容是能够料想到的,并且作为战败的结果也不是不正常的。但是在接受这些条件时,我们应当表明,苏俄提出的那些问题是谈判内容,谨慎一些是应当的,但中国全权代表不能只同意俄国人的要求。然而所有出席会议的人都如此沮丧,以致怀疑在接受时是否应表示任何意见,更不用说提什么条件了。所以发给特派交涉员的指示是不加任何修改,完全接受最后通牒。结果签订了伯力议定书,时在 1929 年 12 月 22 日。按议定书中的条款,少帅必须派一位全权特使去莫斯科接受详细条件,这些条件不仅涉及苏俄和满洲的关系,而且也关系到苏俄在满洲的权益。直到 1930 年 10 月,被派为全权代表去谈判一个正式条约的莫德惠先生,实际只和俄国代表开了第一次会议。此后谈判拖延很长时间,并没有订出条约,待到次年 9 月 18 日沈阳事变之后就不再继续谈判了。

---

① 原文如此。——译者

3. 沈阳事变的发生

我以一个在野之身住在满洲。由于我已退出政界,于是对经营开垦事业发生了兴趣。若干年前,我在外交部的一位同僚,也和我的家庭有点关系,由于需用钱,以二万五千元的代价把在黑龙江齐齐哈尔附近的二平方英里的处女地的所有权转让给我。他家在黑龙江拥有比这多得多的土地,准备开垦。我记得,他曾对我说,这处女地的地表下有六英尺深的黑土层,特别适于种植。少帅多少知道点我的土地,因此他命他的秘书长王树翰先生送给我同样数目的土地以供我开发,并且还送给我一栋房子,以便我住在满洲与他经常接近。所有这些,我都以我个人对满洲和满洲人民并没有做过什么事,而数以千计的老军人和退休的行政人员比我更有资格加以考虑为理由而辞谢了。我说,确实,我是想搞点开垦工作,但我已经有了两平方英里土地了。他很友好,并说:他很高兴听到我的打算,但是在黑龙江,齐齐哈尔附近并不是最好的地方;最好的垦殖地点是在该省的西北部,他父亲早已指派邹作华担任靠近兴安的洮安以西一个山区的屯垦督办。1930年2月,他派邹将军来看我,并对我说,他可以答复我向他提出的任何问题。他说,少帅曾告诉他选择这个地区最肥沃的土地由我领取。我问他在他管辖地区内申请土地的条件,他说,按照公布的章程,土地分为甲、乙、丙三种,甲等四元,乙等三元,丙等二元。以上系指每垧土地的地价数。一垧在满洲当地的理解是十亩,但满洲的亩比长江流域的亩要大,按照长江流域的标准,一垧大约等于十二亩。邹说,由于向这个地区申请土地的人太多,这个价数自1930年初以来已经提高了一倍,换言之,即甲等每垧要八元。他说:不过少帅曾特别关照,我的申请仍按原价。我坦率地对他讲，这事系属私人性质，我要把开垦土地作为一个企业来干，决不掺杂官方的或政治的意图。我要按照现行规定去办，我感谢少帅的友好情谊，但我希望照规定价格付款。这样我便提出了申请，并且获准购买七千垧，这是很大的土地面积。我照实价付了款。我作了开垦计划，并且找了一位美国康奈尔大学农学系毕业的学生来主持其事。

我经常往来于北京、沈阳之间，后来则是往来于少帅暑期总部所在地北戴河之间。我在北京的房子，连同私人财产都被地方党部没收了，并把它改成孙中山纪念馆，他是在那里逝世的。房屋原来的样式颇像北京的格式，墙壁都上了红漆，但他们都把它涂上了胶水，所有墙壁都被涂上一层胶，并成了"中山纪念堂"。顾太太去到了那里，当她第一次去时看见房子变成了这个样子而大为震惊。他们甚至把大门全改了。因此，没有同我商量就给北京市长打电话，对没有同业主商量就占据私人房产等等表示愤慨。她要去把这一切改变过来，并且恢复原状。市长明确表示，如果她要办，他决不反对，她可以去干，但不要说是市长让干的。于是房子恢复了原状，后来也没有任何人说什么话。

1930 年华北政局出现耐人寻味的新发展。在 1929 年的大部分时间和 1930 年初，蒋委员长先后卷入对冯玉祥和阎锡山的战争。1930 年夏，反蒋各派联合形成由汪精卫、陈公博领导，郭泰祺和邹鲁等人支持的国民党扩大会议。我这时在北戴河休假，很喜欢游泳和钓鱼。有一天晚上陈公博和郭泰祺还有另一个人来看我，要和我进行一次严肃的会谈。他们向我公开了以下各派联盟的计划，即汪精卫的改组派、西山（会议）派、阎锡山和冯玉祥。他们还告诉我有一个组织政府的秘密计划，由阎锡山当主席，汪精卫当行政院长，他们要我当外交部长。我明确加以拒绝。但是，因为我们是朋友，他们继续催促我答应。最后，他们说："好吧，先别考虑外长了，不要马上作出决定，请到北京去，因为汪精卫要和你面谈。"因此，第二天我去北京。记得在火车站上有很多政界人物迎接我：有国民党的领袖们，有阎锡山将军和冯玉祥将军的代表。我立刻被领到汪精卫家里参加为我接风的宴会。他对我谈了上述计划，并且说他们都在等我答复，然后公布人员名单。

但我在离开北戴河之前已经告诉陈公博和郭泰祺，我认为他们的计划不会成功，并问他们会达到什么长远目的。依我之见，我们的外国朋友如美、英和更多的国家可能只会对新建立的政府感到惊讶，新政府会引起人们注意到中国不统一。人们可以预料到，英国和美国所要维护的是一个统一的中国，而不是一个分裂的中国，因为任何分裂都会引起许多国际争端。我问他们已经取得什么国际承认的保证。建立一个不被列强承认的政府是无用的。他们回答那就是他们要邀请我参加的缘故。我说，自从 1927 年离开政界以来，我对政治不再有任何兴趣。我的兴趣在外交问题上。而他们要成立的政府是非常特殊的，除非他们已经做好一切必要的准备并且保证新政府会存在下去，否则试图组织政府是无用的，而我看他们的政府不可能维持下去。

我根据这个思路在会上发言。我说我无意使他们泄气，而且作为一个独立的、客观的第三者的想法，他们可以由此理解我为什么犹豫而不参加他们的活动。就我个人而言，我暂时还不愿卷入政治，宁愿继续过平民生活。他们要我好好考虑。我说，北京（其时正当 8 月）太热，很想回北戴河。他们请我再待一天，因为阎锡山将军要和我谈话。次日早晨得到消息阎已经不见了。他看到当时局势不可能组成政府，就在 8 月 18 日离开北京回山西去了。所以整个计划便成为泡影。

很明显，他们计划组成新政府时，并未与张学良达成谅解。那时张学良和委员长的驻东北代表张群和吴铁城过从密切，南京和沈阳之间经常互通消息。双方都请张学良担任同样的职位，即陆海空军总司令①。此事使少帅深受感动。他已经改换了他的旗

---

① 原文如此。应为副总司令。——译者

帜,但要尽可能保持他在东北的实力和实权,他的易帜原来只是为了对付日本。他要求中央政府支持他,并不真想把东三省的控制权交给中央政府。但是他倒向南京一边的决定促使扩大会议的计划垮台。

我在北戴河时,少帅告诉我,他早已提出应当取消原来的通缉令,他觉得把我的名字列入那些恶名昭著的政客名单对我本人和对中国都是不公正的。他是一片好心,并未告诉我他正在促使南京政府采取措施。在 1930 年中他告诉我业已安排妥当,工商部长孔祥熙博士已经任命我为中国展览委员会成员,要张学良劝我去南京就职。我确实去了上海,但不是为了去南京,而是为了母亲逝世,我要回原籍安葬,并且和家兄料理家务。上海市长吴铁城也来参加葬礼,他要我到南京去。我在上海时王宠惠博士来看过我,也力劝我去南京,他说蒋委员长和其他同事要我谅解那项通缉令是本不应有的事,因此它已经被取消了,并且要我不必误解政府的目的。(访问者在 1928 年 7 月 11 日的禁锢令上没有发现顾博士的名字。)政府要起用我为它服务。但是当时我还无意干什么事。我打算离开政界,完全放弃外交和政治生涯。然而事情往往是不从人愿的。

1931 年夏天我在北戴河时,对于日本情况感到非常不安。我并没有什么特别情报,但报纸上发表的东西已把满洲局势的发展充分告诉了我。日本政府一直紧逼的所谓中日三百件悬案,多数都发生在满洲或与华北有关,而满洲各省和华北,全在少帅统治之下。7 月中旬,我在北戴河看到来自日本的新闻报道,谈到有关日本政府,特别是军事当局的部署,相当激荡人心。有群众集会抗议中国当局特别是满洲当局的行为,有军事当局,即所谓少壮派军人团体接连煽动群众集会抗议几个悬案,特别是一个中村大尉在兴安被杀事件。我首先对东北来的朋友们谈,他们是在那里避暑的,尤其是在少帅把他的夏令总部设在北戴河之后,这些人都到那里去。我看到他们当中的四位:刘尚清,他后来当了监察院副院长;王树翰先生,他是少帅的秘书长;臧式毅先生,奉天省长;和一位北满特派交涉员。我提醒他们充分注意来自日本的报道和我的看法,我恐怕日本要把东北当局拒绝讨论、谈判和解决所谓三百悬案作为借口,关东军在日本军部的指示或教唆之下可能会采取激烈的行动。我告诉他们,我担心如果日本这次采取行动,可能要成为严重事件。他们问我日本人会采取什么行动,我说我不知道,但是大致可从所有消息来判断,日本人这次也许会用武力夺取沈阳,进行恫吓,迫使我们在处理那些案件时妥协就范。他们的态度是:"你认为他们竟敢那样干吗?"我说我不能肯定回答,但是我能够从最近几天出版的报纸上的消息整理出一个结论:我怕很可能日本人这次要采取军事行动。他们忽然领会我所说的事情的严重性。刘先生说我所谈的话给他的印象很深,并转向王说,他们应该邀请我去北京和少帅本人深谈。这时少帅在协和医院治病,虽然他并没有住院。我告诉他们这并不干我的事,我本来无须插嘴提出个人意见,但是我既然过去一直对外交问题很感兴趣,我认为应当提醒他们注意当时发生的以及可能会发生的事,因为我感到担忧。于是他们问我,如果我实在不愿亲自去北京,我可否把意见写出来交他们转递。我说那倒是个好主意。

这封由我写给少帅的信当天晚上就交给了他们,以便他们能够派人把它送给少帅。两天后的下午他们来访,说少帅打来电话邀请我当天去他那里。他派他的飞机来接我,他要我和他细谈那封信的内容。我去了,他不在。由于他运动后出汗,全身湿透,去洗淋浴了,请我等几分钟。后来他出来,我们就谈起来。谈话持续不久。因为我不想在盛夏呆在北京,又有午宴约会,就告辞了。他说他要考虑我的意见,问我能否多住几天,以便进一步讨论。我感觉到他并不像我那样看出局势的严重性,所以我留给他一封信,表示我怕会发生大事,但愿它不发生。这是 7 月的事。

到了 9 月,我们都回到北京,但是我没有和他见面,因为没有什么事要去见他。随后在 9 月 19 日早晨约六点钟,端纳打电话来,首先问我少帅是否已要我去见他,如果没有,他说最多五分钟后我就会得到他的通知。他说他自己刚开过会回来,开了通宵的会。因为日本人已经到达沈阳,攻打北大营,占领了全城,他们都在等待和我商量。我说我还不知道这消息,太糟了。谢过他的提醒后,我赶快穿好衣服。两三分钟后,电话铃响了,少帅要我立刻到他那儿去,因为他有极重要的事要和我商谈。

我去了,那是在醇亲王府,也可能是在医院里。与会的先生们都表现疲惫不堪。大约有十二位东北集团的领袖们,少帅坐在桌子的顶头,他简要地告诉我发生了什么事,问我该怎么办。他说他们从一点钟开始讨论,事情非常严重,他们很想听到我的见解。我说,我所害怕的事果然发生了,对当前应采取的行动我提出两个建议:第一,立刻电告南京要求国民政府向国际联盟行政院提出抗议,请求行政院召开紧急会议处理这一局势;第二,立刻派一位能说日语的人设法去找日本旅顺总督(我想此人是儿玉),并且也找当时南满铁路总裁内田康哉,他是前日本外相。

少帅和会上其余的人都立刻赞成第一个建议。至于第二个建议,少帅没说什么,但是有几个人说是个好主意,后来少帅说他认为那是无用的。我说当然它不会立即产生结果,然而也会起些作用。这时有几个人支持这个意见,并且也催快办,少帅说没有适当的人可以派遣。我提出一个东北人,他精通日语,叫陶先生。少帅说那是无用的,他不能见到总督,因为总督不会愿意见他。我的印象是少帅不愿意去找总督而只想依靠第一个建议产生某种结果;还有一部分理由,就是以这种方式把这个问题交由国民政府来负责而不是由他个人单独负责了。但是我对他解释说,虽然请求国联斡旋是必要的,但他一定不要指望能有多大结果或立刻产生任何效果,因为国联行政院这样的机构,对满洲这样的局势,不能采取任何有效的行动。我说,诉诸国联只是为了引起世界注意和公众舆论,间接给日本某种压力,使之不再扩大在满洲的侵略行动。

同时我认为要紧的是——事实上真正能使问题得到解决的唯一希望是——探听出当地日本负责人士的意向，因为很明显，此事已经准备了几个星期，他们的借口就是满洲当局甚至拒绝会见日本派去谋求解决某些问题的负责人员。日本军事当局特别强调的案件就是中村事件。我对少帅说，关于"三百件悬案"的事实或细节，我了解不多，而且我怀疑是否有那么多，但是无论数目若干，问题性质如何，必定有些案件是能够经由互相妥协来解决的。解决几个案件就会缓和气氛，从而铺平更全面解决的道路。他不同意这种观点，我看出也许是由于涉及他个人的尊严，因为直到那时在他领导之下的东北当局全都不愿和日本人接触，他们的表现好像是能够应付可能出现的任何局势。

我回家时不知道有三个参加会议的人跟在我后面，包括王树翰和刘先生。他们说他们也完全同意我的第二个建议，要我再对少帅提出来。我说他们提比我提好，我毕竟是客人，他们直接参预了这件事情，又是少帅的亲信。他们求我再去一次，还说在我离开之后他们一再力劝未成，但是他们仍旧相信这个主意应当实行。我说我不单独去，但是如果他们下午和我一起去，我愿意再次去见少帅。结果我去了。这次尝试虽未成功，但是少帅似乎有点感到派个人去也不会有害处，不过他仍旧说想不出适当的人选。我告诉他略加访求定能找到，特别是这是个秘密使命而非公开任务，只是去观察和探听日本军事当局到底准备走多远，以之作为我们决定行动的基础。

4. 南京的政策和国际联盟，
1931 年 9—11 月

日本军队发动侵略之后，少帅和南京联系很密切。因为他仍然不愿意派人到旅顺去和日军总督接触,注意力就集中于日内瓦。中国已将这个问题诉诸国联行政院。中国驻美公使施肇基博士被任命为中国派赴国联行政院的特别代表。9月30日,国联行政院通过决议要求日本把军队从东北各地特别是从辽宁省撤到南满铁路沿线区域以内。自然,日本军事当局对这个决议置之不理。日本政府提议和中国直接交涉,日本代表接到外相币原男爵训令,其中提出五项原则作为谈判的基础。这五项原则先在东京于10月26日发表,10月27日通知国联行政院。这就是所谓"指导中日直接谈判的基本原则"。其内容如下:(1)相互摒弃侵略政策和侵略行动;(2)尊重中国的领土完整;(3)全力镇压一切干涉贸易自由以及煽动国际仇恨的有组织的运动;(4)在满洲全境提供有效保护以便日本国民在当地从事和平职业;(5)尊重日本在满洲的条约权利。日本人在该项声明中附加说明,日本仍愿和中国政府直接谈判这些基本原则,以及有关中日正常关系和日本军队撤退到铁路区以内等事项。这就是日本对国联行政院决议的回答。

此事由施肇基博士报告南京政府,施博士要求南京指示他在国联行政院应采取的立场。显然日本的建议意在对国联行政院并且对全世界散布这种印象,就是日本并非决心侵略,而只是力图保护在满洲的权益。但是日本建议的措辞使人们难以判断日本关于整个满洲事变的真实意图。南京政府成立了一个特别委员会,以备政府在处理外交问题、特别是处理当前日本侵略问题时咨询。因此,政府把日本的提议交给特别外交委员会研究并提出报告。由于少帅的恳切劝说,我接受任命为此会的成员。考试院院长戴季陶先生是这个委员会的主席,其正式名称是"国民党中央委员会特别外交委员会"。该委员会所要处理的实际问题首先是应否接受日本关于谈判的建议;如果考虑接受,然后委员会就要研究日本的五项原则。当主席提出日本的建议来进行讨论时,有几个委员发言反对。他们指出,这个问题已经提交国联行政院,而且行政院经过研究作出决议要求日本从各占领区把军队撤到南满铁路区内,他们主张日本应该遵守国联行政院的决议。我发表的意见是:要日本遵守国联行政院的决议是不可能的。按照国联盟约组成的行政院,无权强制实行它的决议;要解决中日之间的一系列问题,如果能够解决的话,只有在国联的监督、帮助之下由两国谈判才行。财政部长兼该委员会副主席宋子文支持我的见解,接着表示同意的有几个委员,他们大部分是中国外交界的人或者是和中国外交关系有若干瓜葛的人。我主张和日本谈判的理由是:一般说来,谈判是解决国际争端的正常方法,不管这些争端多么严重。正因为如此,日本尽管是侵略满洲的祸首,也希望做出愿意同中国谈判的姿态。如果中国对日本的建议给予完全否定的回答,拒绝和日本谈判,那么就正中日本之计,使日本可以遂行其抗拒国联的策略。依我之见,关于谈判的一般性建议应该接受,同时应该以修改日本五项原则的形式提出反建议。像宋子文博士和几位别的委员一样,主席戴季陶先生也赞成我的意见。所以赞成谈判的意见占了上风。日本提出的五点被交付讨论。我提出几点修正,经讨论后被委员会采纳了。

委员会呈送给蒋介石主席一个报告,蒋召集政府领袖开会讨论。虽然那时我不在政府任职,但是我也被邀出席。会议在蒋主席的办公室举行,时在 1931 年 10 月底。许多官员和其他的人都出席了会议。戴季陶先生把委员会的结论叙述一番。会议的目的是确定并起草给日内瓦施肇基博士的训令。在委员会的报告和修正意见的基础上,大概由徐谟写出中文草稿。徐是外交部司长,同时也担任特别外交委员会的秘书。

然而,波兰人拉西曼博士也出席这次会议,他是国联卫生局主任,被派来中国的任务是和中国政府讨论技术援助计划,这项援助是他提议由国联给中国的。他和宋子文博士关系密切,宋是这项援助计划的负责人。有关国联的一切事情,宋子文经常和他商量。我猜想那就是拉西曼被邀出席会议的原因。拉西曼挨近宋子文坐着,他们交谈了几句。宋博士对蒋介石主席说明了拉西曼所讲的话,蒋就要拉西曼另行起草训令。这份训令是用英文写的,由宋博士翻译。我是委员会的几个出席人之一,我感到大吃一惊,因为拉西曼的提议与委员会的决议恰恰相反。蒋介石主席好像赞成他的建议,并且叫他起草发给施肇基博士的电报。

这个提议的主要意思是:中国应该明确拒绝和日本谈判,而依赖国联行政院的决议,要求日本从占领区撤军。我猜想拉西曼提出这个建议为的是维护国联的威信,希望中国采取这样的立场,就是把促使日本撤军的全部责任推给国联行政院。我和另外几个人认为这是不现实的,因为我知道国联没有可以使用的手段来对日本及其军部施加压力迫使其撤军。拉西曼博士事实上在为国联的事业辩护,依他所说,好像国联是强有力的阻止侵略的工具。我不知道他是否真正相信这一点,但是这就是他所提出的做法,表面上似乎是很有道理。无论怎么说,他的提议被采纳了。这里也许值得一提的是,宋子文这样信任拉西曼,他甚至和他商量与技术援助以及与国联合作无关的问题。而蒋委员长又和宋博士有非常密切的关系,在外交方面几乎让他放手行动。

这份电报拍发给施肇基,准备提交从 11 月 16 日开始在巴黎开会的国联行政院。

5. 出任外交部长,1931 年 11 月 28 日

当时尚需等待国联行政院进行考虑和采取行动。那时它正在通过美国驻英大使陶威斯将军(前副总统)和美国取得联系。中国的特别委员会为此休会以待施肇基博士的进一步报告,我则返回北京。国民党秘书长以党部的名义派一名代表到飞机场送行,并且交给我一封信,说这是蒋主席特别指示送给我的。我在

飞机上拆阅此信,其中附有一张给我作旅费的三百元支票。我从北京将这张支票退回,并附函说明我感谢他的盛情,但我完全能够自己负担这笔费用。

大约两周之后,我在北京收到一封电报,说有急事要我再去南京。我回南京时途中暗想,大概特别委员会又要开会研究施肇基的最近报告。但是到京后我发现另有一事才是要我匆促南下的真实原因。宋子文博士代表委员长来看我,要我接受任命为代理外交部长。这时名义上担任外长职务的是施肇基。他已经在9月30日被任命接替王正廷博士,王因受到愤怒的学生群众一系列的攻击而辞职。施肇基亦因忙于在国联行政院处理前述问题不能回来。由于知道施博士是明令公布的部长,并且希望他尽快回来,我很不愿意接受这项任命。宋子文力劝我担当这一职务以共济时艰,并说是委员长特意要他代表来劝驾的。起初我请他把我不愿接受任命的理由转告委员长,后来根据宋的建议,我自己去说明不愿担任外长的缘由。可是事实上此事已由中央政治会议做出决定,委员长就是根据这一决定派宋子文来找我的。

11月23日我先被任命为代理外交部长。11月28日,改为署理。也许是宋和蒋猜测,我以代理外长身份或许会感到难以有效地执行职务,因为施肇基在外交界的资历比我高,施博士是非常能干的人物,肯定会在适当的时机回任,以前在巴黎和会时期我和施博士及王正廷曾有过芥蒂,所以不愿再使他产生疑虑。我坚决不愿就任,主要是出于个人的原因,并不是当时外长所面临的困难使我退缩。在11月28日发表我署理外交部长时,我明白了无论是政府或是指导政府政策的中央执行委员会都决意起用我参加政府工作,其目的是为了应付日本侵略者造成的严重局势。

宋子文再度受委员长之托促我就职。他强调作为一个中国的爱国公民,在国家极端需要时为国效劳乃是神圣的义务。这时我只得勉为其难,但是我声明因为我不是国民党员,而我知道政府是在党的监督之下办事的,我觉得必须对我就职后可能会遇到的困难事先说清楚。我提出三件需要决定的事：(1)为了有效地执行外交部长的职务,对驻外使领馆,即大使馆、公使馆、领事馆应该定期发放经费;(2)关于驻外及部内外交人员的选任,由我全权办理而不须经过政府的特别指示或命令;(3)我知道中央政治会议有权讨论、决定重要的政治、外交问题,但我不是国民党员,更不是中政会成员,因此有关外交方面的决议,我要事先得到通知。

宋子文答复我,这三点要求早有所准备。他说,财政部长可以给我直接保证,把必要的经费定期送交外交部。关于次要职务的任命问题,他说我会享受全权,他要向主席报告,蒋一定不会反对。至于第三点,他觉得蒋充分了解我的处境,不难使我事先得到通知,在通过任何决议之前也会听取我关于重要问题的意见。我告诉他,我等他见了主席之后回答我。我想是当天晚上或第二天他向我肯定这三点没有问题。有了这样的保证我才就职。于是政府发表公告,并正式通知外交使团我就任外交部长。公报发至日本使馆之后不久,发生了一桩令人注意的事件。日本使馆请求约定时间,由日本公使前来对我就任外长表示祝贺。来人说重光葵这时在上海,不过他当天晚上就会乘日本炮艇来京,可能在清晨以前到达。如果我在清早就接见他,日本公使将会表示赞赏(重光葵为日本驻南京公使,但他常去上海,住在法租界一所大住宅内,上海当地亦称之为日本公使馆)。我安排在上午九点接见他。他按照日本的外交礼节,身穿礼服,头带高顶礼帽来见我。我接见了他。由于我认识他好几年了,话先从私谊开始。他向我表示祝贺,然后转到两国关系,问到我个人关于两国发生的严重局势的想法。他说他很高兴听到我赞成同日本举行谈判来解决这个难题,他也了解当时中国的复杂政治形势。我想他说过完全同意报上已刊登的我的看法,并认为那确实是解决问题的唯一途径。

当我送客向大门走出几步时,他对我耳语道,他带来币原男爵一封特别信件,那是私人信件,他不愿把它作为刚刚结束的官方会见的一部分提到它。他从口袋里掏出一张纸读给我听。他说,要点是机密的,要我不要外传。这封信开始对我在两国关系的关键时刻被任命为外交部长表示祝贺。币原提起在华盛顿和我一起工作几个星期,终于解决了困难重重的山东问题。他觉得现在另一难题又产生了,他本人和我完全能够找出使双方满意的解决办法。他说作为老朋友他要我了解,他会尽可能促使问题得到解决。他正在日本为达到这个目的而努力,他相信我也正在中国为同样目的而努力。他向我个人表示就他本人而言,他决心求得对中日双方都公允的解决办法。由于必须面临某种压力,他在日本的地位也是困难的;如果他因为那些压力而失败,那么他的内阁就会垮台。他相当担心无论谁继他组阁,都会使事情难办得多。我颇为他的真挚所感动,就请重光葵转告我感谢他的好意和坦率。据我推测,他和我一样,也想找出一个解决困难局面又能为中日双方接受的方案。我反复考虑这封信,更感到其出言之真挚,因为就我所知,那时日本的形势对币原男爵来说,确实是困难的。沈阳事件是"少壮派军人"的专横跋扈所造成的。他们主张对华强硬的政策,煽动许多群众集会抗议日本外务省的政策。在日本外交政策的处理上,他们的看法当然与币原男爵不一致。币原男爵当时是日本总理大臣兼外相。很清楚,日本军部和他是不和的,因为从中国驻日公使馆得到的关于外务省的报告,他正在设法尽可能地限制少壮派的放肆态度,特别是在满洲。他赞成谈判和已经提出的五项原则,我认为事实上这提议是他自己的主张和决定。当然,他是一个日本爱国者,他也考虑日本的利益,也同样希望尽可能增进日本的利益;但是由于他是外交家,他知道军部采取的行动不会达到像他那样用更巧妙更合乎常规的办法所能达到的目的。

在中国方面,局势变得更加困难。从外部来说,国联行政院发现难以在巴黎有效地迫使日本从占领区把军队撤到铁路区以内。一个重要因素是美国的犹豫不决,而国联行政院十分依赖美国来支持它要采取的有效步骤。行政院在巴黎和美国代表多次商量,但是他反复声明美国只能在道义上从旁支持。好像美国观察员出席行政院讨论满洲问题的会议,就是美国对行政院的支持所能达到的限度。

6. 民众的反应与蒋介石政府的倒台

中国以拒绝谈判来回答日本送交国联行政院的提议,实际上造成了僵局,并且给日本在满洲的军事当局一个借口,继续进军,在满洲占领尽可能多的土地。日军已向锦州推进,北边到达吉林,甚至进入黑龙江省。我就任外交部长职务时,日本军队已经占领长春和哈尔滨。我的计划是要求日本停止前进,并开始谈判。在谈判得有结果前,使日本当局正要占领的锦州暂时中立化,在要求日本军队不进入锦州时,中国军队亦离开锦州,停驻城外,以避免出现导致严重敌对行动的冲突。(日本曾暂停向锦州前进。)

政府批准了这个计划,但这计划显然是不得人心的。许多国民党领袖也不同意,他们在政治上不支持蒋委员长。那时,就我所知,国民党内部有摩擦、争吵和对抗。委员长有他的江浙派支持者。国民党内有其他派别如由一些元老组成的西山会议派,李宗仁、白崇禧领导的桂系,胡汉民、汪精卫领导的粤系,其中还有陈铭枢和蒋光鼐领导的另一集团。国民党内所有这些派系都反对蒋介石,其目的是迫使他下台。

我就任外交部长后,紧接着就有很多学生团体要会见我,不但有在南京的,而且有从上海、北京、山东等地来的。他们公开宣布反对直接谈判,并且要了解是不是我确实主张直接谈判。在接连三四天之内,有八至十个团体来见我,有的有八百或一千学生,但是每次我只接见少数代表。有两三次我和群众见了面,要求他们选五至七个代表。开始他们这么办,我接见了他们,请他们坐下,向他们保证我提议直接谈判完全是为了中国的利益。我说他们应该相信我保卫中国权益的决心。起初,我的谈话往往能够使他们安静下来,这些代表对集合在外面的群众做了解释,群众就撤走了。但是在第三天或第四天,这些保证就不起作用了。当代表们向学生报告时,广大学生说他们不满意,他们仍然反对直接谈判,并且要和我亲自谈话。我出去一露面,他们就喊"打!打!"我没有被吓倒,但我觉得后来的这些团体虽说因为我主张直接谈判而反对我,显然还另有用心。所以,以后我拒绝接见,最后干脆我就不见他们了。

后来,有一天,有些学生提议他们应该去攻击国民政府,所以学生就到了那里。在国民政府门前,他们看见而且认出了坐在人力车上的蔡元培先生。有些人喊"打!打!"并且把他从车上拖下来。蔡受了伤,但并不太重。这证明这些群众示威的目的不是直接反对我或任何外交政策,而是反对蒋介石领导的政府。在我当外长的这个时期,各公使馆不断地要外交部为他们安排去北京或上海的特殊交通工具,因为沪宁铁路被上海来的学生堵塞了,津浦铁路也被那些成百上千地向南京前进的学生们堵塞了。这种混乱情况使得任何认真的谈判都不能进行。施肇基博士在巴黎同样受到学生代表的攻击,他被打伤并受到侮辱。他向我提出辞职,我也提出辞职。根据各方报告,北京、天津、上海、广州和汉口的形势极为混乱。整个国家都处于动乱不安之中。我设法辞职,自然未被批准。不久委员长决定辞职,并于 12 月 15 日决定离开南京回到奉化。孙科博士被任命为行政院长。

早在我于南京就任外交部长之前,人们就知道我赞成同日本谈判。我不但受到学生团体和代表们的质问,而且受到潮水般的来自全国的电报质问,这些电报把直接谈判的计划说成是为委员长保持政权的阴谋。那些发电报的人认为我只是为委员长的政治计划服务的工具。我记得江苏省同乡会发来的一封电报,表示反对直接谈判,并且警告我,如果我不改变态度,就要毁掉我的祖坟。当我待在南京时,开始看得越来越清楚,政治上的混乱形势,虽然表面上是由攻击政府对日直接谈判的政策引起的,但是实际上是由全国反对委员长及其集团的各派政治力量促成的。

我记得上海各界联合会和上海市商会发给我的电报,对我提出的直接谈判的方针也提出了警告。其中有一封电报质问我,锦州暂时中立化是什么意思?又接着说,如果这个计划被日本接受,那么锦州以东的领土会发生什么情况呢?是不是意味着让日本占领锦州以东的全部领土?这样的问题表示存在着误解。有些政府中的同事劝我到上海去解释,但是在当时情况下我想我仍应设法和日本公使开始谈判,离开南京毫无用处。所以我请上海市政公会、上海商会和上海银行公会派几个代表来南京和我商谈,我表示很愿意接待他们。大约来了八位或十位代表。我对他们谈话,使他们亲自理解我的政策的可取之处。但是他们的结论是,公众反对我的情绪如此激烈,我不可能实行这个政策,如果没有公众支持,试图谈判是无用的。他们显然深受全国学生的所谓宣言和示威的影响,同时也受到别的政党和国民党政治领袖的反对的影响。那几个月是大动荡、甚至混乱的时期。这自然导致蒋介石政府的倒台。

委员长原已发现他的处境非常困难。早在沈阳事件之前的夏天,他就在庐山举行扩大会议,讨论当时提出的特别是少帅在东北的集团提出的对日采取强硬态度,和直接抵抗日本侵略的政策等要求。委员长是个现实主义的政治家,他觉得必须对日谈判。另一方面,作为一个精明的政治家,他不愿意公开明言直接谈判的政策。我猜想那就是我被任命为外交部长的缘故,要我首当其冲。因为我不是国民党人而是无党派人士,又闻名于外交界。人们对委员长的反对是根深蒂固的,不可光看表面现象,反对的是他和他的整个政府,这种反对使得对日谈判不可能实现。

7. 李顿调查团

(1)在中国

临近1931年底,国联行政院决定派遣委员会调查满洲的情势。1932年1月12日,国联行政院核准任命五个委员,团长是李顿爵士,他当过孟买省长,一度代理印度总督。美国代表是麦考益将军,他曾几次在与美国有关的国际委员会中任职。第三个是法国的克劳德将军。然后是德国的希尼博士,他是个殖民问题专家,一度在非洲当过行政长官,后来当了殖民部长。第五位是意大利的马柯迪伯爵,一位外交家。国联行政院给他们规定的使命是调查日本在满洲的侵略行动所形成的满洲问题,也调查中国的一般形势,因为日本宣称由于中国的政治形势关系,中国政府已不能履行它的责任,保护外国利益,特别是日本在满洲的条约权利和利益。这是侵华列强提出来为其侵犯或侵略行动辩护的常用的借口。我被任命为中国代表,正如日本任命吉田为日本代表一样,那时吉田是驻土耳其大使。中日代表的正式头衔是"顾问"。

国联派出调查团是想尽力对面临的困难问题找出某种解决办法。由于调查的范围很广泛,必须尽可能做出充分准备:不仅对调查团提供全面的报告,而且要使政府官员乃至调查团所去各省的高级官员对调查团可能提出的问题作出适当回答。作为中国顾问,我受命执行这项任务。并且还可能是将来接收满洲的委员会的主席。我组织了一个委员会,有相当多的工作人员,包括中央政府各部的代表和许多工作在不同领域的中国专家,他们不仅熟悉满洲而且熟悉中国的军事形势、交通问题、中央政府的组织管理、列强和外侨在中国的地位,特别是他们的权益以及中国对他们的政策。同时必须准备接待调查团,安排好他们的生活和工作条件。我把这些工作按其性质组成若干委员会各负专责。至于为调查团的工作做准备,我列了一张问题单,由一个或几个能胜任的人对每个问题写出备忘录。每一份备忘录都须经我核准,有时需做适当的修改。我自己写了一份涉及全部问题的总备忘录。这都刊行了,后来分两卷送交调查团。虽然刊登时用的是我的名义,但我并不是所有这些备忘录的作者。

调查团很活跃。他们一到就提出许多问题要了解,他们要尽量多访问中国地方,要和国民政府的成员和几个省的主席及高级官员会谈。他们对自己的工作计划进行会商,根据讨论的主题有时他们邀请我出席,有时他们自己在一起商量。调查团于3月14日到达,不仅受到政府而且受到人民的衷心欢迎。也许全国对调查团所能做的以及国联根据他们的报告能够采取的行动,抱有过高的希望。调查团的工作从访问上海闸北战区开始,此地是在他们到达前夕被占领的。我记得那是令人沮丧的情景,因为战斗时间虽然持续不长,性质却非常严重,闸北和江湾完全被毁了。我本人和调查团团员对中日军队间所发生的战斗的严重性有极深刻的印象。在上海作短期停留之后,调查团乘特意包租的轮船先到南京,后到芜湖、九江、汉口。访问汉口之后,回到南京,和军事委员会委员长开了一系列的会议,会见了行政院长汪精卫和外交部长以及其他几个部长。再从南京坐火车北上,先在济南府第一次停留,受到省主席的接待,然后到天津停留两三天,与当地中国当局以及英、法租界市政当局举行会议。再由天津到北京,少帅在这里迎接,并开了一系列会议,我都出席了。这些会议次数多,时间长,因为少帅是满洲局势的中心人物。

调查团必须和日本政府进行一些安排,才能访问那时已完全在日本军队控制下的满洲。于是有一部分调查团人员到了东京为调查团的满洲之行进行准备。到底日本会不会允许调查团去满洲，那时还是一个尚未解决的问题。我留在北京整理我的工作人员准备的各种备忘录，以便定稿付印并在日内瓦分发。我也和少帅及其主要合作者保持密切联系，并和他们开了多次会议讨论满洲局势与日本人的活动——这些情报只有他们通过特殊渠道才能得到。在此期间根据日本的新闻报道，我和调查团进入满洲的问题已见诸报纸。很明显这是与日本政府有争论的问题。团长李顿勋爵告诉我，日本反对我进入满洲，他说鉴于完全在日本军事当局控制之下，满洲形势不正常，日本政府不能保证我的安全。由于新的满洲国的统治者坚决反对我和调查团一起去，李顿认为日本政府提出的这个理由是重要的，值得我考虑。最后，他告诉我由我决定是否和调查团同去。如果我决定去，他答应坚持要求给予我正当的保护。如果日本人坚持反对，他就要向他们声明，除非我能像日本顾问吉田先生随同调查团在中国各地进行调查一样，以中国顾问的身份前往满洲，否则调查团就取消满洲之行。

在北京和在南京一样，我和调查团去满洲一事成了一个严重问题。有一天两个在北京的外国公使（法国公使盖里多和比利时公使华洛思）要看望我妻子，说他们是为了私事要见她。我妻子分别接见了他们。他们访问的目的是相同的。他们说他们从驻东京大使馆得到可靠的机密消息，我不宜去满洲，因为如果我和调查团去，我的生命会受到威胁。他们说他们是我和我妻子的朋友，所以特来相告。他们的见解是，因为我是对中国的将来会发挥重大作用的年轻政治家之一，应该适当考虑这一事实，不应在满洲冒不必要的生命危险。他们之一（我想是比国公使）告诉我妻子，法国大使收到相似的情报要他也转告我。我妻子把这些话告诉了我，劝我仔细考虑，并且表示她特别希望我能重视那两位公使所说的话，因为她相信他们此来纯粹是出于友谊，并非别有用心。

既然我陪调查团去满洲已经成为当时报上谈论的话题,政府中也就有所讨论。我把李顿爵士和两位公使告诉我的一切情况都向当时的外交部长罗文幹作了报告。我告诉罗博士,正如我向李顿所说的一样,我决定不顾个人安危去履行我的职责。然而,有一天读到报纸上一条关于南京行政院会议对此事讨论的新闻,使我大吃一惊。据称在会上罗文幹宣布,如果我因为可能有危险不愿去东北,他身为外长将毫不迟疑地代我前去。这项消息使我深感不安,因为它违反我从未动摇的意愿。所以我发了一封长电给罗博士,重申我告诉李顿的话以及对两个外国公使通过我妻子进行劝告时,所作的回答。这才终止了对我个人是否情愿陪调查团去满洲的猜疑。在电报中我说,如果我的生命遭到任何不测或者为国牺牲,我认为那是极大的光荣。我又说,作为中国代表那是我的应尽之责。我早就决定献身于中国的事业,在执行职务时,我自己就像任何一名被召唤去为国战斗的战士一样,义无反顾。

李顿爵士完全理解我的感情,他宣布他完全同意我的决心,也保证他要使日本政府知道,如果不允许我进入满洲,他和调查团的全体同事也不去那里;而且日本政府的义务是不但要保证调查团成员的安全,而且要保证陪同调查团去满洲的中国人士的安全。我认为正是由于调查团全体支持他的强硬态度,日本政府才不坚持反对我去满洲——但未保证我在满洲的安全。日本政府只说,如果我不顾它的善意劝告执意要去满洲,对我不加阻止。

当调查团乘政府准备的专用列车要通过山海关进入满洲时(每个团员以及我和日本顾问均每人偕其随员使用一节车厢),列车在山海关前受阻停下。日本军事当局说他们不准列车通过,即使准许调查团经陆路进入满洲,也不会让我同去。所以我们就急忙把这种形势报告南京政府和在北京的少帅。

于是调查团改变计划,不坚持由陆路进入满洲,中国政府通过其海军部派出一艘驱逐舰将代表团一部分人员连我在内先送到葫芦岛,然后到大连登陆。

(2)在满洲

我们在大连停留了一夜,发生一件有趣的事。我的一个随从人员过去在北京当过警察,是我的四个卫士之一。由于1925年的炸弹事件,他留了下来给我保镖。他是北京人,在北京认识很多人。当我在大连一家旅馆里吃午饭时,他进来说,一个从长春来的"满洲国"内务府的代表要见我,有机密消息相告。我起初犹豫,因为他说的名字我不熟悉。但是我的随从说,他在北京认识这个人,可以见见他。他告诉我,此人化装为古董商,以免日本人注意(也许他当过古董商)。我出去走到门廊里,我们停在转角处。此人告诉我,他是皇后(长春宣统皇帝的妻子)派来的。他说因为知道我去满洲,她要我帮助她从长春逃走。他说她觉得生活很悲惨,因为她在宫中受到日本侍女的包围(那里没有中国侍女)。她在那里一举一动都受到监视和告密。她知道皇帝不能逃走,如果她能逃走,她就可能帮他逃走。我为这故事所感动。但是我告诉他,我的处境不能替她做什么事,因为我在满洲是中国顾问的身份,没有任何有效方法来帮助她。虽然如此,我得到一个明确的概念,知道日本人都干了些什么,这个故事可以证实日本的意图。

调查团从大连到沈阳,在那里受到了几天款待。我在沈阳收到一些信件,谴责交给调查团的满洲官方请愿书中所叙述的内容。其中一封写道:"你可能会在请愿书上找出我们的签名,但是我们是被日本人强迫签字的。我们的真实感情表达在这封信中。"一天晚上,我们去沈阳一家中国饭馆吃饭时,有两三个中国人跟在后面。我以为他们会找麻烦,就告诉作为我的保镖之一的仆人说,有人尾随,要他陪我一起走。显然那几个人想接近我,但在我和几个中国同事走上楼开始吃饭之前,那几个正想接近我的中国人被日本人逮捕了。

我们在沈阳住的是大和旅馆,我受到严密的监视。室外大厅里有一张桌子,经常有两三个人(日本人、朝鲜人和白俄)在桌子周围。例如我去上厕所,就有人跟到门口,我回来时他们未经许可就闯进我的房间。我去吃饭时,他们也下楼等在外边注视我。我的一个秘书向我报告,有人在黑夜从窗户进入他的房间,直到他大声喊叫时才离开。

我们接着去长春,住在另一家大和旅馆,又重复了这种经历。在旅馆对面有日本关东军司令官本庄将军的司令部。在那里发生了一段不平常的插曲。刘崇杰先生以前是外交部的参事,我不知道他在那以前或以后是否当过驻奥地利公使,他是职业外交家和日本留学生,世界最优秀的留日学生之一,日语很好,所以我请他协助我工作。有一天本庄将军的副官来看刘先生,刘向我报告说,本庄将军要邀请我参加为调查团举行的宴会,希望我接受他的邀请。这是很不寻常的姿态,只有日本人能做得出,好像他们不理解我那时的感情。我告诉刘先生我不能接受邀请。我怎么能够参加在日军占领下的中国领土长春举行的欢迎国联调查团的宴会呢?我在那里当中国代表的职责是帮助调查团达到公开宣布在国联帮助下收复东北的目的。所以我告诉刘先生,我不能接待任何代表本庄将军来见我的人。我要刘先生对那位副官解释,我已另有约会。副官要知道我有什么约会,刘先生代表我尽力设法拒绝邀请。副官不愉快地走了,他说他会报告司令,但是司令必定深感失望,定会再次劝我赴宴。后来本庄的参谋长打电话给刘先生说,司令要知道我有什么约会,因为他不相信我在长春有外国朋友。我说我的老朋友美国领事请我去吃便饭。参谋长说,美国领事已经接受本庄司令的邀请。领事团全体都要出席。我告诉刘先生打电话给美国领事的妻子,告诉她我已处于困境。她要我去和她吃饭,并说能和我共餐她感到非常荣幸。接着参谋长说本庄将军是顾博士的老朋友,长期以来也是中国的朋友(他能说中国话),如果我露面他会感到极为荣幸,我可以不吃饭立刻就离开。我拒绝了。我说,我绝对不在这样的场合露面。

我本来认为这事就此结束了。第二天他派参谋长再来找刘先生。参谋长要见我。我拒绝了,说我不会说日语,刘先生日语说得很流利,所以他所要说的话都可以对刘先生说,刘会转告我,这与他直接和我说话一样。他说本庄司令理解我不能出席公开宴会的原因,但是他很愿意和我面谈,要求我提出时间、地点。我意识到本庄司令有什么私话要对我说。刘先生很了解本庄司令,说他很诚恳。刘说直接会谈也许会有些意思。因此我说,如果他真要见我,可以到这里来。刘说那会使他为难。他说本庄司令要找某个中立地点。我说我不知道哪里是中立地点。因此,参谋长说我们可以在一家艺妓馆会面,吃日本饭。刘先生劝我同意,我照办了。但是我提出的条件是不能有局外人,并仅限于谈一次话。

这样就安排好他、(我想还有)参谋长、刘先生和我同去。这次在日本式的宴会上的谈话是非常有趣和惊人的。喝了几巡米酒,司令对在他周围伺候的几个艺妓开起了玩笑。吃完饭,他叫那些艺妓停止奏乐跳舞,说他要谈话。我是准备好听他说的。他说他坚持邀我会见交谈,是因为他要告诉我一些心里话。他说,整个满洲事件全都出乎人们意料,出乎他和他的日本军方同事的意料。如果中国方面在事变之初采取某些步骤,就不会发展到后来这样的局面。他说南满铁路总裁内田康哉先生就反对这件事。他说关东军司令曾经命令部队指挥官攻占柳条沟,这是南满铁路上沈阳南面的一个站。但是内田康哉反对占领柳条沟。他试图用阻碍准备车辆的办法来进行拖延。当来电话叫他赶快准备时,他才下令预备火车,命令他们只前进到柳条沟。可是在柳条沟指挥官发现没有一点抵抗。他们预料要遭到中国人某种抵抗,可能会阻止他们前进。但是一点抵抗也没有。他们想,为什么不继续前进呢？他们告诉火车上的人员开往沈阳,甚至违反内田先生的命令。本庄将军说,在沈阳,中国人并没有抵抗。他们去北大营只是显示一下武力,本来不严重,可是却占领了全城,少壮军官们就得意洋洋起来。

他说,这就是事变发生的经过。他要我谅解,虽然他是司令官,他并无意调集军队示威来给少帅施加压力,迫使他谈判解决那些悬案。他说内田先生相信示威足以促成谈判,但是事情一发而不可收拾,这是谁也没有料想到的。他说,这太糟了。他说:"我已年过五旬,和这些青年军官搞不到一起,他们认为我是反动派。一个月之内我要去东京。我要了解满洲的局势是怎样发生的,怎样发展成为这么大的国际事件。"我说我曾猜想一开始日本不会就制定了这样大规模的计划,并且,甚至在事变的第二天早晨我还提议派人和日本政府接触,以限制事态的范围,阻止它成为国际事端。他说他认为我会有兴趣了解他的真实感情。他一生大部分时间是在中国度过的,有很多中国朋友。他觉得这个事变发生在他自己的意料之外,他要我了解,他不赞成也不支持日本的这种行为。最后他说,无论如何他要在两三个月之内辞去他现在的职位。

本庄将军后来在国际军事法庭受审,被定为战争罪犯在日本处决了。当然他是日本军部的活跃成员之一。以后少壮派军人在日本陆军部得势,他就觉得格格不入了,他在日本陆军的青年军人当中是很不受欢迎的。在东北,我没有遇见过像土肥原中佐那样的青年军官,虽然我在北京遇见过他。他可能是日本军人的领袖人物,是个聪明而又十分邪恶的人,什么坏事都干得出来。

从日本关东军司令部所在地长春出发,我们到了吉林。我记得在火车站上,有一大群日本军民代表和所谓满洲国政府的代表。在中国人中间,我注意到沈瑞麟先生,他在北京当过我的次长(他当时是伪满洲国的外交大臣),他一看见我就转过脸去。

日本代表和所谓满洲国代表迎接了调查团成员,并且给他们准备了汽车。当然也给日本顾问和他的秘书们准备了汽车。于是我问我的一个秘书,我的车在哪里。我发现,调查团的人和日本人都已经走了,我和我的秘书们被留在车站外边。有几个中国人看到我难堪的处境,其中一位过来对我说,他以前见过我,他和他的朋友可给我找一辆汽车,把我和我的秘书送到调查团住的旅馆去。我很高兴弄到交通工具,但是我怕日本人会给这些帮我忙的中国人找麻烦。我们被送到驻军司令部的接待大厅。我们刚坐下,一群日本军官身挎军刀走了进来,他们一点也不搭理我,好像没有我在似的。

后来我被安排到调查团及其工作人员住的旅馆。我在那里的整个期间,透过旅馆窗户所看到的情景,使我深为感动。调查团得到通知,早晨某个时候要为他们举行公开欢迎会。我想是在早晨十点钟,我看见成百上千的人,也许有二千名学生,大部分来自小学和中学,每人手拿一面旗帜——一面日本旗或一面"满洲国"纸旗向调查团住的那条街走过来。在他们的两边,每隔几步,就有一行显然是身穿便衣的日本人。他们看来很像是日本在满洲的秘密情报人员,他们目光逼人,面色严厉,表情很不正常。

队伍停在调查团住的旅馆门前。调查团的人都走出去。有一个中国人"代表中国人民"呈递一份请愿书。沿着欢迎队伍,约有十五至二十名日本人,队伍旁边的日本人叫:"挥动旗帜!"然后你可以看到这些男女孩童很不情愿地开始挥动,完全没精打采。然后奉命喊些"满洲国万岁"之类的口号。那是很令人伤感的事,因为我确实觉得这些年轻人虽然在做别人叫他们做的事,但是完全理解它的意义,他们只是依据日本人的命令行事,被驱使来递送支持"满洲国"的请愿书。这些青年脸上不但表示毫无兴趣,而且表示一种不是悲观就是愤恨的感情。我从旅馆的三楼目睹了这一情景。

午餐时我们受到款待。因为我属于陪同调查团来的人员,也被邀请赴宴,但是没有一个日本人理我。他们都在集中招呼调查团。即使我的同事日本顾问也好像看不见我出席似的。

在吉林停留期间，我的一个仆人在街上从一个中国人手里接到一张条子，条子上写的是："我们在请愿书上向调查团所说的话是日本人口述的，我们并不同意。我们真实的心情是……（如此这般），你们会在这信中发现我们真正的感情。"调查团所到之处，都重复出现这种事。

我们从吉林到了哈尔滨，计划在那里停留几天。实际上待的时间较长，因为松花江北边已发生战斗，在旅馆里几乎通宵可以听到清晰的枪声。半夜里我从旅馆的窗户外望，可以看到一长列日本坦克和装甲车开去和马占山、李杜率领的中国军队作战。事实上我们一到达，一个中国军队派来的人就和我取得联系，并且告诉我，中国军队就要向日本人进攻，要和日本人战斗到解放东北为止。他们要调查团知道，东北人民绝对不愿生活在日本傀儡统治之下。战斗推迟了调查团到齐齐哈尔去的日程，也使得日本人对代表团进行了监视，对我的监视更加严格起来。我通过跟随我的四个人继续接到秘密的请愿书和信件。他们和我一样也是受到日本人的严密监视。我和端纳先生及何士先生——一个是澳大利亚人，一个是加拿大人——一直在一起。由于是西方人，他们能够有较多的活动自由去接触哈尔滨的一些外国见证人，查明实际情况。他们发现，尽管日本人控制着哈尔滨，他们对自己的地位并无信心，因为中国军队集结在松花江的北岸，日本人预计中国军队会渡江进攻哈尔滨。

因为我有每天下午以散步当作运动的习惯，所以我每天去公园走走。有一天清早，我的随从之一（那个过去在警察局干过事的北京人）向我报告，哈尔滨的一个警官托他告诉我，那天早晨（实际上是每天早晨）一个日本军官和中国警官（有时和一些做情报工作的白俄和朝鲜人）开会商量阴谋暗杀我，所以要求我那天不要到公园去散步，因为他们已发现我的习惯。我很为这个报告担心，因为我知道日本人密谋下此毒手并非是不可能的。但我又觉得有几分奇怪，疑心日本人果真敢这么干！我对随从说，如果我由于这个警告改变去公园散步的习惯，日本人会说我这样做是屈服于他们的恫吓。所以那天下午我和比平常更多的人到公园去，除了随从还有两个西方朋友端纳和何士。在公园里没有遇到任何危险，但是我看到一个有趣的情景。在一定距离之外，当我走这条路时，另一方面有三个学生模样的中国人，他们注视着我并试图接近我。我觉得奇怪。由于这些人是年轻的中国人，我想他们也许要和我谈话，所以我转到他们的方向，我们走在两条道路上。但在我转到他们走的小路去之前，有四五个日本人从不同方向突然走上来堵住他们的路，后来他们把这些中国人带走了。所以我说："看，我是对的。"有的是中国人，爱国的中国人。他们要接近我，告诉我一些事。但是日本人并没有对我怎么样，因为我确信光天化日之下他们不敢轻举妄动。

就在同一天晚上的半夜时分，我正要上床就寝，我的随从张某告诉我，有一个从警察局来的中国人要见我，亲自告诉我一些事。我说："你认识他吗？"他说："是的，我在北京时认识他。"

当年中国的一些大城市，警察力量薄弱，于是从北京征募人员来加以充实。这些人都是在北京由一个名叫曼德的挪威将军训练出来的。那时曼德受中国政府雇用，在北京办了一所用新式方法训练警察的学校。因此，不少城市从北京招募警察去当地工作。即使在上海，也有受过现代化训练的北方警察。曼德在北京十分知名，他是在清朝政府下面从事工作的。他的工作确实做得很出色。

我刚才提到的那个人，他半夜里来了，要见我，我问他："为什么你来得这么晚？"他说因为到半夜他的同事都回家休息了，他来看我不会引起注意。由于在北京见过我，所以在这里看到我就认出来了。他叫我总理。他说他要来告诉我，那天早晨日本人原来已经决定行刺，但是公园里碰到三个中国学生要和我接触，日本人的行刺计划受到了牵制，因为日本人不愿有中国人作见证。所以他请求我再也不要去公园。我说散步是我经常的习惯。接着我问他:"你为什么来?"他说:"这是'满洲国',但是我的心仍然向着中华民国。虽然我在日本管辖下的警察局里当差,我总想着中国。"

所有这些清楚地向我表明这一事实:东北人民除了极少数和日本有特殊利益的人以外,全都反对日本人。我可以说百分之九十九点九的东北人民反对日本人。这是经调查团肯定了的看法。调查团自己派人去市里不同地区、甚至乡村会见懂事的农民和商人。调查团人员都深信,日本人说满洲国是由中国人倡议创立的,这完全是一派胡言。

调查团原定计划应当访问黑龙江省会齐齐哈尔,正如已经访问过沈阳、吉林和"满洲国"的所在地长春一样。但是日本人继续给调查团制造许多困难,使之不能彻底观察满洲。我个人从北京去东北时带了二十二个工作人员,日本人本来答应由海军运输。但是他们不愿管我。所以大多数调查团人员上了日本兵舰之后,我自己的政府不得不预备一条驱逐舰把我送去,这就是要向日本人显示他们达不到阻止我去的目的。因此在大连他们就说,他们不能提供足够的交通工具来运送调查团和中国顾问的全部人员。李顿爵士同意调查团减少工作人员,根据他的建议,我的人员也减少一半。从沈阳到长春又减少了,到哈尔滨时我只有六个人了,就是端纳先生、何士先生,我的顾问刘先生,我的秘书和两个随从。日本人劝告调查团不要访问齐齐哈尔,因为正当夏季,那里有传染上霍乱的危险。他们提议调查团免去这次访问,虽然调查团已经定了计划访问齐齐哈尔,然后经四洮铁路从洮南到四平街南下沈阳。可是日本人说如果调查团人员一定要去,他们只能照顾四个人,不照顾中国顾问和整个调查团。当然调查团拒绝接受这个建议,特别是李顿爵士说,无论调查团到哪里,他们都要我陪着他们。所以,在调查团和我以及和日本人之间开了几次会以后,并且我想是鉴于卫生问题,最后他们决定派四个秘书代替我们去。他们到了齐齐哈尔经四洮铁路南下。所以调查团人员和我自己都没有去齐齐哈尔①。

很久以后，四平街火车站一位中国站长来北戴河看我，庆贺我那次决定不和调查团一起坐火车。他说如果我坐了火车，就可能有生命危险。我问他为什么和怎么会有危险。他说，因为已经布置好了，当调查团人员和我分开车厢坐的列车经过安放炸弹的地点时，他奉令按电钮点燃导火线。他说他是站长，还有一个日本助理。他要在一定的时间下令行动，并发信号给日本人。他说他拒绝干这事。他要求给他一份那样干的书面命令，而不只是口头命令，因为不然的话，他会受到犯罪控告。日本人拒绝写书面命令，但是他必须亲自干。他说幸而调查团完全放弃那次旅行。我不知道调查团是否已经接到报告，为了全团的安全所以决定不去。这毕竟使人回忆起张作霖大元帅 1928 年 6 月 3 日被刺杀的往事。那次事件不可能是当地日本当局单独策划的，因为那次半夜谈判直到凌晨大帅才离去，芳泽在谈话中促他接受联运的要求，并告诉他如果大帅阁下真的坚持拒绝，他的政权就难以维持下去，张作霖答称他将回奉天老家去。芳泽明白表示怀疑他能否回到老家。但张感到整个局势是在他的掌握之中，所以第二天早晨他就离京返沈了，并没想到日本人真会暗杀他。那已是三年前的事了。

（3）李顿调查团——李顿爵士的手杖

调查团从齐齐哈尔到沈阳停留不久就回到北京。调查团准备他们的报告时，需要我也留在北京，以便和我相商，同时我必须向我自己的政府提出报告。我们回到北京已经是 6 月下旬，由于不断地变更饮水和食物，李顿爵士害了肠胃病，所以我们在北京

---

① 原文为哈尔滨，有误，兹按上下文改正。——译者

停留了好几个星期。调查团团员再次去日本以便就他们在满洲所见所闻和日本人商量。通过这次旅行,特别是满洲之行,调查团收集到大量的资料。由于调查团配有足够的人员,有国联秘书处的工作人员和几位从外界请来的能干助手,工作起来很有成效。秘书长是法国人哈斯先生,他在国联政治处。在他的指导下,全体工作人员能够从各种来源收集资料。各种官方机构和中日两国政府的各部成为重要的资料来源。各项通信、备忘录和秘密交给我的请愿书都一一送交调查团,这是另一个来源。但调查团也派自己的人出去和中国重要团体例如商会、银行公会和士绅代表接触,用这个方法也取得很多资料。

每个团员都可利用其本国使领馆的便利条件,这些使领馆也都接到尽量提供情况的要求。因此,起草报告书是件异常繁重的任务,而且报告书在定稿之前必须得到全体调查团的审议批准。我应邀审阅报告的主要结论并提供建议,这不仅是为了采纳我可能提供的建议,也是为了审查报告是否如实反映了中国政府的观点和中国公私各团体所提供的情况。我本人和政府所注意的是报告的各项结论,这些结论是关于各项事实的结论。至于采取何种行动的建议,在我看来是有很大讨论余地的。但是为了做出一致决议,五位团员在有些观点上需要达成妥协。我现在想不起那些主要建议了。各项建议给我总的印象是,英、美两国团员很自然地比较同情中国,而法国将军一般是、而实际也是比较同情日本的。在我和他私人交谈中,给我的印象是,关于发生的事件,他更相信日本的说法。作为一个法国人,他很钦佩日本,但对于中国和中国的问题,以及中国在过去七八十年中的经历,则所知甚少。希尼博士和马柯迪大使表现比较中立。或许马柯迪的观点有点像法国将军,但还未到同样的程度。希尼博士思想敏锐,是个典型的德国人,坚持认为事实是考虑一切的基础。调查团的工作人员主要是国联秘书处人员,政治上非常同情中国,但鉴定事实情况非常客观。

我不知道调查团依赖日本顾问吉田的帮助达到什么程度。在调查团去东京时,他一定帮忙不少,但在中国,他虽然随调查团各处都去,并未实际参加调查团与中国政府及各省当局的会议。他看来很自由自在,从私人方面说,我和他相处关系很好。他给我的印象是,他不像跟随代表团行动的他的本国人那样是密探,特别是那些军事代表们。他很有风度,一般看来很了解世界问题和世界形势。

　　在泰安发生一件颇为有趣的事件,使人们多少了解陪同调查团的日本军方代表们的态度。调查团到达济南,并与省主席会商之后,在省主席和我建议下,安排调查团人员参观曲阜孔子诞生地并游览泰山。山东这个名字他们早已从中国代表在巴黎和会上的申诉中熟悉了。山东是孔子的故乡,泰山又在孔子的著作中多次被提到,这些引起了他们的兴趣,于是安排泰山之游。李顿爵士特别喜欢爬山,清早我们出发时,原为几个团员及吉田和我每人备有一乘轿子,而李顿爵士拒绝坐轿。他说他宁愿步行。那确实是一次远征,因为调查团和全体工作人员,两位顾问,以及我们的军事代表们一起足有四五十人。所以运送茶点就是大量的工作。有一长列挑夫挑着饮水、水果等备作午餐。由于李顿爵士拒绝坐轿,喜欢走路,我就陪他走,因为我也喜欢走路。我们所有登山的人常碰在一起议论山顶在哪里。我们从早晨七点出发。四小时之后李顿爵士和别的团员开始脱下一件又一件衣服。最后他们几乎光着上身,汗流不止。所以我劝李顿爵士坐上轿子。我们大家相信不用很长时间就能到达山顶,于是继续前进。我们原来以为十五分钟内就能到达山顶,可是半小时以后,山顶仍旧远在前方,直到下午两点才到达。所以到山顶花了七个小时。当然,我们一路上常常停歇。我记得我们在一个茶馆里休息相当久。午餐采取野餐的形式,不拘礼仪。人人都感到这样很好。我觉得很愉快,因为很明显,所有调查团人员玩得都很高兴,自由自在,饱览美景。

但是,发生了一件意外的事。在山顶度过一个半小时之后,我催促他们动身往回走。那时李顿爵士找不着他的手杖了,他非常懊丧。他说那是必须找到的东西,当时就不愿意上轿。泰安县长和当地警察代表正在努力寻找手杖。我向李顿保证,他们会尽一切努力找到手杖,决不会丢失。他说这根手杖是珍贵的纪念品,他珍惜它不是因为它的金手柄,而是由于手杖的来历。当我们下到山脚来到泰安火车站时,李顿拒绝上车,确实是心烦意乱。他说:"我必须找到我的手杖!"说那是他非常热爱的一位女士送给他的,这手杖是他认为非常珍贵的友谊的象征。我花了很长时间试图说服他上火车,我明确保证采取一切办法去寻找。但他仍然独自在月台上徘徊。最后我对泰安县长(警察局长就站在旁边)强调说:"我要你肯定地说你不仅要想办法去找那根手杖而且能够找着它。你能办到吗?"他说:"是的,能在四十八小时之内办到,因为我们要到一切可能的地点去查找这根手杖。它不会被人偷走,因为除了你们这些人以外没有旁人。我相信我们能在四十八小时以内找到它。"因此我告诉李顿爵士,县长和警察局长已经对我作出保证,他们能在四十八小时以内找到它,他会拿到他的手杖的。有了这个保证,他才上了火车。

　　我们到达济南府时,他们已经找到了手杖。你知道他们在哪里找到的吗? 他们是在山脚的另一边找着的。这次警察工作做得不错,李顿爵士觉得非常快乐。我告诉他一定有人把他的手杖扔下山去,从而破坏这次泰山之游。我说此人一定不是中国人。那些挑夫参加这次旅游已很愉快。那时这些人渴望中国收回满洲。据说满洲居民有一半是从山东省去的。我不能想象有哪个挑夫会偷这根手杖。他拿手杖的金手柄能干什么? 他不能把它卖给任何人。我的全体中国同事和有些调查团团员都同意一定是我们的日本同事干的,可能不是吉田先生而是一个青年日本军官干的。这个军官这样干的原因大概是他不愿看到调查团玩得那样高兴(散步、谈笑甚至欢跳)的景象。而团员们在日本的情形恰恰相反，都很沉郁和拘谨。那是唯一的解释。

李顿爵士原来对此事很不满意。他猜疑或许是中国挑夫偷了他的手杖。当时住在泰山的冯玉祥将军曾表示，为了一根外国人的小小手杖，竟逮捕审讯了那么多中国人，他感到愤慨。他把这件事作为外国帝国主义者在中国傲慢跋扈的一个例证。